梵網經講說

# 석암스님
# 범망경 강설

**석암문도회** 편찬

# 석암스님
# 범망경 강설

『범망경(梵網經)』은 진성(眞性)의 연원(淵源)을 밝히고 천성(千聖)을 세우는 땅이며, 만선(萬善)을 닦아 묘과(妙果)를 이루는 종시(終始)를 보임으로써, 범부로 하여금 보살계(菩薩戒)를 받아 지니어 보리를 얻게 하는 감로(甘露)의 문이요, 성불(成佛)의 도에 나아가게 하는 정로(正路)이다.

이 경은 우리나라를 비롯하여 중국은 물론, 일본에서도 특별하게 중요시하고 있다. 그 까닭은 상권에 노사나불(盧舍那佛)에 대한 설명과 십발취심(十發趣心)·십장양심(十長養心)·십지(十地)를 설하고 있어 『화엄경(華嚴經)』의 설상(說相)과 통하고 있고, 이로 인하여 『범망경』을 화엄(華嚴)의 결경(結經)이라고 부르고 있는 점에서도 알 수 있듯이, 한국불교의 여러 소의경전 중 하나인 『화엄경』과 통하고 있기 때문이다. 또 하권은 10중계(十重戒)와 48경계(四十八輕戒) 등 대승계(大乘戒)의 계상(戒相)을 설하고 있기 때문이다.

특히 북방의 대승불교권에서 이 경은 교단 성립과 운영의 중추적 역할을 해 왔다. 그것은 이 경에 '중생이 불계(佛戒)를 받으면 곧 제불(諸佛)의 지위에 든다'라고 설하고 있는 것에서 알 수 있듯이, 이 경에서 설하고 있는 계율(戒律)은 자기의 불성(佛性)을 개발하는 것을 목적으로 하는 불성계(佛性戒)이기 때문에 재가자나 출가자를 가리지 않고 설하는 있는 특성이 있기 때문이다.

석암(昔嚴) 화상은 만하(萬下昔) 율사·용성(龍城) 화상으로 전해오는 해동(海東)의 보살계맥(菩薩戒脈)을 전수하신 이래, 역대 선지식들의 주석을 두루 궁구회통(窮究會通)하시고 오직 보살행(菩薩行)의 대원

(大願)으로 일일일야(一日一夜)의 영휴(寧休)도 없이 제방의 불자들에게 이 법으로 널리 설도하시었다. 이제 사은(師恩)에 보답하기 위하여 문제(門弟)들의 간곡한 효성으로 대화상(大和尙)의 평소의 법음(法音)을 정리한, 『범망경(說法集) 설법집(說法集)』의 간행을 맞이하여 깊은 감회(感懷)와 기쁨을 금할 길 없다.

돌이켜 보면 석암(昔巖) 화상과 나는 6·25병란의 와중에서도 통도사(通度寺) 천화율원(千華律院)에서 율장(律藏)을 공람(共覽)한 이래 날로 해이해져가는 승단의 기강과 땅에 떨어진 지율사상(持律思想)을 지양(止揚)시키고자 계(戒)를 바탕으로 하는 수행을 고취해 왔고, 정화(淨化) 이후 한때는 지율사상이 드높았던 시기가 있었으나, 지금은 세태의 추이에 편승하여 부처님께서 제정하신 계율의 개폐(改廢)가 공공연히 논의되고 있는 딱한 실정이다. 부처님께서 제정하신 본디 뜻에 대한 되새김이 없이 시대에 맞지 않다고 하는 이유 하나만으로 염량세태(炎凉世態)와 같은 논의가 이는 것은 자칫 출가본연의 뜻을 어기게 하는 근본이 될 것이므로 가슴 아프지 않을 수 없다.

이러한 때에, 석암(昔巖) 화상의 문인(門人) 정련(定鍊) 수좌가 스승의 유지를 받들어 『범망경(梵網經) 설계집(說戒集)』을 간행하게 된 것은 참으로 지율사상이 엷어 휘청거리고 있는 종단에 큰 깨우침을 줄 것으로 믿어 경하하는 바이다.

아무쪼록 이 불사(佛事)의 공덕이 모든 승속에게 고루 미치어 도탈중생(度脫衆生)하기를 기원하면서 서(序)에 가름한다.

1988년 5월 16일

자운(慈雲) 성우(盛祐) 지(識)

참다운 수행자의 진면목을 보여주신 석암혜수(昔巖慧秀) 스님께서 떠나신 지 어느덧 사반세기가 흘렀습니다. 청렴결백하면서 청빈하셨던 스님의 삶과 수행은 푸른 하늘보다 더 맑고 푸르셨습니다. 일체의 명리(名利)를 버리고 수행과 대중 외호에 한평생을 바치셨던 스님은 선사(禪師)이자 율사(律師)이면서 법사(法師)였고 큰 보살(菩薩)이셨습니다. 제자를 아끼면서도 철저하게 가르치시던 스님의 호탕하고 소탈하신 성정(性情)을 잊을 수 없습니다. '근수정진(勤修精進)하고 방일(放逸)하지 말라' 하신 마지막 말씀이 아직도 귓가에 쟁쟁합니다.

지난해 스님의 탄생 100주년을 맞이하여 출재가를 막론하고 스님을 기억하는 많은 분들의 증언을 모아서 『처처에 나툰 보살행』이라는 이름의 책으로 엮어서 스님의 크신 행적과 가르침을 올바르게 기록하기 위해 노력하였습니다.

그리고 다시 한 해가 지났습니다. 이제는 청렴결백하고 청빈한

삶으로 일관하시며 일체중생을 위한 보살행을 멈추지 않으셨던 스님의 계율 사상을 세상에 널리 전하고자 합니다. 스님의 열반 1주기를 기리기 위하여 편찬하였던 『유석암 율사 설법 범망경』(석암문도회 편찬, 대학출판사, 1988. 5)을 지금의 언어로 다시 엮었습니다.

모든 이를 어머니와 같은 자비로 보살피셨던 큰스님의 대승보살의 행할 바에 대한 가르침이 이 책에 담겨 있습니다. 부디 많은 이들이 이 책에 의지하여 무사히 고해(苦海)를 건너 불국정토에 이르기를 바랍니다.

2012년 5월

제자 정련(定鍊) 근지(謹識)

# ■ 목차

## 🪷 『범망경 노사나불설 보살심지계품』 _ 112
### 梵網經盧舍那佛說菩薩心地戒品

**서분(序分)**

**십중대계(十重大戒)**

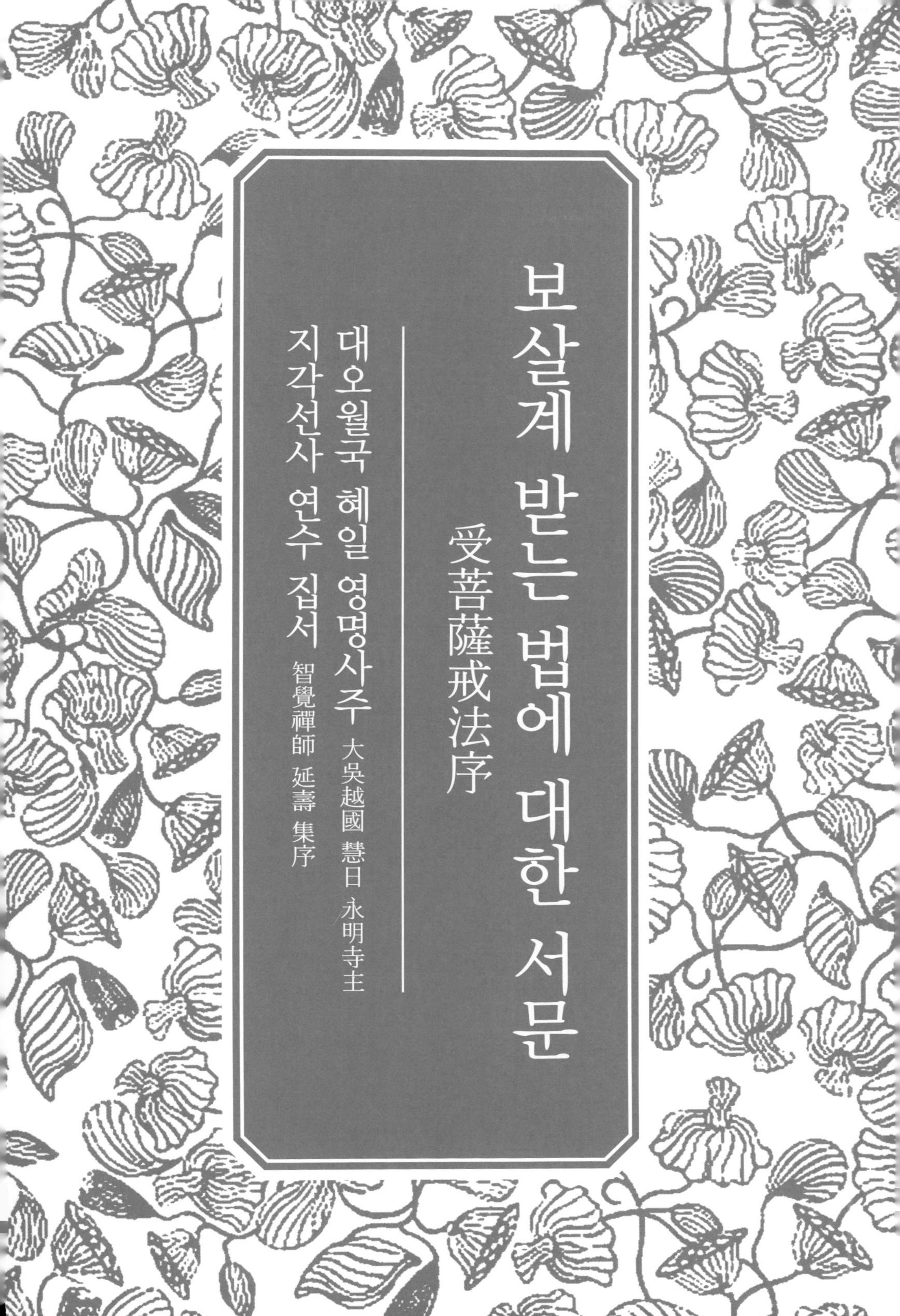

보살계 받는 법에 대한 서문
受菩薩戒法序
대오월국 혜일 영명사 주 大吳越國 慧日 永明寺主
지각선사 연수 집서 智覺禪師 延壽 集序

# 보살계 받는 법에 대한 서문
## 受菩薩戒法序 [1]

詳夫菩薩戒者는 建千聖之地며 生萬善之基라 開甘露門하야 入菩
상부보살계자  건천성지지  생만선지기  개감로문    입보
提路로다
리로


대저 보살계는 일천 성현[千聖 : 百千聖賢]을 세우는 땅이요, 만 가
지 선[萬善]을 내는 터전이다. 생사를 뛰어넘는 감로문(甘露門)을 열어
서 큰 깨달음[菩提]에 들어가게 하는 길(부처되는 길)이다.


梵網經에 云하사대 衆生이 受佛戒하면 卽入諸佛位하나니 欲知佛
범망경  운      증생  수불계     즉입제불위       욕지불
戒者인댄 但是衆生心이요 更無別法하니 以覺自心故로 名爲佛이요
계자   단시중생심     갱무별법     이각자심고     명위불
以可軌持故로 名爲法이요 以心性이 和合不二故로 名爲僧이요 以
이가궤지고  명위법     이심성   화합불이고     명위승     이
心性이 圓淨故로 名爲戒요 以寂而常照故로 名爲般若요 以心本寂
심성  원정고  명위계    이적이상조고    명위반야   의심본적

---


1 수보살계법서(受菩薩戒法序) 보살계를 받는 법에 대한 총설이라는 뜻.
2 지각선사(智覺禪師) 연수(延壽) 북송 때 법안종(法眼宗)의 제3조. 흔히 영명연수(永明延壽, 904~975)라고 한다. 현(顯) · 밀(密) · 선
(禪) · 정(定)을 모두 통달한 대종사. 저서로 『종경록(宗鏡錄)』 100권 『만선동귀집(萬善同歸集)』 6권 등이 있음.

滅故로 名爲涅槃이니 此是如來最上之乘이며 祖師西來之意어늘
멸고　　명위열반　　　차시여래최상지승　　　조사서래지의

　　『범망경』[3]에 이르기를 '중생이 부처님의 계를 받으면 바로 부처님 지위에 들어간다.'라고 하셨거니와 부처님의 계란 무엇인가? 다만 중생의 마음이 그것이요 마음 밖에 따로 그런 법이 있는 것이 아니니라. 자기 마음을 깨달은 것을 부처라 이름하고, 규범을 따라 지니는 것[軌持 : 절제 있는 행동]을 법이라 이름하며, 심성(心性)이 화합하여 하나 되는 것을 승(僧 : 화합의 뜻)이라 이름하느니라. 심성이 원만하고 청정하기 때문에 계(戒)라 하고, 고요하면서 항상 밝게 비치는 것[寂照 : 적(寂)은 지혜의 바탕이고 조(照)는 지혜의 묘용]을 반야(般若 : 지혜의 뜻)라 하며, 마음이 본디 적멸(寂滅 : 항상 고요하고 번뇌가 꺼진 경지)하기 때문에 열반(涅槃 : 범어 nirvāṇa, 적멸의 뜻)이라 이르나니, 이것이 여래의 최상승(最上乘 : 가장 높은 불법)이며, 조사가 서천에서 오신[祖師西來 : 달마 대사가 인도에서 중국에 온 것] 뜻이다.



---

3 **『범망경』** 2권. 구마라집의 번역. 본래는 『범망경노사나불설보살심지계품(梵網經盧舍那佛說菩薩心地戒品)』이라고도 한다. 즉 대승 보살계를 설한 것.

聞者 多生遮障하며 見者 咸起狐疑는 以垢深福薄故라 是盲者不見
문자 다생차장      견자 함기호의    이구심복박고   시맹자불견

이 非日月咎니 若有志心하면 受者聞者 法利無邊이라 七辨이 贊之
비일월구     약유지심      수자문자 법리무변     칠변   찬지

莫窮이며 千聖이 仰之無際니 可謂眞佛之母라 生諸導師요 妙藥之
막궁      천성    앙지무제    가위진불지모    생제도사   묘약지

王이라 能治衆病이니 入道之要가 靡越於斯矣일새 盧舍那佛이 說
왕      능치중병      입도지요    미월어사의      노사나불    설

十地法門하사 運菩薩持律儀하시며 入如來之行業하시니라
십지법문      운보살지률의         입여래지행업

 

    그런데 그 법을 듣는 이가 가리우고 막힘이 많고, 보는 이가 잔
의혹을 일으키게 되는 것은 번뇌의 오염이 깊고 복이 옅은 때문이
다. 그것은 마치 장님이 광명을 보지 못하는 것이 해와 달의 허물이
아닌 것과 같으니, 만일 진정한 뜻과 마음이 있다면 계를 받는 자와
듣는 자가 법의 이익이 끝이 없을 것이다.

    그 공덕은 칠변(七辨)[4]으로 찬양해도 다할 수 없고 천성(千聖)이 우
러러보아도 끝이 없으니, 참으로 부처님의 어머니로다. 모든 도사
(導師 : 인천(人天)의 스승)를 출생케 하며, 묘한 약 가운데 왕이어서 능히
모든 병을 다스린다고 말하나니, 도에 들어가는 요긴한 길이 이보다
더 지날 것이 없도다.

---

4 **칠변(七辨)** 불·보살의 교묘한 일곱 가지 변재. 1. 첩변(捷辯), 말이 걸림 없이 빨리 답변하는 변재. 2. 이변(利辯), 사리에 걸리지 않
고 유창하게 설하는 변재. 3. 수응변(隨應辯), 때와 근기에 따라 알맞게 하는 변재. 4. 무진변(無盡辯), 어떤 법에 대해서도 다함이 없
는 변재. 5. 부단변(不斷辯), 어떤 이치를 연속하여 밝힘에 있어 막히거나 중단됨이 없는 변재. 6. 풍의변(豊義辯), 말 가운데 풍부하
게 깊고 묘한 의미를 지니는 변재. 7. 최상묘변(最上妙辯), 일체세간에 있어 가장 미묘한 변설이니 곧 음성이 맑고 아름다워서 듣는
이로 하여금 공경심과 기쁜 마음을 내게 하는 변재.

노사나불(盧舍那佛)[5]께서 보살의 십지법문(十地法門)[6]을 설하시어 보살의 율의(律儀 : 계율의 행동)를 마련하시었으며, 여래의 행업(行業 : 실천 행위)을 세우셨도다.


恒沙戒品이 圓三聚而統收하고 萬行因門이 唯一念而具足이라 五
항 사 계 품　　원 삼 취 이 통 수　　만 행 인 문　　유 일 념 이 구 족　　　오
位大士 莫不賴此因圓이며 十刹寶王이 無不由玆果滿이니 今者에
위 대 사 막 불 뢰 차 인 원　　십 찰 보 왕　　무 불 유 자 과 만　　　금 자
欲弘大事나 難稱時機라 若曾宿種一乘하면 方乃能生信解어니와
욕 홍 대 사　　난 칭 시 기　　약 증 숙 종 일 승　　　방 내 능 생 신 해
情執之者는 何以決疑리요 須陳問答之由하야 以袪邪外之障하리라
정 집 지 자　　하 이 결 의　　　수 진 문 답 지 유　　　이 거 사 외 지 장


항하의 모래처럼 많은 계품(戒品 : 계율의 종류)이 원만하게 3취정계(三聚淨戒)[7]에 통합되었고, 만행의 인문[萬行因門 : 만 가지 행을 닦는 문호]이 오직 한 생각에 구족하였도다. 오위의 대사[五位大士][8]가 다 이 계에 힘입어 인행(因行 : 부처가 되기 위한 보살행)이 원만하게 되었고, 십찰의 보왕[十刹寶王][9]이 이 계로 말미암아 불과(佛果)를 성취하게 되었도다.

이제 큰 일을 천명하고자 하나 시기(時機 : 때와 사람의 근기)가 맞지 않도다. 만일 일찍이 일승의 종자[一乘種]를 심은 이라면 바야흐로 능히 신심을 내게 될 것이지만 망정(妄情)에 사로잡힌 자라면 어찌 의



범망경강설

---

**5 노사나불(盧舍那佛)** 대승불교에서 부처님의 성격을 다음의 세 가지로 나눈다. 1. 법신(法身) 비로자나불(毘盧遮那佛)은 법성(法性)을 그 바탕으로 한 것. 2. 보신(報身) 노사나불(盧舍那佛)은 만행공덕으로 성취된 과보의 몸이니 즉 여기서 『범망경』을 설한 부처님. 3. 화신(化身) 석가모니불(釋迦牟尼佛)은 부처님의 본신이 아닌 적응해 나타난 불신이란 뜻. 즉 중생제도를 위해 근기와 인연에 따라 나타낸 몸.

**6 십지법문(十地法門)** 대승보살의 수행계단 52위 가운데 제41위로부터 제50위까지 곧 십신(十信), 십주(十住), 십행(十行), 십회향(十廻向)을 거쳐 십지(十地)에 오른 법신보살(法身菩薩)을 위한 법문.

**7 3취정계(三聚淨戒)** 대승계의 총칭. 세 가지 종류로 일체계의 내용을 묶어 놓은 것. 1. 섭율의계(攝律儀戒), 보살이 신(身)·구(口)·의(意) 3법을 잘 조절하여 모든 계율에 어긋남이 없게 하는 것. 2. 섭선법계(攝善法戒), 모든 나쁜 짓을 하지 않을 뿐 아니라 온갖 선을 닦아 행하는 것. 3. 섭중생계(攝衆生戒), 자기만 계를 닦는 것이 아니라 모든 중생을 자비로 교화하여 악을 버리고 선을 닦도록 교화하는 것.

심을 결단할 수 있겠는가. 그러므로 그 사유를 묻고 답함을 통하여
사마(邪魔) · 외도(外道)의 장애를 벗어나게 하리라.


問하되 夫菩薩戒者는 乃文殊普賢之儔어늘 具縛凡夫가 如何得受
문    부보살계자   내문수보현지주    구박범부    여하득수
리잇고


【문】'대저 보살계는 문수(文殊) · 보현(普賢)[대승보살의 최고위에 있는
두 성인] 같은 이들에게 해당되는 것이거늘 아직 번뇌에 얽매인 범부
[具縛凡夫 : 견혹과 사유혹에 얽매인 범부]가 어떻게 받을 수 있겠습니까?'


答하되 若執凡夫非普賢者인댄 卽是滅一乘種이니 古聖이 不合云
답    약집범부비보현자    즉시멸일승종    고성   불합운
가 普照塵勞業惑門이 盡是普賢眞法界라 하시며 若執衆生非佛者
  보조진로업혹문   진시보현진법계       약집중생비불자
인댄 卽是謗十方佛이니 大敎에 不合云가 心佛與衆生이 是三無差
   즉시방시방불     대교   불합운   심불여중생    시삼무차
別이라 하시며 以梵網經에 云一切有心者가 皆應攝佛戒라 하시니
별         이범망경   운일체유심자   개응섭불계





8 오위대사(五位大士) 5위는 법상5위(法相五位)와 선종 5위 등이 있으나 여기서는 대승보살이 수행해 나가는 5위계급, 곧 10주(住) ·
  10행(行) · 10회향(迴向)의 30위 가운데 초주(初住)로부터 제10회향의 주심(住心 : 수행 중)을 제1 자량위(資糧位)라 하고, 10주 만심
  (滿心 : 다 수료한 것)으로부터 난위(煖位) · 인위(忍位) · 정위(頂位) · 세제일위(世第一位)의 4가행위(加行位)를 제2 가행위(加行位)
  라 하며, 무분별지(無分別智)가 생겨서 법성의 진여, 실상을 통달한 견도위(見道位)를 제3 통달위라 하고 다음 10지(十地)의 초지에
  올라가서 제10지에 이르기까지 10바라밀을 닦아 10종 장애를 끊고 10종의 진여를 증득하는 것을 제4 수습위(修習位)라 하며 10지의
  공덕이 원만하여 최후의 불과(佛果)를 증득하는 것을 제5 구경위(究竟位)라 함. 소승 5위는 이와 다름.
9 십찰보왕(十刹寶王) 『화엄경』에서 시방의 불찰[十方佛刹]을 자주 말하는 바 그 불찰에 계신 부처님을 보왕이라 한 것.

且稟人者가 誰不有心이리요 凡成佛者 皆從心現이니 所以로 釋迦
차품인자　　수불유심　　　범성불자　개종심현　　　소이　석가

出世하사 開衆生心中佛之智見하시고 達磨西來하사 直指人心見性
출세　　　개중생심중불지지견　　　달마서래　　　직지인심견성

成佛하시니
성불

【답】 만일 범부가 보현이 아니라고 고집한다면 이것은 일승(一

乘 : 일불승(一佛乘), 최상의 불법)의 종자를 멸망시키는 견해이다. 옛 성인

이 이르시지 않았더냐? '널리 비춰 보면 온갖 세간의 번뇌업혹문[業

惑門 : 번뇌로부터 일어나는 업들]이 다 보현의 참된 법계이다'라고.

만일 중생이 부처가 아니라고 고집한다면 이것은 시방 부처님을

비방함이니라. 대교(大敎 : 『화엄경』)에 이르지 않았느냐? '마음과 부처

와 중생, 이 셋이 차별이 없다'라고.

또 『범망경』에 이르기를 '마음이 있는 일체중생은 다 부처님의 계

율로 껴잡아 들인다.'라고 하셨거니와 사람의 몸을 받은 자로서 누

가 마음이 없겠는가? 무릇 부처가 된다는 것은 다 마음으로 좇아 나

타나는 것이다.

그러므로 부처님이 세상에 출현하시어 중생의 마음속에 갖추어

있는 부처님의 지견(智見 : 불지견(佛智見))을 열어주셨고 달마 대사가

서천(西天)에서 오셔서 바로 사람의 마음을 가리키어 견성성불(見性成

佛)하게 하셨도다.

故로 祖師云하사대 卽心是佛이요 卽佛是心이라 離心非佛이며 離
고   조사운       즉심시불       즉불시심       이심비불       이

佛非心이라 하시니 所以로 一切色心是情是心이 皆入佛性戒中이라
불비심          소이    일체색심시정시심     개입불성계중

卽衆生佛性之心이 具佛戒矣온 況菩薩戒는 惟以開濟로 爲懷라 不
즉중생불성지심   구불계의    황보살계   유이개제   위회   부

同小乘의 局執事相이니 是以로 菩薩의 饒益有情之戒는 但濟物利
동소승   국집사상     시이   보살   요익유정지계     단제물리

人이라 如末利夫人의 惟酒로 爲戒하고 仙豫大王의 惟殺惟慈니 但
인     여말리부인   유주   위계     선예대왕   유살유자   단

行利物之心하면 卽是秉持之志라 曷乃於法界에 而分疆域하며 向
행리물지심     즉시병지지지   갈내어법계   이분강역       향

大道에 而定方隅리요 徒自勞形하야 反招餘咎니라
대도   이정방우     도자노형     반초여구


그러므로 조사가 이르시기를 '마음이 곧 부처요 부처가 곧 마음
이다. 마음을 떠나 따로 부처가 없으며 부처를 떠나 따로 마음이 없
다.'라고 하셨다. 그러므로 일체의 몸과 마음을 지닌 중생은 다 불성
계(佛性戒 : 불성 속에 갖추어 있는 계) 가운데 들어갈 수 있는 것이니, 그것
이 곧 중생들의 불성의 마음이 불계(佛戒)를 갖춤이다. 하물며 보살
계는 오직 불성을 열어서 중생을 제도함을 그 본뜻으로 삼나니, 소
승이 어떤 형식[事相 : 계를 받은 자와 받지 못할 자가 있는 것]에 구애된 것과
는 같지 않다. 그런 까닭에 보살의 요익유정(饒益有情 : 중생을 이익되게
하는 것)의 계는 다만 중생을 건지고 남을 이익되게 하는 데 있다. 그
러므로 말리 부인(末利夫人)[10] 같은 이는 오직 술을 권하지 아니함으
로써 계를 삼았고, 선예대왕(仙豫大王)[11] 같은 이는 오직 죽이는 것을
못하게 자비로 막았으니 다만 중생을 유익하게 하려는 마음을 실행
한다면 그것이 곧 계를 바로 지니는 뜻이다. 어찌 법계에 차별의 경
계를 나눌 것이며, 큰 도를 향해 가는데 한 편만의 방위를 정하겠는

가? 만일 이러하면 한갓 형상에만 치우침이 되어서, 도리어 많은 허물을 부르게 되느니라.


問하되 衆生心이 旣具佛戒인댄 何用更受니잇꼬
문　　중생심　기구불계　　하용갱수


　　【문】 '중생의 마음에 이미 불계를 갖추었다면 어찌하여 다시

받나이까?'


答하되 諸佛敎法을 皆是爲未了者 以暫亡故로 似有迷昧할새 今則
담　　제불교법　개시위미료자 이잠망고　사유미매　　금즉
約事重明故로 稱受戒어니 自性妙律은 圓理昭然하야 靡隔聖凡이라
약사중명고　칭수계　　자성묘률　원리소연　　미격성범
未嘗迷悟니 法句經에 云戒性이 如虛空하야 持者爲迷倒라 하며 大
미상미오　법구경　운계성　여허공　　지자위미도　　대
般若經에 云持戒苾芻不升天堂하고 破戒比丘不入地獄이라 하시니
반야경　운지계필추불승천당　　파계비구불입지옥
何以故오 法界中에 無持犯故며 一切法이 空故니라
하이고　법계중　무지범고　일체법　공고


　　【답】 모든 부처님의 교법을 아직 깨닫지 못한 자에게 있어서는

잠깐 없는 듯하며(불성계가 숨어서 없는 듯한 것) 헤매고 어두운 듯하기 때

문에 이제 형식적 일(계 받은 일)을 빌어 거듭 밝히기 위해 계를 받는





10 **말리 부인(末利夫人)** 부처님 당시 사위국 바사익왕의 왕후. 부처님께 귀의하여 재가제자가 된 뒤에 여러 가지 계 가운데 술이 모
　든 계를 범하게 하는 근본이라 하여 여러 신하들에게도 술을 마시지 않을 것을 권하였다고 함.
11 **선예대왕(仙豫大王)** 『육도집경』에 따르면 선예대왕은 일찍이 온 국민에게 살생하지 못하게 하는 법령을 내렸다고 함.

다고 하거니와 자성 속에 갖추어 있는 미묘한 계율은 원만한 이치가 뚜렷하여 성인이나 범부에게나 막힘이 없으니, 일찍이 미혹되거나 깨달을 것이 따로 없다.

『법구경』에 이르기를 '계의 본 바탕이 허공과 같아서 지닌다는 것은 벌써 잘못된 것이라.'라고 하였고, 『대반야경』에 이르기를 '지계 비구가 천당에 오르지 못하고 파계 비구가 지옥에 들어가지 않는다.'라고 하였다. 무슨 까닭이냐? 법계(진리의 실상 세계) 가운데서는 지닌다거나 범한다는 것이 없기 때문이며 일체법이 공한 때문이다.

今爲未見性人하사 方便發揚하사 令信心戒케하사 約事開導하사 體
금위미견성인　　　방편발양　　　영신심계　　　　약사개도　　　체
用雙明하시니 祇如十重四十八經垢가 輕重이 雖殊나 總約事說이
용쌍명　　　　지여십중사십팔경구　　경중　　수수　　총약사설
시며 別而不別이라 理事一際요 不別而別이라 持犯條然하니 不離
　　별이불별　　　이사일제　　불별이별　　　지범조연　　　불리
事求理하야 起斷滅之心하며 不離理行事하야 執常情之見이니라
사구리　　　기단멸지심　　　불리이행사　　　집상정지견

이제 견성하지 못한 사람을 위하여 방편으로 선양(發揚)하여 심계(心戒 : 마음에 본디 갖추고 있는 계)를 믿고 받게 하려 하시며, 형식적인 일을 빌려 인도하시어 체(體 : 성계(性戒))와 용(用 : 사계(事戒))을 함께 밝히셨다. 다만 10중계(十重戒 : 불살생 등 10중대계)와 48경구죄(四十八經垢罪 : 『범망경』 본문에 나오는 짓)는 가볍고 무거운 것이 비록 다르지만 다 나타나는 모양을 의지하여 설한 것이므로, 모양으로는 다른 듯하나 근본은 다르지 않아서 이(理 : 성계(性戒))와 사(事 : 계 받는 일)가 하나요, 근본으로는 다르지 않지만 모양은 달라서 지니고 범하는 것이 분명하여, 사계(事戒)를 여의고 이계(理戒)만을 구함으로 해서 단멸심(斷滅心 :

아무것도 없다는 마음)을 일으키지 말며(모든 사상(事相)을 다 무시하면 허무단멸에 떨어질 수 있음), 이계(理戒)를 여의고 사계(事戒)만을 행함으로 해서 상정(常情 : 형식인 사상(事相))의 견해에 집착하지 말지어다.

問具縛凡夫가 根微垢重하니 若令受戒하면 毀犯盖多하리니 若不
문구박범부　　근미구중　　　약령수계　　　훼범개다　　　　약불

觀根이면 返遭淪墮니다
관근　　　반조윤타

　　【문】'번뇌에 얽매인 범부는 근기가 미약하고 죄업이 무거우므로 만일 계를 받게 하면 계를 헐고 범하는 일이 많을 것이니, 근기를 보지 않고 계를 받게 하면 도리어 악한 데 떨어지게 될 것입니다.'

答只爲垢重障深하야 令受佛戒니 現行煩惱가 雖厚나 佛乘種子는
답지위구중장심　　　영수불계　　현행번뇌　　수후　　불승종자

無虧라 貴聞自本有之佛性善根과 諸佛不可思議戒之威力하야
무휴　위문자본유지불성선근　　제불불가사의계지위력

能令佛心으로 明朗하야 煩惱輕微니 設少持時라도 功德이 無量이
능령불심　　　명랑　　　번뇌경미　　설소지시　　　공덕　　무량

라 纔發一念에 已過聲聞이니 諸佛이 校量하사 群經에 具載라 不可
　재발일념　　이과성문　　　제불　　교량　　　군경　　구재　　불가

以情思臆斷으로 背佛違經이니 謗大之愆이 罪淪長劫하리라
이정사억단　　　배불위경　　　방대지건　　죄윤장겁

　　【답】다만 죄업이 무겁고 업장이 깊은 자를 위하여 불계를 받게 하나니 현행의 번뇌는 비록 두터우나 불승(佛乘)의 종자는 훼손된 바가 없는 것이니 자기가 본래 가지고 있는 불성의 선근(善根)과 모든 부처님의 부사의한 계의 위력을 들려주어서 능히 불심으로 명랑케 하면 번뇌가 경미(輕微)하게 되리니, 설사 얼마 되지 않는 동안 지

니더라도 공덕이 무량하니라. 잠깐 한 생각을 일으키더라도(대승 성계 (性戒)의 마음) 이미 성문(聲聞 : 소승의 성인)의 공덕보다 지난다는 것이요, 그 공덕을 비교한 것이 여러 경에 두루 실려 있으니 범부의 식견으로 억측하여 불경의 뜻에 어그러지게 하지 말라. 대승을 비방한 죄는 영겁토록 악도에 떨어지게 되리라.

菩薩瓔珞經에 云佛言하사대 佛子야 若過去未來現在一切衆生에
보살영락경　　운불언　　　불자　　약과거미래현재일체중생

不受菩薩戒者는 不名有情識者라 畜生으로 無異하야 不名爲人이
불수보살계자　　불명유정식자　　축생　　　무이　　　불명위인

니 常離三寶海하야 非菩薩이며 非男非女며 非鬼非人이라 名爲畜
　상리삼보해　　　비보살　　　비남비녀　　비귀비인　　　명위축

生이며 名爲邪見이며 名爲外道라 不近人情이라 하시니 故知菩薩戒
생　　　명위사견　　　명위외도　　불근인정　　　　　　고지보살계

는 有受法而無捨法이라 有犯不失하야 盡未來際로다 若有人이 欲
　유수법이무사법　　　유범불실　　　진미래제　　　약유인　　욕

來受者어던 菩薩法師先爲解說讀誦하야 使其心開意解하야 生樂着
래수자　　　보살법사선위해설독송　　　사기심개의해　　　생요착

心然後에 爲受니라
심연후　　위수

『보살영락경』에 이르기를, '부처님이 말씀하시기를, 불자여! 만일 과거·미래·현재의 일체중생이 보살계를 받지 않은 자는 정식(情識 : 감정과 의식)이 있는 사람이라고 이름하지 못하리라. 축생과 다름이 없으므로 사람이라 이름하지 못하는 것이니 항상 삼보의 바다를 여의어서 보살이 아니며, 귀신도 아니며, 사람도 아니니라. 축생이라 하며 사귀(邪鬼)라 하며 외도라 할 것이니 인정(人情)에 가깝다 할 수 없느니라.'라고 하셨다.

　　그러므로 보살계는 받는 법은 있지만 버리는 법은 없다(받으면 그대로 공덕이 되므로 버릴 것이 없다). 범하더라도 미래세가 다하도록 그 계

를 아주 잃어버리는 일이 없다.

만일 어떤 사람이 와서 계를 받고자 하거든 보살법사가 먼저 그를 위하여 해설하고 읽어주어서 그 마음이 열리고 이해하게 하여 기꺼이 받으려는 마음을 내게 한 후에 그를 위해 계를 받게 해야 하느니라.


又復法師 能於一切國土中에 敎化一人出家하야 受菩薩戒者는 是
우부법사 능어일체국토중　교화일인출가　　수보살계자　시
法師의 其福이 勝造八萬四千寶塔이온 況復二人三人으로 乃至
법사　기복　승조팔만사천보탑　　황부이인삼인　　내지
百千人이리오 福果不可稱量이니 其法師者는 夫婦六親이 得互爲
백천인　　복과불가칭량　　기법사자　부부육친　득호위
師하야 受其戒하면 入諸佛戒菩薩數中하야 超過三劫生死之苦하니
사　　수기계　입제불계보살수중　　초과삼겁생사지고
리 是故로 應受而有犯者를 名爲菩薩이요 勝無而不犯이니 有犯名
시고　응수이유범자　명위보살　　승무이불범　　유범명
菩薩이요 無犯名外道라 하니라
보살　무범명외도


또 법사가 일체국토 가운데서 한 사람을 교화하여 출가시키고 보살계를 받게 하면, 이 법사의 복덕은 8만 4천의 보배 탑을 조성한 것보다 뛰어날 것이다. 하물며 두 사람, 세 사람 내지 백 명, 천 명에 비하겠는가? 그 복덕의 과보는 헤아릴 수 없느니라.

그 법사는 부부나 육친이 서로서로 법사가 되어 계를 받으면 불계(佛戒)를 받은 보살의 숫자 가운데 들어서 3겁 동안 생사의 고(苦)를 뛰어넘게 되리라.

그러므로 마땅히 받고서 범하더라도 보살이라 하나니, 받지 않아서 범할 것이 없는 이보다 훨씬 뛰어나다. 받고서 범함이 있음은 보살이라 하거니와 받지 않고 범함이 없는 것은 외도라 하느니라.

問하되 何不以八關十善으로 漸漸度之하야 能稱小機하야 免成毀
문　　하불이팔관십선　　점점도지　　능칭소기　　면성훼
犯이니이꼬
범

　　【문】'어찌하여 팔관(八關 : 팔관재계)과 십선(十善 : 불살생 등 10계)으
로 차츰 제도하여 작은 근기에도 잘 맞게 함으로써 계(대계)를 파하
고 범하는 것을 면하게 하지 않습니까?'

答하되 經에 云若以十善으로 化人은 如將毒藥與人하야 雖一期에
답　　경　　운약이십선　　화인　　여장독약여인　　수일기
得人天之飽나 不免生死毒發하야 終不出輪廻하야 翻增業垢며 若
득인천지포　　불면생사독발　　종불출윤회　　번증업구　　약
以小乘으로 開化는 卽是大乘寃鴆이요 解脫深坑이라 可畏之處라
이소승　　개화　　즉시대승원짐　　해탈심갱　　가외지처
하시고 經에 云 寧起狐狼野干心이언정 不起聲聞辟支佛意라하시니
　　　경　　운 영기호랑야간심　　불기성문벽지불의
所以로 云 但說大乘하야사 無咎니라
소이　　운 단설대승　　무구

　　【답】경에 이르기를, '만일 십선으로써 사람을 교화하는 것은
마치 마약을 가져다 사람에게 주는 것과 같아서, 비록 한 번 인천(人
天)의 즐거움을 얻을지라도 생사의 독이 일어남을 면치 못함으로 마
침내 윤회에서 벗어나지 못하여 도리어 죄업을 더하게 될 것이니,
만일 소승으로써 교화문을 열면 이것은 대승을 해치는 독소요, 해탈
의 깊은 함정(해탈을 가로막는 함정)이라 가공할 곳이로다.'라고 하였다.
　　경에 이르기를, '차라리 여우나 이리 그리고 야간(野干 : 여우·이리
와 비슷한 종류의 짐승)의 마음을 일으킬지언정 성문과 벽지불의 뜻을 일

으키지 말라.'라고 하였다. 그러므로 다만 대승을 설해야 허물이 없
느니라.


問하되 說法受戒는 本爲超出苦源이어늘 何乃却令誹謗毀犯하야
문     설법수계     본위초출고원       하내각령비방훼범
翻墮地獄케하면 有損無益이어니 何成化門이니꼬
번타지옥       유손무익       하성화문


【문】 법을 설하여 계를 받는 것은 본디 고(苦)의 근원을 뛰어넘
기 위함인데, 이에 도리어 비방하고 범하여서 지옥에 떨어지게 된다
면 손해만 있고 아무런 이익이 없으리니 어찌 교화문을 이루리까?


答하되 自有聞而頓悟하며 或有聞而漸持하며 或有聞而起謗하니 隨
답     자유문이돈오     혹유문이점지     혹유문이기방     수
機不同이나 皆能獲益이라 佛法이 眞實하야 終不唐捐호미 如置毒
기부동     개능획익     불법   진실하야 종불당연     여치독
乳中하야 味味殺人하며 又如以毒塗鼓하야 遠近皆喪이니 此大乘
유중     미미살인     우여이독도고     원근개상     차대승
戒法은 聞而起謗하야도 尙獲大益하야 超過供養恒沙佛人이온 何
계법   문이기방       상획대익     초과공양항사불인       하
況諦信하야 一心求受리오 所以로 文殊菩薩經中에 校量云하사대
황제신     일심구수     소이   문수보살경중     교량운
譬如有人이 聞說般若하고 起謗不信하야 墮地獄이라도 勝供養恒沙
비여유인   문설반야     기방불신     타지옥       승공양항사
佛者니 何以故오 供養恒沙佛은 只得人天生滅之福이어니와 若聞
불자   하이고   공양항사불   지득인천생멸지복       약문
般若하고 毀謗墮地獄이라도 受謗法畢에 以聞般若로 爲種하야 纔
반야     훼방타지옥       수방법필   이문반야   위종     재
聞說般若하면 便得心開하야 刹那成佛하리니 校其功力컨댄 天地懸
문설반야     변득심개     찰나성불하리니 교기공력       천지현
殊니라
수

【답】 스스로 듣고서 단박에 깨닫는 이가 있고, 듣고 차츰 지니는 이가 있으며, 혹 듣고서 비방함을 일으키기도 하여 근기에 따라 같지 않으나 다 능히 이익을 얻나니, 불법이 진실하여 마침내 헛되게 버리는 것이 없도다. 마치 독약을 젖 가운데 넣으면 그 젖을 마시는 자마다 죽음과 같으며, 또 도독고(塗毒鼓)[12]를 울리면 멀고 가까운 데서 듣는 자가 다 죽는 것과 같도다. 이 대승계법은 듣고서 비방을 일으키더라도 오히려 큰 이익을 얻어서 수많은 부처님을 공양한 것보다 초월하나니 하물며 진실하게 믿고 일심으로 받아 지니기를 구하는 것이겠는가? 그러므로 『문수보살경』에서 비교하기를 '비유컨대 어떤 사람이 반야 설하는 것을 듣고 비방하면서 믿지 않아 지옥에 떨어질지라도 항하사수[13]의 부처님을 공양한 것보다 낫다. 왜냐하면 항하사수 부처님을 공양하면 다만 인간이나 천상에서 생겼다 없어지는 세간의 복만을 얻지만, 만일 반야를 듣고 비방하여 지옥에 떨어지는 것은 그 비방한 죄가 다하면 반야를 들은 것이 종자가 되어서 잠깐 반야를 듣게 될 때에 문득 마음이 열리어 찰라에 성불하게 될 것이기 때문이니 그 공력을 비교하건대 천지의 차가 있도다'라고 하셨으며,

---

12 **도독고(塗毒鼓)** 독약을 바른 북 : 편집자 주
13 **항하사수** 항사(恒沙), 즉 항하의 모래 수처럼 수많은 : 편집자 주

又諸法無行經에 云하되 有一淨威儀法師 怜愍衆生故로 從所住處
우제법무행경 운 유일정위의법사 영민중생고 종소주처

하야 常入聚落하사 食訖而還하사 敎化百千萬家하야 皆作佛子하야
상입취락 식흘이환 교화백천만가 개작불자

令發阿耨多羅三藐三菩提心하고 又有一威儀比丘 常住寺中하야
영발아뇩다라삼먁삼보리심 우유일위의비구 상주사중

乃至不能善於菩薩所行之道라 淨威儀法師諸弟子衆이 常入聚落
내지불능선어보살소행지도 정위의법사제제자중 상입취락

을 生不淨心이러니 卽鳴揵搥하야 集衆立制하되 汝等은 自今以去
생부정심 즉명건추 집중입제 여등 자금이거

로 不應入於聚落하라 한다 於後에 淨威儀法師 遇有威儀比丘하야
불응입어취락 어후 정위의법사 우유위의비구

知不信受大乘戒法하고 强說一偈하야 以作大乘種케하야 必知不信
지불신수대승계법 강설일게 이작대승종 필지불신

誹謗하야 入地獄이라도 地獄罪畢에 因聞此法하야 爲悟道之因이라
비방 입지옥 지옥죄필 인문차법 위오도지인

하야 頌曰貪欲이 卽是道요 瞋恚亦復然이라 如是三法中에 具一切
송왈탐욕 즉시도 진에역부연 여시삼법중 구일체

佛法이라 하시되 有威儀比丘 聞已誹謗하야 起是業已하고 後時命
불법 유위의비구 문이비방 기시업이 후시명

終에 是業果報故로 墮阿鼻大地獄하야 九十百千億劫을 受諸苦惱
종 시업과보고 타아비대지옥 구십백천억겁 수제고뇌

라가 從地獄出하야 六十三萬世에 常被誹謗하고 其罪漸薄하야 後
종지옥출 육십삼만세 상피비방 기죄점박 후

作比丘하야 三十二萬世를 出家之後에 是業因緣으로 返道入俗하
작비구 삼십이만세 출가지후 시업인연 반도입속

고 乃至無量千萬世를 諸根暗鈍하니 師子遊步야 於汝意云何오 爾
내지무량천만세 제근암둔 사자유보 어여의운하 이

時에 有威儀比丘 豈異人乎아 勿造斯觀하라 卽我身이 是니 我 時
시 유위의비구 기이인호 물조사관 즉아신 시 아 시

에 起是微細不淨惡心하야 受此罪業하야 墮於地獄이니 若人不欲
기시미세부정악심 수차죄업 타어지옥 약인불욕

起微細罪業者인댄 於彼菩薩에 不應起於惡心이며 菩薩所行道를
기미세죄업자 어피보살 불응기어악심 보살소행도

皆當信解하야 不應起瞋恨之心이니 乃至如來見是利故로 常說是
개당신해 불응기진한지심 내지여래견시리고 상설시

法이라 하시니 故知因聞此大乘法하야 而得成佛이니 聞而起謗하야
법 고지인문차대승법 이득성불 문이기방

도 尙得成佛이온 何況至誠하야 求聞求受리요
상득성불 하황지성 구문구수

또 『제법무행경』에 이르기를,

'계율을 지니는 어떤 한 법사가 중생을 불쌍히 여기기 때문에 머무는 곳[도량]에서 항상 마을에 들어가 걸식하고 돌아오곤 하면서 백천만 집을 교화하여 다 불자가 되도록 하여 최상의 보리심을 일으키게 하였다. 그리고 또 계율을 지키는 어떤 한 비구는 늘 절 가운데 머물면서(마을에 들어가지 않고) 보살이 행하는 도를 잘 행하지 못하였다. 그때 계율 지니는 법사의 모든 제자들이 늘 마을에 들어가는 것을 보고 못마땅한 마음을 내서 곧 목탁을 쳐서 대중을 모아 규칙을 세우기를, '너희들은 이제부터 이후엔 마을에 들어가지 말라.'라고 하였다. 먼저 법사가 우연히 비구를 만나서 그가 대승계법을 믿지 않고 받지 않음을 알고서 일부러 한 게송을 설하여 대승의 종자를 지으려고 하였다. 그 비구가 믿지 않고 비방하므로 지옥에 들어갈 줄을 알지만 그 죄가 다하면 이 법을 들음으로 인하여 도를 깨닫는 인연을 삼게 하고자 하여 게송을 설했던 것이다. 게송으로, '탐욕이 곧 도요 진에와 우치(瞋痴)도 또한 그러하니 이러한 세 가지 법 가운데에 일체불법을 갖추었도다.'라고 하자, 계 지니는 비구가 이것을 듣고 비방했다.

그런 업을 지었기 때문에 뒤에 목숨이 다하였을 때 이 업의 과보로 큰 아비지옥에 떨어져서 9십 백천억 겁 동안 수많은 고통을 받았으며, 그 뒤 지옥에서 나와서도 63만 세(世 : 生) 동안에 항상 비방을 받다가 그 죄가 차츰 엷어졌으며, 그 뒤에 비구가 되어 32만 생 동안을 출가했지만 이 업의 인연으로 도를 등지고 세속에 들어가서 내지 무량 천만 생 동안 6근(六根 : 여섯 감각기관)이 암둔(暗鈍)하였느니라.

사자유보(師子遊步)야, 그대는 어떻게 생각하느냐? 그때에 계 지니던 비구는 다른 사람이 아니라 곧 나 자신이었느니라. 내가 그때 조그마한 부정한 악심을 일으킴으로써 이러한 죄보를 받아 지옥에 떨어졌었느니라. 그러므로 만일 누구나 그런 미세한 죄업을 짓지 않으려거든 저 보살에게 악심을 일으키지 말 것이며, 보살의 행하는 도를 다 믿고 이해하여 진한심(瞋恨心 : 성내고 원망하는 마음)을 일으키지 말 것이니 여래가 이러한 이익을 보았기 때문에 항상 이 법을 설하느니라.'라고 하였다.

그러므로 이 대승법을 들은 인연으로 성불하게 되며, 듣고 비방을 일으킬지라도 오히려 성불하게 되나니, 하물며 지성으로 듣기를 구하고 계 받기를 구함이겠는가?

且如菩薩戒中에 十重婬殺等戒는 只如現在不受戒凡夫가 從無始
차여보살계중　　십중음살등계　　지여현재불수계범부　　종무시

來로 具造殺盜婬欲等事와 慳貪瞋恚等法하되 過去已造며 現在今
래　　구조살도음욕등사　　간탐진에등법　　과거이조　　현재금

造며 未來當造하야 念念無間히 心心靡移하야 恒沒生死하고 恒沉
조　　미래당조　　염념무간　　심심미이　　항몰생사　　항침

苦獄하나니라
고 옥


또 보살계 가운데 10중계에 속하는 음행과 살생 등의 계는 다만 현재에 계를 받지 않은 범부가 지을 뿐만 아니라, 끝없는 과거로부터 살생과 도둑질과 음행 등과 아끼고 탐내고 성내는 등의 업을 갖추어 지었으되 과거에도 이미 짓고 현재에도 지으며 미래에도 지어서 잠깐도 간단(間斷)이 없이 항상 생사(生死)에 빠져서 지옥고를 받느니라.

故로 經에 云閻浮衆生의 擧足動步가 無非是罪라 하시니 若行殺害
하면 墮畜生中하야 互爲高下하고 若起瞋恚하면 墮地獄中하야 常
時燒煮하고 若生慳貪하면 墮餓鬼中하야 飢火常然하나니 故로 法
華經에 云於地獄中이라도 作園觀想하며 駝驢猪狗是其行處라 하시
니라 所以로 蓮花色比丘尼昔爲戲人하야 被法服時에 以宿命智로
觀過去無始前에 恒處地獄하야 無有出期하고 遂乃廣權王舍城中
釋種等女하야 但出家하면 破戒入地獄이라도 終有解脫之時라 하니
是以로 但受破戒라도 速超得道之場이요 不受不破하면 永處泥犁
之患이니 以業道罪相酬하야 無有休息일새니라.

그러므로 경에 이르기를 '염부제(이 인간계) 중생이 발을 들어 한 걸음 옮기는 것이 죄 아닌 것이 없다.'라고 하시고, 만일 생명을 살해하면 축생 가운데 떨어져서 서로 바꾸어 나며, 만일 성내는 마음을 일으키면 지옥에 떨어져서 항상 불로 사르고 지짐을 당하게 되며, 만일 내 것은 아끼고 남의 것을 탐하는 마음을 내면 아귀의 세계에 떨어져서 굶주리고 불에 항상 타게 된다. 그러므로 『법화경』에 이르기를 '지옥 가운데서도 낙원동산으로 생각하고, 낙타·노새·돼지·개 등의 세계도 또한 갈 수 있는 곳이다'라고 하느니라.

그러므로 '연화색(蓮花色) 비구니[14]가 본래는 기생이었는데 출가하여 법복(法服)을 입을 때 숙명지(宿命智)로써 과거무량겁 전에 항상 지옥에 떨어져서 나올 기약이 없었던 일을 관하고, 널리 왕사성 석가족의 여인들에게 권하기를, 일단 출가하면 설사 계를 파하고 지옥에

들어갈지라도 마침내 해탈할 때가 있을 것이다.'라고 하였다. 그러
므로 다만 계를 받고 곧 깨뜨리는 한이 있더라도 서둘러 도 얻는 마
당에 나갈 것이요, 받지도 않고 파하지도 않으면 길이 지옥에 떨어
지는 걱정이 있으니 업도(業道 : 육도)의 죄를 서로 갚아서 쉴 사이가
없기 때문이다.

故로 決定毗尼經에 云佛言하사대 優波離야 何故로 修大乘行菩薩
고 　결정비니경 　운불언 　　우바리 　하고 　수대승행보살

戒는 寬容無犯하고 何故로 聲聞禁戒는 窄狹嚴切하고 優波離야 當
계 　관용무범 　하고 　성문금계 　착협엄절 　우바리 　당

知하라 若初修大乘하야 行菩薩戒하면 晨朝有犯하야 應當結罪라도
지 　약초수대승 　행보살계 　신조유범 　응당결죄

至午하야 若菩提心이 無間斷하면 戒聚成就하야 則非所犯이며 乃
지오 　약보리심 　무간단 　계취성취 　즉비소범 　내

至中夜有犯이라도 至於後夜하야 菩提心이 無間斷하면 戒聚成就하
지중야유범 　지어후야 　보리심 　무간단 　계취성취

야 則非所犯이니 優波離야 當知하라 初修大乘하야 行菩薩戒行이
즉비소범 　우바리 　당지 　초수대승 　행보살계행

寬緩일새 若有菩薩이 結罪有犯이라도 不應悔懼니라 復次若聲聞犯
관완 　약유보살 　결죄유범 　불응회구 　부차약성문범

戒는 戒相則減하야 無復更全이니 何故오 爲聲聞持戒는 除煩斷故
계 　계상즉감 　무부갱전 　하고 　위성문지계 　제번뇌고



범
망
경
강
설

---

14 **연화색(蓮花色) 비구니** 부처님의 제자이다. 처음에 세속에서 일류기생으로 이름이 높았는데 뒤에 목건련 존자를 유혹하려 하다가
목건련 존자의 도행에 감복하여 교화를 받고 부처님에 귀의하여 비구니가 된 뒤에 아라한과를 얻고 신통을 얻었다고 한다.

로 如救頭然燒衣하야 心速爲求寂滅涅槃하야 堅持戒行일새니라 以
　여구두연소의　　　심속위구적멸열반　　　견지계행　　　　이

知菩薩은 爲發菩提無上心故로 受戒하야 雖暫有犯이라도 乃從事
　지보살　위발보리무상심고　수계　　수잠유범　　　내종사

而論하야 一期所制라 若菩提心四弘願이 不斷하면 卽不名犯이오
　이론　　일기소제　약보리심사홍원　부단　　즉불명범

若永捨菩提心하고 違四弘願하면 則名犯戒어니와 以聲聞人은 不
약영사보리심　　위사홍원　　즉명범계　　　이성문인　　불

發菩提心일새 受戒하야 但求出離니 事戒纔犯하면 持心卽斷이라
발보리심　　수계　　단구출리　사계재범　　지심즉단

以從生滅邊論故니라 若菩提心菩薩戒는 約盡未來際하야 無有間
이종생멸변론고　　약보리심보살계　약진미래제　　　무유간

斷故니라
단고

　　그러므로 『결정비니경』에 이르기를, '부처님이 말씀하셨다. 우바
리(계 지니기로 으뜸가는 제자)여, 어찌하여 대승행을 닦는 보살계는 관용
하면서 범함이 없도록 하는데 어찌하여 성문의 금계(禁戒)는 협소하
고 엄격한가? 우바리여, 알아 두라. 처음 대승법을 닦아 보살계를
행할 때 아침에 범하여 응당 죄를 지었더라도 낮에 이르러 만일 보
리심을 내어 끊어짐이 없다면 삼취정계가 성취되어서 곧 범한 바가
없게 되며, 내지 밤중에 범하였더라도 새벽에 이르러 보리심이 내어
끊어짐이 없으면 삼취정계가 성취되어 범한 바가 없게 되느니라.

　　우바리여, 마땅히 알라. 처음 대승법을 닦아 보살계를 행할 때
그 행이 너그럽기 때문에 만일 보살이 범하여 죄를 지었더라도 뉘우
치고 두려워할 것이 없는 것이다. 그러나 만일 성문이 계를 범한다
면 계의 형태가 감하게 되어 다시 온전히 계를 회복할 수 없을 것이
니라. 왜냐하면 성문이 계를 지니는 것은 번뇌를 제거하기 위한 것
이기 때문에 머리에 불이 붙고 옷이 불타는 것을 끄듯 하여 마음으
로 속히 적멸열반(寂滅涅槃)을 구하기 위하여 군게 계행을 지녀야 하

기 때문이니라.'라고 하였다. 그러므로 알라. 보살은 최상의 보리심을 발하기 위해서 계를 받는 것이니 비록 잠깐 범하였더라도 그것은 형식상으로는 계를 범한 것이지만 만일 보리심과 사홍서원이 끊어지지 않았다면 범했다고 이름하지 않느니라. 만일 길이 보리심을 버리고 사홍서원에 어그러지면 곧 계를 범했다고 하거니와, 성문은 보리심을 발하지 못한 채 계를 받아서 다만 생사에서 벗어나기를 구하기 때문에 현실적으로 계를 잠깐 범하면 계 지니는 마음이 곧 끊어지느니라. 그것은 계 지니는 마음을 생멸하는 편에서 논하기 때문이지만 보리심을 발한 보살의 계는 미래세가 다하도록 이어져서 끊어짐이 없는 편에 있기 때문이니라.


又經에 云犯戒名菩薩이요 不犯名外道니 以未聞大乘佛性戒故로
우경   운범계명보살     불범명외도     이미문대승불성계고

無可得犯인댄 縱修萬善이나 皆是無益이요 苦行所收니 種苦求甘
무가득범     종수만선     개시무익     고행소수     종고구감

이 終無得理요 蒸砂作飯이 豈有成時리요 所以로 梁帝發願云하되
종무득리   증사작반   기유성시     소이   양제발원운

不願作鸒頭藍子暫得生天이요 寧可作提婆達多永處地獄이라 하니
불원작을두람자잠득생천     영가작제바달다영처지옥
라


또 경에 이르기를, '보리심을 일으킨 보살의 범계는 실로 범계가 아니요 보리심을 발하지 못한 소승의 계 지님은 참된 계 지님이 아니다. 대승의 불성계(자성의 본디 있는 계)인 때문에 범함이 없는 이치를 듣지 못했다면 비록 만 가지 선을 닦더라도 다 이익이 없고 고행으로 거둔 것과 같나니 쓴 씨앗을 심어 단 열매를 구한다면 그럴 이치가 없고 모래를 쪄서 밥을 지으려 하면 어찌 이룰 때가 있겠는가?

그러므로 양(梁) 무제(武帝)가 발원하기를, '울두람(欝頭藍)[15]이 되어 잠깐 천상에 나는 과보를 원치 않고 차라리 제바달다[16]가 영겁의 지옥에 처하듯 하리라.'라고 하였다.


且如不受戒衆生이 法爾累聚하야 煩惱所榮으로 皆墮地獄이니 設
차여불수계중생　법이누취　　번뇌소영　　개타지옥　　설

得暫出이라도 還墮輪廻하야 似蟻循環하며 如火旋轉이어니와 若得
득잠출　　환타윤회　　사의순환　　여화선전　　약득

戒力하야 心遇緣因하면 一念廻心하야 自然開悟하리니 經에 云如
계력　　심우연인　　일념회심　　자연개오　　경　운여

王生子에 爲民所敬하야 得戒護人은 生聖種中하야 後必得聖홈이
왕생자　위민소경　　득계호인　　생성종중　　후필득성

如紹王位라 하시니 設有毀犯이라도 如菩薩戒八勝中에 第五受罪輕
여소왕위　　설유훼범　　여보살계팔승중　제오수죄경

微勝하야 墮六趣中이라도 常得爲王이니 此是劣中之勝이니라
미승　　타육취중　　상득위왕　　차시열중지승


또한 계를 받지 않은 중생이 죄업의 쌓임과 번뇌의 얽힘으로 다 지옥에 떨어지며 설사 잠깐 그곳에서 나옴을 얻을지라도 도리어 윤회에 떨어져서 마치 개미가 쳇바퀴 돌듯, 불돌이가 동그라미를 그리듯[17] 하지만, 만일 계의 힘을 얻어서 마음이 연의 인[緣因 : 연은 계를 설하는 율사, 법을 말함]을 만나면 한 생각에 마음을 돌려서 저절로 깨닫게 되리라. 경에 이르기를, '왕이 아들을 낳으매 백성의 존경을 받는 것과 같이 계를 받아 보호하는 사람은 성인의 종자를 받아 나서 뒤에





---

**15 울두람** 팔리어로 웃다카라마풋타(Uddaka–Rāmaputta)이다. 처음 싯달다 태자가 찾아가서 도를 묻자 그는 비상비비상처천(非想非非想處天)의 경지를 얻어서 그런 하늘에 태어난다고 하였다. 그러나 그 하늘에 나도 참된 열반을 얻지 못하고 다시 타락할 수 있으므로 싯달다는 그를 떠나 홀로 수행하여 최상의 도를 성취하였다.

**16 제바달다** 팔리어로 데와닷타(Devadatta)이며, 부처님의 4촌 아우이다. 출가하여 불제자가 되었으나 천품이 패악하여 자기가 세상에 제일가는 사람이 되기 위해서 늘 부처님을 모해하려 하여 많은 죄악을 저질렀다. 그래서 뒤에 생함지옥(生陷地獄 : 산 채로 지옥에 떨어짐)하였다고 한다.

**17** 불놀이를 할 때 불이 둥글게 뱅뱅 도는 것처럼 계속 반복되니 : 편집자 주

반드시 성인됨을 얻으리니 마치 왕자가 장차 왕위를 잇는 것과 같으리라.'라고 하였으니, 설사 헐고 범할지라도 보살계 8승(八勝 : 뒤에 따로 설함) 가운데 '제5죄 받음이 경미(輕微)하다'는 특승(特勝)과 같이 6취(六趣) 가운데 떨어지더라도 항상 왕이 될 것이니 이것은 열등한 가운데서도 뛰어남이로다[劣中勝 : 6취에 떨어졌더라도 오히려 왕이 된다는 것이 열등한 가운데서나마 뛰어난 것].

又如出家比丘가 誰是微細精持戒人고 二地도 分持요 惟佛이라사
우여출가비구　수시미세정지계인　이지　분지　유불

能淨이시니 所以로 經에 云惟佛一人이 持戒淸淨이요 其餘는 盡名
능정　소이　경　운유불일인　지계청정　기여　진명

破戒者라 하시고 南山이 云受者는 法界로 爲量이요 持者는 麟角이
파계자　남산　운수자　법계　위량　지자　인각

猶多라 하시고 又云坐受立破라도 得無量福이니 乃至但作奉戒之心
유다　우운좌수입파　득무량복　내지단작봉계지심

이언정 莫作得戒之限이니라 하시고 善生云天地無邊이라 戒亦無邊
막작득계지한　선생운천지무변　계역무변

이며 草木이 無量이라 戒亦無量이며 虛空大海高深이라 戒亦高深
초목　무량　계역무량　허공대해고심　계역고심

도 亦復如是라 하시니 故知受時에 十方戒法이 無邊일새 破者는 毫
역부여시　고지수시　시방계법　무변　파자　호

釐少分이라 終不盡破니라
리소분　종부진파

　　또 출가 비구로서 누가 정밀하게 계를 지니는가? 설사 2지(二地) 보살이라도 어느 일부분을 지니는 것이요 오직 부처라야 능히 청정하고 온전한 지님이 가능하다. 그러므로 경에 이르기를, '오직 부처님 한 사람이 계 지님이 청정하고 그 나머지는 다 파계자이다.'라고 하였다. 남산(南山 : 도선(道宣) 율사)이 이르기를, '받는 자는 온 법계에 찼더라도 지니는 자는 기린의 뿔[麟角]처럼 지극히 드물다.'라고 하

였고, 또 이르기를, '앉아서 받고 서서 파하더라도 무량한 복을 얻는다.'라고 하였으며, 또 이르기를, '다만 계 받드는 마음을 가질지언정 계를 얻는다는 한계를 정하지 말라.'라고 하였다. 『선생경』에 이르기를, '천지가 가장자리가 없듯이 계도 또한 가장자리가 없으며 초목이 한량없듯이 계도 또한 한량없으며 허공과 바다가 높고 깊듯이 계가 높고 깊은 것도 또한 그러하다.'라고 하였다. 그러므로 받을 때엔 시방의 계법이 그지없으므로 파계를 한다 해도 털끝만한 부분을 파계할 뿐 마침내 다 깨뜨리지는 못한다는 것이다.

所以로 薩婆多에 云寧可一時에 發一切戒언정 不可一時에 犯一切
소이    살바다    운영가일시    발일체계      불가일시    범일체

戒라 하시며 寧可有戒可犯이언정 不可無戒可破라 하시니 如無戒可
계          영가유계가범        불가무계가파          여무계가

破之人은 莫道具造惡業이나 只如深山遠谷에 木食草衣를 百千萬
파지인    막도구조악업      지여심산원곡    목식초의    백천만

劫하야 修遠離行이라도 若不受戒法하면 大智度論中에 文殊菩薩이
겁      수원리행        약불수계법      대지도론중    문수보살

詞云與禽獸로 無異라 하시고 又寶林傳中에 有小乘持戒比丘가 眼
가운여금수    무이        우보림전중    유소승지계비구    안

不觀色하며 耳不聽聲이라도 以不達佛理故로 受施主供養하야 尙
불관색      이불청성        이부달불리고    수시주공양      상

作大蟒還債이온 豈況無戒信受하야 理行都無者歟아 如上所引은 事
작대심환채      기황무계신수      이행도무자여    여상소인    사

理昭然하야 金口不易之眞詮이며 古聖現行之榜樣이니 何得憑虛作
리소연      금구불역지진전      고성현행지방양      하득빙허작

實하며 背正投邪하야 障他無上之善根하야 起自菩提之大難이리요
실      배정투사      장타무상지선근      기자보리지대난

若不投誠懺悔하면 舌爛口中하야 善惡因緣을 難逃라 苦樂을 立卽
약불투성참회      설란구중      선악인연    난도      고락    입즉

交報하리라
교보

그러므로 『살바다』[18]에 이르기를 '차라리 일시에 일체의 계를 받는다는 마음을 낼지언정 일시에 일체의 계를 범하지는 못하는 것이며, 또 차라리 계를 범하는 바가 있을지언정 계를 받음이 없어서 파할 것이 없는 것은 옳지 않다'라고 하셨으니, 계를 파할 것이 없다고 말하는 사람을 악업을 모두 다 짓는다고 이르지는 못할 것이나, 다만 저 깊은 산과 골짜기에서 열매를 먹고 풀 옷을 입고 백천만 겁 동안 세속을 멀리 여읜 행을 닦을지라도 만일 계법을 받지 않았다면, 『대지도론(大智度論 : 용수 보살이 『대반야경』을 자세히 풀이한 것)』에서 이런 사람에 대해서 문수보살이 나무라기를, '금수와 다름이 없다(나무 열매를 먹고 풀 옷을 입은 것만으로 참된 불도를 이루는 것이 아니라는 뜻).'라고 한 나무람을 들어야 할 것이며, 또 『보림전』 가운데 '소승의 계 지니는 비구가 눈으로 좋은 모양을 보지 않고 귀로 좋은 소리를 듣지 않았더라도 불법의 이치를 통달하지 못하였으므로 시주의 공양을 받고서 오히려 큰 버섯이 되어 그 빚을 갚았다.'[19]라고 하였는데, 하물며 계를 지니지 않고 시주의 공양만 받으면서 이(理 : 불법의 깊은 이치)와 행이 도무지 없는 사람이야 더 말할 것이 있겠는가.

위에서 인증한 것처럼 사리가 소연하여 금구(金口 : 부처님의 입)의 바꿀 수 없는 진실한 말씀이요 옛 성인들이 실행하신 표본이니, 어찌 헛된 것을 빙자하여 진실을 삼으며 바른 것을 등지고 삿된 것을

---



범망경강설

**18** 『살바다』 소승의 율장(律藏)으로 갖추어 『살바다비니비바사(薩婆多毘尼毘婆娑)』라 한다. 설일체유부의 광률(廣律)로 후진(後秦) 때 번역한 9권이 있다. 『십송률(十誦論)』을 해석한 것.
**19** 옛적에 형식적인 계를 잘 지키는 비구가 죽어서 큰 나무가 되고 그 나무에서 많은 열매가 열려서 수많은 사람을 먹게 하고 또 그 나무가 썩어서 큰 버섯이 생겨서 흉년에 많은 사람이 먹고 살게 했다는 것인데 그 비구가 계를 지녀도 불법을 바로 알지 못하고 시주의 것을 먹었으므로 그런 과보를 받았다는 이야기다.

따라서 사람들의 최상의 선근(善根)을 가로막고 스스로의 보리(佛道)
를 크게 가리는 장애를 일으키랴.

만일 지성으로 참회하지 않으면 혀가 입 가운데서 지을 것이며
선악의 인연(과보)에서 도망하기 어려운 것이니, 고와 낙의 과보가
바로 이르게 되리라.


問하되 何故로 犯菩薩戒는 不名犯而戒性이 無盡이니잇고
문　　　하고　범보살계　불명범이계성　무진


【문】'어찌하여 보살계를 범하는 것은 범한다 하지 않고 계성
(戒性)이 다함이 없다고 합니까?'


答하되 夫菩薩戒를 若約理推하면 卽惟心이라 心性이 無盡이니 所
답　　　부보살계　약약이추　　　즉유심　　심성　무진　　소
以로 瓔珞經에 云一切凡聖戒가 盡以心爲體라 하시며 若約事明인
이　영락경　운일체범성계　진이심위체　　　약약사명
댄 初發菩薩心四弘誓願하면 並徹未來際하야 攝化有情하야 不同
대　초발보살심사홍서원　　병철미래제　　섭화유정　　부동
人天二乘等戒라 하시고
인천이승등계


【답】대저 보살계란 만일 이치를 가지고 미루어 보면 유심(惟
心)의 도리인 것이다. 심성이 본디 다함이 없기 때문이다. 그러므로
『영락경』에 이르기를 '일체의 범부나 성인(보살 이상)의 계가 다 마음
으로 바탕을 삼는다.'라고 하였고, 만일 사(事 : 어떤 행동)로써 밝힌다
면 처음 보살의 마음으로 네 가지 넓은 서원을 발하면 그 마음이 미
래세까지 사무쳐서 중생을 교화하게 되므로 인천(人天)이나 이승(二

乘) 등의 계와 같지 않은 바이다.

阿差末經에 云若一切聲聞戒는 入涅槃故로 戒力이 消盡하며 若辟
支佛戒는 無大悲故로 戒力이 消盡이어니와 舍利弗아 當知하라 菩
薩摩訶薩戒는 行이 無盡이니 何以故오 一切淨戒가 皆因菩薩戒攝
하야 現前故니 譬如種子漸多에 利益이 無盡이니라 舍利弗아 當知
하라 菩薩心者는 猶如種子하니 諸佛如來戒行이 無盡일새 是大丈
夫며 名無盡戒行이니라 舍利弗아 是修行菩提持戒故로 戒行이 無
盡이라 하시니라.

『아차말경』에 이르기를 '일체성문의 계 같은 것은 열반에 들기 때문에 계의 세력이 소멸되고 또 벽지불(곧 소승 연각)의 계 같은 것은 대비심(大悲心)이 없으므로 계의 세력이 소멸되느니라. 그러나 보살계는 행원(行願)이 다함이 없나니, 왜냐? 일체의 청정계(淸淨戒)가 다 보살계에 포섭되므로 인하여 드러나기 때문이다. 비유컨대 종자가 많을수록 수확이 다함이 없는 것과 같으니라. 사리불아! 보살심이란 마치 종자와 같으니, 모든 여래의 계행이 다함이 없기 때문에 이것을 대보살의 다함 없는 계행이라 하느니라. 사리불아! 이것은 보살행을 닦으면서 계를 지니기 때문에 계행이 다함이 없는 것이니라'라고 하였느니라.

又受菩薩戒에 具五功德八殊勝하니 向下廣明하야 校量無盡하리라

또 보살계를 받으면 다섯 가지 공덕과 여덟 가지 수승을 갖추나
니 다음에 널리 밝히어 그 공덕이 다함 없음을 비교하리라.


問하되 如上所說하야 云何是菩薩破戒니이꼬
문    여상소설    운하시보살파계


【문】'위에서 말씀하신 바에 의한다면 어떤 것을 보살의 파계
라 합니까?'


答하되 曇無讖菩薩戒本에 云略有二事失菩薩戒하니 一은 捨菩薩
답    담무참보살계본    운약유이사실보살계    일    사보살
願이요 二는 增上惡心이니 除是二事하고는 若捨此身이라도 戒終不
원    이    증상악심    제시이사    약사차신    계종불
失이라 終是以後로 所生之處에 當有此戒니 增上惡心者는 所謂妄
실    종시이후    소생지처    당유차계    증상악심자    소위망
說人法二空하야 未得爲得하야 生大邪見하야 起不信心故로 犯經
설인법이공    미득위득    생대사견    기불신심고    범경
重之垢하야도 不生怖畏니 若有因緣하야 或犯輕重等戒하야 雖暫
중지구    불생포외    약유인연    혹범경중등계    수잠
時破라도 深信因果하야 常生懺悔하면 卽不名犯이라 하시니라.
시파    심신인과    상생참회    즉불명범


『담무참보살계본』에 이르기를, '보살계를 잃게 되는 것이 두 가
지가 있으니, 하나는 보살의 원을 놓아버리는 것이요, 또 하나는 증
상악심(增上惡心)이다. 이 두 가지를 제하고는 이 몸을 버린 뒤라도 계
를 잃지 않는 것이다. 그 뒤로는 태어나는 곳마다 이 계를 지니게
될 것이다. 증상악심(增上惡心)이란 함부로 인공과 법공[人法二空 : 주관
적·객관적 모든 존재가 다 공하다는 것]을 말하면서 얻지 못한 것을 얻었다

하여 큰 사견(邪見)을 내어 믿지 못할 마음을 일으키게 하므로 가볍
거나 무거운 허물을 범할지라도 두려워하지 않나니 만일 어떤 특별
한 인연으로 경(輕)·중(重) 등의 계를 범하여 비록 잠시 파했더라도
깊이 인과의 뚜렷함을 믿고 항상 참회심을 내게 되면 범했다고 하지
않는다.'라고 하였다.


又曇無讖戒本에 云若菩薩이 瞋他하야 受著瞋事하야 不休息者는
犯重垢罪머 不犯者는 常欲捨瞋이니 瞋心이 猶起라도 是名不犯이
라 하시니라


　또 『담무참계본』에 이르기를, '만일 보살이 남에게 진심을 내어
그것이 습관이 되어 진심을 끊지 못한 자는 중죄를 범하는 것이다.
또한 범하지 않는다고 한 것은 항상 진심을 버리고자 하는 것이니,
그런데도 진심이 오히려 일어나는 경우는 범했다고 하지 않느니라.'
라고 하였다.


問하되 於諸佛誘進門中에 方便이 極多나 省要提携니 何不權生安
養하시고 豈須破戒 飜障淨方이니꼬


　【문】 '모든 부처님이 사람을 유인하여 끌어들이는 문에 방편이
매우 많지만 가장 요긴한 방법은 안양(安養 : 극락)에 나기를 권하는
것인데, 어찌 계를 파하고서야 (이 세상에서는 계를 파하기 쉽다는 뜻) 도리

答하되 若生安養인댄 教受九品之文이라 上根은 受戒習禪하고 中
답    약생안양      교수구품지문      상근   수계습선    중

下는 行道念佛이니 眾生이 根器不等이라 不可守一疑諸니라 大乘
하   행도염불    중생   근기부등    불가수일의제      대승

起信論에 明諸佛本意하야 為攝大乘하사대 初入信之人이 恐生惡
기신론   명제불본의    위섭대승      초입신지인   공생악

世하야 難得成就일가하야 令廻向往生하야 免得退轉이라 若見佛法
세     난득성취      영회향왕생      면득퇴전    약견불법

身하면 易成就法忍이라 하시니 此是明文證이니라.
신     이성취법인        차시명문증


　　【답】 만일 안양에 나기를 권하는 데는 9품(九品)에 받아 나는 법
을 가르쳐야 하나니, 상근기는 계를 받고 선을 익히게 하고, 중(中)
·하근기[下根]는 불도를 실천하고 염불토록 하지만, 중생들의 근기
가 같지 않으니 하나만을 집착하여 다른 길을 의심하지 말지니라.
『대승기신론』에서 모든 부처님의 본의를 밝혀서 대승법에 다 섭취
케 하는 데 있어서, '처음 신념을 낸 사람이 나쁜 세상에 나서 성취
하기 어려울까 두려워하여 그로 하여금 안양에 왕생하기를 발원케
하므로써 퇴전(退轉 : 타락하는 것)을 면하게 한 것이라. 만일 부처님의
법신(法身)을 보게 되면 쉽게 법인(法忍 : 법의 실상을 증득한 것)을 성취한
다.'라고 하였으니, 이것이 증거되는 명문(明文)이다.

上品往生은 如文殊菩薩이 云하사대 如壯士屈伸臂頃에 上品見佛
하야 便證菩薩初地요 如下第九品은 聞大乘이나 不信佛戒하야 或
只念佛하야도 乃至臨終廻向에 亦得往生이니 十二劫에 始花開하야
未得見佛하고 漸證小乘이라 하시니 格其圓功컨댄 遲速이 大隔이라
若受菩薩戒하야 發無上菩提心者는 已信大乘이며 已受大法이라
中間에 設破라도 亦兼念佛懺悔助生이며 又得戒威德力과 發大乘
心力이요 不受戒者는 亦造惡業이라 只有念佛之力이요 全無戒力
과 及聞大乘法等力이니 約世間論컨댄 少力이 且不如多力이여 庶
人力이 不如國王力이니 其但念佛名下品生者는 臨終에 難値遇善
友니 皆遇緣差하야 又志力이 不堅일새 數數間斷하야 惡業이 深厚
하야 善弱難排니 須是衆緣이라사 方能克證이니라.

상품왕생에 대해 문수보살이 이르기를, '장사가 팔을 구부리고 펴는 동안에 상품에 왕생하여 부처님을 보고 문득 보살의 초지(初地)를 증득하지만, 그 아래 제9품은 대승법문을 들었으나 불계(佛戒)를 믿지 않고 다만 염불만 해도 임종시에 그 공덕을 회향하면 또한 왕생하여 12겁을 닦은 뒤에 비로소 꽃이 피어나지만(연방(蓮房) 속에 탁태(托胎)하여 12겁을 지나서 꽃이 피어 탄생된다는 것) 부처님은 보지 못하고 차츰 소승을 증득한다.'라고 하셨으니, 그 원만한 공력과 비교하건대 더디고 빠른 것이 크게 격차가 있다. 만일 보살계를 받고 최상의 보리심을 발한 자는 이미 대승을 믿게 되며, 이미 대업을 받았으니 중간에 설사 파했더라도 또한 염불하고 참회한 것이 왕생을 도울 것이

며, 또 계의 위덕의 힘과 대승심을 일으킨 힘을 얻게 된다.

계를 받지 않은 자는 또한 악업을 지음이라 다만 염불의 힘만 얻고 계의 힘과 대승법을 들은 힘이 전혀 없으니, 세상일에 비추어 볼 때 작은 힘이 많은 힘만 같지 못하며 서민의 힘이 국왕의 힘만 같지 못한 것과 같다. 그래서 다만 염불만 하는 것을 하품왕생(下品往生)이라고 하는 것은 임종시에 선지식을 만나기 어렵게 될 뿐 아니라, 인연이 어그러지며 또 그 의지의 힘이 견고하지 못하여 자주 자주 중단되며 악업은 두터워 가는데 선근의 힘은 약하여 배제하기 어려우니, 뭇 인연을 기다려서야 바야흐로 증득하느니라.


故로 經에 云非少福衆生이 而得生彼라 하시니 何如大小俱運하며
고    경    운비소복중생    이득생피          하여대소구운
權實兼行하야 廣備資糧하야 萬善薰發하야 一心決定하야 可趨蓮
권실겸행    광비자량      만선훈발      일심결정        가추연
臺리오
대


그러므로 경에 이르기를, '작은 복을 지은 중생이 저 곳에 나는 것이 아니니라'라고 하셨으니, 대·소승을 함께 운용하며 권(權 : 대승교로서 아직 초기대승인 상교(相敎)와 반야교(般若敎) 등)과 실(實 : 화엄(華嚴)과 법화열반교(法華涅槃敎) 등)을 겸행하여 널리 자량(資糧 : 여행하는 데 여비가 있어야 하듯 정토에 왕생하는 데 필요한 밑천)을 준비하여 만 가지 선을 함께 닦아 일심이 결정되지 않은 소승이 어찌 가히 연화대에 나아갈 수 있으리오.

此論受戒而破者는 或有頓持하며 或有漸持하니 若但令一門念佛往
차론수계이파자　혹유돈지　　혹유점지　　약단령일문염불왕

生인댄 則九品은 虛設이라 上品大乘은 孤然可棄니 從上諸佛이 不
생　　즉구품　허설　　상품대승　고연가기　종상제불　불

合制戒와 及禪定多聞이요 但說一門하야 以度群品이시리라
합제계　급선정다문　　단설일문　　이도군품

　　여기에서 말하는, 계를 받고 파한다는 것은 혹은 한꺼번에 지니기
도 하며 혹은 차츰 지니기도 함을 말하나니, 만일 다만 한 문[一門]으로
염불하여 왕생한다고 하면 9품은 헛되이 시설된 것이리라. 상품대승
이 외로이 따로 버림받을 것이니(염불일문만이 왕생하게 된다면 계·정·혜 3학
은 도리어 쓸데없게 된다는 뜻) 모든 부처님이 계와 선정과 다문을 제정할 필
요가 없을 것이고, 다만 한 문만으로써 중생을 제도하였을 것이다.


天台教에 云以八教網으로 撈人天魚라하시니 有頓有漸하며 不定秘
천태교　운이팔교망　　　노인천어　　　유돈유점　　부정비

密과 藏通別圓으로 如是接機 尚不得一이니 且一網孔으로 如何張
밀　장통별원　　여시접기 상부득일　　차일망공　　여하장

鳥며 一士夫로 如何治國이리요
조　일사부　여하치국


　　천태교(天台教)에 이르기를, '여덟 가지 교망(教網: 교를 그물에 비유한
것)으로써 인천(人天)의 고리를 건진다'라고 하였으니, 돈교(頓教)가 있
고 점교(漸教)가 있으며, 부정교(不定教)·비밀교(秘密教)와 장교(藏教)·
통교(通教)·별교(別教)·원교(圓教)가 있어서(이상을 팔교(八教)[20]라 함) 이
와 같이 근기에 맞추어 교화하는 데 오히려 하나만으로 할 수 없음
이니, 하나의 그물구멍으로 어떻게 새를 잡을 수 있으며, 한 명의
사대부로 나라를 어떻게 다스릴 수 있겠는가?

諸佛이 無有定法故로 號阿耨菩提라 機病이 不同일새 法藥이 有異
제불　무유정법고　호아뇩보리　　기병　부동　　　법약　유이

하야 醫不專散이요 天不長晴이라 或有聞法悟者하며 或有坐禪悟
의부전산　　　천부장청　　　혹유문법오자　　　혹유좌선오

者하며 或有念經得度하며 或有受戒證眞하니 諸佛大意가 以可度
자　　혹유염경득도　　　혹유수계증진　　　제불대의　　이가도

로 爲懷라 設不可度者는 說眞實法이라도 亦不得入이요 若可度者
위회　설불가도자　설진실법　　　역부득입　　　약가도자

는 說虛妄法이라도 亦得超彼니 故로 佛言하사대 若以虛妄得度者
설허망법　　　역득초피　고　불언　　　　약이허망득도자

인댄 我亦妄語라 하시니라 菩薩이 修六度萬行하되 如乘死屍過海하
아역망어　　　　　보살　수육도만행　　　여승사시과해

며 亦如囚禁이 厠孔得脫이라 終不定一法이 是며 定一法非니 乃至
역여수금　측공득탈　　　종부정일법　시　정일법비　　내지

斥妄謀眞과 捨此取彼가 並是執縛自繩이라 疑網所籠이며 情見不
척망모진　사차취피　병시집박자승　　　의망소롱　　　정견불

忘하야 致玆大失이니
망　　치자대실


　　모든 부처님이 정해 놓은 법이 따로 없으므로 아뇩보리(阿耨菩提：
최상의 불도)라고 이름하나니 사람의 근기와 병이 같지 않으므로 법과
약이 다르다. 의원은 어떤 약 하나만을 오로지 쓸 수 없고, 하늘은
늘 맑기만 한 것이 아니다. 혹 법을 듣고 깨닫는 자가 있고, 혹 좌선
하여 깨닫는 자가 있으며, 혹 경을 염송하여 제도를 받기도 하고 혹
계를 받고 진실을 증득하기도 한다.

　　모든 부처님의 대의는 중생 제도하는 것으로 마음을 삼을 뿐 설



---

**20 팔교(八敎)** 천태교에서 말하는 돈(頓)·점(漸)·부정(不定)·비밀(秘密)의 네 가지는 화의(化儀) 4교를 말하고, 장(藏)·통(通)·별
(別)·원(圓)은 화법(化法) 4교를 말한다.
　화의(化儀) 4교를 먼저 살펴보자. 1. 돈교는 천태교에서는 『화엄경』이 한꺼번에 제불만덕과 보살만행을 설하였다 하여 돈교라 한
다. 2. 점교는 『화엄경』 다음에 중생의 근기에 따라 『아함경』·『방등경(方等經：일반대승)·『반야경』을 차례로 차츰 설한 것. 3. 부
정교는 점교를 설하는 가운데도 돈교는 설할 수 있고 소승교 중에도 대승교리를 설한 것 등. 4. 비밀교는 하나의 불문을 설하는 가
운데 소승근기는 소승법으로 이해하고 대승근기는 대승으로 알아 듣도록 한다는 것. ※ 이상의 4교는 부처님이 이 세상에 출현하
시어 근기에 따라 설교하는 의식이므로 화의교(化儀敎)라 한다.
　다음 화법(化法) 4교는 그 설법의 내용으로 구분한 것이다. 1. 장교는 소승 삼장교라는 뜻. 2. 통교는 소승교에서 대승으로 통하는
교법, 곧 대소승에 공통된다는 뜻. 방등대승·반야경 등이 그것. 3. 별교는 천태교에서는 화엄경과 같은 일승교(一乘敎)는 오직 일
승근기만 위한 것이므로 '별교일승'이라 한다. 4. 원교는 원만한 교라는 뜻. 천태교에서는 법화경은 모든 3승을 다 회통하여 '회삼
귀일(會三歸一)'시켰으므로 화엄경이 별교일승인데 대하여 법화경은 원교일승이라고 한다.

사 제도 받지 못할 자에겐 진실한 법을 설할지라도 또한 깨우쳐 들어가지 못하지만, 제도 받을 자는 어떤 방편법을 설하더라도 또한 저쪽으로 건너가게 된다. 그러므로 부처님이 말씀하시기를 '만일 거짓말로써 제도될 자에게는 나도 또한 거짓말을 하리라'라고 하셨다.

보살이 6도만행(六度萬行)을 닦는 것은 마치 죽은 시체라도 타고 바다를 건너려는 것처럼 하고 죄수가 화장실 구멍으로라도 탈출하려는 것과 같다. 마침내 어떤 한 가지 법만 옳고 한 가지 법만 그르다고 결정하지 못하는 것이다. 내지 망(妄: 허위)을 물리치고 진(眞)만을 취하려 하거나 이것을 버리고 저것을 취하려는 따위는 이것이 다 밧줄을 가지고 스스로를 얽으며, 의심 그물을 덮어 쓰고 잘못된 견해를 버리지 못하므로 이러한 큰 과실을 이루게 되는 것이다.

三乘十二分敎가 惟醫我執愚心이라 執盡情亡하면 智生道現이니
삼승십이분교　　유의아집우심　　　집진정망　　　지생도현

故로 經에 云眼病見空花라 除翳不除花며 妄心執有法이라 遣執不
고　경　운안병견공화　제예부제화　망심집유법　　견집불

遣法이라 하시니 若悟大道圓通之人은 常不見一法是어니 何有一法
견법　　　　　약오대도원통지인　상불견일법시　　　하유일법

非리요 盡十方世界에 未有一人成佛이며 亦不見有一人作衆生이니
비　　진시방세계　미유일인성불　　역불견유일인작중생

地獄이 在何方이며 天堂이 居何處오 不省愚蒙翳目하야 爭攀空裏
지옥　재하방　　천당　거하처　불성우몽예목　　쟁반공리

之花하니 豈察妄想疑根이리요 徒怖暗中之鬼하나니 實可怜愍이며
지화　　기찰망상의근　　　도포암중지귀　　　실가연민

徒自驚嗟로다
도자경차


삼승(三乘) 십이분교(十二分敎)[21]가 오직 아집(我執 : 자기 주관으로 고집하는 짓)의 어리석은 마음을 다스리는 것이니, 아집이 다하고 망정(妄情)이 없어지면 지혜가 생기고 도가 나타나기 때문이다. 경에 이르

기를, '눈병이 있기 때문에 허공의 꽃을 본다.'라고 하였으니, 그 눈병을 고치면 되는 것이요 꽃을 제거하려고 할 것이 아니며, 망심(妄心)으로 어떤 법이 있다고 집착함일진대 그 망집을 버릴 것이요 법을 보낼 것이 아니니, 만일 대도를 깨달아 뚜렷이 통한 사람은 오히려 한 가지 법만 옳다고 보지 않나니 어찌 어느 한 가지 법이라도 그른 것이 있겠는가? 시방세계에 어느 한 사람도 성불한 이가 있지 않으며 또한 어느 한 사람도 중생된 자를 보지 못한다(일체법이 본디 공한 이치에서 보기 때문에 부처니 중생이니 하는 두 가지 견해가 없는 것). 지옥이 어느 쪽에 있으며 천당이 어느 곳에 있는가? 어리석은 자가 눈에 무엇이 가리움을 살피지 않고 다투어 허공 속 꽃을 더듬나니 망상의 뿌리를 그대로 두고 어두운 가운데 귀신을 두려워하나니 실로 가련하다. 한갓 슬퍼할 뿐이로다.

吾今依佛語故며 遵至敎故로 曲順機宜하야 隨緣舒卷하야 有求大
오금의불어고　준지교고　곡순기의　　수연서권　　유구대

道者엔 說一乘之妙旨하고 來來小行者엔 布六行之權門하야 大小
도자　설일승지묘지　　내래소행자　　포육행지권문　　대소

兼弘하며 禪律俱運하노니 云云自彼於我奚爲리오 何得專愚하야 生
겸홍　선율구운　　운운자피어아해위　　하득전우　　생

於妄見하야 執權謗實하며 毀大怖空고 螢燄이 何齊日馭之光이며
어망견　집권방실　　훼대포공　형염　하제일어지광



受菩薩戒法序

21 **십이분교(十二分敎)** 12분경이라고도 한다. 불경의 설법내용을 다음과 같은 12종류로 구분한 것. 1. '수트라(sūtra)'는 계경(契經)이라 번역. 모든 법의 근본이라 하여 법본(法本)이라 번역함. 2. '게야(geya)'는 중송(重頌)이니 긴 설법을 간단한 게송으로 거듭 설함. 3. '브야카라나(vyākaraṇa)'는 수기(授記)이니 제자에게 다음세상 일을 예언하여 주는 것. 4. '가타(gāthā)'는 풍송(諷頌)이니 하나의 운문으로 4언(言), 5언 또는 7언의 규격으로 설하는 게송. 5. '우다나(udāna)'는 물음 없이 스스로 설하는 것[無問自說]. 6. '니다나(nidāna)'는 연기(緣起), 인연이라 함. 부처님을 만나 법을 듣는 인연 등. 7. '아바다나(avadāna)'는 비유라 번역. 법을 비유로써 밝힌 것. 8. '이티브리타카(itivṛttaka)'는 본사(本事)라 번역. 부처님이나 제자들의 과거세상 일을 말한 것. 9. '자타카(jataka)'는 본생(本生)이라 번역. 부처님이 지난 세상에 보살행을 닦던 일. 10. '바이풀야(vaipulya)'은 방광(方廣), 방등(方等)이라 번역. 대승교리를 말한 것. 11. '아부타다르마(abhutadharma)'는 희유법(稀有法), 미증유법(未曾有法)이라 함. 12. '우파데샤(upadeśa)'는 논의(論議)라 번역. 교리를 이론으로 문답하여 밝힘.

蚊觜가 豈盡滄溟之底리요 逆風執炬에 自取焚燒며 漏管窺天에 徒
抱慙恥니라 今遵佛旨하야 古聖圓文을 纂集施行하야 度有緣者하노
니 溥願法界含識이 凡有見聞하나는 受菩薩戒而行菩薩心하며 發
菩提願而圓菩提果耳로다

　　내가 이제 부처님 말에 의지하며 지극한 가르침에 따라서 그 근
기에 맞추어 인연에 따라 펴고 거둠을 조종하나니, 큰 도를 구하는
자에게는 일승의 미묘한 뜻을 설하고, 작은 행을 구하는 자에겐 육
행(六行)[22]의 권문을 베풀어서 대·소승을 겸하여 넓혀 나아가고, 선
과 율을 함께 운전한다('自彼於我奚爲[저희들이 나에게 어떠하겠는가]'는 필요치
않은 것).

　　어찌하여 어리석은 이는 망견(妄見)을 가지고 권교(權敎)에 집착하
여 진실한 대승을 비난하며 공(空 : 반야의 空)을 두려워하는가. 반딧불
을 어찌 햇빛에다 비교할 것이며, 모기의 부리로 어찌 바다의 밑을
뚫겠는가? 바람을 거슬러 횃불을 잡으면 스스로 손을 불사르게 되
고, 대쪽 구멍으로 하늘을 엿보면 다만 제 좁은 소견을 드러낼 뿐이
로다.

　　이제 부처님의 뜻을 따라 옛 성인의 원만한 글을 편집하여 베풀





---

**22 육행(六行)** 3계(三界) 곧 욕계(欲界)·색계(色界)·무색계(無色界)의 모든 하늘에 있어서 욕계보다 색계가 더 우승하고 색계보다
무색계가 더 우승하다. 하계(下界)는 괴로움·추루(麤累)함. 장애[苦·麤·障]의 세 가지의 부족함이 있고 상계(上界)는 올라갈수
록 청정·미묘한 복리(福利 : 淨·妙·利)가 있다. 아래의 고·추·장을 여의고 위의 정·묘·리를 얻기 위해 수행하는 것을 육
행이라 함. 곧 인·천의 인과교(因果敎)를 가리킨 것.

어서 인연 있는 이를 제도하려 하노니, 원하건대 법계 중생으로서
보고 들을 수 있는 이는 보살계를 받고 보살심을 닦으며 보리의 원
을 발하여 보리의 과를 원만히 이룩할지어다.

# 해제 解題　一

# 이 경의 이름
經名

『범망경(梵網經)』은 줄인 이름이고 자세하게는 『범망경노사나불설보살계본(梵網經盧舍那佛說菩薩戒本)』 제10(第十)이라고 하며 더욱 자세하게는 『범망경노사나불소설심지법문석가모니불소설십무진장계품(梵網經盧舍那佛所說心地法門釋迦牟尼佛所說十無盡藏戒品)』이라고 합니다. 줄여서 『범망경보살심지품(梵網經菩薩心地品)』이라고도 하고 『보살계본(菩薩戒本)』이라고도 합니다.

노사나(盧舍那) 부처님이 설하신, 대승보살이 밝혀야 할 마음자리[心地]와 지켜야 할 계목(戒目)을 말씀한 경이란 뜻입니다. 그리고 이 경의 이름은 『범망경』이지만 경(經)·율(律)·론(論)의 3장(三藏) 가운데 율장(律藏)에 속하는 대승계율입니다.

경의 제명(題名)을 정하는 데 몇 가지 기준이 있습니다.

첫째는 경 안에 들어 있는 진리 곧 법을 가지고 경의 이름을 정하는 경우가 있습니다. 『반야경(般若經)』은 깨달은 지혜·공한 마음을 뜻한 이름이고, 『열반경(涅槃經)』은 해탈의 경지가 '열반'이므로 법을 기준하여 경의 이름을 정한 예입니다.

둘째는 그 경의 주인공인 사람을 기준으로 하여 경의 이름을 짓는 수가 있습니다. 『유마경(維摩經)』은 유마(維摩) 거사가 이 경의 주인공이므로 지어진 이름이고, 『승만경(勝鬘經)』은 승만 부인을 중심으로 하여 이루어진 경이므로 지어진 경명(經名)인 예가 그것입니다.

셋째는 비유로써 이름을 삼는 경우이니, 『범망경』은 대범천왕의 구슬 그물[梵網] 일산에 비유해서 지어진 경명의 경우입니다.

넷째는 법과 비유를 합하여 이루어진 경명(經名)의 경우가 있습니다. 『묘법연화경(妙法蓮華經)』의 '묘법'은 법이고 '연화'는 비유이니 이것은 법과 비유를 합해서 지어진 이름입니다.

다섯째는 사람과 비유가 합해져서 이루어진 이름이 있습니다. 『여래사자후경(如來獅子吼經)』의 경우, '여래'는 사람이고 사자의 목소리[獅子吼]는 비유임이 그것입니다.

여섯째는 사람과 법이 합해서 경명이 되기도 합니다. 『문수반야경(文殊般若經)』의 '문수'는 사람[人]이고, '반야'는 법인 예가 그것입니다.

일곱째는 사람과 법과 비유를 다 합해서 이루어진 경명이 있으니, 예컨대 『대방광불화엄경(大方廣佛華嚴經)』의 경우, '대방광(大方廣)'은 법이고 '불'은 인(人)이며, '화엄'은 비유이기 때문입니다.

처음의 세 경우는 사람·법·비유의 단수에 의지해 지어진 경우이므로 인(人)·법(法)·비(譬) 단삼(單三)이라 하고 그 다음의 세 경우는 처음의 셋이 한 번씩 겹쳐서 이루어진 경우이므로 복삼(複三)이라 하며, 마지막의 『화엄경』의 경우처럼 '인·법·비'의 셋이 다 한 경이름에 드러난 경우는 구족일(具足一)이라 하는데 이것은 한 경우 밖에 없으므로 구족일(具足一)이라 합니다.

앞에서도 말씀한 바와 같이 『범망경』의 자세한 이름은 『범망경노사나불설보살계본』이므로, 여섯째인 '사람'·'법'·'비유'가 다 모인 구족(具足)에 해당하는 경명(經名)이 됩니다.

또 이 경 이름을 『범망경』으로 한 동기가 있습니다. 부처님이 이 경을 말씀하실 적에 대범천왕이 보배 구슬로 짠 그물 일산을 쓰고 있는데(또는 부처님께 씌워 드렸다고도 함) 그 보배 그물은 한량없이 많은 그물코가 있고 그물코는 물론 그물 전체의 모두가 투명하게 비치는 크고 작은 구슬로 되어 있어서 한 개 한 개의 보배 구슬마다 다른 구슬의 영상(影像)이 비치고 이렇게 나타난 일체 구슬의 영상마다 또 다른 일체 구슬의 영상이 나타나서 중중무진(重重無盡)한 상호연쇄 관계를 가지고 있는데, 이것이 곧 『화엄경』에서 말하는 하나가 곧 전체고 전체가 곧 하나인[一卽多 多卽一] 상즉상입(相卽相入)의 도리에 합하고 사사무애(事事無碍)의 원리와 같으므로 부처님께서 저 대범천왕의 보배 그물 일산을 보시고 이 경의 이름을 말씀하셨다고 합니다.

『범망경』을 『화엄경』의 결경(結經)이라고도 하고 『소화엄경(小華嚴經)』이라고도 하는 소이가 바로 이런 데에 있습니다.

이 경이 중국에 번역된 것은 삼장(三藏)의 목록을 기록한 경록(經錄)에 의하면 전후 두 번인 것으로 되어 있으며, 그 전역(前譯)은 후한(後漢) 때에 강맹상(康孟詳 : 194~199 사이에 번역) 삼장에 의해서라고 전하며, 번역된 권수는 2권 혹은 3권이라고 하지만, 그러나 오늘에 전하고 있지 않아 이 역본을 볼 수 없으므로 확실한 것은 알 수 없습니다.

강맹상이란 분은 후한말 헌제(獻帝) 때 중국에 귀화(歸化)한 강거국(康居國 : 중앙아시아 · 대월지국 북쪽에 있던 나라) 사람으로서 중국불교 초기의 역경 삼장이었던 만큼 이 점으로 말한다면 『범망경』이 중국에 번역된 것은 자못 오랜 고대로부터라고 말할 수 있습니다.

그러나 강맹상의 『범망경』 초역으로 전해진 것은 『범망경』이 아니라 아마도 소승경 가운데 있는 『범동경(梵動經)』을 경록(經錄)에 오기(誤記)하여 전한 것이 아닌가 하는 의혹이 있기도 합니다. 따라서 이렇게 되면 『범망경』의 현존(現存)하는 역본은 하나뿐으로 됩니다.

현행하는 『범망경』은 구마라집(鳩摩羅什) 삼장의 번역입니다. 이 경 첫머리에 있는 승조(僧肇) 스님이 쓴 서문에 의하면, 『범망경』의 원본은 120권 61품이며 지금 번역한 이 『범망경』은 그 가운데 일부로서 「보살심지품(菩薩心地品)」 제10(第十)의 1품만을 역출(譯出)한 것으로 되어 있습니다. 다음에 구마라집 삼장의 수제자인 승조 스님의 서문 가운데 일부를 소개하기로 합니다.

홍시(弘始) 3년 맑은 바람이 동쪽으로 불어 이때에 황제의
어명을 받고 천축국(天竺國)의 법사 구마라집(鳩摩羅什) 삼
장(三藏)이 장안(長安)의 초당사(草堂寺)에서 의학사문(義學沙
門 : 교리를 같이 통한 스님네) 3,000여 명과 손에 범본(梵本)의
경문을 들고 입으로 번역하고 풀이하여 50여 부를 이루
었다. 이 가운데 오직 『범망경(梵網經)』120권 61품 가운
데 「보살심지품(菩薩心地品)」 제10은 보살이 수행하는 경
지를 밝힌 경이니 이때에 도융(道融)·도영(道影) 등 300백
여 명이 '보살계'를 받아서 각각 정성으로 이 품을 외우는
것으로 마음의 으뜸을 삼았다. 이때 이 스님네들이 정성
으로 이 1품 81부를 베껴서 세상에 유통케 했다….
弘始三年 淳風東扇 於是詔大竺法師鳩摩羅什 在長安草堂
寺 及義學沙門 三千餘僧 手執梵文 口翻解釋五十餘部 唯
梵網經一百二十卷六十一品 其中菩薩心地品第十 專明菩
薩行地 是時道融道影 三百餘八等 卽受菩薩戒 人各誦此
品 以爲心首 師徒義學 敬寫一品八十一部 流通於世 云云

이상의 기록에 의하면 이 경을 번역한 시기는 홍시(弘始) 3년(401)
이고 승조(僧肇) 스님이 받아쓰는 필수(筆受)의 책임을 맡았으며, 역본
은 상하 2권으로 이루어졌고 도융(道融) 등 300여 명이 이미 보살계
를 받은 것으로 되어 있습니다.
상권에서는 보살의 십발취(十發趣)·십장양(十長養)·십금강(十金剛)

· 십지(十地) 등의 보살의 계위(階位)에 대해 그 하나하나를 설명한 것이니 곧 보살의 40위의 수행위(修行位)와 더불어 보살의 심지법문(心地法門)을 말씀한 것입니다.

하권에서는 주로 10중금계(十重禁戒) 48경계(四十八輕戒)인 보살의 계율을 해설한 것으로 되어 있습니다. 그리고 이 경을 처음 번역했을 때에 승조(僧肇)·도융(道融) 등을 비롯한 3,000여 명이 손에 범본을 들고 입으로 외우고 50여 부를 해석했다고 했으며, 이것은 『범망경』 120권 61품 가운데 오직 「보살심지품(菩薩心地品)」 제10의 1품으로, 오로지 보살의 수행의 경지[菩薩行地]를 밝힌 것이라 했습니다.

이때에 도융(道融)·도영(道影) 등 300여 명이 보살계(菩薩戒)를 받았고 사람들이 모두 이 계품(戒品)을 마음깊이 외웠으며, 스승과 제자의 뜻이 합하여 이 『보살계본』 81부를 베껴서 세상에 유통케 했다고 했습니다.

대개 계에는 대승계(大乘戒)와 소승계(小乘戒)가 있으며 또 소승계에는 살바다(薩婆多), 마하승기(摩訶僧祇), 4분(四分), 5분(五分) 등의 여러 부파가 각각 전하는 율이 있고, 중국에 전해져 번역된 것도 이상의 4부 외에 가섭유부(迦葉遺部), 정량부(正量部) 등의 율본논석(律本論釋)이 있습니다.

그러나 수계갈마(受戒羯磨 : 受戒作法)는 오로지 『사분율』에 의해 행해졌고 그 가운데 특히 남북조 이후에는 『사분율』 연구가 일어나서 혜광(慧光) 승통을 처음으로 하여 당나라에 이르러서는 상부종(相部宗)의 법려(法勵) 율사가 계셨고 동탑종(東塔宗)의 회소(懷素) 율사가 계셨으니 남산종(南山宗)의 도선(道宣) 율사가 계셔서 모두 주석을 많이 짓고 석론(釋論 : 논을 풀이한 것)을 썼습니다.

그런데 이분들의 주장이 율을 숭상하는 대개에는 공통했지만 그 세부적인 계법 해석에 있어서는 서로 다른 데가 없지 않아서 이를 세상에서 율부의 3종[律部三宗]이라고 했습니다. 그렇지만 그 가운데도 후대에까지 길이 교세를 떨친 쪽은 '도선 율사'의 남산종(南山宗)이었으니 소위 비구의 250계와 비구니의 348계를 구족계(具足戒)로 하고, 이것을 또 악을 그치게 하는 계[止惡戒]라 하고 수계(授戒)와 설계(說戒) 등 계 받는 법을 밝힌 작선의 건도[作善犍度]를 설하고 있는 것은 다 이 '남산 율사'의 전통에서 온 것입니다.

우리나라에는 신라의 자장(慈藏) 율사가 율종을 일으킨 개조(開祖)인데, 이 도선(道宣) 율사와 생몰연대가 비슷하여 도선 율사의 법을 직접 계승했는지는 확실치 않으나 중국 청량산에 가서 문수보살상에 기도하여 가사와 사리를 받고 돌아와 황룡사(黃龍寺)에서 보살계를 법설(法說)하시고 '남산율종'의 개초가 되었다고 합니다.

대승계의 전래에 대해서는 만일 앞에서 말한 강맹상(姜孟詳)이 『범망경』을 처음 번역한 것으로 볼 경우 그 기원이 자못 긴 옛날로 거슬러 올라가게 되지만, 그러나 이 일단의 일은 확실하게 결정지어 말하기 어려운 바 있으므로 그로부터 한참 동안까지는 그 번역을 엿볼 수 없는 실정이라 해야 할 것입니다.

그렇지만 그보다 약 50년 더 거슬러 올라가서 중국불교를 크게 개척한 번역삼장인 안세고(安世高 : 안식국(安息國)의 태자로 후한 때 중국 양(陽)나라에 와서 23년간 많은 경전을 번역)의 『법률삼매경(法律三昧經)』이라든지, 강맹상 삼장 약 70년 뒤 축법호 삼장(竺法護 : 월지국(月支國) 스님으로 36개 국어에 정통, 중국에 와서 3세기 전후에 『현겁경(賢劫經)』 등 165부 번역)과 그의 재가 제자인 섭도진(聶道眞) 등에 의해 역출(譯出)된 대승계율의 일부 작법(作法 : 수계하는 의식) 등이 적게나마 전해오지 않는 것은 아니지만, 아직 이것을 가지고 대승율의 본격적인 전래(傳來)라고 하기에는 미흡한 바가 있습니다.

하여튼 대승보살계가 동토(東土)에 제대로 전해 온 것은 구마라집 삼장에 의해서 『범망경(梵網經)』이 번역되면서 그의 제자 승조(僧肇)·도융(道融) 등 300여 명이 이 '보살계'를 받는 것으로부터라고 해야 할 것입니다.

왜 이 『범망경』에서는 마음의 본바탕인 심지법문(心地法門)을 말씀하시면서 법신불인 비로자나불(毘盧遮那佛)을 이 경을 설법하시는 법주(法主)로 하지 않고 보신불(報身佛)인 노사나불이 설주(說主)가 되셨을까 하는 생각을 하게 됩니다.

　명나라의 선지식으로 『범망경』을 많이 주석하신 지욱(智旭) 스님이 계신데 지욱 스님의 『심지품현의(心地品玄義)』에 보면

> ‘부처님 몸에 법(法)·보(報)·화(化) 삼신(三身)이 있는데, 법신은 본각성체(本覺性體)요 보신은 시각지원(始覺智圓)이며, 화신은 자비응현(慈悲應現)이다. 법신 비로자나(毘盧遮那)는 번역하면 광명이 두루 비침[光明遍照]이고 노사나(盧舍那)는 거룩한 공덕이 원만(淨滿)이며, 화신은 석가모니이니, 어질고 그윽하고 고요한 이[能仁寂黙]이다.’

라고 했습니다. 그리고 진역(晉譯) 화엄에서는 다 ‘노사나’라고 하였고 당역 화엄에서는 다 ‘비로자나’라 했으며, 이 경에서 ‘사나’불이 연화대로부터 백억계의 석가불을 들었지만 이것은 삼신(三身)이 하나도 아니고 다른 것도 아니며, 다만 중생의 근기와 인연(因緣)이 같

지 않기 때문에 다르게 볼 뿐이라고 했습니다.

그러나 그렇더라도 삼신불(三身佛)을 구분하는 것은 중생의 편에서 어쩔 수 없는 만큼 『범망경』의 설주(說主)가 법신불인가 보신불인가를 역시 생각해 보지 않을 수 없습니다. 이에 대해 천태지자(天台智者) 대사는 보신설(報身說)을 말씀했고, 현수(賢首) 스님은 천 꽃 좌대의 불[千華臺佛]은 자수용신(自受用身)으로, 천 꽃 위의 불[千華上佛]은 타수용신(他受用身)으로 규정했습니다. '자수용신'은 보살만행의 결과 얻은 공덕과 이익의 법락(法樂)을 스스로 감수하는 것을 말하고 '타수용신'은 초지 이상의 성인을 교화하기 위해 나타낸 몸으로 보신불(報身佛)의 경우에 자수용보신불(自受用報身佛)과 타수용보신불(他受用報身佛)이 있으므로 현수 스님의 설을 '법신설'의 입장에 있는 것처럼 해석하는 것은 옳지 않은 것입니다.

요컨대 부처님이 이 『범망경』을 설하신 것은 중생을 교화하시기 위한 것이므로 결과적으로는 '천백억화신석가모니불'을 통해서 거듭 중설(重說)함으로 이루어지는 것이라고 봐야 합니다. 그것은 범부 중생이 '보신불'은 직접 접할 수 없고 '법신불'을 보는 것은 8지 이상의 보살이 아니면 불가능하므로 그 중간의 위치로 생각할 수 있는 '노사나보신불'을 설주로 한 것이라 하겠습니다. 그러나 앞에서 말한 바와 같이 '보신불'이 곧 '법신불'이고 '화신불'이며 '3신'의 하나인 것입니다.

『심지계품』이란 어떤 것인가?

이 대승보살계를 『심지계품』이라 하였으니 또는 노사나불 심지법문 가운데 처음 발심한 보살로서 '광명금강보계'를 설했다고 하셨습니다.

계라면 대체로 '모든 나쁜 짓 하지 말고 온갖 착한 일을 받들어 행하라'는 것이 그 근본 뜻입니다. 그러나 그 계의 성질에 있어서 성계(性戒)와 상계(相戒)가 있는데, 성계는 그 마음으로 지니는 계요, 상계는 겉으로 지니는 계이니, 보살계는 성계요 소승계는 상계입니다.

소승계는 『사분율(四分律)』과 『십송율(十誦律)』 등이 있으니 『사분율』과 『십송율』은 마치 어린 아기에게 '이 일을 해서는 안 된다, 이런 일을 해야 한다'는 식으로 금하는 것, 곧 형식적으로 하지 말라는 것만 하지 않으면 계를 범하지 않은 것으로 됩니다. 예컨대 마음으로는 사람을 죽이기도 하고 음행을 범하기도 했지만 겉으로 범하지 않으면 계를 지닌 것이 되는 형식적인 계입니다.

그런데 보살계는 심지계(心地戒)이므로 곧 성계(性戒)로서 우리 마음속에 본디 있는 계입니다. 그 마음이 본디 가장 청정하여 모든 부정한 마음을 일으키지 않는 것이 자성(自性)의 불음계(不婬戒)며, 그 마음이 본디 자비하여 모든 생명을 불쌍히 여기어 보호하고 구제하려는 것이 불살생계(不殺生戒)이며, 그 마음에 본디 모든 간탐을 여의어 남의 물건을 훔치거나 빼앗으려는 마음이 없는 것이 불투도계(不偸盜戒)입니다.

그러므로 『화엄경』 「십지품」 제2지 이구지(離垢地)에 십선계(十善戒)를 설하였는데, 그 계목(戒目)마다, '보살의 성품이 멀리 살생을 여의었으므로, … 성품이 도둑질을 멀리 여의었으므로, … 성품이 음행을 멀리 여의었으므로'라고 하였습니다. 『화엄경』은 대승 중에도 최상승을 설한 경이며 그 가운데도 매우 높은 보살지위인 「십지품」에서 10선계를 설한 것인데 어찌 범부의 상계(相戒)를 말했겠습니까? 이것이 어찌 소승계에서 어떤 여인을 탐내어 서로 사귀고 싶고 또는 끊임없이 그리워하지만 다만 겉으로 음행을 범하지 않으면 그것은 범계가 아니라 한다거나, 어떤 사람은 죽도록 미워하여 꼭 죽이고 싶어서 마음으로 여러 번 죽였지만 행동으로 죽이지 않았으면 범계가 되지 않는다거나, 어떤 재물이나 보물을 탐내어 마음으로는 이미 도둑질하고 뺏고 싶었지만 몸으로 하지 않았으면 범계가 되지 않는다는 그런 형식적이고 겉모양만을 문제삼는 계와 그 성질이 같은 것으로 볼 수 있겠습니까?

그러므로 이것을 심지계(心地戒)라 하였으니, '심지'라 함은 마음자리에 본디부터 갖추어져 있는 계라는 뜻입니다.

그러므로 『범망경』의 「노사나불설보살심지계품」에


노사나불 심지 법문 중에 초발심자에게 광명금강보계를 설하시니 이것이 일체불의 본원(本源)이며, 일체보살의 본원이며, 불성의 종자라 모든 중생이 다 불성이 있으니 일체 의식과 몸과 마음, 감정이 있는 자는 다 불성계 속에 들어간다. 이러한 원인이 있기 때문에 상주법신(常住法身)이 있으니 … 이것이 일체중생의 계며, 본원자성이 청정한 때문이다.


라고 하였습니다. 이 보살계를 '광명금강보계'라고 했으니 광명이란 자성이 본디부터 어리석음, 어두움이 없고 가장 밝고 청정한 것이기 때문입니다. '금강보계'라 한 것은 금강은 곧 오늘의 '다이아몬드'이니 모든 물질 가운데 가장 여물고 단단하여 파괴할 수 없는 것을 뜻합니다.

자성 가운데 있는 계는 본디부터 있는 것이고 어디서 빌려오거나 만들어낸 것이 아니므로 잃어버릴 수 없으며 그 무엇이 파괴할 수 없는 계법이요, 그리고 본디 일체 탐심과 진심, 어리석음이 없기 때문에 광명이라 한 것입니다.

그러한 것이 곧 모든 부처님의 본바탕이며, 그것이 또한 모든 보살의 본바탕이니 그것이 불성 종자이기 때문입니다.

이 불성은 의식이 있고 감정이 있고 지각과 분별이 있는 모든 중생이 다 각각 지니고 있습니다. 그러나 스스로 깨닫지 못하여 다만 그 자성의 계를 모르고 잃어버린 것이니 그러므로 부처님이 세상에 출현하시어 모든 중생이 다같이 이러한 자성 심지의 계가 있다는 것을 말씀해 주심으로 다시 반성하고 자기 본디 불성을 비추어 보면 그곳에 일체의 나쁜 짓, 일체의 죄악, 업보가 없는 계법을 발견하게 되는 바, 이것이 곧 노사나불이 말씀하신 '자성 심지 계품'입니다.

그러한 '심지계품'을 회광반조(回光返照)하면 그곳에 본디부터 원만한 상주법신(常住法身)을 되찾게 되는 것입니다. 그것이 일체중생의 '자성 심지'의 계이니 그 본원 자성이 청정한 때문입니다.

그러므로 선종의 6대 조사인 혜능(慧能) 대사는 '마음자리에 그름이 없는 것이 자성의 계이다[心地無非自性戒].'라고 하였던 것입니다. 이것이 곧 대승보살계에서 설하신 심지계품(心地戒品)의 근본 뜻이라 하겠습니다.

예전부터 보살계는 앉아서 받고 서서 깨뜨려도 공덕이 된다고 했습니다. 이 말씀은 범부중생으로서는 이 보살계를 다 지킬 수 없음을 말하고 보살계를 한 번 받아 놓으면 그것이 씨앗이 되어 마침내 큰 공덕을 이룬다는 뜻입니다. 설사 잘못하여 파계(破戒)를 하고,

큰 죄를 저질러 3악도에 떨어진다 하더라도 그 지은 고를 다 받고 나면 그전에 보살계를 받은 공덕으로 보살도에 나아가게 되기 때문인 것입니다. 또 3악도의 고보(苦報)를 받는 가운데도 보살계를 받은 인연 공덕으로 보리심을 일으켜 일대 참회를 하면 그만큼 죄업이 빨리 소멸될 수도 있는 것입니다.

그러므로 '보살계는 앉아서 받고 서서 깨도 공덕이 된다'는 말을 잘못 해석해서 '보살계는 받아두기만 하는 것이지 계목은 아예 지킬 필요가 없다'고 하면서, 그릇되게 권고하는 이가 있다면 이는 크나큰 업을 짓는 것이 됩니다. 모두 아무쪼록 그렇게 하시고 일념으로 법문을 들으시고 계를 받아서 잘 지키도록 하시기를 바랍니다.

# 이 경의 줄거리

앞에서 말한 바와 같이, 본래 『범망경』은 명칭도 자세히는 『범망경노사나불소설심지법문석가모니불소설십무진장계품(梵網經盧舍那佛所說心地法門釋迦牟尼佛所說十無盡藏戒品)』이라고 하여 아주 길었으며, 구마라집 삼장이 외워 내어 번역한 것은 이 경의 전문 120권 61품 가운데서 「보살심지계품(菩薩心地戒品)」 제10권 1품 2권으로서, 이것은 오로지 보살의 수행문제[菩薩行地]를 밝힌 경이라고 합니다. 다시 말하면 보살수행의 계위(階位)와 심지법문(心地法門)을 밝히고 10중계(十重戒)와 48경계(四十八輕戒)를 말씀하신 내용으로 되어 있습니다.

이 경은 말씀한 바와 같이 상·하 두 권[二卷]으로 되어 있는데 상권에서는 석가모니 부처님께서 제4선천(第四禪天) 가운데 마혜수라천왕궁(摩醯首羅天王宮)에 계시면서 지혜의 광명을 놓으시어 노사나 부처님이 머물고 계시는 연화대장세계(蓮華台藏世界)를 비치십니다. 그러면 석가모니 부처님을 모시고 있던 보살대중들이 부처님의 그 광명의 법력(法力)을 힘입어서 저 연화대장세계의 백만억의 자색 빛으로 찬란한 금강보배로 이루어진 광명궁전(紫金剛光明宮)에 계신 노사나 부처님(盧舍那佛)을 뵈올 수 있게 됩니다.

노사나 부처님이 앉아 계신 보배좌를 백만억연화혁혁광명좌(百萬億蓮華赫赫光明座)라고 합니다. 백만억 개의 연꽃으로 받들어 이루어진 광명이 한량없이 빛나는 보배자리란 뜻입니다. 이때 석가세존께서 저 노사나 부처님께 법문을 청하십니다. 그 내용은 보살이 성불하기까지 수행을 해서 닦아 올라가는 법의 계급이 52위 또는 42위가 있는데 그 중에 마지막이 되는 열 가지 계위인 십지(十地)보살의 도를 묻습니다. 이에 대해 노사나불께서 대답하시는 말씀이 많지만 그 서두의 말씀이 이러했습니다.

> '내가 백아승지 겁 동안 마음의 본바탕자리[心地]를 닦아서 등정각(等正覺)을 이루어 이제 이 연화대장세계(蓮華台藏世界)에 있노라.'

'노사나부처님'이 저 '연화대장세계'의 '백만억연화혁혁광명좌'에 계시기까지는 보살만행을 닦을 적에 '백아승지 겁'을 두고 보살만행 곧 성불의 인행(因行)을 닦으셨다는 뜻입니다.

부처님의 몸에 3신(三身)이 있다고 합니다. 부처님은 본래 형상도 아니고 형상 아닌 것도 아니므로 구태여 그것을 나누어 말할 수도 없지만 그러나 범부중생에게 부처님의 경지를 깨우쳐 주는 방편으로서 이 3신을 말하지 않을 수 없게 됩니다. 3신은 법신(法身)·보신(報身)·응신(應身)이 그것입니다. 그 가운데 법신은 빛깔이나 형상도 없는 본체신(本體身)으로서의 부처님을 말합니다. 곧 마음의 실체, 우주의 실상인 진여(眞如)를 가리킵니다. 따라서 부처님의 법신은 범부는 물론 보살이라 해도 8지(八地) 이상의 법신보살이 아니면 볼 수 없는 불신입니다.

이에 대해 보신불(報身佛)은 부처님이 과거세에 보살의 몸으로 6

도만행(六度萬行)을 닦는 것을 인행(因行)이라 하고 인위(因位)라고 하는데, 이 인위에서 지은 큰 원과 행의 과보로 자연히 성취되는 만덕이 원만한 불신(佛身)을 말합니다. 범부 중생들은 생사법과 유위법(有爲法)으로 살기 때문에 선악의 과보를 따라 생사의 육신을 받지만, 부처님은 무위(無爲)의 법으로 생사를 초월한 인행(因行)을 무한히 닦은 과보로 이 보신(報身)을 받으시기 때문에 이 보신 또한 생멸이 없습니다. 다만 법신과 다른 것은 이 보신불은 모습을 가지고 있기 때문에 법신보살은 물론 인연 있는 중생들은 누구나 다 볼 수 있다는 점입니다.

3신 가운데 마지막 응신(應身)은 중생을 교화하기 위해 중생과 같은 몸을 나타내는 불신이니 2,500여 년 전에 출현하신 석가세존이 인간과 같은 몸을 나타내시어 사바세계의 중생을 구제하신 것이 그 예입니다. 물론 32상(三十二相) 80종호(八十種好)를 갖추신 거룩한 불신이긴 하지만 그러나 부처님 본래의 몸에 비하면 누추하기가 이를 데 없는 것입니다. 다만 사바세계의 인간을 구제하기 위해 대소변을 배설하고 하는 추한 몸을 불가피하게 자비 방편으로 받아서 나타내신 것입니다. 그런데 부처님은 중생구제를 위해 이 같은 화신을 수없이 많이 나타내시기 때문에, 천백억 화신(化身) '석가모니불'이라고도 합니다.

이 『범망경』은 일차적으로는 설주(說主)이신 '노사나불'의 설법이지만, 그러나 결과적으로는 천백억 화신인 '석가모니불'이 설하신 중설(重說)로 되어 있습니다.

그리고 이미 말한 바와 같이, 상권에서는 보살수행의 42위 또는 52위의 계위(階位)와 중생이 본래 부처님 마음자리[心地法門]를 밝히시고 '보살계'의 중요성을 밝히시며, 계목(戒目)의 실제적인 내용은 하권에서 말씀하십니다.

계에는 중계(重戒)와 경계(輕戒)로 크게 양분할 수 있으니, '중계'에 10계, '경계'에 48계의 총58계이므로 이것을 흔히 10중(十重) · 48경(四十八輕)이라고 하는데, 모두 다 하권에서 말씀합니다.

'10중'은 10중금계(十重禁戒)라고도 하는데, 이 계를 범하면 교단에서 쫓겨나게 되어 있어서, 소승의 비구계의 4바라이죄(四波羅夷罪)와 똑같은 단두(斷頭)와 기손(棄損)의 벌을 받게 되어 있습니다. '단두'란 극악의 죄인에게 사형(死刑)의 벌을 주는 것과 같고 '기손'은 교단에서는 쓸모없는 타락한 죄인으로 낙인 찍혀 내다 버리게 된다는 뜻입니다. 그 열 가지 무거운 계[十重戒]와 48종의 가벼운 계[四十八輕戒]를 열거하면 다음과 같습니다.

### 십중계(十重戒)

1. 살생하지 말라[不殺生戒].

2. 도둑질하지 말라[不偸盜戒].

3. 음행하지 말라[不婬戒].

4. 거짓말하지 말라[不妄語戒].

5. 술 팔지 말라[酤酒戒].

6. 4부대중의 허물을 말하지 말라[意心說同法人過戒].

7. 자신을 칭찬하기 위해 남을 헐뜯지 말라[自讚毀他戒].

8. 내 것 아끼려 남 욕하지 말라[瞋惜加毀戒].

9. 참회를 물리치지 말라[瞋打結恨戒].

10. 삼보를 훼방하지 말라[謗三寶戒].

## 사십팔경계(四十八輕戒)

1. 스승과 벗을 공경하라[不敬師長戒].

2. 술을 마시지 말라[不飮酒戒].

3. 고기를 먹지 말라[不食肉戒].

4. 오신채(五辛菜)를 먹지 말라[不食五辛戒].

5. 계를 범한 이를 참회시키라[不擧敎懺戒].

6. 법사에게 공양 올리고 법을 청하라[不敬請法戒].

7. 법문하는 곳에는 어디든지 가서 들어야 한다[不往請法戒].

8. 대승경율(大乘經律)을 그르게 여기지 말라[背正向邪戒].

9. 병난 이를 잘 간호해 주라[不瞻病苦戒].

10. 살생하는 기구를 마련해 두지 말라[不畜殺具戒].

11. 나라의 사신이 되지 말라[通國入軍戒].

12. 나쁜 마음으로 장사하지 말라[傷慈販賣戒].

13. 남을 비방하지 말라[無根謗人戒].

14. 고의(故意)로 방화(放火)하지 말라[放火損生戒].

15. 사법(邪法)으로 교화하지 말라[法化違宗戒].

16. 이양(利養)을 탐내어 전도되게 가르치지 말라[爲利倒說戒].

17. 세력을 믿고 강제로 구하지 말라[依勢惡求戒].

18. 아는 것 없이 스승이 되지 말라[無解作師戒].

19. 두 가지로 말하여 이간 붙이지 말라[兩舌謗欺賢戒].

20. 산 것을 놓아주고 죽어가는 것을 구제하라[不能求生戒].

21. 성내고 때려 원수 갚지 말라[不忍酬怨戒].

22. 교만한 생각을 버리고 법문을 청하라[慢人輕法戒].

23. 교만한 생각으로 자못 일러주지 말라[輕蔑新學戒].

24. 대승을 잘 배우라[背大向小戒].

25. 대중을 잘 통솔하라[爲主失儀戒].

26. 혼자만 이양(利養)을 받지 말라[領賓違式戒].

27. 별청(別請)을 하지 말라[受別請戒].

28. 신도로써 스님네를 별청(別請)하지 말라[自別請僧戒].

29. 나쁜 직업으로 생계를 삼지 말라[邪命養身戒].

30. 불량한 속인과 나쁘게 친하지 말라[詐親害生戒].

31. 삼보의 액을 구제하라[見厄不救戒].

32. 중생을 해롭게 하지 말라[橫取他財戒].

33. 나쁜 업을 생각하지 말라[虛作無義戒].

34. 잠시라도 대승의 마음을 잊지 말라[堅持守心戒].

35. 원력을 세우라[不發大願戒].

36. 열 가지 서원을 일으키라[不起十願戒].

37. 위험을 무릅쓰고 유행(遊行)하지 말라[故人難處戒].

38. 높고 낮은 차례를 어기지 말라[坐無次第戒].

39. 복과 지혜를 쌍으로 닦으라[應講不講戒].

40. 수계자(受戒者)를 골라서 계를 일러 주지 말라[受戒非儀戒].

41. 이양(利養)을 위하여 스승이 되지 말라[無德詐師戒].

42. 계를 받지 아니한 이를 포살(布薩)에 참여시키지 말라[非處說戒戒].

43. 고의로 계를 범할 생각을 내지 말라[故毀禁戒].

44. 경률을 공경하며 공양하라[不動經律戒].

45. 중생을 항상 교화하라[不化衆生戒].

46. 높은 자리에 앉아서 설법하라[說法乖儀戒].

47. 국왕과 대신들이 그른 법[非法]으로 출가자를 억제하지 말라

[非法立制戒].

## 48. 세력가에 아첨하여 불법을 파괴하지 말라[自壞內法戒].

# 이 경의 연구와
# 그 주석서

또 전해 오는 말에 보살의 「심지품(心地品)」과 「58계품」을 담은 이 『범망경』을 중국의 진(晋)나라 때 축법호 삼장이 인도에 가서 원본(범어 경본) 120권 61품을 모셔 오려고 경을 배에 싣는데, 다른 경을 먼저 싣고 그 위에 높이 모시기 위해 『범망경』을 마지막으로 배에 올려놓으니 배가 물에 가라앉기 때문에 다른 경전을 그만큼 배에서 내리고 『범망경』을 실었습니다. 그래도 배가 가라앉으므로 경전을 더 내리고 놓아도 안 되고 다 내리고 『범망경』만 실어도 배가 가라앉았습니다. 그래서 대성통곡을 하며 '동토(東土)의 중생들이 얼마나 박복하기에 이런 '3취정계' 경본을 모셔갈 수 없느냐.'라고 한탄하였다고 합니다.

그로부터 100여 년 뒤에 구마라집 존자가 『범망경』의 두 품, 즉 「심지품」과 「58계품」을 외워 가지고 와서 외워 냈는데, 그것을 어떻게 외우느냐 하지만, 인도인은 예부터 외우는 것을 익혀 왔으므로 총력(聰力)이 많았습니다. 가로로 외우고 세로로 외우고 거꾸로까지 외웁니다. 중국에서부터 여기까지 오도록 「심지품」과 「58계품」에 대해서 구마라집 삼장이 외우고 중국의 큰스님들이 붓을 대서 많은 소초(疏鈔)를 지어 냈습니다. 법장(法藏) 스님, 홍찬(弘贊) 스님, 연지(蓮池) 대사, 지욱(智旭) 스님 등의 주해가 50여 종 있습니다.

다음에 수나라 천태지자(天台智者 : 智顗) 대사 이래 중국으로부터 우리나라에 이르기까지 여러 선지식들의 주석서를 소개하면 다음과 같습니다.

## 중국

| 주석자 | 연대 | 제명 | 권수 |
|---|---|---|---|
| 수(隋)<br>지의(智顗) | 538~597 | 『범망경의소(梵網經義疏)』 | 5권 |
| | | 『범망경보살심지품계소(梵網經菩薩心地品戒疏)』 | 3권 |
| 당(唐)<br>법장(法藏) | 643~712 | 『범망경보살계본소(梵網經菩薩戒本疏)』 | 6권 (혹은 3권) |
| 당(唐)<br>명광(明曠) | 777 | 『범망경소(梵網經疏)』 | 3권 |
| 명(明)<br>주굉(袾宏) | 1536~1615 | 『범망경보살계의소발은(梵網經菩薩戒義疏發隱)』 | 5권 |
| | | 『범망경보살계의소발은사의(梵網經菩薩戒義疏發隱事義)』 | 1권 |
| | | 『범망경합주(梵網經合註)』 | 1권 |
| 명(明)<br>지욱(智旭) | 1599~1655 | 『범망경현의(梵網經玄義)』 | 1권 |
| | | 『범망경합주(梵網經合註)』 | 7권(혹은 3권) |
| | | 『범망경참회행법(梵網經懺悔行法)』 | 1권 |
| | | 『범망경보살계본잔요(梵網經菩薩戒本箋要)』 | 1권 |
| | | 『범망경보살계본갈마문(梵網經菩薩戒本羯磨文)』 | 1권 |
| 명(明)<br>홍찬(弘贊) | 1611~1685 | 『범망경보살계략소(梵網經菩薩戒略疏)』 | 8권 |
| 청(淸)<br>서옥(書玉) | 1645~1721 | 『범망경초진(梵網經初津)』 | 8권 |

# 한국

| 주석자 | 연대 | 제명 | 권수 |
|---|---|---|---|
| 신라 원효(元曉) | 617~686 | 『범망경보살계본사기(梵網經菩薩戒本私記)』 | (상권만 현존)<br>2권 |
| | | 『범망경지범요기(梵網經持犯要記)』 | 1권 |
| 신라 의적(義寂) | 의상의 10대 제자<br>7~8세기 | 『범망경보살계본소(梵網經菩薩戒本疏)』 | 3권 |
| | | 『범망경문기(梵網經文記)』 | 2권 |
| 신라 승장(勝莊) | 8세기 | 『범망경술기(梵網經述記)』 | 3권 |
| 신라 태현(太賢) | 8세기 | 『범망경계본종요(梵網經戒本宗要)』 | 1권 |
| | | 『범망경고적절충(梵網經古迹折衷)』 | 5권 |
| | | 『범망경고적기(梵網經古迹記)』 | 2권 |
| | | 『범망경보살계본종요상회(梵網經菩薩戒本宗要上會)』 | 2권 |
| 조선 월저(月渚) | 1688~? | 『범망경발문(梵網經拔文)』 | |
| 조선 몽암(夢庵) | 1797 | 『범망경후서(梵網經後序)』 | |
| 백용성(白龍城) | 1864~1940 | 『각설범망경(覺說梵網經)』 | 3권 |

# 구마라집 삼장

여기서 잠시 『범망경』을 처음으로 번역한 역주(譯註) 구마라집 삼장의 생애와 업적을 대강이나마 알아보고 다음 이야기를 하기로 하겠습니다.

구마라집 삼장은 서역(西域)의 구자국(龜玆國) 사람입니다. 그의 아버지는 본래 인도의 귀족 바라문 출신의 구마라염(鳩摩羅炎)으로 대대로 나라의 재상을 지낸 명문(名門)인데, 출가하여 구자국에 와서 국사(國師)로 있었습니다. 구마라집 삼장의 어머니는 구자국 임금의 누이동생[王妹]인 기바(耆婆)이며 그녀와 국사인 구마라염과 결혼한 사이에 구마라집 삼장이 출생했습니다. 구마라집 존자의 범어 이름은 쿠마라지바(Kumārajīva)인데 이는 아버지 이름과 어머니 이름을 합한 것입니다.

구자국은 지금의 중앙아시아에 있던 나라로 당시 대승불교가 널리 전파되어 있던 나라였습니다. 구마라집은 7세의 어린 나이로 일찍 출가하여 날마다 하루에 1,000 게송씩 외웠다고 합니다. 대소승의 교리를 널리 통했을 뿐 아니라 여러 학문에도 정통하였으며 그는 범어(梵語) 원전을 깊이 연구하여 많은 경전을 암송하였습니다. 당시 인도와 중앙아시아의 여러 나라 말은 물론 중국의 한문에도 통하지 않은 바가 없어, 예전부터 구마라집 삼장은 그 나라의 물을 한 번 마시고 그 물맛을 보는 것과 동시에 그 나라 말을 다 알았다고 하고, 그래서 7불(七佛)의 '번역삼장'이라고도 칭송해왔습니다.

'7불'은 석가모니 부처님 이전에 계시던 여섯 부처님과 석가모니 부처님을 더한 일곱 부처님을 말합니다. 과거 7불로 비바시불(毘婆牟佛)·시기불(尸棄佛)·비사부불(毘舍浮佛)·가섭불(迦葉佛)·석가모니불(釋迦牟尼佛)의 7불을 가리키는데, 구마라집 존자는 저 비바시불 때부터 역경삼장을 하였기 때문에 그렇게 잘 한다는 뜻입니다.

그런데 구마라집 삼장이 구자국에 국사로 계실 때 중국은 5호16국시대로 많은 열강들이 일어나고 쓰러지고 하였는데, 그 가운데 중국 북쪽에 있었던 전진(前秦)의 왕 부견(符堅)은 불교를 신봉하여 우리나라 고구려에도 불상과 불법을 전해온 바 있는 왕이었습니다. 이 부견왕이 구자국의 구마라집 삼장이 학덕이 높음을 듣고 '내가 모시면 나라가 크게 부강하리라'는 생각으로 장군 여광(呂光)을 보내어 구자국을 정벌하고라도 구마라집 삼장을 모셔 오도록 명했습니다. 그 당시 구자국의 국방력으로는 전진의 여광을 감당할 힘이 없었는데 구자국 왕은 끝까지 대항하려 했습니다. 구마라집 삼장은 구자국 왕에게 '우리나라의 국력으로는 불가항력이니 대항하지 말고 나를 전진으로 보내면 되는 것이니 많은 인명의 희생을 내지 말라.'라고 하였지만 구자국 왕은 듣지 않고 죽음을 당했습니다.

결국 구마라집 삼장은 여광을 따라 중국으로 가게 되었는데 이때 여광은 구마라집 삼장의 나이가 너무 젊은 것을 보고, '나이도 얼마 되지 않은 저런 사람에게 무슨 도가 있겠는가. 우리 임금이 잘못 본 것 아닌가.' 하여 구자국의 공주와 구마라집 삼장을 강제로 결혼시킨 일이 있다고 합니다.

여광이 구라마집 삼장을 모시고 부견의 전진으로 되돌아오는데 양주(涼州)라는 땅에 이르렀을 때 부견이 요장(姚長)에게 망했다는 소식을 듣고 스스로 왕이 되었으므로 구마라집 삼장도 이곳 양주(涼州)에 머물게 되었습니다.

요장의 뒤를 이은 요흥(姚興)이 군사를 동원하여 여광(呂光)을 정벌하고 구마라집 삼장을 관중(關中)에 맞이하게 됩니다. 그리하여 장안(長安)에 머물면서 초당사(草堂寺)에서 많은 경전을 번역하시니 이때에『유마경(維摩經)』,『법화경(法華經)』,『금강경(金剛經)』,『대지도론(大智度論)』을 번역했으며, 이『범망경(梵網經)』도 비로소 번역된 것입니다.

이『범망경(梵網經)』은 종남산(終南山) 초당사(草堂寺)에서 번역했다고도 합니다.

해제 解題 二

# 보살계와
# 수계의 자세

보살계(菩薩戒)는 '보살이 되는 계'라는 뜻입니다. 재가5계(在家五戒)는 '신도가 지켜야 할 계', '신도가 되는 계'이고, 비구계와 비구니계는 각각 '비구가 되는 계', '비구니가 되는 계'를 말합니다. 이에 대해 보살계는 '보살이 되는 계'이고 '보살이 지켜야 할 계'를 말합니다.

보살(菩薩)이란 말은 보리(菩提)와 살타(薩埵)의 두 낱말을 합한 보리살타(菩提薩埵) 네 글자 가운데 '보' 자와 '살' 자 두 머리글자만 합해서 부르는 말입니다. 보살의 뜻은 상구보리(上求菩提)하고 하화중생(下化衆生)한다, 즉 위로는 부처님을 향해서 깨달음을 구하고, 아래로는 생사고해에 빠져 있는 중생을 구하는 성자란 뜻입니다. 절에 다니는 뜻도 그런 뜻으로 다니기 때문에 이 보살계(菩薩戒)를 받은 여자 신도님을 '보살'이라고 부릅니다. 그러므로 한 사람이라도 와서 보살계 받기를 원하면 수계해 주는 것이 법칙이고 불자의 본분(本分)입니다.

또 절에서 흔히 나한님께 기도한 공덕이 많다 그러는데, 부처님께 기도한 공덕이 그보다 몇 배로 더 많고, 부처님께 기도한 것보다 나 자신이 계 받는 것이 더욱 공덕이 크다고 합니다. 왜 그러냐 하면 계를 받으면 바로 불자(佛子), 즉 부처님의 아들, 불법의 아들이 되기 때문입니다.

불교 신도를 청신사(淸信士), 청신녀(淸信女)라 하는데 여기에도 부처님께 일단 계[五戒] 받은 이는 근사남(近事男), 근사녀(近事女)라 합니다. 부처님을 가까이 섬기는 사람이란 뜻입니다. 이것은 5계를 받은 것을 말하고 '보살계'를 말하는 것은 아닙니다.

불자는 누구나 계부터 받으라는 것입니다. 계는 항상 내 마음을 경계하고 조심하는 것을 가리키며 그래서 계를 섭심(攝心), 즉 마음을 조심하는 것이라고도 합니다. 불자는 계(戒)·정(定)·혜(慧)에 의지하여 마음을 닦고 불법을 성취하게 되는데 그 첫 과정이 계학(戒學)입니다. 곧 계를 행하면 선정(禪定)이 생긴다 하여 인계생정(因戒生定)이라고 합니다. 이 계·정·혜를 사물에 비유해 말할 때 계를 그릇에 비유하고, 정(定)을 물에, 지혜는 달빛에 견주어 말합니다. 그릇이 견고해야 물을 담을 수 있고[戒] 물이 흐리지 않아야[定] 지혜의 달[慧]이 잘 비친다는 뜻입니다. 계기견고(戒器堅固)하야사 정수징청(淨水澄淸)하여 혜월장명(慧月長明)이라 합니다. 그 뜻은 계의 그릇이 견고해야 선정의 물이 맑게 되고, 물이 맑아야 지혜의 달이 환히 비칠 수 있다는 뜻입니다.

그릇[戒]이 깨지거나 혹은 금이 가면 물을 담을 수 없고[定], 그렇게 되면 달빛[慧]도 비칠 수 없을 것입니다. 선방에서 흔히 정혜쌍수(定慧雙修)라고 하지만, 이것은 물론 계는 지켜야 할 것을 전제로 해서 생략한 말일 뿐이므로 계·정·혜 3학(三學)이 원칙입니다. 계(戒)·정(定)·혜(慧)의 보살이 상구보리(上求菩提)·하화중생(下化衆生)하는 데 있어서, 특히 '하화중생'에 있어서 대자비를 위주로 해야 합니다. 곧 상대를 즐겁게 하는 것, 중생을 행복하도록 돌보는 것을 자(慈)라 하고, 딱한 이를 슬피 생각하고 가엾이 여기는 마음을 비(悲)라 하는데, 보살은 이 자비의 마음을 갖추어 나가도록 해야 합니다. 이것이

보살의 정신이고 '보살계'의 취지입니다.

계를 주고받는 순서는 몇 시간이면 할 수도 있지만, 이번에 58계의 뜻과 심지품(心地品)의 대의를 말씀하고 나서 보살계를 드리도록 했습니다. 본래 심지법문(心地法門)을 말해서 보살계를 받을 마음을 일으키게 하고 나서 계를 주라고 한 법에 맞게 하자는 뜻입니다.

2,600여 년 전에 가비라국의 싯달다 태자(부처님의 출가전 명칭)께서 출가를 하셔서 (출가하신 나이는 19세 설·24세 설·29세 설 등 일정하지 않습니다만) 6년 고행을 하시고 성불을 해서 숙명지(宿命智 : 현재는 물론 과거·미래를 다 아는 지혜)를 통해 당신이 성불한 과거세의 숙인(宿因)을 살펴보시니, 그것은 다름 아닌 보살계를 받은 것이 최초의 인연이었다는 것입니다. 그래서 성도하신 뒤 3·7일 동안 제일 먼저 법신보살(法身菩薩 : 8지(八地) 이상)들에게 당신의 깨달으신 경지를 말씀하신 데 이어, 이 보살계를 말씀하셨다고 합니다. '부처님 당신도 이 보살계를 받은 인연으로 성불했으니, 일체대중도 다 이 보살계를 받아 지킴으로 성불하라'는 뜻에서 하신 말씀입니다.

그런데 보살계를 한 번만 주지 않고 계살림(戒山林)을 해마다 하게 되는데, 그것은 잊어버리지 않도록 하기 위해서 자주 하는 것입니다. 계문(戒文)에는 본래 한 달에 두 번, 보름에 한 번씩 이 계문을 외우라고 했습니다. 옛날에는 범어사(梵魚寺)에서 먼저 했고, 그 다음 통도사(通度寺)에서 계단(戒壇)을 설치해서 했습니다만 불교정화 이후에는 절마다 포교의 일환으로 '보살계 법회'를 많이 했습니다.

보살계를 받는다는 것이 하루 법문 들으면 '보살계' 받는 것으로 생각하고, 계첩(戒牒)을 받으면 되는 것을 관례로 아는 이들도 있는 것 같은데, '계첩' 받는 것이 '보살계'는 아닙니다. 계를 주고받는 법

식이 분명히 있고 그렇게 해야만 '보살계'를 받는 것이지 '계첩'과는
아무 관계가 없습니다. 이것을 잘못 생각하여 '계첩'을 받으면 계 받
는 것인 줄 아는 것은 잘못입니다. 계를 받는 것은 계를 받고 계를
지키겠다는 다짐을 하고 의식을 따라 수계해야 합니다.

보살의 정신은 참회가 중심입니다. 참회를 하는 이유는 인간이란 절에 있으나 세속에 있으나 말이나 생각과 행동이 조금씩 삿되기 때문에 그러한 잘못을 불전에 뉘우치자는 것입니다. 절에서 스님 대중들은 조석예불을 할 적에 이참사참(理懺事懺), 곧 이치로써 참회하고 3업으로 참회를 함은 물론, 사시(巳時) 마지 때나 불공·기도·정근 때에도 반드시 참회를 먼저 합니다. 보살님들도 이번에 3·7일 동안 부처님께 절을 많이 하고 참회했습니다.

이참(理懺)을 이해하기 위해서는 먼저 진심(眞心)의 본불생(本不生)의 도리를 알아야 합니다. 우리 마음의 본바탕 자리, 근본 불성(佛性)은 선·악이 일어나기 전이고, 죄업이란 생각이나 현상적인 사건이 벌어지기 이전의 자리이며, 이 마음자리는 무엇에도 물들기 이전의 자리이므로 진심(眞心)·진법(眞法)을 무성(無性)이라고도 합니다.

이와 같은 실상(實相)의 이치를 관하여 죄를 소멸하는 것을 이참(理懺)이라고 하며, 실상을 관찰하여 참회한다는 뜻으로 관찰실상참회(觀察實相懺悔)라고도 합니다. 또 실상의 이치로 보면 본래 죄체(罪體)가 생기지 않는 무생(無生)이므로 무생참회(無生懺悔)라고도 합니다.

사참(事懺)이란 예배·염불·독경 등 신(身)·구(口)·의(意)의 3업의 행위를 통한 참회를 말합니다. 108배·1,000배 절을 하기도 하

고, 우리가 3·7일 기도를 하기도 하는 것은 다 이런 참회를 먼저
하자는 뜻에서 시작하는 것입니다.

신도님들이 많이 독송하는 『천수경』에도 나오는 참회게송(懺悔偈
頌)이 바로 이 '이참·사참'을 하는 게문(偈文)입니다.


1.

"아득한 옛날부터 제가 지은 모든 죄업들

그 모두 다 탐·진·치 3독으로 말미암아서

몸과 말과 마음의 3업으로 저질렀사옵기에

제가 이제 그 모두를 남김없이 참회하나이다."

我昔所造諸惡業

皆由無始貪瞋痴

從身口意之所生

一切我今皆懺悔


2.

"죄업은 본래 절대의 존재가 아닌 것, 마음으로부터 나왔어라.

마음이 만일 소멸되면 죄는 저절로 따라 없어지리니

마음도 죄업도 주관·객관이 함께 다 없어지는 때

이것이 참으로 참회라 이름할 수 있으리."

罪無自性從心起

心若滅時罪亦亡

罪亡心滅兩俱空

是卽名爲眞懺悔

라고 한 위의 두 게송 가운데, 앞의 게송은 사참(事懺)의 뜻을 주로 담고 있고, 뒤의 게송은 이참(理懺) 곧 자성의 본바탕에 비추어 참회하는 참회문이라 하겠습니다.

세속생활을 하는 데 있어서도 '내가 오늘 시부모·남편·자식·이웃에게 잘못을 했구나. 다시는 그러지 말아야겠다' 하는 마음가짐이 곧 참회입니다.

'속상하는데 참을 수 있나' '나만 좋으면 됐지 남의 사정 볼 게 있느냐' 하는 식의 생활은 업을 짓는 생활이요, 참회가 없는 생활입니다.

'집에서 시부모 앞에서 말대꾸를 함부로 했다, 남편에게 불쾌한 언행을 했다, 아들을 나무라는데 심한 욕설을 했다, 또 집에서 몸가짐을 조심하지 않고 방탕한 생활, 쓸데없이 돈을 쓰고 낭비한 생활을 했다, 친구에게 결례를 했다. 이웃에게 불친절했다.'는 등의 이러한 잘못을 뉘우치고 고백을 하는 것이니 참회가 종교에 있어서 아주 중요합니다.

이와 같은 참회를 통해 정직한 생활, 부모를 잘 모시는 생활, 또는 남편을 잘 섬기는 생활을 해서 가정을 평화스럽게 하는 것이 부인의 생활이요, 보살의 역할이며, 청신녀의 역할입니다.

현대는 물질 위주로 지나치게 치우쳐 발전해서 물질문명 일변도의 생활이 되다보니 예절도 없고 향락 쪽으로만 빠지는 등 여러 가지 불상사가 일어나게 됩니다. 이와 같은 불상사가 심하면 죽음에까지 이르는 경우가 허다합니다. 이와 같은 나쁜 길을 모두 다 버리게 하고 바른 인생관으로 불상사를 막는 것이 또한 종교의 임무입니다.

첫째 가정에 평화가 있은 뒤에 부처님 법을 믿으라는 것입니다.

남편이 절에 가지 말라면 가지 않는 것이 원칙인데, 남편 몰래 절에 간다는 것이 상서롭지 못한 일입니다. 이런 경우 남편이 납득할 수 있도록 절에 대해 잘 인식시켜준 뒤에 가는 것이 순서입니다. 몰래 절에 가면 남편이 오히려 절에 대해 나쁘게 생각하게 되는 것입니다. 그로 인해 부부가 싸우게 되면 불화가 일어나고 아들딸들로 하여금 부모를 좋지 않게 생각하게 하는 하나의 원인이 됩니다. 불법을 믿는 것은 서로 평화스럽고 좋기 위해 믿는 것인데 이로 인해 가정에 불화가 일어나게 된다면 잘못입니다. 그러므로 남편을 이해시키고 평화스러운 가운데 서로가 편안한 마음으로 지낼 수 있도록 정성과 방편을 써야 합니다.

또 불자는 승려건 청신사건 청신녀건 검소한 생활을 해야 합니다. 화려하고 사치한 생활은 낭비를 가져오고, 진실하고 소박한 마음을 멀리하게 되며, 복을 더는 생활이 됩니다. 또한 불자는 참고 사는 공부를 해야 합니다.

사바세계는 본래 감인(堪忍)하여 사는 세계입니다. 견디어 참아야 한다는 뜻입니다. 모든 것이 넉넉치 못 하더라도 인내하고 분수에 맞게 만족할 줄 아는 슬기를 길러야 합니다. 참고 견디며 생활해야 그 가정에 평화가 오고 만복이 돌아오는 것이지, 조금만 부족하면 '남들은 부자인데 나는 왜 이렇게 되느냐'고 불평을 해서는 안 됩니다.

모든 것은 과거 전생에 인연을 잘못 짓고 복을 못 지은 탓이기 때문에 부처님께서는 모든 것을 인과로 판단하여 말씀하셨습니다. 머리가 둔하여 공부를 못해서 고민하지만 이것도 전생에 나쁜 짓을 했거나 그만한 과보를 범했기 때문입니다. 이와 같은 인과를 확실히 믿으면 인욕을 하게 되는 것입니다.

　부처님이 항상 이런 것 등을 경계해서 말씀하신 것이 바로 계입니다. 중생들이 탐욕심, 성내는 마음, 어리석은 마음으로 갖가지 허물을 저질러 마침내는 그로 인해 온갖 괴로움을 받고 6도윤회의 과보를 받게 되기 때문에 부처님이 이것을 경계하시기 위해 재가 5계, 비구계, 비구니계를 말씀하시고 대승불자들에게는 보살계를 말씀하시게 된 것입니다.

# 계를 스승 삼으라

以戒爲師

부처님이 열반하시기 바로 전에 구시나가라 성 사라쌍수(沙羅雙樹) 사이에서 제자들을 위해, 또는 후대 말법(末法) 불자들을 위해 말씀하신 경계의 말씀, 유훈의 말씀을 하신 내용을 담은 경이 있습니다. 『유교경(遺敎經)』이라고도 하는 이 경에서는 '계를 스승으로 삼고 3독 5욕의 번뇌를 억제하라'라고 하신 말씀을 담고 있습니다.

그런데 부처님의 열반하신 연대에 대해 상식적으로 알아야 할 내용이 있습니다. 금년(1981)이 단기로는 4314년이고, 간지(干支)로는 신유(辛酉)년인데 부처님이 돌아가신 지 2525년째 되는 해입니다. 또 서기로는 예수가 세상에 태어난 날부터 따져서 1981년이지만 우리 불기(佛紀)는 부처님께서 돌아가신 해로부터 따지기 때문에 부처님 나신 때와는 또 다릅니다.

부처님 나신 때를 알려면 돌아가신 해(2525년)에 79해를 더해야 합니다. 그러면 2604년이 됩니다. 생사일여(生死一如)라고 해서 나는 것이나 죽는 것이나 똑같다는 말을 선방에서는 쓰지만 역사적으로 알려면 똑바로 알아야 합니다. 그러므로 이렇게 아는 것이 우리 불자의 자세고 상식이고 마음가짐입니다.

부처님이 열반하신 다음해 7월 15일에 지계제일(持戒第一)의 우바리(優波離) 존자가 자자(自恣)를 마치고 율장(律藏)에 한 점을 찍고 이렇게 해마다 찍어서 대대로 전했다 합니다. 이것을 중성점기(衆聖點記)라 합니다. 부처님께서 열반하신 뒤에 여러 성현(聖賢)들이 율장(律藏)을 전해 받으면서 해마다 한 점씩 찍었기 때문에 이렇게 이름합니다.

이 연대가 세계 불교 제국의 대표들이 모여서 합의한 지금의 불기와 가장 맞습니다. 그런데 부처님이 열반하신 지 200년이 지나 아육왕(阿育王)이 출현해서 세운 아육왕탑(阿育王塔)과 석각문(石刻文)이 있었는데 이것이 최근에 서구의 학자에게 발견되어 부처님의 열반 연대는 이것에 기준하여 정한 것입니다.

부처님께서 돌아가신 지 150년이 지나서 아육왕이 나왔는데 전륜성왕으로 8만 4천 보탑을 세워 부처님 사리를 모셨다고 합니다. 문헌과 아육왕비를 의지해 부처님이 나신 해를 알려면 이 열반하신 연도에다 부처님이 이 사바세계에 재세(在世)하셨던 79년을 가산하면 됩니다. 이렇게 계산해 보면 부처님께서 가비라국 정반왕의 궁에 싯달타 태자의 몸으로 탄생하신 해가 지금으로부터 2604년 전임을 알 수 있게 됩니다.

지금으로부터 2525년 전 부처님이 열반에 드실 적에 아난 존자(阿難 尊者 : 부처님의 4촌 동생으로 부처님을 시봉한 다문제일(多聞第一))가 부처님 앞에 나아가,

"부처님이 계실 적엔 부처님을 스승 삼았지만 장차 부처님께서 열반하시고 나면 누구를 스승 삼아야 하나이까?"
하고 여쭈었습니다. 이때 부처님께서,

"계로써 스승을 삼으라[以戒爲師]."
라고 하셨습니다. 이로부터 모든 대중은 계법(戒法)을 더욱 숭상하게 됐고, 계법을 이루어 후세에 전하게 됐습니다. 비구·비구니의 구

족계(具足戒)를 가지는 법이 이렇게 해서 이루어졌는데, 비구는 250계가, 비구니는 348계가 있습니다. 말하자면 비구·비구니는 출가한 제자이고, 재가한 마을제자는 우바새·우바이입니다.

우바새·우바이는 5계를 받은 청신사(淸信士)·청신녀(淸信女)가 있고, 8관재계(八關齋戒)를 지키는 근주남(近住男)·근주녀(近住女)가 있습니다. 이는 부처님 계를 잘 지키는 사람들로서 부처님과 가까이 머무는 이, 가까이 사는 이란 뜻입니다.

8관재계(八關齋戒)란 하루 밤과 하루 낮을 스님 노릇하는 법인데 좀더 자세히 말하면 절에 가서 하루 한 끼 먹는 것[日中食]을 하면서 머리 그대로 둔 채 출가 수행하는 것을 가리킵니다. 부처님 당시에는 청신사·청신녀가 한 달에 여섯 번씩 절에 가서 스님 노릇하는 것이 세속 불자들의 습관이었습니다.

부처님 당시에는 나이 어린 사미·사미니나 노인을 제외하고 하루 한 끼만 걸식을 해서 사시(巳時)에 먹었습니다. 그래서 지금도 절에서 11시가 되면 사시(巳時) 마지를 올리고 예불하는 것이 다 그 예에 따른 법입니다. 그런데 어린 사미·사미니와 노인을 위해서 아침이면 죽을 먹도록 했고, 나중에 중국에 불법이 들어와서는 아침 점심을 먹고 오후에 저녁만 안 먹는 오후불식(午後不食)하는 법이 유행되게 되었습니다. 그러다가 다시 기질과 근기가 허약해져서 저녁도 간략하게 약석(藥石)으로 먹게 되었습니다.

약석(藥石)이란 약을 가지고 병을 치료한다는 뜻입니다. 그런데 여기 돌 석(石) 자를 쓰는 것은 옛날에 침이 돌로 만들어져서 사용되었기 때문이라고도 하고, 또는 배가 차서 병이 났을 적에 돌을 뜨듯하게 해서 배에 대면 병이 낫는다 하여 돌이 약으로 표현되기도 했습니다.

약석(藥石)으로 몸을 보호하기 위해 저녁에 약간 감자를 먹는다든지 이렇게 하기 시작했는데 때도 없이 많이 먹고 하는 것은 이것은 다 불법이 쇠해 가는 일종의 조짐입니다. 또 그렇다고 하여 하루 굶는데 부자가 된다더라 하는 삿된 생각을 해서는 안 됩니다.

계에는 소승계(小乘戒)와 대승계(大乘戒)가 있어서, 소승계를 율의계(律儀戒)라 하고, 대승계를 삼취정계(三聚淨戒)라 합니다. 그리고 대승계에는 율의계가 들어 있으므로 삼취정계 안에는 소승계가 다 포함됩니다. 따라서 대승의 삼취정계는 그만큼 내용이 충실하고 폭이 넓다고 할 수 있는데 그것은 보살이 지켜야할 계이기 때문입니다. 삼취정계(三聚淨戒)는 섭율의계(攝律儀戒), 섭선법계(攝善法戒), 요익유정계(饒益有情戒)의 세 가지 계를 말합니다.

섭율의계는 3업(三業)을 잘 단속하여 말과 행동과 생각으로 나쁜 짓을 하지 않도록 언행을 제지(制止)하는 계입니다. 재가의 5계·10선계, 출가의 사미·사미니 10계, 비구 250계, 비구니 348계가 그것이며, 이것은 마치 과수원을 가꿀 적에 벌레가 덤비지 못하도록 살충제를 뿌리고, 짐승들이 와서 밟아버리지 않도록 울을 치듯 조심하는 것을 일컬으며, 3업이 무흠(無欠 : 결함 없는 것)하도록 조금도 잘못된 것이 없게 하는 것입니다. 말도 바르고 생각도 정직하게, 행위도 바르게 하여 허물이 없게 하는 것을 섭율의계라 합니다. 그러므로 이 계는 과수나무의 충재(虫災)를 막는 것과 같다고 한 것입니다.

섭선법계(攝善法戒)는 과일이 열린 나무에 거름도 주고 잘 보호하듯이 단속된 신업·구업·의업의 바른 행동을 잘 보호하고 계를 더욱 견고하게 지킬 수 있도록 하는 것, 마치 과일나무에 과일이 열린 것을 봉지로 싸고 벌레가 먹지 못하도록 보호하듯이 하는 것을 말합니다. 단순히 계를 지킬 뿐 아니라 8만 4천 법문을 배우고 발심하여 움직이지 않는 선정을 닦아 지혜를 기르고 영원히 물러나지 않는 불퇴전(不退轉)의 불심을 기르는 것을 섭선법계라 합니다.

요익유정계(饒益有情戒)는 나도 이익이 있고 남도 유익하게 하는 계, 곧 자리이타(自利利他)의 계를 말합니다. 나는 성불하지 못하더라도 남을 성불시키려 원 세우는 것, 즉 지장보살이 '나는 성불하지 못했어도 모든 중생을 성불시키겠다' '일체유정을 성불시키지 못하면 나는 결코 성불하지 않겠다'는 원을 세우듯이, 또 '지옥중생을 남김 없이 다 제도하고 나서야 나는 성불하겠다'라고 하는 이타행을 하는 것을 말합니다. 자미득도(自未得度) 선도타(先度他)라고 하는 게송의 말씀과 같이, 먼저 남을 제도한다는 지장보살의 원이 그것입니다.

이것을 또 그물을 던져서 고기 잡는 것에 비유해서 말하기도 합니다. 장대교망(張大教網) 도인천지어(度人天之魚)라는 말이 있는데, 바다에 큰 그물을 던져서 인(人)·천(天)의 고기를 건져낸다는 것입니다. 8만 대장경의 그물을 펴서 이 언덕에 있는 인·천의 고기를 건져 저 언덕에 보낸다는 뜻입니다. 저 언덕은 부처님의 세계고 이 언덕은 사바세계이니, 저 언덕 곧 부처님 세계에 보내는 것을 말합니다. 그러므로 섭율의계·섭선법계를 자리계(自利戒)라 하고 이 섭유정계(攝有情戒)를 이타계(利他戒)라고도 합니다.

또 요익유정계는 사섭법(四攝法)으로 중생을 보호한다는 뜻으로도 됩니다. 4섭법은 보시섭(布施攝)·애어섭(愛語攝)·이행섭(利行攝)·동사섭(同事攝)의 네 가지로 중생을 거두어들인다는 뜻이니, 첫째는 보시섭(布施攝)입니다. 없는 이에게 물질을 보시해서 도와주는 것, 곧 굶주린 이에게는 양식을 도와주고 의복이 없으면 의복을 보시하고 무엇이든지 도와주는 것이 보시섭입니다.

둘째 애어섭(愛語攝)은 항상 부드럽고 격려하고 위로하는 말로 도와주는 것을 말합니다. 남에게 섭섭하고 고까운 말, 악담 같은 것을 하지 않는 것은 물론이고 희망을 주고 광명을 주는 좋은 말을 하라는 것입니다.

셋째는 이행섭(利行攝)이니, 남을 이롭도록 구제해 주는 것입니다. 항상 밀어주고 후원해 주는 것을 이행섭(利行攝)이라 합니다.

끝으로 넷째는 동사섭(同事攝)이니, 이것은 예를 들어 그 사람이 나쁜 행동을 하더라도, 보살이 같이 그 일을 해 가면서 결국은 나쁜 일을 제지하고 제도하는 것을 말합니다. 짐승을 제도하기 위해서는 짐승이 되어 제도하고, 악한 사람을 구하려면 악한 행동을 하면서 같은 동류(同類)가 먼저 되어야 비로소 대화가 되고 마음이 통하게 되는 것이니, 그런 뒤에 바른 길로 인도해야 한다는 뜻입니다. 착한 사람의 행위를 해가면서는 나쁜 사람과 대화가 되지 않기 때문에 악한 행동을 같이 해가면서 그 사람이 악한 일을 하지 못하도록 하는 것을 동사섭(同事攝)이라 합니다.

또 이런 법문을 잘 들어야 하는데 이것을 거꾸로 들으면 나쁜 짓이나 하고 끌려다니면서 나는 나쁜 친구 건지기 위해 동사섭(同事攝) 한다고 하면 안 됩니다.

# 욕심을 버리고
# 마음의 고향으로

이번에 하는 지장기도 49일 동안 하루에 한 시간 반씩 『범망경』 보살계를 설법하고 기도와 법문을 마치고는 보살계를 수계(授戒)하기로 했습니다. 보살계를 받으면 감옥에 갇힌 사람이 풀려나온 것과 같다고 했습니다.

인간 사회에는 5욕락이 있습니다. 첫째는 먹는 것[食欲], 둘째는 잘 먹고 나면 남자는 여자를 생각하고 여자는 남자를 생각하는 성욕(性欲)이고, 셋째는 재물[財欲]입니다. 재물이 있어야 첫째 욕망도 둘째 욕망도 채울 수 있고 편안히 살고 욕망을 충족할 수 있기 때문입니다. 따라서 이 재욕 가운데는 여러 가지 욕망이 다 들어 있습니다.

식(食)·색(色)·재(財) 이 세 가지를 만족하고 나면 대통령이니, 국회의원이니 하는 명예를 얻고 싶은 생각이 납니다. 그래서 5욕락 중에 넷째가 명예욕입니다. 다섯째는 수면이라 그랬는데, 이것은 자는 것뿐 아니라 쉬는 것, 오락을 말합니다. 요새말로 치면 극장 간다, 놀러간다, 관광 간다 하는 등의 일종의 휴식이니 이런 것이 다섯째 욕망에 해당됩니다. 인간 세상은 이것이 없으면 건립되지 않습니다.

불교에서는 이 다섯 가지 욕락을 뛰어넘는 것을 목표로 하고 있습니다. 그런데 다섯 가지 욕심을 일시에 다 버리는 것은 아니고 조금씩 감소시켜 나가는 것입니다. 밥을 아주 안 먹는 것이 아니라 앞에서 말한 것처럼 약석(藥石)으로 생각해서 검소하게 먹는 것입니다. 또 재가한 이라면 불법을 알고 나면 아들을 안고 손자를 데리고 놀아도[抱子弄孫] 조금도 집착이나 구애 받지 않는 것, 조금도 후회되지 않게 하는 것을 말합니다.

중국의 배휴(裵休) 같은 분은 일국의 정승이면서 위산(潙山) 스님 회상의 1,500명의 대중과 황벽(黃檗) 스님의 800명 대중의 양식을 제공하고 적극 지원했습니다. 그렇게 하면서 불법을 깨달았는데 세상의 욕심을 아주 버린 것은 아니고 5욕락을 수용하지만 집착을 버립니다.

중국의 방온(龐蘊) 거사 같은 이는 그 당시 많은 재산을 소유하고 있었는데 견성을 하고 불법을 깊이 깨닫고 나서 재산을 모두 다 보시하려고 했습니다. 그런데 마을 사람들이 짐을 실어 가는데 어찌나 욕심이 많은지 서로 많이 가져가려고 싸움이 나고 난리가 나자 방 도사가 생각하기를 '보시하려다가 업만 짓고 죄만 더 쌓겠다' 하고는 보물과 재산을 모두 강물에 던졌다는 이야기도 있습니다. 욕심 많은 사람들은 한정이 없습니다. 먹는 것, 색정에 이르기까지 그칠 줄 모르고 죄를 짓습니다.

청신녀·청신사들은 절제 있는 생활 속에 욕심을 버리고 생활해야 합니다. 먹는 것도 조절해서 먹고, 재산을 모으더라도 분수껏 모으고 그래야 합니다.

부처님께서는 이런 말씀을 하셨습니다. 모든 신도의 경제생활을 4분해서 쓰라고 하셨습니다. 매일같이 하루에 만 원을 번다고 예를 들면, 그것을 4등분하여 그 하나는 저축을 하고, 1분은 세금을 내고, 또 1분은 살림을 하는 데 쓰고, 나머지 1분은 사회사업에 보시를 하라고 하셨습니다. 그렇게만 하면 잘 살 수 있고 5욕락에서 빠져 나올 수도 있습니다. 그래서 보살계를 받으면 멀리 집[本性] 떠난 (5욕락에 빠진) 사람이 집에 돌아온 것과 같다고 했습니다.

# 작은 계를
# 가볍게 여기지 말라

사람의 일상생활에 있어 눈으로 보는 경계, 귀로 듣는 경계, 코로 냄새 맡는 경계, 입으로 맛보는 경계, 몸의 촉각, 생각의 대상인 법의 여섯 객관을 6진(六塵)이라 합니다. 그런데 사람들은 그 6진에 휩싸여 살고 있으므로 그런 객관에 정신없이 빠져 들어가면 자신을 잃고 불성을 등진 채 6도 윤회에 떨어져 헤어날 수 없게 되므로 그 것을 경계하신 것입니다. 그래서 중생의 경계는 깨달음을 등지고 6진에 가서 합했다는 뜻으로 배각합진(背覺合塵)의 삶이라 그럽니다.

그런데 보살계는 깨달음의 본성을 회복시키는 계법이므로 6진의 경계를 떠나서 본분(本分)에 돌아온 것이 마치 고향을 떠나 있다가 고향에 돌아온 것과 같다고 해서 말씀한 것입니다.

보살계는 또한 대중의 스승입니다. 부처님이 지금까지 계시더라도 계법 그대로일 뿐 다를 것이 없습니다. 부처님이 49년 설법하시고, 79세에 열반에 드신 것은 중생들, 제자들의 발심을 위해서 하신 일이라 하여 이것을 시멸생선(示滅生善)이라 합니다. 부처님이 계시면 부처님만 믿고 의지하는 마음으로 공부를 잘하지 않기 때문입니다. 두려운 생각을 가지면 나쁜 짓을 잘하지 않게 되므로 죄업을 두려워해야 하는데 포심난생(怖心難生 : 두려워하는 마음 내기 힘들다)이란 말처럼 그것이 어렵습니다. 두려운 생각이 없기 때문에 나쁜 짓을 하고, 나쁜 짓을 하다보면 착한 일을 하지 못합니다.

부처님께서 경에 말씀하시기를 '작은 계를 가볍게 여기지 말라'라고 하셨습니다. 그렇게 하지 않고 나쁜 짓을 하면 그로 인해서 마침내는 바늘 도둑이 소도둑 되듯이 점차 큰 도둑이 된다는 것입니다. 그러므로 '작은 계를 가볍게 여기면 그것이 곧 지옥에 떨어지는 밑천이 된다'라는 것입니다. 낙수 물이 떨어져서 그릇이 차는 것처럼 작은 허물이 쌓여서 누적되면 그 업력(業力)의 힘이 마침내 무간지옥으로 끌고 간다는 것입니다. 한 번 인간 몸을 잃으면 1만 겁이 되어도 다시 인간으로 태어나기 어려운 것입니다.

# 계는 어두운 밤의 등불

『유교경(遺敎經)』에서 부처님께서 말씀하시기를

'너희들 비구야, 내가 멸도(滅度)한 뒤에 마땅히 바라제목
차(波羅提木叉 : 戒律)를 존중하고 공경하여 스승으로 삼으
라. 계는 어두운 밤에 빛을 만난 것과 같고, 가난한 사람
이 보배를 얻은 것과 같으니라.'

라고 하셨습니다.

보살계를 받아 가지는 자는 마치 어두운 밤에 밝은 등불을 만나
는 것과 같다고 합니다. 그것은 마음자리가 항상 캄캄하다가 뉘우치
고 깨우침이 있고 마땅히 걸어가야 할 길을 찾아가게 되었기 때문입
니다. 또 가난한 이가 보배를 얻은 것과 같다고 했습니다. 왜냐하면
금생에 이렇게 해서 내생에 용화세상에 가서 미륵불을 친견하고 불
법을 깨달아 불성(佛性)을 찾고 성불의 높은 지위로 돌아가게 될 것
이기 때문이며, 물질적인 보배는 있다가 얼마 안 가서 없어지지만,
법재(法財)인 보배는 영원히 없어지지 않고 내세에 성불하는 길에 들
어가게 되기 때문입니다. 우리가 절에 다니는 이유도 부처가 되려고
다니는 것이지 다른 뜻이 있는 것은 아닙니다. 부처되는 길로만 가

면 부자가 되고 안 되고 하는 것은 문제가 되지 않습니다.

부처님은 만대윤왕(萬代輪王) 삼계존(三界尊)이라고 하여 1만 대를 전륜성왕이 되어서 부처가 되셨다고 했습니다. 불자는 곧 먼저 전륜성왕의 길을 닦는 것이 됩니다. 또 삼계존(三界尊)이 되면 1만 대의 영원한 전륜성왕이요 하느님이 되는 것입니다.

불교에서는 전륜성왕도 하느님도 영원불변의 존재로 보지 않습니다. 그것은 전륜성왕이나 하느님도 생사해탈의 열반을 남김없이 성취하지는 못한 분으로 보기 때문입니다. 오직 부처님의 아녹다라 삼먁삼보리, 즉 무상정등정각(無上正等正覺)을 이룩한 분이라야만 되는 것입니다.

보살계를 받으면 마치 병든 사람이 병을 고친 것과 같다고 했습니다. 중생은 고질병이 있습니다. '우리가 감히 부처가 될 수 있나' 하는 병이 그것입니다. 보살계를 받고 나면 '아, 나도 부처가 될 수 있구나' 하는 긍지와 자부심을 가질 수 있기 때문에 이것은 병 중에 제일 큰 고질병을 고치는 것이 됩니다.

부처님 당시에 광액도아(廣額屠兒)라는 소 잡는 백정이 8관계를 받고 신심이 나서 '나도 천 불 가운데 하나이다[我亦千佛之一數]'라고 하면서 소 잡던 칼을 집어 던지고 그 자리에서 성불했다고 춤을 춘 입지성불(立地成佛)이란 말이 있는데, 그래서 성불이 찰나 가운데 있다[衆生成佛刹那中]고도 합니다.

믿음이 철저하면 곧 얻는다, 믿음으로 얻는다[信得及]라고 합니다. 믿음이 철저하지 못하면 백날 절하고 백날 불공해도 소용없습니다. 믿음이 철저해야 합니다.

# 하늘나라 좋아하지 말라

　도선(道宣) 율사가 말씀하시기를, '비록 복을 지어 천상에 가서 난다고 하지만 그것은 조금도 부러워할 것 없다.'라고 하였습니다. 천상에도 정한 수명이 있어서 그 수명이 다 하면 다시 지옥·아귀의 고통스러운 세계로 떨어지게 되기 때문입니다. 하늘을 따라 정해진 수명이 각각 달라서 욕계 제2천인 제석천(帝釋天)의 하루는 인간세계의 100년에 해당하는데, 이런 시간으로 1,000년을 살며, 욕계 제3천인 야마천(夜摩天)은 제석천의 배이고, 욕계 제4천인 도솔천(兜率天)은 도리천의 배인 인간의 400년을 하루로 하여 4,000살(인간세의 5억 6천만 년)을 사는 등, 올라갈수록 수명이 길어집니다. 하늘의 수명을 마칠 때가 되면, 1. 화관이 시들고, 2. 몸에 땀내가 나고, 3. 광명이 없어지고, 4. 앉은 자리가 흔들리고, 5. 옷에 때가 묻고 하는 이런 다섯 가지 좋지 않은 징조가 나타납니다. 죽어야 몸을 바꾸어 어디로 가서 태어나게 되기 때문입니다. 전생에 지은 인과업보에 따라 그리고 받아야 할 순서에 따라 인간세상이든 축생세계이든 태어나게 되는데, 천상사람으로 인간세상에 태어나기는 손톱 끝에 때와 같이 적고, 지옥 가는 중생은 이 대지(大地)와 같이 많다고 했습니다. 그렇게 되는 이유가 있습니다.

　이 세상에는 선과 악 두 가지가 있는데, 일생 동안 선만 행하는 수도 없고, 일생 동안 악만 행하지도 않습니다. 선도 악도 행하는데 선의 대가는 복이 되고 악의 대가는 죄가 되어서 복을 지으면 인간과 천상에 나고, 악을 지으면 지옥·아귀·축생에 떨어집니다. 따라서 복 지은 것만큼 천상에서 살고 죄지은 것만큼 지옥살이를 할 뿐입니다.

지옥 가는 사람이라고 해서 지옥에서 영영 못나오느냐 하면 그런 것도 아니고 꼭 인과응보대로만 받는다는 것입니다. 마치 인간세상에서 죄를 지어 감옥에 가면 지은 죄만큼 형을 받고 출감하는 것과 같습니다. 인간세상의 일생을 사는 동안 신이 따라다닌다는 것입니다.

착한 일을 하면 선부동자신(善簿童子神)이 기록하고, 악을 행하면 오른쪽의 악부동자신(惡簿童子神)이 기록합니다. 그리고 또 명부(冥府)에 가서는 저울로 달아 보는데 모든 것이 정확한지 여부를 다시 확정하는 염라대왕의 업경대(業鏡臺)가 있어서 조금도 조작을 할 수 없이 꼭 그대로 받게 되는 것입니다.

예컨대 착한 일을 70% 하고 나쁜 일을 30% 했다면 무거운 데 먼저 태어나야 하므로 70% 선행을 한 공덕으로 천상에 가기도 하고 인간세상에 부귀를 타고 나긴 하지만 나쁜 일을 한 나머지 30%는 항상 잠재해서 숨어 있습니다.

그 뿐만 아니라 이 세상에 나서 복을 받을 적에 전생의 인과는 다 잊어버리고 자기가 부자가 되고 힘이 생기면 남을 해롭게 하는 등 나쁜 짓을 많이 하게 됩니다. 나쁜 짓이라 함은 살생을 저지르고 음행을 하고 남의 것을 어떤 수단방법을 가리지 않고 빼앗는 등, 착한 일보다는 이런 나쁜 일을 많이 하게 된다는 겁니다. 따라서 전생

의 나쁜 일이 합해지면, 다음 생에 지옥에 떨어지는 것은 명약관화
(明若觀火)한 일인 것입니다. 그래서 경에 말씀하기를, ‘만겁(萬劫)에 불
우(不遇)라, 나쁜 짓을 하면 만 겁에 다시는 인간의 몸을 받아 나기
어렵다.’라고 했습니다. 세상 사람들이 ‘나는 아직 젊었으니 죽을 날
이 멀었구나.’하고 생각하지만 젊다는 것은 비행기보다 더 빠르고
인공위성보다 더 빨라서 인명이 무상하기 그지 없습니다. 산골의 물
이 한 번 흘러가는 것과 같이 다시 돌아오기 힘든 것이 우리의 삶이
니, 오늘은 살아 있지만 내일은 보존할 수 없다는 것입니다. 심지어
밤새 문안이라고 며칠 전에도 내원정사에서 모두 같이 기도하던 보
살님 한 분이 돌아가서 아들딸은 말할 것도 없고 여기 같이 기도하
던 보살님들도 함께 울고 그랬습니다. 우리가 언제 그와 같이 당할
지 모릅니다.

그러니 조심하고 두려운 마음으로 부지런히 정진해서 게을리 하
지 말고 업보를 생각해서 헛되이 지내지 말아야 합니다. 기도를 하
든지 염불을 하든지 항상 보살계를 잘 지켜야 하며, 다 지키지는 못
하더라도 마음으로라도 믿고 떠받들고 그래야 합니다. 그렇게 하면
마침내는 자신이 실천자가 되고 보살이 될 것입니다.

◉

탐욕이 곧 도요

진에와 우치 (瞋痴) 도 또한 그러하니

이러한 세 가지 법 가운데에

일체 불법을 갖추었도다.


貪欲이 卽是道요 瞋恚亦復然이라

如是三法中에 具一切佛法이라

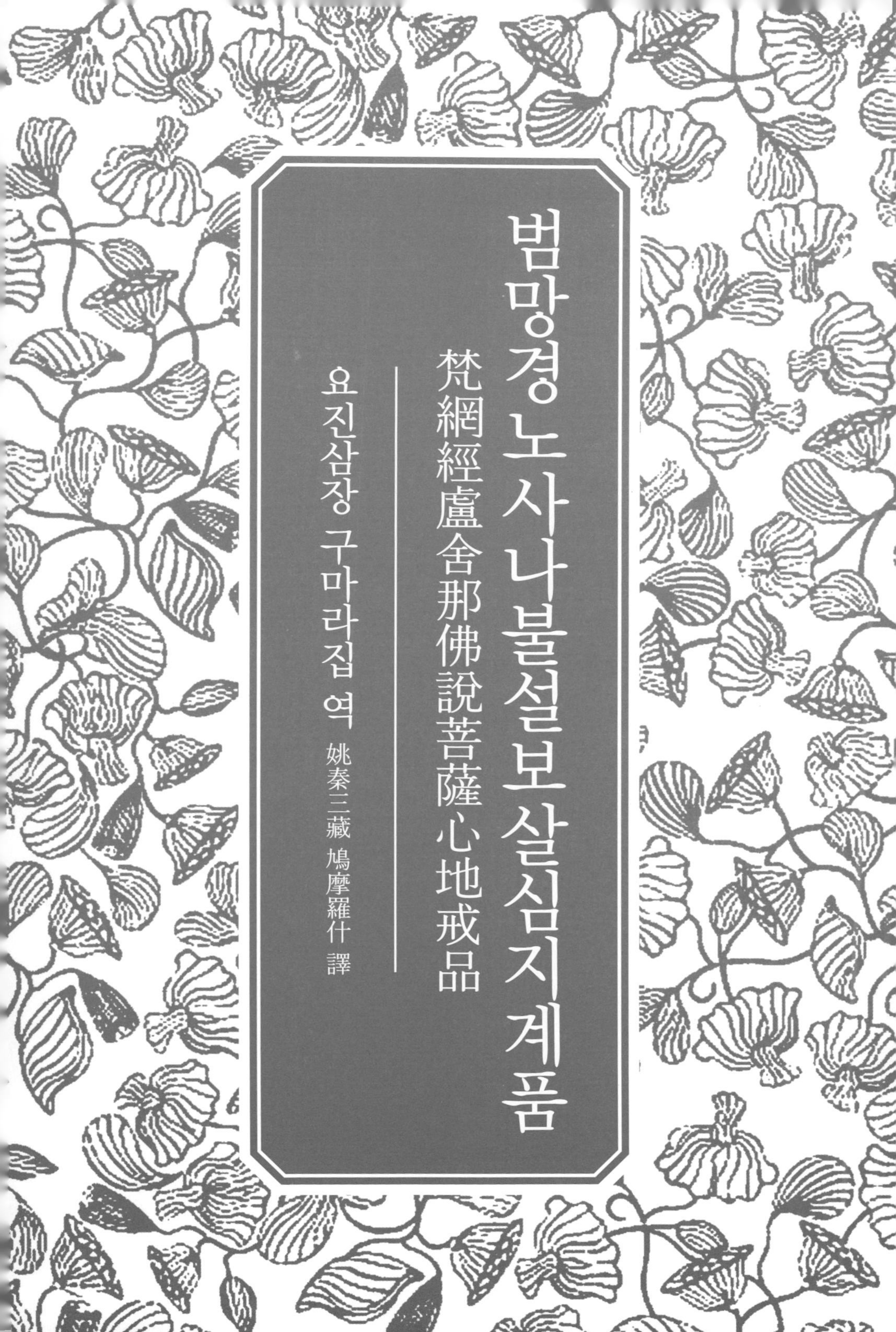

범망경 노사나불설보살심지계품
梵網經盧舍那佛說菩薩心地戒品
요진삼장 구마라집 역
姚秦三藏 鳩摩羅什 譯

序分

爾時에 釋迦牟尼佛이 從初現蓮花臺藏世界東方來하사 入天王宮
이시    석가모니불    종초현연화대장세계동방래      입천왕궁

中하사 說魔受化經[1] 已하시고 下生南閻浮提迦夷羅[2]國하시니 母名
중     설마수화경 이      하생남염부제가이라 국       모명

은 摩耶[3]요 父字는 白淨[4]이요 吾名은 悉達[5]이라 七歲出家하고 三十
마야     부자 백정      오명    실달      칠세출가       삼십

成道하야 號吾爲釋迦牟尼佛하니 於寂滅道場[6]에 坐金剛花光王座
성도     호오위석가모니불      어적멸도량     좌금강화광왕좌

하며 乃至摩醯首羅天王宮히 其中에 次第로 十住處所說하시니라
내지마혜수라천왕궁     기중   차제   십주처소설

時에 佛이 觀諸大梵天王網羅幢[7]하시고 因爲說無量世界 猶如網孔
시   불   관제대범천왕망라당        인위설무량세계 유여망공

[8]하야 一一世界 各各 不同하야 別異無量하니 佛教門도 亦復如是
일일세계 각각 부동     별이무량     불교문    역부여시

하니라 吾今來此世界八千返하야 爲此娑婆世界하야 坐金剛華光王
오금래차세계팔천반     위차사바세계      좌금강화광왕

座로 乃至摩醯首羅天王宮[9]히 爲是中一切大衆하야 略開心地法門
좌   내지마혜수라천왕궁     위시중일체대중      약개심지법문

竟하니라 復從天王宮으로 下至閻浮提菩提樹下하사 爲此地上一切
경     부종천왕궁      하지염부제보리수하      위차지상일체

衆生과 凡夫癡暗之人하야 說我本盧舍那佛心地中初發心中에 常
중생   범부치암지인      설아본노사나불심지중초발심중    상



---

1 『마수화경(魔受化經)』이 경이 따로 있는지 분명치 않으며, 신라의 승장(勝莊) 스님은 부처님이 부다가야의 보리수 아래서 마왕 파순(波旬)을 항복받은 일을 기록한 경인 듯하다고 하였다.
2 가이라(迦夷羅) 범어 카필라바스투(Kapilavastu)의 음역으로 석존이 탄생하신 곳인 가비라국을 일컬음. 오늘의 네팔 안에 있다.
3 마야(摩耶) 석존의 어머니[生母]. 범어 마야(māyā)의 음역. 실달 태자 출생 7일만에 세상을 떠나다. 태자의 이모이며 계모인 마하파사파제 부인이 들어와 그를 대신하여 태자를 양육하였다.
4 백정(白淨) 범어 슛도다나(Suddhodana)의 번역으로 부처님의 아버지며 정반(淨飯)이라고도 번역하고 가비라국의 국왕이다.
5 실달(悉達) 범어 싯다르타(Siddhārtha)의 음역으로 실달다(悉達多)의 준말. 석존의 태자 때의 이름.
6 적멸도량(寂滅道場) 석존이 깨달음을 얻은 이련선하(尼連禪河)의 언덕에 있는 보리수 아래를 일컬음. 곧 금강화광왕좌(金剛花光王座)를 가리킴.
7 대범천왕망라당(大梵天王網羅幢) 색계초선천(色界初禪天)의 제3천인 대범천왕의 처소에 있는 하늘처럼 생긴 장엄구(莊嚴具) 또는 일산. 당(幢)은 장대, 깃대를 뜻한다.

所誦一戒光明金剛寶戒[10]하니 是一切佛의 本源이며 一切菩薩의 本
源이며 佛性種子라 一切衆生이 皆有佛性하니 一切意識과 色心[11]
과 是情是心이 皆入佛性戒[12]中하니 當當常有因[13]故로 當當常住法
身이니라 如是十波羅提木叉[14] 出於世界하니 是法戒를 是三世一切
衆生이 頂戴奉持니라 吾今에 當爲此大衆하야 重說十無盡藏戒品[15]
하노니 是一切衆生의 戒며 本源自性淸淨이니라.

그때 석가모니 부처님이 처음에 나타내신 연화대장세계로부터
동방으로 오시어 천왕궁에 드시어 마귀를 항복받아 교화하는 경[『魔
受化經』]을 말씀하셨다. 말씀을 마치시고 남염부주 가비라국에 내려
와 탄생하시니 어머니는 마야시고 아버지는 백정왕이시며 나의 이
름은 실달이요 7년을 출가하여 30세에 성도하니 나를 부르기를 석
가모니불이라 하느니라. 적멸도량에서 금강화광왕좌에 앉으심으로
부터 내지 마혜수라왕천궁에 이르기까지 그 가운데서 차례로 머무
시는 열 곳에서 말씀하셨느니라.





---

8 망공(網孔) 보배 구슬로 된 그물은 한없이 많은 구멍이 있는데 하나도 같은 것이 없다. 이것은 현상의 차별세계가 낱낱이 같지 않은 것에 비유한 것.
9 마혜수라천왕궁(摩醯首羅天王宮) 색계(色界) 18천 가운데 제일 위의 색구경천(色究竟天)을 가리킴. 대자재천(大自在天)이라고도 함.
10 일계광명금강보계(一戒光明金剛寶戒) 일계(一戒)는 최상유일의 절대계(絶對戒)를 뜻하며 금강보계(金剛寶戒)는 일체의 마구니·번뇌를 쳐부수는 불성계(佛性戒)의 뜻.
11 의식색심(意識色心) 의식은 제6식, 색(色)은 물질, 심(心)은 안식(眼識) 등의 5식의 감각을 뜻하는데 여기에 여러 가지 뜻이 있다.
12 불성계(佛性戒) 금강보계(金剛寶戒) 곧 심지계(心地戒)의 뜻.
13 당당상유인(當當常有因) 미래에 부처가 될 인자(因子) 곧 불종자를 가리킴.
14 십바라제목차(十波羅提木叉) 바라제목차는 별해탈(別解脫)이라 하며, 계본(戒本)이란 뜻. 곧 여기서는 『범망경』의 십중금계(十重禁戒)를 가리킴.
15 십무진장계품(十無盡藏戒品) 10중금계(重禁戒)로부터 온갖 공덕이 나오므로 이렇게 이름한 것이다.

때에 부처님께서 모든 대범천왕의 망라당(구슬을 이어서 그물처럼 만든 장엄구)을 관찰하시고 말씀하시었다. '한량없는 세계가 저 그물코와 같아서 낱낱의 세계가 각각 같지 아니하여 서로 다르기 한량없나니 부처의 교화의 문도 또한 이와 같으니라. 내가 이제 이 세계에 오기를 8천 번이나 거듭하였느니라' 하시고 이 사바세계를 위해 금강화광왕좌(金剛花光王座)로부터 마혜수라천왕궁(摩醯首羅天王宮)에 이르기까지 그 가운데 일체대중을 위해 심지법문(心地法門)을 간략하게 열어 마치었느니라.

그리고 다시 천왕궁으로부터 염부제의 보리수 아래에 내려와서 지상의 일체중생과 어리석은 범부들을 위해, 나의 본불이신 노사나불의 마음자리 가운데, 처음 발심할 적에 항상 외우는 바 한 계(戒) 광명금강보계를 말하노니, 이는 일체불의 근원이며 일체보살의 근원이며 불성의 종자니라.

일체중생이 다 불성이 있으니 온갖 중생의 뜻과 알음알이와 물질과 정신과 감정 등 모든 마음이 다 불성계 가운데 들어 있나니, 당래에 부처될 인(因)이 있으므로 마땅히 법신이 언제나 머무느니라.

이러한 열 가지 바라제목차가 세계에 나왔으니 이 법계(法戒)를 삼세의 일체중생이 머리에 받쳐 이고 받들어 행할지니라. 내가 이제 대중을 위해 10무진장계품을 거듭 말하리니 이것은 일체중생의 계며 본래 청정한 자성이니라.

　　여기서부터 『범망경』 하권이 시작됩니다. 앞에서 말씀한 바와 같이 석가모니 부처님이 노사나 부처님의 연화대장세계로부터 떠나셔서 사바세계 남염부제에 하강하시어 정반왕궁(淨飯王宮)에 태어나시고, 출가수행하여 성불하심으로부터 설법교화하시는 내용을 말씀하십니다. 먼저 경문을 따라 풀어서 해석한 뒤에 다시 한 번 범망경의 근본 뜻을 말씀드리기로 하겠습니다.

　　그 때에 '석가모니 부처님께서 처음으로 연화대장세계에 나타나셨다'라고 하셨는데 '연화대장세계'는 곧 마음자리로 보면 됩니다. 또 동방으로조차 천왕궁(天王宮)에 오시어 마구니 항복받는 경[『魔受化經』]을 다 말씀하시고 남염부제 가비라국(迦毘羅國)에 하생하셨다고 했습니다.

　　부처님이 도솔천 내원궁(內院宮)에서 호명보살(護明菩薩)로 계시면서 4천왕에게 다음과 같이 말씀하셨습니다. '내가 이제 이곳의 수명이 다해서 저 인간세계에 내려가 성불하여 중생을 제도하고자 하니 그대들이 먼저 가서 부모 될 만한 이를 살펴보라'라고 하셨습니다. 도솔천의 수명은 4,000세인데, 저 하늘의 햇수는 인간세계와 달라서 도솔천의 하루가 인간세상의 400년에 해당하고 그런 365일을 1년으로 한 저 하늘의 4,000년은 인간세상의 5억 6천만 년에 해당합니다. 흔히 56억 7천만 년이라고도 하는데, 이것은 인도의 숫자 단위와 우리가 쓰는 단위에 차이가 있어서 인도에서는 천만을 억이라고 하기 때문입니다.

　　이렇게 해서 4천왕이 밝혀 온 바 가비라국, 지금의 네팔의 정반왕(淨飯王), 즉 경에서는 백반(白飯)이라고 했습니다만 그 분을 아버지로, 왕비 마야(摩耶) 부인을 어머니로 하여 태어나신 것입니다.

'적멸도량(寂滅道場)'의 금강화광왕좌(金剛花光王座)에 앉으셨다'라고 한 '적멸도량'은 일단 심지도량(心地道場)으로 알아두시면 좋습니다. '마혜수라천왕궁에 이르기까지 차례로 열 군데[十住處]에서 법문을 하셨다'고 하셨는데 '마혜수라천'은 색계천(色界天)의 맨 위 하늘인 색구경천(色究竟天)으로 우리가 흔히 이야기하는 하느님이라고 하는 대자재천왕이 계신 하늘입니다.

이 하늘에서부터 부처님이 보살의 52위 수행차제(修行次第)를 따라 10신(十信)·10주(十住)·10행(十行)·10회향(十回向)·10지(十地) 법문을 하시게 됩니다. 그런데 이때에 대범천왕(大梵天王)들의 망라당(網羅幢)을 보시고 『범망경(梵網經)』이라는 이름을 붙이신 것입니다.

'망라당'이란 쉽게 말하면 예전 임금들이 쓰던 일산(日傘)을 가리킵니다. 백억 수미산·백억 일월이 있다고 하는데, 저 은하계와 같이 무량한 세계가 대범천왕의 '망라당'의 그물코와 같이 한량없이 많습니다. 그런데 그 세계가 각각 달라서 복이 많은 세계, 죄가 많은 세계 등 차별이 각각이므로 부처님의 법문도 8만 4천으로 많이 말씀하신 것입니다. 그래서 또한 부처님이 이 사바세계에 8,000번을 오시어서 갖가지 법문을 하시고 근기를 따라 경계를 따라 여러 법문을 하십니다.

그리하여 지금도 사바세계 중생을 위해서 금강화광왕좌(金剛花光王座)에 이렇게 앉아서 저 마혜수라천왕궁 색구경천(色究竟天)에 이르기까지 일체대중을 위해서 심지법문(心地法門)을 설해 마치셨다고 하신 것입니다.

그런데 석가모니 부처님께서 이 세상에 한 번만 오신 것이 아니라 8,000번을 오셨다고 했습니다.

『법화경』에 보면 진묵겁(塵黙劫) 전에 성불하셨다 그랬습니다. 진묵겁이란 지구를 부숴서 가루로 만들어가지고 동방으로 500유순을 지나서 한 세계에 한 티끌을 놓고 또 동쪽으로 500유순 가서 한 티끌 놓고 하여 지구를 빻은 먼지가 다 없어질 때까지 하여 그 세계를 다 거두는데 먼지가 떨어졌거나 안 떨어졌거나 한 세계를 다 합쳐서 부수어 놓은 먼지 수가 얼마나 많겠습니까! 그 먼지 수와 같은 겁을 진묵겁이라 합니다. 참으로 한량없는 세월입니다. 석가모니 부처님이 그렇게 오랜 진묵겁 전에 성불하셨다 그럽니다.

따라서 2,600년 전에 염부제(閻浮提)에 오신 부처님은 화신(化身)의 경계, 곧 달 비치는 경계를 말씀하신 것입니다.

'어리석은 일체의 범부 중생을 위해서 나 '노사나본사불'의 심지(心地) 가운데 초발심인 이 한 계 곧 보살계이며 광명금강보계(光明金剛寶戒)인 이 계는 일체보살의 근본이고 일체중생의 근본이고 불성의 종자니라.

일체중생이 다 불성이 있으니 일체중생이 온갖 생각을 일으키어 선악·인과의 업을 짓는 의(意)·식(識)·색(色)·심(心)의 마음이 다 불성『범망경』 가운데 들어가나니 당당히 항상한 보리의 인(因) 곧 장차 성불할 인자(因子)가 있으므로 이것은 곧 당당히 머무는 법신(法身)이니라.

이와 같은 10바라제목차가 세계에 나왔으니 이 보살계를 3세 일체중생이 머리에 받들어 이고 공경하느니라'라고 하셨습니다.

지금은 소중한 물건은 큰 가방에 넣어 가지고 다니지만 옛날에는 이마에다 받들어 인다고 합니다.

'내가 이제 이 대중을 위해서 「10무진장계품(十無盡藏戒品)」 곧 보살계를 거듭 말하노니 이것이 일체중생의 계이며 본원인 자성이 청정한 것이니라.'

경문의 뜻을 글을 따라 한 번 새겨 보았습니다. 어제 이야기했지만, 다음에 이 보살계의 근본정신인 『범망경』의 대의가 중요한 만큼 한 번 더 말씀드리겠습니다. 그 본래의 뜻을 잘 알아서 발심을 하게 한 뒤에 계를 주고받으라고 했습니다.

부처님께서 대승보살계를 설하려 하심에 먼저 부처님께서 이 보살계를 설하시게 된 연기(緣起)를 말씀하십니다. 그런 다음에 이 심지계(心地戒)를 설하신 노사나불과 석가모니불의 정체를 밝히고, 그리고 심지법문으로서 이 보살계가 어떠한 특수성을 가지고 있는가를 총체적으로 풀이한 뒤에 10중대계(十重大戒)와 48경구계(四十八輕垢戒)를 설하신 것입니다. 이 보살계를 설하신 연유에 대하여 말씀하시기를 '노사나불께서 연화대장세계(蓮華臺藏世界)의 사자좌 위에 앉으시어 광명을 놓으시고 천 잎의 연꽃 위에 계신 부처님께 고하시기를, 나의 심지법문품을 가지고 가서 천백억 석가모니불과 일체중생을 위하여 차례로 나의 심지법문을 설하라'라고 하셨습니다. 그러면 이 『범망경보살심지계품』은 연화장세계의 노사나불이 설하신 법문을 석가모니불께 전하여 우리 사바세계 중생에게 설하신 것임을 알 수 있습니다.

그 내력을 다시 한 번 좀더 자세히 정리하면 그때에 하늘 꽃 위에 1천 분의 부처님과 그 화신 천백억 석가모니불이 그 '심지법문'을 받아 지니고 연화장세계에서 체성허공화삼매(體性虛空華三昧)에 드시어 염부제 곧 우리 인간계의 보리수 아래에 강림하십니다. 이와 같은 일은 다 부처님의 깊은 삼매 곧 정(定) 가운데 일어나는 것이므로 팔지(八地) 이상의 법신(法身)보살이 아니면 볼 수 없고 알 수 없습니다. 그러므로 이 『범망경』은 『화엄경』의 결경(結經)이라고도 하는데 그 뜻은 『화엄경』을 설하시고 그 『화엄경』의 깊은 진리를 온 누리의 중생으로 더불어 함께 실현하기 위해 마지막으로 당부하신 경이란 뜻입니다.

인간세계의 보리수 아래 강림하신 천백억 화신 석가모니 부처님이십니다. 금강화광왕좌(金剛花光王座)와 묘광당(妙光堂)에 앉으시어 시방의 부처님 세계[十佛世界海]에서 모인 보살님네들을 위해 설법하시고, 다시 자리에서 일어나시어 염천(炎天 : 夜摩天)에 이르시어 십행(十行) 법문을 하십니다.

이렇게 6욕천의 하늘을 차례로 올라가시면서 점차 높은 보살경지의 설법을 하십니다. 보살이 마음을 일으켜서 처음에 10신위(十信位)에 들고 또 더욱 수행을 하고 깊은 발심을 하여 10주위(十住位)에 들어가며, 이렇게 해서 10행위(十行位) · 10회향위(十廻向位) · 10지위(十地位)에 들어가게 되는데 『화엄경』에서도 그렇지만 이 『범망경』에서는 그 법문을 한 위(位)씩 올라갈 적마다 한 자리씩 높은 하늘로 설법도량을 바꾸신 것으로 되어 있습니다.

보살의 수행계급을 설명한 내용은 경에 따라 내용이나 계위의 수가 다소 다르기도 하지만 그 뜻이나 차례는 다 같습니다. 10신(十信)은 보살의 수행계위를 52위로 할 적에 처음의 10위를 말합니다. 부처님이 가르치신 말씀을 듣고 그대로 믿어서 조금도 의심이 없는 지위에 오른 보살을 가리킵니다. 『영락경(瓔珞經)』 · 『수능엄경(首楞嚴經)』 · 『인왕경(仁王經)』에서는 다 51위(五十一位)를 말씀했고 보살의 처음 위인 10신위(十信位)를 말씀했습니다. 그러나 이 『범망경』·『화엄경』 같은 데서는 41위를 말씀했습니다. 처음의 10신위는 제외하고 10주위로부터 말씀했기 때문입니다.

그리고 『범망경』에서 이름한 명칭과 다른 경에서 부르는 이름이 서로 다르기도 합니다. 『범망경』에서는 『화엄경』이나 『능엄경』에서 말하는 10주(十住)를 10발취(十發趣)라고도 쓰고 또 10주(十住)라고 쓰기도 했습니다. 또 10행(十行)을 10장양(十長養)이라고도 하고 10회향(十廻向)을 10금강(十金剛)이라고도 했습니다.

이런 것은 다 부처님의 법을 깨달은 보살이라 해도 전생에 익혀온 습기(習氣)가 있고 깨달은 힘이 부족하여 아직 완전무결하지 못한 탓에 오랜 세월을 두고 닦아서 마음을 밝히고 보살만행을 닦아서 점차로 부처님 경지를 성취해 들어감을 말씀한 것입니다. 불성을 깨닫는 것은 대번에 얻더라도 깨달은 경지를 자유자재하게 몸에 갖추어 성취하는 것은 일시에 되기 어려운 것이므로 돈오점수(頓悟漸修)란 말이 있게 됩니다. 어린 아이가 어른이나 다름없는 사람이지만 어른처럼 마음대로 걷고 일을 하고 집안 살림이나 나라 일을 할 수 없는 것과 같습니다. 다같이 불성을 깨달은 보살이고 성인이지만 깊고 낮은 정도가 다르고 넓고 좁은 차이가 있게 됩니다.

『금강경』「무득무설분(無得無說分)」에 '일체 현성이 무위법을 쓰되 차별이 있다[一切賢聖 以無爲法 而有差別]'고 하신 것도 다 이런 뜻에서 하신 말씀입니다.

'석가모니 부처님께서 우리 인간세계의 보리수 아래에 강림하시어 금강화광왕좌(金剛花光王座)와 묘광당(妙光堂)에 앉으시어 십불세계해(十佛世界海)에서 모인 보살을 위해 설법하시고, 다시 자리에서 일어나

시어 욕계 제2 도리천 제석천궁에 이르시어 십주법문(十住法門)을 설
하시고 다시 자리에서 일어나시어 욕계의 셋째 하늘인 염천(炎天 : 夜
摩天)에 이르시어 십행(十行) 법문을 설하시고, 다시 자리에서 일어나
시어 욕계 제4 도솔천에 이르시어 십회향품(十回向品)을 설하시고, 다
시 제5 화락천에 이르시어 십선정(十禪定) 법문을 설하시고, 다시 욕
계 제6 타화자재천에 이르시어 십지(十地) 법문을 설하시고, 다시 욕
계를 초월하여 색계의 초선천(初禪天)에 이르시어 십금강심(十金剛心)의
법문을 설하시고, 다음 제2선천(第二禪天)에 이르시어 십인(十忍) 법문
을 설하시고, 다음 제3선천(第三禪天)에 이르시어 십원(十願) 법문을 설
하시고, 다시 제4선천인 마혜수라천 곧 대자재천(大自在天) 왕궁에 이
르시어 연화장세계 노사나불이 말씀하신 심지법문품을 설하셨다.
그 나머지 천백억 석가모니불도 또한 그러했다라고 하였습니다.

또 이어 이르기를 그때에 석가모니불이 연화장세계로부터 동방
으로 오시어 천왕궁 중에 이르시어

'마군이 교화받은 경[『魔受化經』]을 설하시고 남염부제 가
비라국에 강림하시니 어머니는 마야 부인이시고 아버지
는 정반왕(淨飯王 : 白飯王)이시며, 태자의 이름은 실달이었
다. 20세에 출가하여 36세에 도를 이루시니 호를 석가
모니불이라 하였다. 적멸도량(寂滅道場)에서 금강화광왕
좌(金剛花光王座)에 앉으시어 마혜수라천왕궁에 이르기까
지 열 곳에서 심지법문을 설하시고 다시 천궁으로 쫓아
염부제 보리수 아래 이르시어 이 땅위 어리석은 범부중
생을 위하여 노사나불의 심지법문 중 초발심자가 늘 외

우는 광명금강보계(光明金剛寶戒)를 설하셨다.'

라고 하셨으니, 이것이 이 보살계를 설하신 연기인 것입니다. 다시 말하면 연화장세계의 노사나불이 연화장세계에서 백억 화신의 한 분으로 우리 인간세계에 화현하신 것이며, 처음 보리도량에서 성도하시어 시방세계에서 모여 온 무량한 보살을 위하시어 세주묘엄(世主妙嚴) · 여래현상(如來現想) 등 6품을 설하시고, 다음 보광당회(普光堂會 : 여기에서는 묘광당(妙光堂)이라 함)에서 여래명호(如來名號), 사성제(四聖諦) 등 6품을 설하고, 다시 도리천 · 야마천, 도솔천 · 화락천 · 타화자재천에서 10주 · 10행 · 10회향 · 10지의 법을 설하시고 그리고 다시 우리 인간계에 내려오시어 어리석은 범부들을 교화하여 소승에서 대승으로 회향시킨 뒤에 대승보살을 위하여 이『보살심지계품』을 설하셨으므로『노사나불설심지계품』이라 하였으니, 이 설법주(說法主)인 석가모니불이 곧 노사나불인 것입니다.

이제까지는 이 보살계를 설하시게 된 연기와 심지법문을 대개 이야기했습니다만, 경문을 해석하는데 몇 군데 부연해 두어야 할 곳이 있어 말씀드립니다. 부처님이 이 사바세계 정반왕궁에 실달 태자님으로 태어나셔서 '七歲出家'라고 한 데가 있는데 이것을 옛 어른들은 '七'은 '廿' 자의 오기(誤記)로 푸셨습니다. 혹은 '七年'을 '出家하여'로 토를 달기도 합니다.

또는 이 사바세계 중생을 제도하시기 위해 8,000번이나 오시는 가운데 '7세 출가'를 하신 적도 있을 수 있다고 해석하는 분도 있습니다. 그러나 이것은 2,600년 전에 가비라국 태자의 몸으로 오신 일을 두고 말씀하신 것으로 봐야 하며, '7년 동안 출가했다'라고 보는 편이 많습니다.

왜냐하면 석가모니불께서 이 세계에 8,000번 오셨다고 했지만 여기서는 정반왕궁에 실달 태자로 오신 것을 바로 앞에서 말씀하셨고 뒤에 30세에 성도(成道)하셨다고 했기 때문입니다.

‘七’ 자를 ‘卄’ 자의 오기로 보는 경우 20세에 출가하여 30세에 성도했다고 하면 10년 동안 수도하신 것이 되므로 이것은 대수(大數) 곧 큰 수를 든 것으로 봐야 합니다. 24세에 출가하시어 첫해 1년은 바라문교의 선인(仙人)들을 만나셨고 다음 해부터 6년 동안 당신이 고행하신 것으로 출가하신지 7년 뒤인 30세에 성도하신 것으로 보게 됩니다.

부처님의 출가에 대해 대소승의 경·론을 따라 일치하지 않는 바가 있습니다. 어떤 경에는 19세에 출가해서 6년 도행하신 뒤 25세에 성도하시고 49년 동안 설법하신 뒤 80세에 열반하신 것으로 말씀한 데도 있고, 혹은 29세에 출가하시고 35세에 성불하시어 45년 동안 교화하신 것으로 말씀한 데도 있습니다.

석존일대의 교화를 5시8교(五時八敎)로 나누어 말하는데, 부처님이 처음 성도하신 직후 처음 1. 3·7일(21일) 동안 『화엄경』을 말씀하시고, 2. 그다음 12년 동안 『아함경』을 설하셨고 3. 다음 8년 동안 『방등경』을 말씀했으며, 4. 또 다음 22년 동안 『반야경』 600부를 말씀하셨으며, 5. 마지막으로 8년 동안은 『법화경』·『열반경』을 말씀하셨다고 합니다. 이것을 게송으로 이렇게 읊습니다.

'아함십이방등팔(阿含十二方等八)

이십이년반야담(二十二年般若談)

법화열반공팔년(法華涅槃共八年)

화엄최초삼칠일(華嚴最初三七日)'

　　이렇게 되면 부처님이 설법하신 기간이 50년이 되고 80세에 열반하셨다고 하면 30세에 성도하신 것으로 되어야만 합니다. 따라서 '卄'이라고 하면 대수(大數) 곧 큰 수를 말씀한 것으로 되고 '7년'을 출가했다고 하면 24세에 출가하신 것으로 보면 됩니다.


我今盧舍那 方坐蓮花臺하야 周匝千花上에 復現千釋迦하니 一
아금노사나　방좌연화대　　　주잡천화상　　부현천석가　　　　일

花百億國에 一國一釋迦라 各坐菩提樹하야 一時成佛道하니 如是
화백억국　　일국일석가　　각좌보리수　　　일시성불도　　　여시

千百億이 盧舍那本身이로다 千百億釋迦 各接微塵眾하고 俱來至
천백억　　노사나본신　　　천백억석가 각접미진중　　　구래지

我所하야 聽我誦佛戒하니 甘露門[16]卽開로다 是時千百億 還至本道
아소　　청아송불계　　　감로문 즉개　　　시시천백억　환지본도

場하고 各坐菩提樹하야 誦我本師戒의 十重四十八하니 戒如明日
량　　　각좌보리수　　　송아본사계　　십중사십팔　　　계여명일

月이요 亦如瓔珞珠니 微塵菩薩眾이 由是成正覺[17]이로다 是盧舍那
월　　　역여영락주　　미진보살중　　유시성정각　　　　시노사나

誦이요 我亦如是誦하노니 汝新學菩薩은 頂戴受持戒하고 受持是
송　　　아역여시송　　　　여신학보살　　정대수지계　　　수지시

戒已어던 轉受諸眾生이어다 諸聽我正誦하라 佛法中戒藏[18]이요 波
계이　　　전수제중생　　　제청아정송　　　불법중계장　　　바

羅提木叉니 大眾心諦信하라 汝是當成佛이요 我是已成佛이니 常
라제목차　　대중심제신　　　여시당성불　　　아시이성불　　　상

作如是信하면 戒品已具足이니라 一切有心者는 皆應攝佛戒[19]니 眾
작여시신　　　계품이구족　　　일체유심자　　개응섭불계　　　중

生受佛戒하면 卽入諸佛位하야 位同大覺已에 眞是諸佛子니 大眾
생수불계　　　즉입제불위　　　위동대각이　　진시제불자　　　대중

皆恭敬하야 至心聽我誦하라
개공경　　　지심청아송

나 노사나불이 바야흐로 연화대에 앉아

천 꽃으로 둘러싼 뒤에 1천 석가 꽃마다 나투었네.

꽃마다 백억 세계 벌리고 한 세계마다 한 석가 있어

보리수 밑에 자리하고 일시에 불도를 이루었나니

천백억 화신 석가가 그대로 노사나 본신불일세.

천백억 저 모든 석가가 교화한 중생을 각각 이끌고

나의 처소에 함께 이르러 여래의 금강보계를 청하노니

생사해탈의 감로문이 그 앞에 크게 열리었네.

천백억 불이 각각 받들어 본 도량에 돌아가서

보리수 아래서 노사나불의 10중 48계 외우나니

계의 덕이 일월처럼 밝고 영락 구슬 같아서

미진수 보살 대중 이로 인해서 정각을 성취하였네.

이것을 노사나불이 외우시고 나 또한 외우나니

너희들 새로 배우는 보살들이여, 머리에 이 계를 떠받들어

모두 다 지니어서 온 누리에 널리 전할지어다.

나의 외움 자세히 들으라.

불법 중에 계율장이요, 바라제목차니

대중은 이 계를 정성으로 믿고 마음에 간직하라.

너희가 장차 성불할 것, 나는 이미 성불했도다.





---

**16 감로문(甘露門)** 감로는 범어 amṛta의 번역. 불사(不死)의 뜻이며, 불사의 선약(仙藥)·신주(神酒)를 일컬으며 생사를 해탈하는 부처
님 법을 가리킨다.
**17 정각(正覺)** 부처님의 깨달음. 무상정등정각(無上正等正覺)의 준 말.
**18 계장(戒藏)** 계(戒)는 삼장 가운데 율장(律藏)에 해당하므로 이렇게 이름.
**19 불계(佛戒)** 불성계(佛性戒)의 준 말.

이와 같이 항상 믿으면 계품이 구족하리니

마음 가진 모든 중생 마땅히 다 불계에 용섭되는 것

중생이 누구나 불계를 받으면 부처의 지위에 드나니

크게 깨달은 세존과 같은 지위 되어야 참된 불자라 하리.

대중은 모두 다 계를 공경하고 지심으로 나의 계 외움을 들으라.

──────── **설법**

　　보살계본(菩薩戒本)이라 불리는 『범망경』의 하권은 여기서
부터라고 할 수 있습니다. 원효(元曉) 스님, 천태지자(天台智者) 대사,
현수법장(賢首法藏) 대사 등의 고본(古本)은 다 이 게송(偈頌)으로부터
하권으로 삼고 있습니다. 그것은 옛날에는 상·하권이 함께 유행한
때문이니, 노사나 부처님이 연화대장세계에서 천화상(千花上)의 불
과 천백억 석가모니 화신불에게 심지법문(心地法門)과 금강보계(金剛寶
戒)를 전하시고 석가모니화신불이 남염부제 가비라국에 강림하시어
'노사나불'께 받은 법을 거듭 설하시게 된다는 내용이 상권에 해당
하는데 앞 대문에서 상권 부분의 내용이 일단 끝났기 때문입니다.

　　그런데 여기서 상권의 내용을 거듭 게송으로 읊고 있기 때문에
이것은 하권의 서두에 상권의 대의를 게송으로써 다시 한 번 요약한
것이라 할 것입니다.

　　또 경 가운데는 부처님의 뜻을 장문(長文)으로 한 번 말씀하시고
나면 게송으로 다시 한 번 그 내용을 줄여서 읊어 말씀하시는 경우
가 있습니다. 여러분이 많이 읽는 『법화경』도 그렇고 특히 누구나

다 읽는 『관세음보살보문품』도 그렇습니다. 그런 게송을 중송(重頌)이라고 하는데, 여기서 노사나 부처님이 말씀하시는 이 게송도 이를 테면 그런 의미의 중송이기도 합니다.

그러므로 몇 줄 안 되는 이 게송 가운데는 『범망경』 상권의 내용을 다 담고 있어서 그 뜻이 많습니다. 다시 한 번 거듭 풀어서 말씀드리고 경문 가운데 '심지법문'의 뜻을 말씀하기로 하겠습니다.

'연화대장세계'의 '노사나불'이 계신 좌대는 1천의 연꽃잎이 받들고 있으며 그 1천 연잎에 각각 한 부처님이 계시고 또한 잎마다 1천 세계가 있는데, 한 세계마다 다시 백억의 수미산이 그 한 세계마다 한 분의 석가모니불이 계시어 교화를 하고 계신 내용을 첫 번째 게송에서 말씀하고 있는 것입니다.

그리고 이때 연화장세계의 혁혁천광 사자좌 자리에서 노사나불께서 1천 꽃 위의 1천 부처님께[千花上佛] 다음과 같이 말씀하십니다.


'나의 이 심지법문을 가지고 가서 다시 천백억 석가불 및 일체중생을 위해서 차례로 내가 위에서 말한 심지법문을 말하며, 그리고 그대들도 받아 지니고 독송하고 한 마음으로 행하라.'


지자(智者) 대사 말씀에


'여기서 1천 꽃 부처님[千華上佛]의 1천 꽃잎[天華]은 인간 세상의 꽃은 10여 잎이고 하늘의 꽃잎은 100잎이며, 불보살의 꽃은 1,000잎[千葉]인데, 한 잎에 한 부처님의 세

계가 있으므로 이 노사나 부처님의 혁혁천광사자좌(赫赫
天光獅子座)에는 1천 부처님의 정도가 있으며, 10지·10
바라밀의 원인(圓因)·응과(應果)의 본지(本地)를 일으켜서
1천의 석가를 나타냄을 표한 것이다'

라고 했습니다. 또 여기서 1천 부처님이라 한 것은 본불(本佛)이신
노사나불의 화신(化身)이지만 같은 화신인 '천백억 석가모니불'과 다
른 것은 앞의 1천 화신은 자취 곧 상을 밝힌 것이고, 뒤 천백억 화신
은 상 가운데 상이오, 자취 가운데 자취라는 적중지적(迹中之迹)이라
고 합니다.

따라서 한 꽃잎 한 세계에 백억의 국토가 있으며 사바세계의 국
토는 '한 꽃잎일 뿐'이라고 지자 대사는 말씀했습니다. 다시 말하면
우리가 사는 이 사바세계는 이 백억 세계 가운데 하나일 뿐입니다.

그리고 여기서 말씀하신 노사나 부처님의 '심지법문'은 백천 항
하의 모래 수와 같은 '심지법문' 가운데 아홉 소 중의 한 터럭[九牛一
毛]에 비유되는 작은 '심지법문'임을 저 앞에서 말씀하셨습니다. 일
모두처(一毛頭處)라고 하신 것이 그것입니다.

그리고 석가모니 부처님이 남섬부주 가비라국 정반왕궁 마야 부
인의 태중에 들어 실달 태자의 몸을 받아 태어나신 뒤 지금의 인도
부다가야의 보리수 밑에서 성도(成道)하시어 이 『범망경』을 거듭 설
법하신 것으로 되어 있으며 주로 10중(十重)·48경계(四十八輕戒)를 말
씀하시고 계십니다. 이것은 그 본신(本身)이요. 본불(本佛)인 노사나
불을 대신하여 거듭 설하신 중설(重說)인 것입니다. 요컨대 그 내용
은 보살로서 지켜야 할 계행 곧 불교 도덕을 말씀한 것입니다. 그리

고 우리가 여기서 보살계를 설하고 받고 하는 계경(戒經)이나 계문(戒文)은 다 이 하권입니다. 상권의 내용은 어렵기도 하고 다하면 분량 상으로도 많을 뿐 아니라 실제로 보살계를 실천하는 계목(戒目)은 다 하권에 있기 때문에 예전부터 그렇게 해 왔습니다. 따라서 이번에 우리가 보살계살림(菩薩戒山林)을 하게 됐습니다만 역시 이 하권을 중심해서 심지법문(心地法門)을 말씀하고 10중계, 48경계를 말씀드리고 수계(受戒)를 하도록 하겠습니다.

이 『범망경보살심지계품』 법문을 설하고 전한 것은 위에서 말씀한 바와 같이 3중(重)으로 되어 있거니와 이를 다시 한 번 요약해 설명해 드리겠습니다.

첫째는 노사나불이 설주(說主)가 되고, 1천 석가가 받아 전한 것이며,

둘째로는 1천 석가가 설주가 되고 백억 화신 소석가(小釋迦)가 받아 전한 것이며,

셋째로는 백억 석가가 설주가 되고 모든 대보살이 청중이 되어 전해 받은 것입니다.

그런데 '노사나불'과 '석가모니불'은 어떤 관계인가를 알아 두는 것이 또 필요합니다.

소승불교에서는 인도 가비라국 정반왕의 태자 싯달타가 출가하여 6년 고행하시고 부다가야의 보리수 아래 금강좌에서 성도하시어 50년 동안 중생을 위하시어 설법하시고 81세(옛적에는 79세라고도 함)에 구시나가라성 사라쌍수 아래서 열반하신 것으로 말하고 있습니다.

그러나 『법화경』이나 『화엄경』이나 이 『범망경』과 같은 최상의 대승경에서는 부처님은 본디 법신(法身)·보신(報身)·화신(化身)의 3신

(三身)이 있는데 법신은 일진법계(一眞法界)의 근본바탕인 진여법성신(眞如法性身)으로 세상에 나타나거나 또 열반에 들기도 했는데 일진법계에 상주(常住)하는 진리의 몸으로서 그 호를 '비로자나(毘盧遮那)'라고 하니, 그것은 첫째 '광명이 두루 비친다[光明遍照]', 둘째 '모든 중생을 다 길러낸다[廣大生息]', 셋째 '모든 장애가 다 끊어졌다[一切障盡]'는 세 가지 뜻을 갖추었기 때문입니다. 1은 그 한량없는 지혜의 덕[智德]을 말함이요 2는 무진한 은덕(恩德)을 말함이요 3은 모든 번뇌와 업장 등이 다 끊긴 단덕(斷德)을 말함입니다.

이 법신 비로자나불은 형상도 없고 또한 어떤 말로서 의사를 표시할 것도 없으며 나고 없어지는 것도 아닌 절대의 진여실상 그것이므로 설법주로 내세울 수가 없었던 것입니다.

그런데 당나라 번역『화엄경』에서는 비로자나불 호를 내세우고 있으나 그것도 진여법계의 상징으로 또는 3신불의 근본으로서 내세운 것이지, 설법주로서 내세운 것은 아닙니다. 그러므로『화엄경』에서는 실지로 비로자나불은 그 증명불(證明佛)로 계셨고, 설법주는 아니며 만일 설법주로 내세운다면 노사나불이라야 한다는 것입니다. 그러므로 진역(晋譯)『화엄경』에서는 '노사나불'을 내세우게 된 것입니다.

그리고 비로자나불의 법신은 자수용(自受用)의 것이어서 다른 보살로서는 그 법신이 수용하는 부사의한 삼매·공덕·미묘한 낙을 알 수도 없고 같이 받아 누릴 수도 없다고 합니다.

노사나불은 보신불(報身佛)이라고 하는데 보신이라 함은 보살이 처음 발심하여 무량겁을 두고 10주(住)·10행(行)·10회향(回向)·10지(地) 등 보살의 모든 수행위(修行位)를 닦으며 10바라밀과 만행·만덕을 성취하여 온갖 지혜·자비·복덕·신통의 무량한 공덕을 원만히 성취하므로 만덕이 원만한 불과를 증득하여 불가설 불찰(佛刹)의 티끌 수와 같은 대인상(大人相)과 아승지 항하 모래수와 같은 미묘한 상호광명을 구족한 보신(報身)을 성취한다 하셨습니다.

그 보신불의 국토는 곧 연화장세계라고 합니다.

이 연화장세계는 『화엄경』 「화장세계품」에 자세히 설하였거니와 그 의지처는 보광마니향수해(寶光摩尼香水海)에 무수한 세계의 종자가 있는데 그 최중앙에 종종광명예향당(種種光明蘂香幢)이라는 세계종(世界種) 위에서 20중(重)의 광대한 불세계가 전개됩니다. 그것이 곧 '연화장세계'입니다.

노사나불의 불국이 바로 이 '연화장세계'이니, 그 부사의한 공덕 장엄과 미묘한 수용을 다 말할 수 없습니다. 이 노사나불은 곧 '자타수용신(自他受用身)'으로서 스스로 부사의한 삼매와 묘락(妙樂)을 수용하면서 또한 그 몸을 나타내 보여 모든 보살에게 설법·교화하여 무진한 공덕과 이익을 성취케 한다고 하였습니다.

여기에서 『보살심지계품』은 이 노사나불이 설한 것을 천엽 연화 위의 1천 분의 화신과 다시 백억 세계의 백억 석가 화신불로 하여금 이 사바세계 중생에게 전하여 설하게 했다고 한 것을 말합니다.

'화신'이라 함은 그 보신불이 사바세계 중생을 교화하여 제도하기 위해 신통변화로 나타내 보인 몸이라는 뜻입니다.

그러나 석가모니불이 곧 노사나불의 화신이므로 석가불의 설법이 바로 노사나불의 설법이라고 하여 『노사나불설보살심지계품』이라 한 것입니다.

이 '심지법문보살계'는 소승계의 상계(相戒)와는 비교할 수 없는 특수한 공덕과 위력을 지니고 있습니다. 혜사(慧思) 대사는 법문에도 여덟 가지 수승한 공덕을 말씀하였거니와 이 경에서 그 특수한 공덕과 위력을 말씀하시기를,

'천백억 석가모니불이 노사나불의 10중계와 48경계를 외우노니 계는 밝은 일월과 같으며 또한 몸을 장엄하는 영락구슬(瓔珞珠)과 같으니 티끌수 보살중이 이로 말미암아 정각(正覺)을 이루셨도다. 노사나불이 외우셨고 나도 또한 이렇게 외우노라. 너희들 새로 배우는 보살은 정수리에 받들어 받아 지닐지어다. 일체 마음을 지닌 자는 다 마땅히 불계(佛戒)를 받을지어다. 중생이 불계(佛戒)를 받으면 바로 부처 지위에 들어가서 대각(大覺)의 지위와 같으리니 이것이 참 불자라 지성으로 듣고 외울지어다.'

라고 하였습니다. 이 『심지계품(心地戒品)』은 노사나불과 석가모니불이 서로 전하며 외웠으며 중생이 이 계법을 받으면 바로 부처 지위에 들어간다고 하였습니다.

　그 까닭은 그 마음 바탕에 본디 일체의 잘못이 없는데 중생이 미혹하여 그 마음의 바탕을 등지고 무량겁에 무량한 죄업을 지어 왔는데 이제 한 생각 돌리어 부처님의 지중하신 가르침을 받고 그것을 지니려는 마음을 내게 되면 그 즉시 본래 청정한 마음을 비추어 보기 때문에 바로 부처 위치에 들어간다고 하신 것입니다. 이것이 또한 심지법문이요 '자성청정계'입니다.

　그러므로 이 심지계를 받는 자는 먼저 자기 자성이 본디 청정하

여 일체의 번뇌와 허물, 죄악이 다 공한 이치를 반조하면서 '10중대
계'와 '48경구계'를 받아 그 마음으로 그런 죄과를 여의도록 노력해
야 될 것입니다.


爾時에 釋迦牟尼佛이 初坐菩提樹下하사 成無上正覺已하시고 初
이시    석가모니불    초좌보리수하      성무상정각이      초
結菩薩波羅提木叉하사 孝順父母師僧[20]三寶하며 孝順[21]至道之法[22]
결보살바라제목차      효순부모사승 삼보      효순 지도지법
이니 孝名爲戒요 亦名制止니라 하시고 佛卽口放無量光明하시니 是
효명위계   역명제지          불즉구방무량광명      시
時에 百萬億大衆과 諸菩薩과 十八梵天[23]과 六欲天[24]子와 十六大
시  백만억대중  제보살  십팔범천    육욕천 자  십육대
國[25]王이 合掌至心으로 聽佛誦一切諸佛大乘戒러라
국 왕   합장지심     청불송일체제불대승계


그때 석가모니 부처님이 보리수 아래 처음 앉으시어 위없는 깨
달음을 이루시고 보살의 바라제목차를 말씀하시되 '부모와 스승과
삼보에게 효순하며 진리의 법에 효순할 것이니 효를 곧 계라 이름하
고 또한 제지라고도 한다'라고 하셨다.

부처님이 입에서 한량없는 광명을 내놓으시니, 이때 백만억 대
중인 모든 보살과 열여덟 범천(하느님)과 6욕천자와 열여섯 대국의
왕이 합장하고 부처님께서 외우시는 제불의 대승계를 지성으로 들
었다.



**20 사승(師僧)** 화상(和尙) · 아사리(阿闍梨)이니, 여기서는 수계(授戒)하는 법사.
**21 효순(孝順)** 존경하는 마음으로 거슬림 없이 따르고 순종하는 것.
**22 지도지법(至道之法)** 부처님의 지극한 법. 여기서는 보살계의 심지법문을 가리킴.
**23 십팔범천(十八梵天)** 불교에서는 하늘세계에 욕계(欲界 : 5욕이 있는 하늘)의 6천, 색계(色界 : 5욕은 떨어졌지만 미세한 물질적 형
상이 있는 세계) 18천, 무색계(無色界) 4천 등 모두 28천이 있다고 한다. 그 가운데 무색계의 18범천(梵天)을 가리킨다. 곧 초선천
(初禪天)의 범중천(梵衆天) · 범보천(梵輔天) · 대범천(大梵天)의 3천, 2선천(禪天)의 소광천(少光天) · 무량광천(無量光天) · 극광
정천(極光淨天)의 3천, 3선천의 소정천(少淨天) · 무량정천(無量淨天) · 변정천(遍淨天)의 3천, 4선천의 무운천(無雲天) · 복생천
(福生天) · 광과천(廣果天) · 무상천(無想天) · 무번천(無煩天) · 무열천(無熱天) · 선현천(善現天) · 선견천(善見天) · 색구경천(色究
竟天)의 9천을 합한 18천.

어제 말씀한 바와 같이 부처님께서 처음 보리수 아래에서 깨달으시고 숙명지(宿命智)로 당신의 아득한 전세를 돌이켜 보시매 '보살계'가 인연이 되어서 성불했음을 보셨습니다. 이에 그 자리에서 일시에 보살계를 말씀하시는데 52위의 보살이 수행차제(修行次第)를 말씀하신 것입니다.

다시 말하면 석가모니 부처님께서 바라제목차를 정하시어 계목(戒目)을 말씀하시는데 그 강령으로서 부모와 스승과 삼보에게 효순하고 지극한 도의 법에 효순하라고 말씀하십니다. '지극한 도의 법[至道之法]'이라 함은 보살금강보계(菩薩金剛寶戒)를 말하고 노사나불께서 석가모니 부처님께 전하신 '심지법문(心地法門)'을 말합니다. 이 도에 효순하고 또한 부모에게 효도하고 스승과 삼보에게 효도하라고 강조하십니다.

그런데 불교에서도 효도에 대해서는 『부모은중경』과 『심지관경보은품(心地觀經報恩品)』, 『불모출생경(佛母出生經)』, 『본사경(本事經)』, 『화엄경(華嚴經)』 등 어느 경에서나 거의 다 말씀하지 않은 경이 없습니다. 『부모은중경』에 보면

'한 쪽 어깨에 아버지를 업고 또 다른 어깨에 어머니를

---

24 **육욕천(六欲天)** 욕계(欲界)·색계(色界)·무색계(無色界) 28천 가운데 욕계에 여섯 하늘 곧 사천왕천(四天王天)·삼십삼천(三十三天)·야마천(夜摩天)·도솔천(兜率天)·낙변화천(樂變化天)·타화자재천(他化自在天)이 그것.
25 **십육대국(十六大國)** 부처님 당시 인도는 마갈다국(摩竭多國)·교살라국(憍薩羅國) 등을 위시해서 열여섯의 큰 나라와 기타 여러 작은 도시국가로 이루어져 있었다.

모셔 발이 달아 피가 나고 뼈가 부서지도록 봉양할지라
도 그 은혜를 다 갚을 수 없다’

라고 했으며, 또 『효자경(孝子經)』에 말씀하시기를

‘어버이가 열 달 동안 뱃속에 품어 중병이 걸린 듯하고
낳는 날에 어머니는 위태롭고 아버지는 두려워하여 그
실정을 이루 말하기 어렵다. 낳은 뒤 온갖 고생을 하며
길러서 어른이 되어도 자식의 얼굴이 즐거우면 어버이
도 기뻐하고 근심에 쌓이면 어버이의 마음이 애탄다. 부
모의 은혜가 이와 같으니 어떻게 보답할 것인가? 자식
이 어버이를 봉양하는데 감로(甘露)처럼 맛있는 음식[甘露
百味]을 공급하고 하늘 음악 같은 좋은 음악으로 그 귀를
즐겁게 하고 세상에서 제일 좋은 비단옷을 해서 입게 할
뿐만 아니라, 두 어깨에 부모를 업고 나라 안팎으로 명
승지와 절경을 찾아 말하자면 관광을 시켜 드리면서 목
숨을 마칠 때까지 그렇게 하더라도 부모의 은혜는 다 갚
지 못하느니라.’



라고 하셨습니다. 부모는 나를 낳아 준 분이므로 있는 힘을 다해 공
경하는 것입니다. 내가 이 세상에 존재하게 된 근원이 부모인 만큼
부모가 없으면 내가 있을 수 없습니다. 그러므로 생명을 다해 효도
를 한다 함은 곧 나의 근원, 생명의 근본에 돌아가 효순하는 것과
같은 뜻을 갖는다고 할 수 있습니다.

그래서 부모는 내 육신을 낳아서 길러주신 생신부모(生身父母)이고, 스승과 스님은 법신부모(法身父母)라고 합니다. 불법을 가르쳐 준 분이 스승이므로 법신부모(法身父母)라 한 것입니다.

삼보에도 동체삼보(同體三寶)가 있고 별상삼보(別相三寶)와 주지삼보(住持三寶)가 있습니다. 그 가운데 등상불로 모신 불상은 불보며, 현세에 유행하는 8만 대장경이 법보며, 현재의 스님네는 승보입니다. 이 것을 주지삼보(住持三寶)라 하고, 이런 삼보(三寶)는 계명부모(戒命父母)라고 합니다.

효순은 착한 마음, 자비한 마음이 다 효순인데, 첫째 부모에게 효순해야 한다는 것입니다. 경에 10천 겁의 인연을 가져야 부자가 되고 모자가 된다고 했습니다. 이러한 부모·자식 사이에 불효해서는 안 됩니다. 자식은 부모에게 효도하고 부모는 자식을 사랑하는 이런 생각 없이 산다면 악랄하고 살벌한 세상에 되기 때문에 부모를 효순한 마음으로 공경하라 그러신 것입니다.

동물적으로 볼 때에는 단순한 생식활동으로 암놈 수놈이 만나서 새끼 치는 것으로만 보고 알 수 있지만 인간은 만물의 영장이기 때문에 다른 동물과는 다른 것입니다. 그러므로 부모를 알게 되고 자식을 알게 되기 때문에 세속의 성인들도 세상의 5륜(五倫)·3강(三綱)을 말하게 되는데 이것이 곧 부처님의 5계와 통합니다.

살생하지 말라, 도둑질 하지 말라, 사음하지 말라, 거짓말 하지 말라, 술 먹지 말라 하는 이 5계가 그대로 인(仁)·의(義)·예(禮)·지(智)·신(信)입니다. 어질기 때문에[仁] 살생을 하지 않게 되고, 의리가 있기 때문에[義] 당치않은 비리지물(非理之物)을 갖지 않는 곧 도둑질 하지 않으며, 예절을 갖추기 때문에[禮] 사음(邪婬)을 하지 않게 되고,

신의가 있고 믿음이 있어서[信] 거짓말 안하고, 맑은 정신으로 정신 차리고 지혜롭게 살아야겠으니[智] 술 먹지 않습니다. 그러니 5륜이 곧 5계입니다.

효순지도지법(孝順至道之法)이라, 효순이 곧 도를 닦아 나가는 법이라 했는데, 효순은 백행(百行)의 근본, 100가지 행위의 근본이란 말과 같습니다. 효자는 하늘이 무너져도 솟아날 구멍이 있다는 속담이 있고, 큰 천재지변이 있어도 효자는 살아나갈 길이 있다고까지 말합니다. 그렇지만 부모를 효도로 섬긴다는 생각이 어려운 일입니다. 그래서 옛날에는 한 고을에 효자가 있으면 효행문(孝行門)을 세우고 온 고을이 추앙하는 법이 있었습니다. 신라·고려·조선의 1,500년 동안의 아름다운 풍속이었습니다.

지금은 세상이 너무 밝아졌다고 할까, 발전했다고 할까, 형편이 많이 변했습니다. 그것은 헤어져서 대가족제도가 없어지고 핵가족 시대에 살게 되었기 때문입니다. 부모 곁을 항시 떠나지 않고는 어떻게 할 수 없이 됐습니다. 옛날에는 효도하는 방법이 첫째 부모 곁을 늘 떠나지 않고 혼정신성(昏定晨省)을 잘 하는 일입니다. 저녁에는 방이 차지 않은가 주무실 자리를 봐 드리고, 새벽이면 잘 주무셨나 문안을 드립니다. 동온하정(冬溫夏淸 : 겨울에는 따뜻하게, 여름에는 서늘하게 해 드리는 것)과 출필고반필명(出必告反必命 : 나갈 때는 어디 다녀온다고 하고 다녀와서는 다녀왔다고 인사드리는 것)이 자식된 도리라는 것입니다. 『부모은 중경(父母恩重經)』에 부모의 무거운 은혜를 열 가지로 말하는 가운데, 원행억념은(遠行憶念恩)이 있습니다. 아들이 사업관계로 멀리 나가서 돌아오지 않으면 '잠자리가 불편하지 않은가, 음식을 제대로 먹는가, 볼일을 보는데 별 탈이나 없는가' 하고 부모는 늘 걱정을 한다는 것입니다. 아들이 어디 갔다 올 때쯤 되어 해가 서산에 지면 의려지망(倚閭之望)이라 하여 문턱에 몸을 의지하여 밖을 바라보며 기다립니다. 부모의 애정천륜(愛情天倫)이 지극한 마음입니다.

자식이 부모가 생각하는 마음의 3분의 1만 쓰면 효자라고 합니다. 그런데 효도가 다른 게 아니라 없는 살림에 음식을 잘 해주는 것이 효도가 아니고, 뜻을 받드는 것입니다. 음식으로만 하는 것은 구체지양(狗彘之養 : 짐승을 기르는 공경)이라 하여 참된 효도가 아니라고 했습니다. 지금은 모두 떨어져 살게 되어 있으니, 가까운 곳이라면 부모를 찾아 와서 과일이라도 사가지고 권하고 하면 좋겠지요. 늙은 부모는 얼마 못 먹지만, 아들·며느리·손자가 먹는 걸 보면 오히려 안 먹어도 배가 저절로 불러집니다. 이것이 부모의 마음이고 애정천륜(愛情天倫)입니다. 젊은 사람들은 노인을 어렵게만 생각해서 멀리 대해 버리면 부모는 섭섭하게 생각하게 됩니다. 자주 찾아 위로하는, 친근히 모시는 그것이 효도입니다.

또 부모도 노인으로서 아들·며느리에게 해야 할 도리가 있습니다. 옛날에 자기가 시집살이하던 생활만 생각하고 아들·며느리에게 강요하면 현대와는 맞지 않습니다. 늙은이는 입을 가지고도 말하지 말고, 눈은 보고도 못 본 척, 귀는 듣고도 못 듣는 척, 이 셋만 지키면 아들·딸이 환영합니다. 온갖 것 다 간섭하고 그래서는 안 되고, 봐도 못 본 체, 들어도 못 들은 체 하면서 지내면 됩니다. 음식을 차려 주더라도 음식이 맛이 있네 없네 따질 게 없습니다. 내가 입맛이 떨어져서 아무리 8진미를 해다 줘도 조금씩 먹고 하는 것이 노인의 분상에 제일 좋습니다. 그렇게 조심해야 어른답게 됩니다. '아무개는 음식을 잘 만드는데 너는 왜 이렇게 못 만드냐' 하면서 자식한테 잔소리나 하고 자식 흉만 보면 나중에 부자지간이나 고부간에 의리만 상하고 결국엔 불편하게 살게 됩니다. 화평하게 살려면 벽에 참을 인(忍) 자를 써 놓고 참아야 합니다. 아들이나 며느리가 아주 나쁜 길로 떨어지면 모르겠지만 그렇지 않은 이상은 일체 간섭을 하지 않는 주의로 해야 합니다.

이 대문에 뜻을 거듭 풀이해 보면, 지금 경에 '부모와 스승과 삼보에서 효순하며 지극한 도의 법에 효순하라' 하신 말씀도 실은 따지고 보면 다 부모와 같은 의미가 있기 때문에 효순하라는 것입니다. 부모가 우리의 육신을 낳아 주시고 길러주신 은혜인데 비해 스승은 법을 알게 일깨워 주시고 길러 주시는 은인이므로 부모와 같은 은혜일 수밖에 없습니다. 그러므로 진실한 마음으로 효순해야 할 것입니다. 불 · 법 · 승 삼보는 생사 · 번뇌 · 일체죄업, 온갖 무명(無明)을 뒤집어서 대각(大覺)을 이루어 지혜와 복덕을 원만하게 갖추신 어른이 부처님이시니 무명이 두텁고 죄업이 무거워 생사고해에 빠져 있는 우리로서 그 어른에게 귀의하지 않으면 안 되고 효순하지 않으면 안 됩니다.

또 법보는 부처님의 가르침이고 진리의 광명입니다. 부처님의 교법이 아니면 중생으로서 보리 열반의 경지에 나아가는 길을 모르고 진리의 광명이 아니면 무명의 죄업을 뒤집어 광명의 깨달음을 얻을 수 없습니다. 이와 같은 부처님의 가르침은 스스로 배우고 닦아야 이루는 것이지 남이 하는 것 구경만 하는 것으로는 이루어질 수 없습니다. 그것은 마치 남이 밥먹는데 내 배가 부르려니 생각하는 것과 같습니다. 따라서 우리는 부처님의 가르침에 효순하고 귀의해서 가르침대로 닦고 실천해야 하는 것입니다.

끝으로 삼보 가운데 마지막인 승보(僧寶)는 화합대중(和合大衆)을 뜻하는 말이니, 중생들의 세계는 명리(名利)를 다투고 권모술수와 모략중상으로 시비가 끊임없는 사회지만 부처님의 법을 따라 오직 부처될 길을 밟아 나아가는 스님네 사회는 서로 양보하고 공경하고 질서를 지키는 화합대중입니다. 따라서 이 화합대중에 절대귀의해서 효순하고 순종하고 하심(下心)해야만 불자로서 불법을 따라 부처님 되는 길을 가게 되는 것입니다.

이와 같이 부모·스승[師僧]·삼보·지도의 법(至道之法)에 효순하는 것이 곧 보살계의 본의입니다. 10중대계(十重大戒)와 48경계(四十八輕戒)를 결제(結制)한 것도 결국 앞에 말씀한 효순(孝順)에 뜻이 있습니다. 이 효순을 행하면 곧 부처님의 교법에 순종하게 되고 어긋나는 일이 없게 되므로 지계(持戒)라 이름하게 되며, 잘못되는 것을 저절로 막게 되므로 제지(制止)라고 이름하게 되는 것입니다. 또한 제지(制止)라 한 것은 방비지악(防非止惡 : 나쁜 것을 그치게 하고 잘못된 것을 막게 한다)을 뜻합니다. 옛날에 백낙천(白樂天)이 지방의 관장(官長)이 되었을 적에 그 지역에 머물고 있던 조과(鳥窠, 741~824) 선사에게 가서 불법의 대의를 물었습니다.

조과 선사는

"모든 나쁜 것은 하지 말고 뭇 착한 일은 받들어 행하라[諸惡莫作 衆善奉行]."

라고 했습니다. 그러자 백낙천이 다시 물었습니다.

"그런 말이야 세 살 먹은 아이도 할 수 있지 않습니까?"

"세 살 먹은 아이도 할 수 있지만 팔십 노인도 실행할 수는 없느니라[三歲孩兒雖得道 八十老人行不得]."

라고 했습니다.

불교의 모든 가르침이 글자는 다 쉽지만 그 실천과 체득(體得)은 어려운 것입니다. 예컨대 『법화경』에 '이 세상의 모든 것 허망하여라[諸行無常] 그것은 나고 죽는 생멸이니[是生滅法] 나고 죽는 길을 뛰어넘으면[生滅滅已] 그때의 고요함 참된 낙일세[寂滅爲樂].'라고 한 말씀도 말은 간단하지만 그 뜻을 실제로 깨달아 성취하기는 쉽지 않습니다. 그것을 확실히 깨달으면 견성(見性)이고 명안종사(明眼宗師)의 개안(開眼)입니다. 부처님은 아득한 과거세에 보살의 몸으로 인행(因行 : 보살만행)을 닦으실 적에 앞에서 말한 네 구절 가운데 뒤의 반 게송 두 구절을 마저 듣기 위해 흡혈나찰(吸血那刹)에게 몸을 내어 던진 일이 있습니다. 이것을 반게투신(半偈投身)이라 하고, 설산(雪山)에서 동자의 몸으로 있을 때의 일이므로 '설산동자(雪山童子) 구법투신(救法投身)'이라고도 합니다.

그런데 깊은 진리를 마지막까지 깨달아 실천하는 것은 최후구경의 일이고 우선은 나쁜 일을 그치고 착한 마음을 내도록 해야 하므로 계가 중요하고 여기에 계의 방비지악(防非止惡)으로서의 뜻이 아주 중요합니다. 그래서 '계의 이름을 또한 제지라고 한다[亦名制止]'라고 했습니다.

부처님께서 입으로 한량없는 광명을 내놓으시니 백만억 대중과 모든 보살과 하늘 대중들이 부처님이 외우시는 부처님의 대승계를 지성으로 들었다고 했습니다. 부처님은 무량한 세월을 두고 보살만행을 닦은 공덕으로 몸에서 광명이 나옵니다. 범부 중생 가운데도 마음이 깨끗하고 계행을 잘 지키면 광채가 있을 수 있는데 무량 아승지 겁을 두고 수행한 부처님은 말할 여지가 없습니다. 백만억 대중이나 타방세계에서 온 보살들이나 하늘님들의 정체를 범부들이 볼 수 없겠지만 부처님의 저 광명의 힘으로 다 보게 된 것입니다.

부처님은 입으로뿐 아니라 머리·손끝·발가락 등 온몸에서 수없이 많은 광명을 내놓으실 수 있습니다.

그런데 미간백호상(眉間白毫相) 한 광명의 공덕으로도 삼천대천세계의 중생이 먹고 쓰고 남는 복이 있다고 그럽니다. 부처님의 몸은 전체가 다 그대로 광명입니다.

보살계를 들은 이가 백만억 대중이라고 했는데, 그 당시에 웬 인구가 그렇게 많아서 백만억 대중이 있었느냐고 할지 모르지만 이것은 3천대천세계를 상대해서 하신 말씀이기 때문에 백만억 대중이라 하신 것입니다.

불교에서 하늘나라를 28천으로 말합니다. 인간세계라 해도 여러 나라가 있어서 역사와 풍토 종속을 각각 달리하고 있고, 잘 사는 나라, 못 사는 나라, 힘이 센 나라, 약소국가 등의 차별이 있듯이 하늘에도 그 복력(福力)을 따라 많은 나라가 있게 마련입니다. 28천이라는 것도 크게 나눈 것이고 자세히 구분하면 한량도 없습니다.

인간 세계에서와 같은 5욕이 아직 남아 있는 하늘나라에서 여섯 하늘이 있어서 이것을 6욕천(六欲天)이라 합니다. 첫째는 사천왕천(四天王天)이고 둘째는 도리천(忉利天)이고 셋째가 야마천(夜摩天)이고 네 번째 하늘이 도솔천(兜率天)이요 다섯 번째가 화락천(化樂天)이고 여섯 번째 하늘이 타화자재천(他化自在天)입니다. 절에 들어가려면 일주문(一柱門)을 제일 먼저 지내야 하고 그 다음에 사천왕(四天王)을 모신 사천왕문(四天王門)을 통과해야 합니다. 모두 불법을 보호하는 호법신(護法神)이고 불자를 돌봐주는 선신(善神)입니다.

도리천은 삼십삼천(三十三天)이라고도 하는데 제석천(帝釋天)이 천주(天主)로 계신 하늘입니다. 그 안에 33하늘이 있고 그 아래 4천왕을 통솔하는데 역시 호천왕이요 선신입니다. 사방마다 8성이 있고 중앙에 선법당이 있으므로 합하여 33천인데 반달의 3재일(三齋日)마다 성밖에 있는 선법당(善法堂)에 모여서 법답고 법답지 않은 것 즉 인간세상의 선악을 판별한다고 합니다. 이 하늘의 하루는 인간의 100년에 해당하고, 처음 났을 때 인간의 6세만 하며 음욕을 행할 때만 변하여 인간처럼 되는데 다만 바람 기운만 나면 번뇌가 없어진다고 합니다. 부처님이 일찍이 이 하늘에 올라가서 어머니 마야 부인을 위해 석 달 동안 설법했다고 합니다. 부처님의 어머니는 부처님을 낳으신지 7일 만에 돌아가시어 이 하늘에 태어났기 때문입니다.

욕계천의 셋째 하늘인 야마천(夜摩天)은 받는 쾌락이 제석천의 배나 되고 시간을 따라 쾌락을 받으므로 시분천(時分天)이라고도 합니다. 이 하늘의 하루는 인간의 200년에 해당하며 수명은 이 하늘의 나이로 2,000세를 산다고 합니다.

네 번째 하늘 도솔천(兜率天)은 5욕락에 만족한 마음을 가지므로 지족천(知足天)·묘족천(妙足天)이라고도 합니다. 이 하늘은 특히 내원(內院)과 외원(外院)이 있는데 외원은 복락만을 누리는 욕락처이고 내원은 미륵 부처님이 계신 극락세계와 같은 정토(淨土)입니다. 이 하늘은 욕계6천 가운데 중심이어서 아래 '4왕천'·'도리천'·'야마천'이 욕정(欲情)이 잠겨 있고 위로 제5 화락천(化樂天)·제6 타화자재천(他化自在天)은 마음이 들떠 있지만 이 제4천은 잠기지도 들뜨지도 않은 중간의 하늘이므로 일생보처보살(一生補處菩薩)이 이 하늘나라에 계시다가 이 하늘의 수명이 다하면 지상에 내려오시어 성불하시는 것입니다. 이 하늘의 하루는 인간세계의 400년에 해당하고 수명은 이 하늘 햇수로 4,000세를 삽니다.

그러므로 미륵 부처님이 이 세계에 오셔서 성불하시는 때는 이렇게 계산하여 5억 7천만 년 뒤가 된다는 것입니다. 미륵 부처님이 계신 내원궁은 아미타 부처님이 계신 극락세계와 같아서 거기 태어나는 이는 다 부처님 법문을 듣고 깨달음을 얻게 되며, 미륵 부처님이 하생(下生)하시어 성불하실 때 모두 다 함께 태어나서 법문을 듣고 도를 깨달아 해탈을 얻고 수기(授記)를 받는다고 합니다. 또 미륵 부처님은 석가모니 부처님을 계승하시는 부처님으로 석가모니 부처님 시대의 불제자를 우선적으로 제도하는 것을 제일 임무로 하십니다. 따라서 우리와는 아주 인연이 제일 깊은 부처님이라는 것입니다. 그러므로 미륵 부처님 염불을 많이 하시고 미륵불신앙을 가진 이는 저 도솔천 내원 중에 태어나게 되고, 또 도솔천은 욕계가 다 떨어진 하늘도 아니므로 우리와 가깝고 하여 다른 부처님 정토에 가나는 것보다 쉽고 인연이 많은 부처님세계라고 합니다.

욕계 다섯째 하늘인 화락천(化樂天)은 필요에 따라 경계를 마음대로 변화시켜서 즐거움으로 삼을 수가 있는 하늘이기 때문에 이렇게 이름한 것입니다. 이곳의 하루는 인간의 800세이며 수명은 그곳 나이로 8,000세를 살고 남녀 간에 서로 마주 보고 웃음으로 만족한 성교(性交)를 이루게 된다고 합니다. 처음에 날 때 어머니 무릎 위에 화생(化生)하는데 인간의 12세쯤 된다고 합니다.

여섯째 하늘인 타화자재천(他化自在天)은 욕계 여섯 하늘 가운데 가장 높은 하늘로서 이 하늘의 천주(天主)는 마왕(魔王)인 점이 그 특색이기도 합니다. 이 하늘은 다른 이가 즐기기 위해 변화해 나타낸 일을 자기의 쾌락으로 삼는 일을 자유자재로 할 수 있는 변화자재한 하늘이므로 이런 이름을 붙였습니다. 줄여서 타화천(他化天)이라 하기도 하는데, 이 하늘의 남녀는 마주 바라보는 것만으로 음행이 만족하고 아들을 낳으려는 생각만 내면 아들이 무릎 위에 나타난다고 합니다. 이 하늘의 하루는 인간의 1,600년에 해당하고 수명은 그 하늘 나이로 16,000살이라고 합니다.

이 하늘의 마왕은 땅에서 선정을 이루어 성불하려는 수행인을 방해하며, 불타의 출현을 방해하는데 그것은 불타가 출현하면 마왕의 궁전이 무너지고 불타께 항복하여 불자가 되어야 하며 부처님이 재세하신 동안 자기의 욕망을 이룰 수 없기 때문이라고 합니다. 욕계 6천 가운데 제3 야마천 · 제4 도솔천 · 제5 화락천은 다 마왕에 속하며, 그래서 호법신(護法神)이며 선신(善神)의 주인 제석천과는 항상 싸움을 하게 되는데 '제석천'의 군사와 위력을 이기지는 못한다고 합니다.

욕계6천을 지나면 색계천(色界天)의 18천이 있습니다. 이 하늘은 욕계의 음욕(婬欲)을 여의었으므로 거룩하고 조용하다는 뜻으로 범천(梵天)이라고 합니다. 여기에 열여덟 하늘이 있으므로 18범천(十八梵天)이라 한 것입니다. 곧 초선천(初禪天)에 3천(天), 제2선천(第二禪天)에 3천(天), 제3선천(第三禪天)에 3천(天)이 있고, 제4선천(第四禪天)에는 9천(天) 있어 모두 18천(天)이 됩니다. 이 색계범천(色界梵天)은 선정을 닦아 얻어야 태어나는 하늘이므로 초선천(初禪天) · 제2선천 · 제3선천 · 제4선천이란 이름을 붙였고, 욕계와 같은 음욕이나 식욕은 떨어졌지만, 무색계와 같이 물질[色]을 아주 여읜 순수한 정신의 세계는 아니므로 색계(色界)라 한 것입니다. 요컨대 선정을 닦은 경지가 얇고 깊은 정도에 따라 거칠고 깊은 정도에 따라 4선18천(四禪十八天)으로 나누어졌다고 합니다.

그런데 이때 부처님 회상에 모인 대중 가운데 이 욕계6천 천왕과 18범천이 참여해서 부처님이 이 대승보살계 외우심을 열심히 듣고 계시다는 것입니다.

그리고 이 밖에 16대왕이 참여했다고 했습니다. 16대왕은 부처님 당시에 인도에 크고 작은 나라가 많았지만 마갈타국이 제일 컸고 다음이 교살라국이 다음으로 컸습니다. 당시 마갈타국왕은 빈비사라왕으로 부처님과는 아주 인연이 깊은 임금이었고 부처님의 법을 위해 지극히 외호(外護)를 한 분입니다. 부처님이 처음 출가하셨을 적에 마음을 고쳐 본국에 돌아가기를 권한 바 있으며, 자신의 국토를 나누어 줄 것이니 고행을 중단하고 편안히 함께 지내자고까지 한 숙세의 인연이 깊은 왕이라고 할 수 있는 이였습니다. 그는 또 부처님이 성불하시자 가란타에 죽림정사(竹林精舍)를 세워 제일 먼저 불도량을 제공했으며, 부처님이 영축산에서 자주 설법을 하셨으므로 오르내리시기 좋도록 돌계단을 쌓기도 했습니다. 교살라 부인과 위제히 부인은 다 왕의 비로서 독실한 불자가 되었으며, 이 '빈비사라왕'은 부처님보다 8년 전에 아들 아사세 태자에 의해 죽었다고 합니다.

두 번째로 부처님 법을 외호하는데 공이 크고 인연이 깊은 왕이 교살라국 사위성의 임금입니다. 사위성의 임금으로 교살라국을 통치하는 이를테면 천자라고도 할 수 있습니다. 그는 부처님과 생일 생시가 같고 부처님께서 성도(成道)하시던 해에 왕위에 오르기도 했으며, 이 바사익왕의 태자 기타는 신심이 장하여 아라한과를 얻었다고 하는데, 그는 그 나라의 대신 급고독(給孤獨) 장자와 함께 기수급

고독원(祇樹給孤獨園)을 세워 부처님께 드리고 불법을 선양하고 외호하는 데 크게 공헌했습니다.

이 밖에도 유명한 승만(勝鬘) 부인이 왕비로 있는 아유사국의 임금 등 16대 국왕이 다 참여하여 일심으로 합장하여 부처님의 보살대계를 외우시는 것을 일심으로 들었습니다. 이 보살대계는 곧 '부처가 되는 계'이기 때문이니 그래서 '제불대승계(諸佛大乘戒)'라고 한 것입니다.


佛古諸菩薩言하사대 我今半月半月로 自誦諸佛法戒하노니 汝等一
불고제보살언　　　아금반월반월　　자송제불법계　　　여등일

切發心菩薩[26]과 乃至十發趣와 十長養과 十金剛과 十地[27]諸菩薩도
체발심보살　　내지십발취　　십장양　　십금강　　십지 제보살

亦誦이니라 是故로 戒光이 從口出하니 有緣非無因이라 故로 光光
역송　　　시고　계광　　종구출　　유연비무인　　　고　광광

이 非靑黃赤白黑이요 非色非心[28]이며 非有非無[29]며 非因果法이라
비청황적백흑　　비색비심　　　비유비무　　비인과법

是諸佛之本源이며 行菩薩之根本이며 是大衆諸佛子之根本이니 是
시제불지본원　　행보살지근본　　시대중제불자지근본　　　시

故로 大衆諸佛子는 應受持하며 應讀誦善學이니라 佛子는 諸聽하
고　대중제불자　　응수지　　응독송선학　　　불자　제청

라 若受佛戒者는 國王王子百官宰相과 比丘比丘尼와 十八梵天六
약수불계자　　국왕왕자백관재상　　비구비구니　　십팔범천육

欲天子와 庶民과 黃門[30]婬男婬女와 奴婢와 八部[31]鬼神金剛[32]神畜
욕천자　서민　황문　음남음녀　　노비　팔부　귀신금강　신축

生으로 乃至變化人[33]도 但解法師語하면 盡受得戒니 皆名第一淸淨
생　　내지변화인　　단해법사어　　진수득계　　개명제일청정

者니라
자





---

26 발심보살(發心菩薩) 보리심을 일으키고 보살행을 다짐한 보살. 10신(十信)보살이라고도 함.
27 십발취(十發趣) ～ 십지(十地) 10주(十住)·10행(十行)·10회향(十廻向)·10지(十地) 보살. 곧 보살 수행계위 40위(四十位)를 일컫는다.
28 비색비심(非色非心) 색은 물질의 총칭. 심은 마음의 정신작용.
29 비유비무(非有非無) 유(有)는 존재하는 것. 무는 형체가 없는 비존재.
30 황문(黃門) 불능남(不能男)이라고도 한다. 남근(男根)이 온전하지 못한 자. 선천적으로 아예 성교가 불가능한 생황문(生黃門)이 있고, 반달만 성능이 가능한 반월황문(半月黃門) 등이 있다.
31 팔부(八部) 팔부중(八部衆)·천룡팔부(天龍八部)라고도 함. 일반적으로 하늘·용·야차·건달바·아수라·가루라·긴나루·마후라가 등의 불법을 호위하고 선남선녀를 돕는 선신류(善神類).

부처님이 보살들께 말씀하셨다.

'내가 지금 보름마다 모든 부처님의 계법을 외우노니 너희들 발심한 보살과 십발취(十發趣) 보살과 십장양(十長養) 보살과 십금강(十金剛) 보살과 십지(十地) 보살들도 따라 외울 것이니라.

그리하여 계(戒)의 광명이 입으로 나왔으니 연만 있고 인이 없는 것이 아니며, 광명은 푸른 것도 아니고 누른 것도 아니며, 붉은 것도 아니고 흰 것도 아니고 검은 것도 아니며, 빛깔도 아니요 마음도 아니며, 있는 것도 아니요 없는 것도 아니며, 인과의 법도 아니며 곧 여러 부처님의 근본이며, 보살도를 행하는 근본이며, 여러 불자 대중의 근본이니라.

그러므로 여러 불자들은 받아 지녀야 하며 외워야 하며 잘 배워야 하느니라. 불자들은 자세히 들으라. 이 계를 받는 이는 왕이나 왕자나 고관이나 정승이나 비구나 비구니나 18범천(十八梵天)이나 6욕천(六欲天)이나 일반 백성이나 내시나 음탕한 남녀나 종이나 8부 귀신들이나 금강신이나 여러 짐승이나 변화하여 된 사람들이거나 간에 법사의 말을 들을 수 있는 이는 모두 다 이 계를 받을 것이니 계를 받음으로 그들은 모두 가장 깨끗한 이라 하느니라.'

---

경문을 한 번 읽었으니 이제 경문을 따라 뜻을 풀이해 보기로 하겠습니다.

이 대문은 계문(戒文)을 반달마다 외울 것과 계를 받을 수 있는 대상자를 말씀하고 있습니다.

부처님께서 모든 보살에게 말씀하십니다.

> '내가 한 달에 흑월(黑月)·백월(白月) 보름에 한 번씩 외우노니 너희도 항상 수지하라. 10발취(十發趣：十信)·십장양(十長養：十行)·10금강(十金剛：十回向)·10지(十地) 이렇게 올라가면서 52위 보살도 모두 다 이렇게 누구든지 58계의 이 계경(戒經)을 외우라.'

그러십니다. 이것은 한 달에 두 번씩 신학보살이나 일체보살 모두에게 이 계경(戒經)을 외우도록 경계하신 것입니다.

계문을 반달마다 외우고 잘못을 참회하고 하는 것은 계를 지속적으로 지키고 수행하는 데 아주 중요한 요건입니다. 계를 받은 자는 반달마다 법사 앞에 나아가 그동안 잘 지니지 못한 계, 계를 범한 것이 있으면 참회하고 또 거듭 계를 설하며, 그리고 그 '10중계'와 '48경계'를 늘 외우라고 하였습니다. 이렇게 외우고 반성하고 또 잘못된 허물을 참회함으로써 사람마다 그 자성(自性) 속에 갖추고 있는 불종자가 '보리'의 싹을 내고 또한 자라나서 마침내 큰 보리수의 꽃을 피워서 큰 깨달음의 보리과(菩提果)를 맺게 된다는 것입니다.

그런데 반달마다 외우라고 하는 것은 그 계의 뜻을 알고 받아 지닐 줄 아는 이의 경우이고 처음 배우는 이는 그 뜻을 알아 익힐 때까지는 시간을 정하지 말고 해야 한다는 옛날 조사님 말씀이 있습니다. 또 선지식네 말씀에 '반달마다 외운다는 것은 승단에서 행하는 것으로 너무 자주자주 외우면 가볍게 여기기 쉽고, 또 너무 멀리하면 마음에 저버려 익히는 데 지장이 있기 때문이니 그 때문에 반달마다 외우라고 했다'는 데가 있습니다.

불가에서는 포살법(布薩法)이 있어서 옛날부터 매월 보름과 그믐(29일 또는 30일)에 스님네가 모여 계경(戒經)을 설하고 계문을 읽고 외울 적마다 보름 동안에 지은 죄가 있으면 참회하여 선을 기르고 악은 참회하는 의식을 행했습니다. 이 '보살계'에 있어서도 계를 받아 지니는 법으로서 반달마다 외우고 반성하여 참회하며 발원하라는 것입니다.

'너희들 일체의 발심보살(發心菩薩)과 내지 십발취(十發趣)의 십장양(十長養)과 십금강(十金剛)·십지(十地)의 모든 보살들도 또한 외우라' 하셨는데, 이것은 십신(十信 : 一切發心菩薩)·십주(十住 : 十發趣)·십행(十行 : 十長養)·십회향(十廻向 : 十金剛) 등 51위의 보살을 가리킨 말입니다.

또 '일체의 발심보살'이라 했으므로 설사 10신(十信) 지위에 미치지 못하는 보살이라 해도 보살계를 받아서 제대로 닦아서 보살지위에 나아가고 성불하는 길로 나아가려고 하면 반드시 보름마다 외우고 참회하고 하라는 뜻으로 받아 들어야 할 것입니다.

계를 받고 경을 외우고 읽고 하는 것은 이 계의 연이 되고(有緣), 보리심을 일으키고 계를 받아들이는 마음은 '보살계'를 닦아서 성불하는 인(因) 곧 종자가 됩니다. 인(因)은 인과법에 있어서 직접적인 원인이 됨을 말하고 연(緣)은 간접적인 원인을 말합니다. 성불(成佛)은

과(果)라고 하면 '보살계'를 받아 지키고 수행하는 것이 인연(因緣)인 것입니다. 계를 외우고 뜻을 생각하며 참회하는 의식이 성불로 나아가는 연(緣)이라면 그 가운데 보리심을 일으키는 인(因)은 자연히 있게 된다는 뜻으로 유연무유인(有緣無有因)이라 한 것입니다. 따라서 '계'를 반달마다 외워야 하는 까닭이 여기에 있다고 말씀하신 것입니다. 또 한량없는 그 광명은 마음의 광명이기 때문에 푸른 것도 누런 것도 붉은 것도 흰 것도 검은 것도 아닌, 말하자면 빛깔로는 말할 수 없는 광명이고, 따라서 물질도 아니고 마음도 아니며[非色非心], 유(有)도 무(無)도 인과법도 아니라 하셨습니다. 공(空)과 유무(有無)에 치우치지 않고 단견(斷見)·상견(常見)에도 떨어지지 않고 인과를 초월한 법이다, 그런 뜻입니다. 우리는 인과 속에 놀지만 보살의 경지는 인과를 초월했고 3취정계(三聚淨戒)를 초월했으며 공과 유를 뛰어넘은 경계인 것입니다.

또 말씀하시기를 '보살도의 근본바탕이며 부처님 당시부터 오늘에 이르기까지 일체대중 불자들의 근본바탕이니라'라고 하셨습니다. 여기서 근본이란 자성자리를 가리킵니다.

'대중 모든 불자는 마땅히 읽어 외우며 받들어 지니고 잘 배우라.' 다음에는 부처님의 이 계를 받을 수 있는 자가 누구인가에 대해서 '국왕·왕자·백관·재상·비구·비구니·18범천왕·6욕천의 천자·서민·황문(黃門)·음남·음녀·노비·8부 귀신·금강신·축생 내지 변화한 사람까지라도 다만 법사의 말을 알아들을 줄만 알면 다 계를 받을 수 있다.' 라고 했습니다. 참으로 폭이 넓고 중생을 다 포섭할 수 있는 계입니다.

따라서 이 계는 이 세상에 제일 거룩하고 청정한 계이며, 가장

위대한 계라 했습니다. 왜 그러냐 하면 생사를 초월하여 열반에 나아갈 수 있고 부처님 되는 계이기 때문입니다. 다만 5역(五逆)·7역죄(七逆罪)를 범한 자에게 계를 주지 말라는 말씀이 있습니다. 아버지·어머니·화상·아라한을 죽인 자, 파화합(破和合 : 교단의 화합을 깨뜨린 자)이 5역이고 여기에 수계사(授戒師)를 죽인 자, 성인을 죽인 자를 더하면 7역입니다. 5역·7역이라 하는데 이런 자는 보살계를 받지 못하게 되어 있습니다.

여기 계신 대중은 다 그런 죄가 없으므로 보살계를 받는 것입니다. 이 계의 공덕이 광대무량하여 그 말씀하신 대로 2,600년 가까이 전해온 것입니다. 이 법을 받아 가지고 외움으로 그릇된 생각을 고치게 되고 불종자의 싹이 나와서 성불의 길에 나아가게 됩니다. 그러므로 이 계는 곧 대자대비한 계, 불계(佛戒)이고, 중생계·불계·심지계(心地戒)라고도 합니다. 음남·음녀·8부귀신 모든 중생이 다 받아 가지고 외우고 닦아 익히면 성불하는 것이 틀림없으므로 제일 청정한 것이라 이름한다[皆名第一淸淨者]고 했습니다.

계 받는 대상자에 대해서 이 보살계에 있어서는 어떤 제한을 두지 않고 있습니다. 다만 법사의 말을 알아들을 수 있고, 계를 받을 발심만 한 이면 누구나 받을 수 있다고 했습니다.

소승계에서는 불구자와 황문(黃門 : 남근의 불구자) 등은 계를 받는 자리에 참여하지 못하지만 이 보살계는 국왕·대신·백관·비구·비구니·18범천·6욕천자·시민·황문·음남·음녀·8부신중·금강신 내지 변화로 나타난 사람이라도 다만 법사의 말을 듣고 이해할 수 있으면 다 받을 수 있다고 하였습니다.

그것은 모든 중생이 다 불성이 있으므로 그 불성을 지닌 자는 이

계를 받음으로써 그 불성의 잠을 깨우게 하며, 그 불성의 밭에 불종
자를 뿌리는 것이기 때문에, 필경은 다 부처가 될 인연을 짓는 것이
라는 뜻입니다.

◉

그러므로 알라.

보살계는 받는 법은 있지만 버리는 법은 없다.

받으면 그대로 공덕이 되므로 버릴 것이 없다.

범하더라도 미래세가 다하도록

그 계를 아주 잃어버리는 일이 없다.


故知菩薩戒는 有受法而無捨法이라

有犯不失하야 盡未來際로다

# 십중대계 十重大戒

# 序

佛告諸佛子言하사대　有十重波羅提木叉[34]하니　若受菩薩戒[35]하고
불고제불자언　　　유십중바라제목차　　　약수보살계

不誦此戒者는 非菩薩이며 非佛種子[36]니라 我亦如是誦하노니 一切
불송차계자　 비보살　　 비불종자　　　　아역여시송　　　 일체

菩薩이 已學이며 一切菩薩이 當學이며 一切菩薩이 今學이니라 已
보살　 이학　　 일체보살　 당학　　 일체보살　 금학　　　 이

略說菩薩波羅提木叉相貌[37]어니 應當學하야 敬心奉持니라
략설보살바라제목차상모　　　 응당학　　 경심봉지

부처님께서 말씀하셨다.

'열 가지 무거운 바라제목차가 있으니 만일 보살계를 받고 이 계
문을 외우지 않는 이는 보살이 아니며 불종자가 아니니라. 나도 또
한 이와 같이 외우나니, 과거의 모든 보살이 이미 배웠으며, 미래의
보살이 마땅히 배울 것이며, 현재의 보살이 지금 배우느니라. 이미
바라제목차의 모습을 간략하게 말하였으니 마땅히 배워서 공경하는
마음으로 받들어 지닐지어다.'



---

34 십중바라제목차(十重波羅提木叉) 열 가지 무거운 계란 뜻.
35 보살계(菩薩戒) 보살이 받는 계란 뜻. 또는 대승불교도가 받는 계를 말한다.
36 불종자(佛種子) 성불할 수 있는 근본 불성을 가지고 있다는 뜻을 불종자라 한다.
37 보살바라제목차상모(菩薩波羅提木叉相貌) 보살계의 계본(戒本 : 금지하는 조문)의 대강한 윤곽.

　　부처님께서 백만억 대중과 모든 보살마하살과 범천(梵天)의 열여덟 하늘님[十八梵天王] 등으로부터 청법을 받으시고 이로부터 보살계의 금지조항인 계본(戒本 또는 戒文)을 말씀하십니다.

　　보살도에 나가가는 심지계(心地戒)는 근본 심지계이므로 이 계를 받으면 다 성불하게 되는 것입니다. 그런데 여기 조건이 있습니다. 부처님이 모든 불자에게 말씀하시기를 '여기 열 가지 무거운 계 '10바라제목차'가 있으니, 이 계를 받은 자가 이 계를 외우지 않으면 이것은 보살이 될 수 없고 부처님의 아들[佛鍾子]이 될 수 없다.'라고 하십니다. 계문을 외우지 않고 반성하여 고치지 않으면 보살이라 할 수 없기 때문입니다. 내가 자주 이렇게 외우나니, 일체의 보살이 무량한 과거세에 이미 이렇게 외우고 배웠으며, 한량없는 보살이 시방세계에서 지금 이렇게 배우고 있으며, 한량없는 보살이 끝없는 미래세를 두고 이렇게 뒤이어 외우고 배울 것이니라. 그리고 부처님이 이상의 말씀을 종합하여 말씀하시기를, '이미 보살의 '바라제목차'의 대강의 모습(근본 뜻)을 대개 말했으니, 이 일을 마땅히 정성으로 배우고 공경하는 마음으로 잘 받들어 지닐지어다'라고 하셨습니다. 이렇게 간절한 말씀을 하셨는데, 이상 대체로 10중대계와 48경계를 말씀하시기 위해서 하신 간절한 머리말, 서문의 말씀이라 할 수 있습니다.

　　'보살계'라 하면 십신(十信)·십주(十住)·십행(十行)·십회향(十廻向)·십지(十地)의 대보살이나 지키는 계로 알기 쉽지만, 우리가 해마다 설계(說戒)하고 수계(受戒)하는 이 계는 불자면 누구나 다 받을 수 있는 대승계입니다. 이 보살계본에 '국왕·왕자·백관·비구·비구니·범천·육욕계천왕·서민·음남·음녀·노비·귀신에 이르기까지 누구나 다 받을 수 있다'라고 했습니다. 그리고 '이 보살계를 진심으로 받아서 참회하고 지키면 모두 제일가는 청정을 얻는 사람이 된다'라고 하셨고 '부처 되는 길'로 나아가는 것입니다. 그런데 중요한 것은 계를 받았으면 반드시 이『범망경』곧 계본을 따라 반성하고 참회하고 원을 세우는 실천수행을 해야 한다는 것입니다. 그래서 앞에서도 말씀한 바와 같이 '계문'을 읽고 외우는 것이 중요합니다. 외우고 읽는 것이 곧 중생으로서 불자로서 성불하는 인연을 짓는 길이 되기 때문입니다. 그래서 이 10중바라제목차를 말씀하시는 머리에, '만일 보살계를 받고 이 계문을 읽고 외우지 않으면 불종자가 아니니, 내가 또한 이렇게 외우느니라'라고 하신 것입니다. 부처님이 스스로 외우신다 함은 그것을 배우고 익히기 위해서 하시는 것은 물론 아닙니다. 범부나 보살은 배우고 익히는 방법의 하나로 하는 것인데, 그러나 범부인 불자와 보살인 불자가 이 '보살계'를 외우고 익히는 내용에 있어서는 정도의 차이가 있음은 말할 것도 없습니다.

그러면 부처님은 배우고 익힐 것이 없는데, 지혜와 복덕을 구족하신 양족존(兩足尊)이신 부처님이 무엇 때문에 계문을 외우시는가? 그것을 한 번 생각해 보아야겠습니다. 부처님은 배우고 익히기 위해서가 아니라 그대로 불타 본연의 행으로서 하실 뿐인 것입니다. 부처님의 신(身)·구(口)·의(意) 3업의 행은 그대로 계행이고 선정이고 지혜입니다. 다시 말하면 부처님은 집집마다 차례로 걸식(乞食)하시는 것이나 진지 드시는 것이나 앉고 서고 말씀하시는 일체의 언어·위의가 자연히 계·정·혜 3학에 계합(契合)한다는 뜻입니다. 그러므로 부처님은 계를 억지로 지키시는 것이 아니라 일체의 행이 계 아

님이 없고 무심한 가운데 자연히 이루어지는 무위(無爲)의 계라 할
수 있습니다.

　이상으로 보살계의 '바라제목차'의 중요성과 대의를 누차 말씀하
셨기에 받을 마음의 준비가 다 되었으므로 '10중 · 48경계'를 구체
적으로 말씀하시고, '이미 보살의 바라제목차의 모습을 대강 말하였
으니, 마땅히 공경하는 마음으로 받들어지니라'라고 하신 것입니다.
보살계에 10중 · 48경계가 있다는 것은 보살계를 받아 본 이는 물
론 그렇지 않은 신도라도 누구나 다 아실 것입니다. 10중은 어떠한
경우에도 범해서는 안 되는 무거운 계고, 48경계는 그것을 범했더
라도 허물이 다소 가벼운 계라는 뜻입니다.

　소승계(小乘戒)라고도 불리는 비구 · 비구니의 구족계(具足戒)에는
4바라이계(四波羅夷戒)가 있는데, 이 계를 범하면 승려로서의 자격을
잃고 교단에서 대중과 함께 머무를 수 없게 됩니다. 뿐만 아니라 죽
은 뒤에는 아비지옥에 떨어지는 지극히 악한 죄로서, 불법 가운데서
길이 버림을 받았다는 뜻으로 기손(棄損) · 극악 · 단두(斷頭)라 합니
다. 대승계인 보살계의 '10중바라제목차'는 바로 저 소승계의 4바라
이계와 같이 무거운 중죄를 규정하는 계입니다.

　이밖에 불교의 많은 계율을 여섯 가지[六聚]로 구분해 보는 법이
있습니다. 첫째 지금 이야기한 '바라이'이고, 둘째 승잔(僧殘), 셋째
투란차(偸蘭遮), 넷째 바일제(波逸提), 다섯째 제사니(提舍尼), 여섯째 돌
길라(突吉羅)가 그것입니다. 승잔은 승려로서의 생명은 아직 남아 있
는, 바라이죄 다음 가는 죄입니다. 이 계를 범하면 20명 이상의 대
중 스님네 앞에서 참회하여 용서를 받아야 구출되는 법으로서, 여기
에 13조문이 있으므로 13승잔(十三僧殘)이라 합니다.

다음의 '투란차'는 중한 죄를 지을 가능성을 조장하는 행위로서, 선근을 끊고 악도에 떨어지게 하는 죄입니다. 이런 허물이 쌓이다 보면, 결국 '승잔죄'나 혹은 '바라이'죄를 범하게 되므로 역시 참회를 받고 고치도록 한 것입니다.

보살계에 있어서 10중대계는 4바라이죄와 같고, 48경계는 4바라이를 제외한 승잔죄·투란차 등의 계와 같은 계입니다.

계에는 또 본래 성계(性戒)와 차계(遮戒)가 있습니다. '성계'는 살생·도둑질처럼 저지르는 행위 그 자체가 죄가 되는 계이고, '차계'는 그 행위 자체가 죄는 아니지만 장차 큰 죄를 불러일으키는 원인이 되므로 금하는 계입니다. 예컨대 술을 먹는 행위가 직접 나쁜 일은 아니겠지만 술이 취하게 되면 그 결과 죄를 저지르게 되는 것과 같습니다.

예전의 가섭불(迦葉佛) 당시에 한 우바새(優婆塞 : 남신도)가 집에서 대낮에 술을 먹고 취해 있을 적에 마침 이웃집 닭이 들어 온 것을 보고 술김에 그 닭을 붙들어 잡아먹었습니다. 닭을 잃은 이웃집 부인이 와서 "우리 닭이 이리로 들어 왔는데 보지 못했느냐?"고 물으매 그 우바새는 "그런 닭을 본 일이 없다."라고 시치미를 떼었고, 부인은 분명히 닭이 이리로 들어 왔다고 하며 이야기를 주고받다가 우바새는 취중에 음란한 마음이 일어나 그 여인을 강간을 했습니다. 따라서 이 우바새는 술을 먹은 것이 원인이 되어 남의 닭을 잡아먹었으므로 불살생계(不殺生戒)와 불투도계(不偸盜戒)를 동시에 범한 것이며, 닭을 보지 못하였다 함은 불망어계(不妄語戒)를 범한 것이고, 남의 여인을 범했으므로 불사음계(不邪婬戒)를 아울러 범한 것입니다. 이때에 닭의 생명을 빼앗은 살생, 남의 닭을 훔친 것[偸盜], 거짓말 한 것,

음행한 것 등은 그 행위 자체가 죄가 되므로 성계(性戒)라 하고, 불음주계(不飮酒戒)를 범한 행위는 술 자체가 죄는 아니지만 술기운이 결국 마음을 어지럽게 하여 앞의 네 가지 죄를 범하게 했기 때문에 술을 먹지 말라는 것은 차계(遮戒)입니다.

금주운전을 법으로 금하는 것도 술 먹는 행위 그 자체를 법으로 다스리자는 데 목적이 있는 것이 아니라 취한 상태에서의 운전은 결국 교통사고를 불러오는 위험한 행위이므로 금하는 것과 같은 이치입니다.

이 술 때문에 교통사고를 일으켜 자신과 상대방에게 생명의 위험까지 불러오는 경우도 있는 것처럼 술은 여러 가지 실수를 저지르게 하고 성죄(性罪)를 범하게 하는 원인이 됩니다. 그런데 계 가운데는 그 행위 자체가 죄이기 때문에 금하는 계 곧 성계(性戒)로써 제정한 계보다도 그 성계를 범하기 전의 예방을 목적으로 한 '차계'가 훨씬 더 많습니다. 그렇다고 하여 예방의 의미를 갖는 차계(遮戒)는 소홀히 해도 되느냐 하면 그런 것은 아닙니다. '차계'를 잘 지키는 것은 곧 성계(性戒)를 잘 지키는 일이 되기 때문입니다.

부처님께서 계를 제정하신 본 뜻은 결국은 중생의 무명을 밝히자는 것입니다. 중생들이 탐·진·치 무명에 덮여서 온갖 죄악을 저지르므로 무명이 죄의 근원이고 탐·진·치 3독이 성계(性戒)를 범하는 원동력인데, 그냥 그것을 말로만 '무명을 밝혀라, 3독을 없애라'라고 해서는 쉽게 없앨 수 없기 때문에 '어떠 어떠한 일은 하지 말아라'라고 하는 금계(禁戒) 곧 계의 조목을 말씀하시게 된 것입니다.

## 지지계(止持戒)와 작지계(作持戒)

계에는 또 지지계(止持戒)와 작지계(作持戒)가 있습니다. '지지계'는 모든 악한 것 나쁜 버릇을 쉬고[止] 계를 지닌다[持]는 뜻이니 이른바 '무엇 무엇을 하지 말라'는 소승의 계가 대개 이에 해당합니다.

또 한편 한 걸음 더 나아가서 악을 그치는 것으로 만족할 것이 아니라 선행을 하는 일을 더 중요하게 여기는 계가 있으니 이것을 작지계(作持戒)라고 합니다. 곧 보시 · 지계 · 인욕 · 정진 · 선정 · 지혜의 6바라밀, 곧 일체 선행을 닦아 익히는[修習] 적극적인 계를 가리킵니다. 대승계 · 보살계는 대개 다 여기에 해당합니다.

또 나쁜 버릇을 그치는 지지계(止持戒)를 자리계(自利戒 : 자기만 이롭게 하는 계)라 하고, 작지계(作持戒)를 이타계(利他戒)라 합니다. 남을 구제하는 행위 곧 어려운 사람에게 보시를 한다든지, 죽는 생명을 놓아 주는 방생 같은 것은 이타계(利他戒)인 것입니다.

여기서 보는 살생계(殺生戒)는 그 행위 자체가 죄가 되는 성계(性戒)이고, 살생을 금하는 계이므로 역시 지지계(止持戒)이며 계 가운데 가장 죄가 무거운 계입니다.



## 지선(止善)과 행선(行善)

지지계(止持戒) · 작지계(作持戒)와 뜻이 비슷한 말에 지선(止善)과 행선(行善)이란 말이 있습니다. 지선(止善)은 선을 그친다는 뜻으로 악행을 그쳤지만 선행은 할 줄 모른다는 뜻입니다. 이에 대해

행선(行善)은 아울러 거룩한 덕[勝德]을 닦아서 일체중생을 편안하게
한다는 뜻입니다. 여기서 선행(善行)이라 함은 보살의 6도만행(六度萬
行)을 뜻하는 말이기도 하지만, 주로 10선(十善)을 지선(止善)과 행선
(行善)의 두 가지로 구분하여 표로 표시해 보면 다음과 같습니다.


● 지선(止善) : 지지자리계(止持自利戒)

1. 살생하지 않는 것[不殺生]

2. 도적질하지 않는 것[不偸盜]

3. 사음하지 않는 것[不邪婬]

4. 거짓말하지 않는 것[不妄語]

5. 이간하지 않는 것[不兩舌]

6. 악담하지 않는 것[不惡口]

7. 아첨하지 않는 것[不綺語]

8. 욕심을 부리지 않는 것[不貪慾]

9. 성내고 화내지 않는 것[不瞋恚]

10. 삿된 소견을 갖지 않는 것[不邪見]


● 행선(行善) : 작지이타계(作持利他戒)

1. 방생(放生) : 살생의 반대이니 살생을 하지 않을 뿐 아니라, 죽
게 된 생명을 놓아서 살려 주는 것.

2. 보시(布施) : 도적질의 반대이니, 도적질하지 않을 뿐 아니라
나의 재물과 법을 남에게 베풀어 주는 것.

3. 범행(梵行) : 사음의 반대이니, 사음하지 않을 뿐 아니라, 일체
의 음행을 끊어서 청정함을 지키는 것.

4. 성실한 말을 하는 것[成實語] : 거짓말을 하지 않을 뿐 아니라 건실한 말을 하는 것.

5. 바르게 말하여 화합하는 것[質直語] : 이간질의 반대이니, 이간질하지 않을 뿐 아니라, 바르게 말하여 화합시키는 것.

6. 부드러운 말을 하는 것[和諍語] : 악구의 반대이니, 악담(惡談)을 하지 않을 뿐 아니라, 유순한 말을 하는 것.

7. 의로운 말을 하는 것[常軟語] : 아첨하는 것의 반대이니, 아첨하는 말을 하지 않을 뿐 아니라, 솔직하고 의리 있는 말을 하는 것.

8. 부정하게 보는 것[不淨觀] : 탐욕의 반대이니, 탐욕하지 않을 뿐 아니라, 사람이나 물건에 대해 부정한 줄을 관한다.

9. 자비로 보는 것[慈悲觀] : 성내는 것의 반대이니, 성내고 화내지 않을 뿐 아니라, 일체중생의 가련한 상을 관하여 인자하고 인내하는 마음을 내는 것.

10. 인연을 관함[因緣觀] : 삿된 소견, 우치의 반대이니, 삿된 소견을 버릴 뿐 아니라 12인연이 3세에 상속하는 도리를 관하여 바르게 믿고 정도(正道)로 돌려서 성실하게 선행을 쌓는 것.


이와 같이 계에 10계가 있고 10선이 있으니, 그 계목은 『범망경』의 보살계와 다른 것 같지만 그 근본취지는 다를 바가 없습니다. 이와 같은 계의 근본 뜻을 보살바라제목차의 모습[菩薩波羅提木叉相貌]이라 했으며, 이러한 계의 대의를 말씀하신 뒤에, '마땅히 배워서 공경하는 마음으로 받아지닐지어다[是事應當學敬心奉持]'라고 하시고 나서, 이제 '10중바라제목차' 곧 '10중대계(十重大戒)'를 말씀하십니다.

# 제1중계
# 죽이지 말라
## 不殺戒

---

佛言하사대 若佛子[38]가 若自殺이어나 教人殺[39]이어나 方便殺[40] 讚嘆
불언　　　약불자　　약자살　　　교인살　　　　방편살　찬탄

殺[41]이어나 見作隨喜어나 乃至呪殺[42]하야 殺因殺緣[43]殺法[44]殺業[45]
살　　　견작수희　　내지주살　하야　살인살연　살법　살업

가 乃至一切有命者를 不得故殺이니 是菩薩은 應起常住慈悲心과
내지일체유명자　　부득고살　　시보살　응기상주자비심

孝順心하야 方便으로 救護一切衆生이어늘 而反自恣心하야 快意殺
효순심　　방편으로　구호일체중생　　　이반자자심　　쾌의살

生者는 是菩薩의 波羅夷罪[46]니라
생자　시보살　바라이죄

부처님이 말씀하셨다.

'너희 불자가 만일 스스로 죽이거나 남을 시켜 죽이거나 방편으로 죽이거나 칭찬하여 죽게 하거나 죽이는 것을 보고 기뻐하거나 내지 주문으로 죽여서 죽이는 인[殺因]과 죽이는 연[殺緣]과 살생의 법[殺法]과 죽이는 업[殺業]을 하겠는가, 내지 생명 있는 온갖 것을 짐짓 죽이지 말지니라, 보살은 항상 자비한 마음과 효순한 마음을 내어 온



범망경강설

**38 불자(佛子)** 부처님의 가르침을 받드는 불법의 아들이란 뜻.
**39 교인살(教人殺)** 사람을 시켜서 죽이는 것.
**40 방편살(方便殺)** 독약을 사용하는 등 교묘한 방법으로 사람을 죽음에 빠뜨리는 것.
**41 찬탄살(讚嘆殺)** 살생한 사람을 훌륭하다고 칭찬하거나 그 방법을 교묘하다고 찬탄하는 것, 또는 스스로 죽도록 찬탄하는 것을 일컬음.
**42 주살(呪殺)** 인도에서는 주문을 외워 귀신을 시켜서 사람을 죽이게 하는 법을 말하고, 또는 남을 죽이려는 직접적인 마음.
**43 살연(殺緣)** 살생하려는 마음을 돕는 일, 즉 술을 먹든지 싸움을 했든지 하는 간접적인 조건.
**44 살법(殺法)** 칼이나 구덩이나 끈과 같은 것을 사용하는 살생의 방법.
**45 살업(殺業)** 살해하는 신(身)·구(口)·의(意)의 직접 행위를 일컬음.
**46 바라이죄(波羅夷罪)** '바라이'는 범어 parajika의 음역이다.

갖 중생을 방편으로 구원할 것이어늘 도리어 마음을 멋대로 하여 거침없이 산 것을 죽이는 이는 보살의 '바라이죄'니라.'

─────── **설법**

　보살계를 받은 보살불자로서 제 손으로 사람을 죽이거나, 다른 어떤 수단 방법을 동원해서 죽이거나, 살인하는 것을 칭찬하거나 또는 일체의 살생행위를 보고 마음으로 기뻐하거나 또는 최면이나 주문 같은 정신력을 이용해서 죽이거나 하는 일체의 살인 행위를 행한 자는 보살계의 제일의 중계를 범한 것입니다. 그리고 경문에 '내지'라고 한 것은 일체의 생명 있는, 동물까지를 포함한 중생들을 고의로 죽인 것을 말합니다.

　보살은 중생에 대해 자비심으로 친자식을 가엾어 하듯 해야 하며, 효성이 있는 자식이 부모 생각하듯 효순심(孝順心)을 가지고 다른 이를 구호할 줄을 알아야 하는 것입니다. 그런데 이런 자비심과 효순심을 근본적으로 등지고 살생을 한다면 자비의 종자를 끊는 것이며 부처님의 가르침을 정면으로 어기는 것이므로 바라이죄라 한 것입니다. '바라이죄'라 함은 곧 교단에서 파문(破門) 당하는 단두[47](斷頭

---

**47 단두(斷頭)** 기손(棄損)이라고 번역하며, 이 죄가 무거운 근본죄로, 이 죄를 범하면 승려의 자격을 상실하고 교단에서 쫓겨 나가게 되며 죽어서는 무간아비지옥(阿鼻地獄)에 떨어지는 죄.



십중대계

: 머리를 짜르는)죄에 해당합니다.

교인살(教人殺)은 사람을 가리켜 죽이는 것, 곧 3자를 통한 살인 행위를 하는 것을 말합니다. 또 방편살(方便殺) 곧 방편으로 죽인다는 것은 예컨대 독약을 먹인다든지, 땅속에 구덩이를 파서 죽인다든지, 어떤 방법을 써서 죽이는 것을 말합니다.

찬탄살(讚嘆殺)이라는 것이 있습니다. 이 세상에 사는 것이 죽는 것만 못하다, 혹 어떤 사람이 고생이 극심하다, 또 어떤 이는 두 내외간에 의가 맞지 않고 못살겠다, 하소연을 하면, '그럴 바에야 차라리 죽는 게 낫지' 이런 말들 보통으로 합니다만 그러면 안 된다는 것입니다.

'차라리 이렇게 산다는 것은 죽는 것만 같지 못하다, 죽어야 마땅하다.' 해서 상대방으로 하여금 죽게 하면 그것이 찬탄살(讚嘆殺)이 됩니다.

또 견작수희(見作隨喜)는 남이 죽이는 걸 보고 기꺼워하는 것, '거참 잘 죽였다'고 찬동하는 것을 말합니다. 또 살생에 죽이는 인(殺因)과 반연(殺緣)과 죽이는 법[殺法], 죽이는 업[殺業]이 있습니다. 가령, 죽이겠다 하는 마음이 인(因)이고 '살연'은 죽이겠다는 생각을 지속하면서 살생할 일을 강구하는 과정을 말합니다. '살법'이라는 것은 칼이나 약으로 죽이는 법을 말합니다. 그리고 업(業)이란 살생을 해서 그 사람의 목숨을 완전히 끊는 것을 말합니다.

살생을 한 번 하게 되면 언제든지 그 인연으로 해서 내가 결국 죽음을 당하게 됩니다. 아득한 과거에 소도둑을 하는 서른두 명의 도적이 있었는데 도적들이 남의 소를 끌어다 산골에서 잡아먹는데 맨 고기를 그냥 먹으려니 맛이 없어 소금을 구하고 있을 적에 마침 그 산골짜리에 살고 있던 어떤 노파가 소금을 가지고 와서 같이 맛있게 먹으면서 '맛이 훌륭하다 참 잘 했다'고 했는데 이런 것이 견작수희(見作隨喜)입니다. 이 서른두 명의 도적은 생을 두고 그 소한테 죽음을 당하는 인과 업보를 받았습니다. 이 소는 죽은 뒤에 500생 동안을 왕위에 오르고 서른두 명은 그 왕 밑에서 일하다가 500생 동안 그저 맞아 죽는 재난을 당했다는 얘기가 있습니다.

부처님 당시에 어째서 그 얘기가 나오는가 하면은 제자를 거느리고 가는데 그 당시에 '비사가모'가 아들 서른둘을 두었는데, 그 서른두 아들이 아주 건장하고 지혜가 있고 영리해서 아사세왕의 독실한 신하가 되었는데, '비사가모'는 왕의 외삼촌이 되는 관계였습니다. 어느 날 부처님이 이들의 대중공양을 받으셨는데, 아사세왕이 서른두 개의 궤짝을 보냈습니다. 행여나 이것이 부처님께 공양 올리라는 것인 줄 알고 그 어머니가 뜯어보려고 하니까 부처님께서, "우리가 가거든 뜯어보아라." 하셨습니다. 부처님이 수다원으로 가신 뒤 뜯어보니 자기 아들 서른두 명의 목을 잘라 궤짝에다 넣었다는 것입니다. 이런 기가 막힌 일을 당했습니다. 그래서 할 수 없이 부처님께 하소연을 했는데 부처님께서 과거의 인과를 말씀하십니다.

"금생만 네가 그렇게 된 것이 아니고 500생 동안을 네가 그렇게 죽음을 당하고, 그런 원통한 일을 당했느니라." 도둑놈 서른두 명이 소를 훔쳐다 잡아먹은 얘기와 그 인과를 말씀하셨습니다. "전생에 32명의 도적이 소를 잡아먹을 때 소금을 가지고 와서 같이 고기를 먹으면서 칭찬한 할머니가 환생해서 네가 되었고, 그 도둑놈 서른둘은 네 아들이 되었고 그 소는 아사세왕이니라."라고 하셨습니다.

그런데 서른두 아들이 금세에 아사세왕에게 죽게 된 연유가 있습니다. 서른두 도적이 전생에 잡아먹었던 소의 임자가 똑같이 금생에 왕사성에 함께 태어났는데, 이상하게 인연이 얽혀서 저 노파의 서른두 명의 아들을 없애기 위해 아사세왕에게 국법에 위반된 내용을 만들어 고발을 했다는 것입니다. 그 당시 국법에 일반인은 칼을 가지지 못하게 되어 있었는데, 이 사람이 서른두 자루의 칼을 잘 만들어 가지고 서른두 아들에게 선사를 하면서, '칼이 하도 좋아 특별히 내가 선물을 하는 것이니 말안장 밑에 감추고 다니면 누가 알겠습니까.'라고 하며 가지라 했습니다. 그래서 말안장 밑에 감추어 가지고 다니는데 칼을 선사한 사람, 바로 전생의 소 임자가 임금에게 고발을 했습니다.

"아무개 서른둘이서 역적의 음모를 하며 칼을 지니고 다닙니다. 말안장 밑에 감추어 가지고 다니는 칼을 보시면 압니다. 당장 말안장을 뒤져 보십시오."

이렇게 해서 붙들어서 뒤져 보니까 말안장 밑에 과연 칼이 있었으므로 불문곡직 처형이 되었던 것입니다. 요새 같으면 '적부심사'가 있고 하지만 그때는 그런 여부도 없이 그만 그 자리에서 죽는 것입니다. 이게 다 전생의 인과의 업으로 살생을 하여 받는 과보라는 것입니다.



─────── **살생계**(殺生戒) **제정의 경위**

일반적으로 대승계는 관대하고 소승계는 아주 엄격하다고 생각하지만 반대입니다. 이 살생계도 대승의 살생계는 미물의 생

명을 끊는 것까지도 금하는 계이지만, 그러나 소승계에 있어 본래의
뜻은 사람의 생명을 끊는 단인명계(斷人命戒)에 중점을 두고 있습니
다. 그것은 부처님께서 살생계를 제정하시게 된 연유를 보면 그것을
알 수 있습니다. 부처님께서 한때 육신의 부정(不淨)한 모습을 관하
는 수행법을 말씀하셨는데 이 부정관(不淨觀)을 말씀하시게 된 것은
당시의 종교인들이 가지고 있는 인생관 가운데 쾌락주의·육욕주의
(肉慾主義)가 크게 팽배하고 있어서 이런 데 대한 유혹을 막아주기 위
해 말씀하신 것이었습니다.

그런데 부처님의 말씀을 바로 알아듣지 못한 일부 비구 무리들
가운데 자기 몸을 싫어하여 자신의 목숨을 스스로 끊는 일이 있었고
서로 상대방을 죽여 주는 사례까지 일어났습니다. 이에 부처님은 그
잘못됨을 말씀하시고 정신을 가라앉히고 마음을 편하게 하는 안락
관(安樂觀) 곧 수식관(敎息觀)을 가르쳐 주시고 다음과 같은 의미의 살
생계를 제정해 주셨습니다.

'비구들아, 고의로 사람의 목숨을 끊거나 살해할 사람을
구하거나 죽음을 찬탄하여 '나쁜 생활을 계속하느니 차
라리 죽는 것이 나으리라' 하여 죽음을 권하면 바라이죄
를 범한 것이니, 함께 머물지 못하느니라.'

그렇지만 보살계에 있어서는 살생계의 대상이 사람만이 아니라
짐승 내지 개미 하나라도 죽여서는 안 되는 것으로 되어 있습니다.
그것은 불교신앙의 근본정신인 자비정신과 윤회사상에 비추어 당
연히 그러해야 함은 말할 것이 없습니다. 중생들이 6도로 윤회하다

보면 짐승일 때에 부모 · 형제가 되기도 하고 전생에 사람으로서 부모 · 형제였던 이가 죄업을 많이 지어 금생에는 사람과 짐승으로 만나는 수가 허다하기 때문입니다.

생명을 가진 중생은 다 죽기를 싫어합니다. 미물 곤충까지라도 살려고 도망합니다. 요사이 와서 약을 써서 죽이기도 많이 합니다. 그러므로 참회를 해야 하는데 지옥 스님은 참회를 해도 계체(戒體)는 그대로 있지만 인과응보를 아주 안 받기는 힘들고 내세에 내가 죽음으로 갚아야 한다는 것입니다. 남을 한 번 죽이면 내가 죽음을 당해야 하는 인과를 피하기는 어렵다는 것입니다.

짐승들이 사람을 보면 곧 피해 달아나는 것은 다생(多生)으로 살생을 하도 많이 했기 때문에 '저놈이 또 나를 잡아먹으려고 하는구나.' 하는 두려움 때문인 것입니다. 만일 살생을 전혀 하지 않았다면 그런 일이 없을 것입니다.

부처님 당시에 부처님께서 영산(靈山)에서 경행(經行 : 공부하는 도중에 거니시는 짓)하고 계실 적이었습니다. 그때에 사리불(舍利弗) 존자가 뒤를 따랐습니다. 사리불 존자에게 별안간 비둘기 한 마리가 날아와서 안아 줬는데 벌벌 떨고 있더니 잠깐 뒤에 훌쩍 날아가 부처님 품에 안기어 그만 잠이 들고 말았습니다.

사리불 존자는 부처님의 상수제일(上首第一) · 지혜제일의 존자이고 십대제자 중 아주 유명한 분으로, 아라한과를 통한 신통이 뛰어난 제자였으므로 이상하게 생각하여 부처님께 여쭈었습니다.

"어찌하여 비둘기가 제 품안에 들어와선 벌벌 떨었는데 부처님께 가서는 편안하게 잠을 자는 것이옵니까?"

"네가 살생업을 끊기를 20생 동안 하였다. 그렇게 살생하지 않았기 때문에 짐승이 와서 네 품에 안기는 것이다. 그러나 아직도 살생한 습기(習氣 : 여독)가 남아서 벌벌 떠는 것이다. 나는 무시겁 전부터 살생을 한 번도 안했기 때문에 그러한 습기와 살생의 독이 하나도 없으므로 모든 짐승이 내 품에서 편한 잠을 자느니라.”
라고 하셨습니다. 그런데 우리는 여름이면 모기 · 빈대 · 벼룩 · 파리 · 독충, 또는 과수원의 농사를 하다보면 모든 해충을 죽이지 않을 수가 없습니다. 그러면 ‘공연히 보살계를 받았구나’ 이런 생각을 가질 수도 있습니다. 물론 어쩔 수 없어서 이렇게 하지만 ‘살생을 하지 말라’는 생각을 머릿속에 두셔야 합니다. ‘부처님께서 살생하지 말라는 것을 나는 부득이 해서 약을 치는구나’ 그렇게 해서 부처님 앞에 와서 참회를 하는 것입니다. 그러면 그것이 참회가 되느냐? 참회하면 됩니다.


옛날에 어떤 국왕이 국왕의 지위에 있기 때문에 하루에 사람을 국법으로 몇십 명씩 죽이는 일이 있게 됩니다. 그리고는 국왕이 절을 하고 매일 경을 읽고 참회를 합니다. 이를 보고 대신들이 물었습니다.

“국왕께서는 사람을 죽이지 말거나, 참회를 하지 말거나 하셔야 하지 않겠습니까?”

“큰 가마솥에 금덩어리를 넣고 물을 끓이다가 금덩이를 맨손으로 건질 수가 있느냐.”

“그 뜨거운 물에 어떻게 손을 넣겠습니까? 못 건집니다.”

“그러면 찬물을 넣어 식혀 가지고 건져내면 되겠느냐.”

“되겠습니다.”

"죄업은 끓는 물과 같고, 참회하는 것은 찬물로 끓는 물을 식히는 것처럼 죄업을 식혀 주기 때문에 나는 참회를 하는 것이다."

가령 지금 국법으로 쥐·파리 같은 것을 죽이게 될 적에도 '살생하지 말라'는 부처님의 계까지 받았는데 '국가법으로 부득이 하는구나, 참으로 죽이는 게 안 되었다, 참으로 불쌍하구나.'하는 생각을 하고 죽이게 되면, 그리고 염불을 해 주게 되면 죽이더라도 죄가 없다는 겁니다. 왜냐하면 벌써 살생을 하는 데에도 모질게 죽이려는 악심을 가지고 죽이는 죄가 아니기 때문입니다. 살생 대신의 방편으로 방생을 하게 되면 한량없는 복을 받게 됩니다. 그런데 불교에서 살생을 축생·미물에 이르기까지 확대해서 금한 것은 산 것을 죽이지 않는다는 자비심과 6도윤회사상이 있기 때문입니다. 사람으로 태어났더라도 짐승 같은 마음씨로 살면 이 몸을 버리고 난 뒤에 축생으로 나게 되며, 금생에 비록 축생의 몸을 받았더라도 그 죄보를 다 받고 나면 전생에 닦은 복력의 힘으로 다시 사람으로 태어나는 것이니, 중생은 이렇게 인간·천상·아수라·지옥·아귀·축생의 6도(六道)를 윤회하며 살게 마련인 것입니다.

얼마 되지 않은 이야기입니다. 1919년 기미년 독립만세운동이 있던 해에 임환경(林幻鏡)이란 스님이 해인사에 감원으로 있을 때의 일입니다. 상제(喪祭) 한 사람이 흰 개를 데리고 왔는데 그 개가 절 안에서 여기저기 돌아다니면서 절안을 더럽히고 있었습니다. 환경 스님은 보다 못해 개 임자인 상제에게 말했습니다.

"절에 개를 데리고 오는 법이 아닙니다. 개 단속을 잘 좀 하십시오."

이 말을 들은 상제는 백배사죄하면서 이렇게 말했습니다.

"저는 경북 지례군(知禮郡) 지례면(智禮面) 옴팽이라는 마을에 사는 김재선(金在善)이라고 합니다. 그리고 저 개는 현재 개이긴 하지만 저의 모친이십니다."

이야기를 듣고 있던 환경 스님도 귀가 번쩍 띄어서 다음 이야기를 재촉했습니다. 김재선이란 사람이 개가 자기 어머니라는 사연은 다음과 같았습니다.

부친은 일찍 돌아가고 모친을 모시고 살아 왔는데, 작년 5월 7일에 어머니도 별세하기에 이르렀으며, 모친이 돌아간 뒤 4개월 만에 집에서 먹이던 개가 새끼를 낳았다는 것입니다. 강아지가 아주 탐스럽고 귀여워 이웃 사람들이 달라고 하고 팔라고 했지만 주기가 싫어서 그대로 기르는데 사냥개를 만들면 좋겠다는 사람이 있어서 그 말을 듣고 지난 달(4월)에 귀를 쨌다는 것입니다. 그런데 그날 밤 꿈에 돌아간 어머니가 나타나서,

"내가 죄업이 무거워 좋은 데 가서 태어나지 못하고 네 집에 개로 태어났다만 이 몹쓸 놈아 내 귀를 째어 아파 못 견디겠다."
하면서 뺨을 때리는 바람에 깨어보니 꿈이었다는 것입니다. 그래서 그 개가 자기 모친의 후신인 줄 알았고 그릇을 깨끗이 하고 음식을 갖추어 가지고 저 개 앞에 놓고 온 종일 빌었다는 것입니다.

"알지 못해 잘못했습니다. 용서해 주십시오."
이렇게 내외가 엎드려 빌었더니 그날 밤 꿈에 또다시 어머니가 와서,

"내가 평생에 기차 구경 한 번 못하고 죽은 것과 해인사 팔만대장경 구경 한 번 못한 것이 원이다. 나에게 이 소원 좀 이루게 해 주

려무나.”

하더라는 것입니다. 그래서 곧장 어머니 소원을 이루어 드리기 위해 사흘 전에는 김천역에 가서 기차를 한 번 태워 드렸고 오늘은 해인 사 팔만대장경을 구경시켜 드리려고 온 것이니 잠시만 형편을 봐 달 라는 것이었습니다.

이 말을 들은 환경 스님이나 주위의 대중일동이 참 기이한 일이 라고 찬탄했으며, 환경 스님이 대장경각을 안내해 주었더니 꼬리를 치며 기뻐하는 모습을 다 말할 수 없었다고 합니다.

그 날 밤에 어머니가 아들 꿈에 나타나 말했습니다.

“내가 이제 너의 효성 덕택에 대장경 참배를 했으니 고맙기 그지 없다. 내가 이제 원을 다 이루어 좋은 곳으로 가고 싶으니 주지스님 께 말씀드려서 사람과 똑같이 49재를 올려 주기 바란다.”

이 날 밤에 주지스님 꿈에도 똑같이 현몽을 했는데, 새벽에 일어 나 아들이 개를 찾으니, 마루 밑에서 죽어 있었습니다. 아들이 깜짝 놀라서 주지스님에게 가서 사연을 말하니, 주지도 과연 그런 꿈을 꾸었다고 하면서 49재를 해주었다는 이야기가 있습니다.

이와 같이 윤회의 도를 보면 축생·미물까지라도 부모·형제 동 포 아닌 것이 없으므로 더더욱 살생하지 말라는 것이 대승보살계의 뜻입니다.

■ 뱀을 태우고 멸족하다.

중국 명나라 때에 방효유(方孝孺)의 아버지가 효유를 낳기 전에 상 을 입고 장사를 지내기 위해 묘 터를 잡아 놓았는데 꿈에 붉은 옷을 입은 노인이 나타나서 공손히 절을 하고 말했습니다.

"그대가 선정한 묫자리는 바로 내가 머물고 있는 곳이니 3일만 기한을 주면 그 안에 내 자손을 다 옮길 것이요. 그렇게 되면 후한 보(報)를 받으실 것입니다."

하면서 머리를 몇 번이고 조아리며 간청하였습니다.

방효유의 아버지가 잠을 깬 후에 그 말을 믿지 않고 그 땅을 파 본즉 붉은 뱀 수백 마리가 있는 것을 보고 다 태워버렸습니다. 그날 밤 꿈에 또 그 노인이 나타나서 울며 말하였습니다.

"내가 그렇게 지성으로 간청했는데 어찌하여 나의 자손 800을 다 태워 죽였는가? 네가 이미 내 일족을 멸망시켰으니 나도 또한 너의 피붙이를 다 없애어 복수를 하리라."

그 뒤에 아들 효유(孝孺)를 낳았는데 그 혀가 뱀의 형상과 같았습니다. 후에 벼슬이 학림학사가 되었다가 천자(成祖)에게 노여움을 사서 10족이 멸함을 당하였습니다. 그런데 그 피해를 입은 자가 꼭 죽은 뱀의 수효와 같았다고 합니다.

사람인 경우엔 말할 것 없지만 짐승 같은 하찮은 미물일지라도 자신을 죽인 상대에게 대한 미운 마음 또는 반대로 자기를 살려 준 은인에 대한 고마운 마음이 아뢰야장식(阿賴耶藏識)이라고 하는 8식(八識) 가운데 한 번 깊이 박히면, 그것이 무서운 업력(業力)으로 되어 다음 생에 나를 지배하게 되는 것입니다. 나의 마음, 나의 감정, 나의 육신의 모습은 물론 운명까지 '제8장식'에 깊이 갈무리해 있는 깊은 마음에 지배되어 인과법에 따라 그대로 받게 마련입니다. 그러므로 비록 저 뱀이 미물에 불과하지만 그것도 오래 살면서 요정(妖精)으로 하나의 정력(定力) 같은 것을 얻음으로 정신의 힘이 강력하게 되었고 사람의 꿈속에 나타나서 의사를 소통하고 원한을 갚고자 했던 것입니다.

■ 사슴을 쏘려다 아들을 맞히다

중국 여능(廬陵 : 지금 강서성(江西省)) 땅에 오당(吳唐)이라는 사람이 어느 날 아들을 데리고 산에 올라 사냥을 하게 되었습니다. 그는 한 사슴이 새끼와 같이 노는 것을 보고 사정없이 화살을 당겨 새끼를 쏘아 죽이니 어미 사슴이 비명을 지르며 숨지는 새끼 사슴을 혀로 핥고 있었습니다. 그러자 오당은 또 화살을 당겨 어미 사슴마저 쏘아 죽였습니다. 얼마를 가다 또 사슴을 만나서 화살을 쏘려고 하는데 그 화살이 홀연히 날라서 그의 아들을 맞추었습니다. 오당이 활을 던지고 아들에게 달려가 끌어안으며 통곡을 하는데 홀연히 허공에서 "오당아, 사슴이 자식(子息)을 사랑하는 것이 네가 아들을 사랑하는 것과 무엇이 다르겠느냐" 하는 소리가 들리므로 오당이 놀라서 하늘을 쳐다보는 사이에 호랑이가 숲에서 뛰어나와 물어 죽여 버렸다는 이야기가 있습니다.


활을 꺾고 도를 닦아서 신선이 되었다는 이야기가 있습니다. 중국 어느 때 허진(許眞)이라는 사람이 젊었을 때에 사냥하기를 즐겨했습니다. 하루는 한 사슴을 쏘아 맞히매 어미 사슴이 혀로 새끼의 다친 곳을 핥았지만 필경 살지 못하고 죽으매 어미 사슴도 따라서 죽었습니다.

그 뒤에 어미 사슴의 배를 갈라보니 애를 태워 창자가 마디마디 끊어졌으므로 허진(許眞)이 대단히 뉘우쳐서 활을 꺾어 버리고 산에 들어가 도를 닦아 신선이 되었다고 합니다.

■ 생명을 구한 보로 사형을 면했다.

중국 수나라 때에 경사(京師 : 서울)에 술 만드는 사람 왕오(王五)가
매양 술독과 물속에 파리가 빠진 것을 보고 곧 집어내어 마른 재로
덮어 주었다가 살아나서 날아가도록 했습니다. 이렇게 여러 해가 지
냈는데 우연히 다른 사람의 무고를 입어 사형을 언도 받게 되었습니
다. 그런데 기록하는 전형관(典刑官)이 판결을 쓰려고 할 때 파리 두
마리가 붓 끝에 앉아서 글씨를 제대로 쓸 수 없게 했습니다. 쫓으면
또 날아와 붙고 하여 쉬지를 않으므로 할 수 없이 전형관(典刑官)이
혹 왕오(王五)에게 억울한 일이 있지나 않은가 의심하고 그 일을 조
정에 보고하여 다시 조사를 받아서 무죄로 석방한 일이 있습니다.
이것은 『방생살생현보록(方生殺生顯報錄)』에 실린 실록입니다.


■ 사미가 많은 생명을 구하고 수명이 늘다

부처님 당시에 6신통을 얻은 한 비구가 있어서 그 사미를 보니 7
일이면 마땅히 죽을 줄 알고 사미에게 집에 가서 부모를 찾아 뵙고
8일만에 돌아오라 하니 이것은 그 집에서 죽게 하려는 것이었습니
다. 그런데 사미가 8일만에 돌아왔으므로 비구가 이상히 여겨 선정
에 들어 살펴보니 그 사미가 집으로 가다가 개미가 모여 있는 구멍
에 물이 들어가게 된 것을 보고 급히 가사를 벗어 막아 줌으로 개미
들을 살려준 공덕임을 알았습니다. 그 뒤 사미의 수명이 80에 이르
고 또 아라한과를 증득했습니다.


■ 대살위자(大殺爲慈)

그런데 살생을 하지 말라고 했다 하여 나라가 망하든지, 나쁜 사

람이 나타나서 선량한 사람을 많이 죽이더라도 보살계를 받았다 하여 방관만 하면 되느냐 하면 그렇지 않습니다.

부처님은 과거 인행(因行)을 하실 적에 선혜대왕으로 계시면서 500 바라문이 소승계에 얽매어서 대승보살계 정신은 조금도 생각이 없으므로 선혜대왕이 500 바라문에게 저들을 죽여서 몸을 바꾸어서 보살이 되도록 해야겠다고 해서 500 바라문을 죽인 일이 있습니다. 이런 것은 크게 죽인 것이 큰 자비가 된 예[大殺爲慈]입니다. 그러나 이런 경우에는 8지(八地) 이상의 보살로서 그 사람의 근기와 내생 인연까지라도 미리 알 수 있는 혜를 갖춘 보살이 해야 할 것입니다. 그렇지도 못한 범부로써 저 사람이 대승이 아니라고 하여 살생부터 해 놓고 보면 내생에 대승불교와 인연을 꼭 맺어 줄 법력도 지혜도 없으면서 무단히 살생의 업만 짓는 일이 되기 때문에 범부로서는 할 수 없다는 것입니다.

그런데 또 살생을 하지 말라고 했다고 하여 국가가 위급존망지추(危急存亡之秋)에 있어서 나라가 망하려고 하더라도 나는 보살계를 받았으매 살생할 수 없다고 하여 가만히 있어서는 안 된다는 것입니다. 보살은 나라를 위해서 능히 대처해서 죽일 놈은 죽이라는 것입니다. 또 한 사람 나쁜 사람을 죽여서 온 나라를 편안히 할 수 있다면 죽이라는 것입니다. 나라가 있고 불법이 있은 뒤에 계도 있고 수행도 있고 교화도 있는 것입니다.

예전에 인도에 20,000명의 비구가 살았는데 신도들은 20,000명의 비구가 전부 아라한과를 증득했다고만 믿었다는 것입니다. 그때 이슬람교가 쳐 들어왔지만 신도들은, '아라한 큰 스님네가 계신데 걱정할 것 조금도 없다. 저들은 다 혼이 나고 항복하게 될 것이

다.' 하고 생각하였습니다. 그러나 20,000명의 비구들은 이슬람교도에게 모조리 살상을 당하고 말았습니다. 그래서 신도들은 '아라한과를 증했느니 신통을 얻었느니 그러지 않았으면 우리가 막았을 것인데' 하고 안타까워했다고 합니다.

아라한과를 얻고 신통제일인 목건련 존자가 도둑놈에게 맞아 돌아가셨습니다. 다른 이도 아닌 목건련 존자라면 피할 수도 있고 막을 수도 있을 것인데 그렇지가 못하고 맞아서 돌아가셨습니다. 다 죽어갈 때 부처님이 물으십니다.

"네가 도둑놈에게 맞을 때 진심이 나더냐? 원수 갚겠다는 생각이 나더냐?"

"그런 생각이 안 났습니다."

부처님이 말씀하시기를,

"네가 참으로 아라한과를 얻었도다."

라고 하셨습니다. 생각을 이렇게 가지는 것이 참으로 아라한과를 증득한 것입니다. 『금강경』에서 인욕선인(忍辱仙人)으로 고행하실 때 가리왕(歌利王)이 와서 4지를 찢고 자르는 절절지해(節節支解)의 포악을 했지만 인욕선인은 조금도 미운 생각, 원수 갚을 생각이 없었고 나란 생각이나 오래 살겠다는 생각[壽者相]을 한 일이 없었다고 했습니다. 이것이 무심의 참 아라한입니다.

운명의 업이 당하면 신통이 매(昧)하고 인과를 못 면한다는 것입니다. 이것은 전생에 저지른 살생의 원인이 되어서 금생에 그 업이 당해 죽게 되기 때문에 신통도 그 앞에는 없어진다는 것입니다.

■ 부지불각(不知不覺) 중에 죽인 과보

살생계에 대해 예전의 스님이 주석하시기를, '죽이겠다는 마음이 [殺心] 근본 원인이니, 이것이 인(因)이 되고 칼과 막대기로 죽이려는 마음을 돕는 행위가 연[殺緣]이 되며, 죽이는 계획 살해방편이 법이 되고[殺法], 실제로 살생을 저지르는 것이 업이 된다'라고 했습니다. 마음으로 죽이겠다는 생각[意業]만 하고 만 것보다는 생각도 하고 꼭 죽이고 말겠다고 말로 한 것[口業]은 그 업이 더하고 생각도 하고 말도 하고 또 정말 죽이는 행동[身業]을 하면 이것은 그 죄업이 제일 큰 것입니다.

그런데 살생을 하게 되는 동기로 보아 재물이 욕심이 나서 살생을 했다면 탐욕이 인(因)이 되고 원수를 갚기 위해서 죽이면 진심(瞋心)이 되며, 부지불각(不知不覺) 중에 나도 모르게 죽이는 것은 치심(癡心)이 인(因)이 된다고 한 데가 있는데, 이것은 탐·진·치에 비유해서 말한 것입니다.

옛날 강원도 금강산 내금강 표훈사(表訓寺)의 말사인 송라암(松羅庵) 주지스님은 7월이면 으레 법당 뒤에 무성한 풀을 베게 되는데 낫 끝에 큰 구렁이가 목이 잘려서 죽었습니다. 이것은 부지불각 중에 죽인 것입니다. 그 스님이 서서 염불을 하는데, 구렁이 목에서 파란 기운이 뻗쳐 나갔습니다.

'저게 이상하다. 저 불을 쫓아가자' 하고 쫓아가는데 밤새도록 길을 달려서 강원도 고성의 자기 여동생 집으로 그 빛이 들어가는 걸 보게 되었습니다. 너무 일러서 문밖에 서 있는데 밥하러 나온 누이동생이 문을 열어 보고는 말했습니다.

"오라버니, 웬일이십니까? 이 이른 아침에."

“여기까지 일이 있어 왔다.”

여동생은 나이 40이 넘도록 생산을 못하고 있었습니다.

“네가 이제 아들을 낳을 것이니 자라면 나에게 주어야겠다. 그렇지 않으면 단명할 것이다.”

여동생은 믿지 않고 있었는데 한 달 뒤에 과연 태기가 있어 열 달이 지나 아들을 낳았습니다. 아주 귀엽게 애지중지 기르는데 다섯 살을 먹었을 때 노장이 찾아 갔습니다.

“저 놈을 내가 데려 가겠다.”

“안 됩니다. 절대 안 됩니다.”

“그러면 내기를 하자.”

“무슨 내기를 합니까?”

“방 한 복판에 저 놈을 두고 불러서 나에게 안기면 내가 데려 가겠다.”

이상하게 아버지가 불러도, 어머니가 불러도 안 가더니 외삼촌인 스님이 부르니 어린아이가 무릎에 턱 안겼습니다.

그래서 노장이 절로 데려다 놓고 기르는데 항상 법당 뒤에 구렁이 목을 쳐 죽인 생각이 나서 항시 조심을 합니다. 산중에는 풀을 베어 긴 베개를 만들어서 베고 자곤 합니다. 어느 해인가 나무를 하려고 도끼를 들었다가 놓았는데 도끼가 간 곳이 없어져서 속으로 이상하게 여겼습니다. 노장은 남다른 지혜가 있었습니다.

“내가 어디 좀 갔다 오겠다.”

하고는 숨어서 살펴보니 아이가 어디서 도끼를 꺼내다 갈고 있었습니다. 노장은 소름이 끼쳤지만 오후에 다녀오는 척 인기척을 하니 아이가 도끼를 얼른 감추어 두고 반색을 하며 “다녀오십니까” 하고 인사를 했습니다.

　7월 바로 뱀이 죽었을 때였는데 어스름 달밤에 깊은 잠을 자다가 이 아이가 벌떡 일어나더니 자기 외삼촌을 눈이 뚫어지게 쳐다보고는 밖으로 뛰어 나갑니다. 노장은 얼른 일어나서 이불속에 긴 베개를 길게 누이고 이불을 뒤덮어서 사람이 자는 것처럼 해 놓고 자기는 벽장으로 얼른 올라가 숨어서 엿보았습니다.

　조금 있으니 생질이 눈에 불을 켜고 도끼를 손에 들고 들어와서는 이불 위로 그것도 목을 향해 힘껏 내리 찍는 것이었습니다. 그러고 나서는 대성통곡을 합니다.

　"내가 미쳤지, 우리 외삼촌을 내가 왜 죽였을까!"
하고는 아무도 없는 줄 알고 혼잣말을 하면서 흐느끼며 울곤 하였습니다. 그때 노장이,

　"내가 죽지 않고 살았다."
하고 나타나니 깜짝 놀라면서 한편 반가워 말합니다.

　"외삼촌, 제가 미쳤습니다. 제 정신이 아니었습니다."
하고 웁니다. 그때 노장이 위로하면서 까닭을 물었습니다. "어쩐지 외삼촌을 죽이고 싶은 생각이 나서 못 견디겠더라."는 것입니다.

　"그래 인제 됐다. 너 이제 집에 돌아가서 살도록 해라."
하고 사연을 이야기했다는 이야기가 있습니다.

　요새도 존속상해(尊屬傷害)니 뭐니 하는 것도 다 전생의 원결(怨結)이 맺혀서 그렇게 된다는 것입니다.


　또 살생을 할 적에 손가락으로 꼭꼭 비벼서 죽이겠다는 잔인한 생각으로 죽이는 수가 있습니다.

옛날에 석고라는 선비가 이를 절대로 잡는 일이 없었습니다. 그래서 방바닥에 이를 긁어모으면 석 되는 될 정도로 많았습니다. 그런데 어느 날 꿈에 이가 와서 말하기를

"어른께서 우리들 생명을 이렇게 보호해 주셨으니 그 은혜가 참으로 큽니다. 저희들이 이제 선업이 있어 좋은 곳에 태어나게 되는데 어찌 그대로 갈 수가 있겠습니까? 은혜를 갚겠습니다."

하고 이가 이불 위를 지나가는데 이불 호청에 빨간 줄이 생겼습니다. 깨어나서 봐도 이불 호청에 빨간 줄이 나 있어서 이상한 일이다 했는데 그날 밤에 자객이 들어와서 칼을 빼어 들고 그 선비를 죽이려고 하다가 그 핏줄을 보고 서서 죽었다는 이야기가 『사물류취(事物類聚)』란 책에 보면 나옵니다. 이것이 물론 전설이긴 하지만 하여튼 안 죽이면 은혜를 갚는 것은 사실입니다. 곤충도 그렇고 동물을 사랑하면 그만큼 사람을 따른다는 것입니다. 산짐승이 사람을 해하는 것도 사람의 마음에 죽일 생각이 있고 몸에 살기가 있기 때문이라는 것입니다.


### ■ 불살생과 방생

살생의 죄가 가장 크고 무거운 만큼 방생의 공덕도 무한히 크고 많습니다. 가령 염불하는 사람이 5계나 10선계를 지켜야 그 공덕이 더욱 커질 것인데, 그 가운데도 불살생계(不殺生戒)를 지키지 않으면 극락왕생에 큰 장애가 됩니다. 살생에 대해서 다음에 옛날 조사님들의 말씀과 영험담 몇 가지를 소개하기로 합니다.

중국 송나라 때 고승인 고봉원묘(高峯源妙, 1238~1295) 선사가 말씀하기를, "살생은 곧 부처를 죽이고 부모를 죽이는 것이며, 내 몸을

죽이는 것이다.”라고 하였습니다. 그 이유는 일체중생은 불성(佛性)이 있기 때문입니다. 무량겁을 두고 하늘·인간·아수라·축생·아귀·지옥 등 6도에 윤회하면서 수없이 육친(六親: 부모·형제·처자)이 되었기 때문이며 내가 그를 죽이면 인과법에 따라 나도 언젠가는 반드시 그에게 죽임을 당할 것이기 때문입니다.

또 중국 남송 때 노주(盧州)에 살던 왕룡서(王龍舒) 거사가 지은 『왕룡서정토문(王龍舒淨土文)』에 이런 말이 있습니다.

'살생이 5계의 머리가 되고, 살생은 10계의 머리가 되며, 비구 250계의 머리가 되고, 보살계 58계의 머리가 되는 까닭으로 살생을 하지 않으면 큰 선이 되고, 살생은 악 가운데 큰 악이 되나니, 만일 불살생계(不殺生戒)를 가지고 정토왕생(淨土往生)을 닦으면 극락에 나는 데도 하품에 나지 않느니라.'

『십선효도경(十善孝道經)』에 살생을 하지 않으면 다음과 같은 열 가지 공덕이 있다고 합니다.

1. 일체중생에게 두려움 없는 무외(無畏)를 베푼다.
2. 항상 중생에 대해 자비심을 갖게 된다.
3. 다생에 익혀 온 성내고 애태우는 습기를 끊어 없애게 된다.
4. 몸에 병이 없어 항상 건강하다.
5. 세상에 태어나되 수명이 길다.
6. 사람이 보지 못하는 하늘·용 등 3부 신중이 보호한다.
7. 악몽을 꾸는 일이 없고 자나 깨나 마음이 항상 상쾌하다.
8. 맺혔던 원한이 저절로 다 풀리어 마음이 편안하다.
9. 3악도에 떨어질까 두려워하는 일이 없다.

10. 목숨을 마치고 나면 하늘나라에 태어나게 된다.

또 『대지도론(大地度論)』에서는 살생을 하면 십악(十惡)이 있고, 큰 악(惡)의 과보가 있다고 했습니다.

1. 마음과 몸속에 항상 독을 품어서 세세생생 끊어지지 않는다.
2. 모든 중생이 증오하여 좋게 보지 아니한다.
3. 항상 나쁜 생각을 품어서 나쁜 일을 도모한다.
4. 중생들이 뱀이나 호랑이 보듯 싫어한다.
5. 잘 때는 두려운 생각이 많고, 깨어나도 또한 불안하다.
6. 항상 나쁜 꿈을 꾼다.
7. 목숨을 마칠 때에 미친 듯 두려워서 죽기를 겁낸다.
8. 수명이 짧은 악업의 인연을 심는다.
9. 몸이 무너지고 명이 마치면 이리(泥犁 : 지옥의 이름) 지옥에 떨어진다.
10. 만일 사람으로 태어나더라도 항상 목숨을 짧게 타고 난다.

■ 연지 대사 계살문

연지(蓮地) 대사의 계살문(戒殺文)에 다음과 같은 날에는 살생을 삼가하라는 말씀이 있습니다.

세상 사람이 고기를 응당 먹을 것으로 알고 마음대로 살생하여 널리 원업(冤業)을 쌓고 이것이 습속이 되어 스스로 깨닫지 못하나니 옛사람이 말하기를, '가히 탄식하고 통곡할 일이로다.'라고 한 바이다. 다음의 일곱 가지 일로 살생하지 말라.

1. 생일에 살생하지 말라.

2. 출산했을 때 살생하지 말라.

3. 조상 제사에 살생하지 말라.

4. 혼례에 살생하지 말라.

5. 손님을 초청해서 살생하지 말라.

6. 기도하는 데 살생하지 말라.

7. 살생하는 것으로 생업을 삼지 말라.


옛날에 조주(趙州) 스님이 어디 가는데 토끼가 놀라 달아나니까 상좌들이 묻기를,

"큰 스님이 가시는데 왜 토끼가 놀라 달아납니까?"

하니 조주 스님이,

"내가 과거에 살생한 일이 있어서 그러니라."

하고 대답하신 일이 있습니다. 요컨대 준동함령(蠢動含靈) 일체중생이 다 불성이 있으니 될 수 있는 대로 죽이지 말라는 것입니다. 농사를 짓기 위해서 농약을 치고, 유행병을 막기 위해 살충제를 쓰지 않을 수 없지만 그것은 다 사람이 그래도 가장 중하니 살기 위해서 할 수 없는 일이긴 하지만, 여하튼 될 수 있는 대로 살생을 하지 말아야 할 것입니다. 특히나 사람을 죽이는 일을 10중대계에서 제1계(第一戒)로 금하는 것입니다. 그래서 어느 계에서나 제일의 금계를 제일 먼저 금하신 이 살생계는 생명이 있는 일체중생을 짐짓 스스로 죽여서는 안 된다는 절대의 엄명이라 할 수 있습니다.

바라제목차가 보살계 가운데 제일 중요한 계이기도 하지만, 살생계는 십중바라제목차 가운데서도 제일 무거운 수계(首戒)입니다.

그것은 어떤 사람, 어떤 중생을 막론하고 생명이 제일 중요하기 때문입니다.

이렇게 중요한 남의 생명을 빼앗는다는 것은 결국 제일 큰 죄가 되어야 할 것은 너무나 당연합니다. 세속에서도 여러 가지 나쁜 행위를 제거하고 벌을 주고 하지만 그 가운데 제일 큰 죄는 사람을 죽이는 죄이고 따라서 벌을 줄 때에도 제일 무거운 사형을 언도하는 것과 같습니다.

# 제2중계
# 훔치지 말라
偷盜戒

若佛子가 自盜敎人盜[48] 方便盜[49] 呪盜[50]하야 盜因盜緣盜法盜業이리
약불자　자도교인도　방편도　주도　　도인도연도법도업

요 乃至鬼神有主와 劫賊物과 一切財物을 一針一草라도 不得故盜
　내지귀신유주　겁적물　일체재물　일침일초　부득고도

니라 而菩薩이 應生佛性孝順心慈悲心하야 常助一切人하야 生福
이보살　응생불성효순심자비심　상조일체인　생복

生樂이어늘 而反更盜人財物者는 是菩薩의 波羅夷罪니라.
생락　이반갱도인재물자　시보살　바라이죄

　　너희 불자가 스스로 훔치거나 남을 시켜서 훔치거나, 방편으로 훔치거나 주문으로 훔쳐 '훔치는 원인'과 '훔치는 반연'과 '훔치는 방법'과 '훔치는 법'을 짓겠느냐. 내지 귀신의 것이나 주인 있는 것이나 도적들이 훔친 것이나 일체의 재물을, 바늘 하나 풀 한 포기라도 짐짓 훔치지 말지니라. 보살이 마땅히 불성의 효순한 마음과 자비한 마음을 중생을 도와서 복되게 하고 즐거웁게 할 것이어늘 도리어 남의 재물을 훔치는 것은 보살의 바라이죄니라.



---

**48 교인도(敎人盜)** 말로 가르쳐 시키거나, 사람을 보내어 도적질해 오는 것.
**49 방편도(方便盜)** 아첨 · 사기 · 저울을 속이는 등의 도적하는 방법.
**49 주도(呪盜)** 주술(呪術)을 해서 도적하거나 귀신을 부려서 도적하는 것.

‘너희 불자가 스스로 도둑질하거나[自盜]’라고 함은 남을 시키는 것이 아니라 자기 자신이 직접 훔치는 것을 말합니다. ‘사람을 가르쳐 도둑질하는 것’은 사람을 돈을 주고 사든지 거짓말로 꼬이든지 해서 도둑질하는 것이고 ‘주문으로 도둑질한다’ 했는데 귀신에게 주문을 하여 귀신을 부려서 도둑질하는 것을 말합니다.

‘도둑질 하는 방편과 도둑질 하는 법과 도둑질 하는 업을 하리요’ 했는데 인(因)과 반연(緣)과, 법과 업이 각각 다릅니다.

인(因)이라는 것은 언제든지 내가 저걸 훔쳐 오겠다는 생각을 가진 일념의 상태를 가리키고 훔치려면 담을 부수든지, 속이든지 하는 반연이 있어야 하는데 이것이 연(緣)이며, 도적질하는 방법이 법이 되고, 물건을 마침내 가져오는 것이 업이 되는 것입니다.

부처님 법에는 남의 물건을 들어 옮기는 심부름을 하는 데 있어서도, 무거운 것이 아니면 들고 가던 손으로 들고 가야지, 이쪽저쪽 옮겨도 도둑질이 된다는 말이 있고, 본래 있던 자리 그대로 놔두어야지 제자리를 옮겨도 도둑이 된다고 했습니다. 부처님 법이 그렇게 세밀하고 엄격합니다. 우리가 조금 잘못하면 행동도 전부 도적을 범하는 겁니다.

주인이 있는 물건, 일체의 남의 재물은 무엇이든 바늘 하나 풀 한 뿌리라도 짐짓 도둑질해 훔쳐오지 말라고 했습니다.

보살은 마땅히 공손한 마음과 자비한 마음을 내어서 항상 불심으로 모든 사람을 도와서 복이 생기고 즐거움이 생기도록 해야 될 것이거늘 도리어 남의 재물을 어떤 방법으로든 도둑질하는 자는 그는 이미 보살심을 스스로 끊은 자이며 불자 되기를 외면한 자니 그러므로 이는 마땅히 교단에서 쫓겨나는 보살의 '바라이죄'를 범하는 것이라고 하였습니다.

요컨대 스스로 남의 물건을 가져온다든가 사람을 시켜서 가져온다든가 방편으로 문서상으로 협잡을 한다든지 어떤 방법으로든지 남의 물건이 내 앞으로 소유되도록 하는 것이 도적입니다. 그 다음은 주문을 외워가지고 남의 물건이 내 앞으로 오도록 하는 것, 이런 것이 다 도적입니다.

이상의 말씀을 지욱(智旭, 1596~1655) 스님의 『합주(合註 : 『梵網經菩薩戒心地品合註』)』와 홍찬(弘贊) 스님의 『보살계략소(菩薩戒略疏)』 등에 나오는 말씀을 따라 한 번 더 설명하기로 하겠습니다.

남의 것을 훔쳐 옴으로 죄가 성립하는 절취(竊取)의 대상은 일체의 재물, 바늘 하나, 풀 한 포기에 이르기까지이니, 그 경중(輕重)에 따라 논죄(論罪)를 하게 된다고 했습니다. 그 가운데 재(財)라 함은 금·은·돈·7보 등이고 물건[物]은 의복·음식·구리·쇠·대나무·나무그릇 등입니다. 또 주지 않는 것은 바늘 하나·풀 한 포기처럼 아주 작은 물건이라도 절취(竊取)해서는 안 된다는 것입니다.

또 홍찬(弘贊) 스님의 『약소(略薩 : 『梵網經菩薩戒略薩』)』 권3 도계조(盜戒條)에 보면 대저 도적에 다섯 가지가 있다고 했습니다.

주인이 있는 자리에서 강제로 가져가는 것, 그 몰래 도적 하는 것, 이 이야기·저 이야기를 지껄이면서 주인의 방심·허심(虛心)을 틈타서 도적하는 것, 남에게 부탁받은 물건[寄托物]을 주지 않고 절취(竊取)하는 것, 준 것을 다시 빼앗는 것이 그것입니다.

또 자기 스스로 훔치는 자도(自盜)와 또 남에게 도적질할 것을 말로 가르치고, 또 사람을 보내서 취해 오는 것, 서로 시키고 공모하는 것 등을 교인도(敎人盜)라 하며, 여러 가지 방법으로 교묘하게 꾸며서 남을 알지 못하게 속여서 훔치는 것을 방편도(方便盜)라 했습니다.

주술로 도적한다[呪盜] 함은 외도 등이 주술(呪術)의 힘으로 남의 물건이 자기에게 돌아오도록 하는 것을 말합니다. 또는 주술(呪術)로써 귀신을 불러 그 귀신이 재물을 도적해 오도록 하는 것이니, 이것은 인도에는 여러 가지 술수(術數)를 하는 외도(外道)가 많이 있었기 때문에 이런 말씀을 한 것입니다.

처음에 도적하고자 하는 마음을 일으키면 이것이 도인(盜因)이 되고, 도심(盜心)을 버리지 못하고 여러 가지로 도적할 것을 돕는 일이 도연(盜緣)이 되며, 도적해 올 방법을 구체적으로 생각하는 것을 도법(盜法)이라 하며, 끝으로 도적하고자 하는 물건을 실제로 가져오는 행위 그것을 도업(盜業)이라고 합니다.

율(律)에는 '주인이 있는 물건을 주인이 있는 물건인 줄 알면서 본래 있던 자리에서 들어 옮기고 자기 것이라 생각하고 그 자리를 떠 가면 곧 중죄(重罪)를 범한 것이며, 만일 방편으로 가져가려고 했지만 하지 못했거나 직접 가서 만지고 흔들고 했지만 본래 있던 자리를 옮기지는 않았다면 경구죄(輕垢罪)를 범한 것이며, 만일 일단 본래 있던 곳에서 들어 옮기어 가져갔다가 다시 뉘우치는 마음으로 또는 두려운 생각이 나서 본 곳에 가져다 놓았더라도 또한 중죄(重罪)를 얻는다'라고 한 데가 있습니다.

'바라이'라는 것은 말씀한 바와 같이 갖다 버린다[棄損]는 뜻이며 목숨을 끊는다[斷命]는 뜻입니다. '바라이죄'를 범하면 불법 문중에서는 길이 쫓겨 가는 것이니 그래서 '바라이죄'를 범하면 안 된다는 겁니다. 도둑질은 참으로 무서운 문제입니다. 승려라면 부처님 앞에 쓰는 물건, 법보의 물건, 승보의 물건을 뒤바꿔서 조금만 잘못 써도 호용죄(互用罪)의 도둑이 된다는 것이니 이것은 승려가 범하기 쉽습니다.

마을에 사는 보살님들이 제일 범하기 쉬운 것 한 가지가 있습니다. 딸을 시집보내 놓고 그 딸이 잘 살면 다행이지만 그렇지 못할 때에 이야기입니다. 그리고 내가 나이가 들어서 살림을 며느리 · 아들한테 넘겨주었을 때에 문제입니다. 결국 재산권 관리인이 주인인데 관리인 모르게 어떤 재물을 쓰면 그것도 도둑이라고 했습니다. 불법으로 보면 그렇게 된다는 것입니다.

부모가 아들 · 며느리 몰래 그것도 자기가 넘겨 준 살림이라면 좀 썼기로 그게 도둑이랄 게 무엇이겠느냐고 할지 모르겠지만 부처님 법은 엄격한 인과법이기 때문에 도둑이 된다는 것입니다. 딸이 못살아 친정에 와서 뭘 좀 달라고 하고 며느리는 자꾸 준다고 싫어하는 눈치하고 좋지 않은 얼굴을 합니다.

어떤 친정어머니가 주다주다 못해서 며느리 몰래 쌀 닷 되를 퍼준 것이 죄가 되어서 돼지의 보를 받은 일이 있습니다. 그 어머니가 죽어서 돼지가 되어 사는데, 군인 대위가 된 자기 외손자에게 이렇게 말합니다.

"내가 과거에 너의 외조모인데, 너의 어머니한테 쌀 닷 되 퍼준 죄로 이렇게 되었다. 너는 나를 잘 보았다가 이 내 모양을 절 문에다 그려다오."

외손자는 그 말을 듣고 절에 돼지를 그려 놓고 기도를 하여 외조모를 천도했다는 이야기가 있습니다. 그래서 지금도 중국의 절문에다 돼지를 그려 놓은 것이 있다고 합니다.

돼지와 사람이 어떻게 이야기를 하느냐 하지만 전생부터 인연이 있고 마음이 이심전심으로 되면 마음의 영파(靈波)가 말로 들리게 되는 경지가 있습니다. 항상 남의 것을 소중히 여길 줄 알아야 하는 것은 며느리 몰래 쌀 닷 되 퍼준 죄로 축생보를 받은 일을 보면 알고도 남음이 있습니다.

이와 비슷한 이야기가 『법원주림(法苑珠林)』에도 있는데 지욱(智旭) 스님의 『범망경합주(梵網經合註)』에 나옵니다. 『법원주림』은 경·론 등의 여러 가지 사항을 분류해서 실은 100권의 책으로 중국에 있는 여러 가지 영험담 등이 두루 실려 있는 책입니다.

당나라 용삭(龍朔) 원년(661) 노주(盧州)의 이교위(李校尉)가 회주(懷州)에 이르러 큰 돼지의 네 발을 묶고 죽이려 하는데 그때 이교위(李校尉)를 보고 돼지가 말하기를,

"너는 내 딸의 자식이고 나는 너의 외조모이다. 본래 너의 집이 빈곤하여 네가 여러 번 어미를 따라 양식을 구하기 위해 외갓집에 왔었느니라. 그런데 나의 형님이 식량을 주기를 허락하지 않으므로 나는 너희 모자를 불쌍히 여기고 또 너의 어미를 나에게 오지 않게 하기 위해 닷 되의 양식을 훔쳐 주었던 바, 그것이 죄가 되어 그 업보(業報)로 오늘날 돼지가 되어서 도둑질 한 빚을 이제 보답하려는 것이다. 그런데 나를 어찌 구하지 않고 도리어 죽이려 하느냐."

라고 하였습니다. 이교위는 그 말을 듣고 죽이기 직전에 놓아 주도록 주선을 해 주었으며, 근처에 있는 절의 방생소(放生所)로 보냈습니다. 이교위가 집에 와서 어머니에게 그 사실을 말하여 어머니가 돼지를 만나 모녀(母女)가 상봉하였지만 서로 보고 울기만 했다고 합니다. 그리고 인덕(麟德) 원년(664)까지도 그 돼지는 살아서 자식의 집에

있었다고 합니다.

또 수(隋)나라 기주(冀州) 경복생(耿伏生)의 어미 장(張) 씨는 지아비 몰래 비단 2필을 절도하여 그 딸에서 주었는데 그 보로 죽은 뒤에 돼지로 태어났다고 합니다. 이 두 가지 증험은 『법원주림(法苑珠林)』에 실려 있는 이야기로 지욱(智旭) 스님의 『합주(合註)』 권3에 소개되고 있습니다.

『화엄경』「2지품(二地品)」에는 투도죄(偸盜罪)를 범한 중생은 3악도에 떨어지고 죽어서 다시 사람으로 태어나도 두 가지 과보를 받는다고 합니다.

첫째, 빈궁하고 둘째, 재산을 공동으로 소유하게 되어 자기 마음대로 사용할 수 없다는 것입니다. 역시 지욱(智旭) 스님의 『합주(合註)』 권3에 같이 나옵니다.

───────  **투도(偸盜)의 응보(懷增)**

도적질(偸盜)은 곧 주지 않는 남의 재물을 가지는 것[不與取]이니 비록 먼지 같은 작은 물건이라도 내가 당연히 가져서는 안 되는 것을 가지는 것을 말합니다. 또 자세히 말하면 무슨 방법을 쓰든지 내가 스스로 취하거나 남을 시켜서 또는 어떤 방법을 써서 가지는 것을 말합니다.

출가한 사람도 범하기가 쉽고 재가의 사람도 범하기가 쉬운 예로는 부탁을 받고 다른 사람의 일을 볼 때에 성심으로 보지 아니하여 손해를 입게 하는 일이 그것입니다. 이것은 공공한 책임을 맡아

하는 경우에도 매 한 가지입니다.

또 흔히 가정에서 있을 수 있는 일로서 아들이나 딸이 부모의 돈이나 재물을 말하지 않고 좀 가져다 쓰는 것을 세상 사람들은 무관한 일로 생각하기가 쉽지만, 이런 것도 계율로 보면 역시 범죄에 속하는 것입니다.

예전에 부모의 돈을 몰래 가져간 두 여인이 죽어서 다 같이 양이 되었는데 하나는 훔친 돈을 다 썼기 때문에 죽음을 당했고 하나는 돈을 아직 쓰지 않았기 때문에 면했다는 이야기가 있습니다.


### ■ 죽음을 면한 양

중국 당나라 풍속에 정월 원단(元旦)을 지내면 서로 청하여 잔치를 베푸는 법이 있습니다. 필상(筆商 : 붓·벼루 등을 취급하는 당시의 문방구)을 하는 조대(趙大)라는 사람도 손님을 청하게 됐습니다. 그 중 한 소님이 초대를 받아와 보니 굵은 동아줄로 한 처녀를 묶어 놓았는데 나이는 13, 14세 가량 되었고 몸에는 푸른 치마에 흰 적삼을 입고 있었습니다. 그 여인이 손님에게 말하기를,

"저는 이 집 주인의 딸인데 예전에 부모의 돈 100전을 도둑질하여 지분(脂粉 : 화장품)을 사려 하다가 사지 못하고 죽어서 그 돈이 지금 부엌 서쪽 모퉁이 벽 구멍 안에 있습니다. 그런데 제가 그 돈을 도둑질한 벌로 죽어서 지금 양이 되어 있습니다."
라고 하며 눈물 어린 하소연을 하는 것이었습니다. 그 말을 들은 손님은 지금 말을 하고 있는 처녀가 양이라는 바람에 정신이 번쩍 들어 자세히 보니 과연 몸이 푸르고 머리가 흰 양이었습니다. 그 손님은 처음에는 정신이 최면 상태와 같은 반 영적인 영감(靈感)으로 무아경

(無我境)이 되어 양과 대화가 되었던 것인데 그것은 그 처녀와 이 손님과도 전생에 무엇인가 깊은 인연이 있기 때문이라고 보아야 할 것입니다. 손님은 정신을 번쩍 차려고 주인에게 사실을 말했습니다.

주인은 그 처녀의 모습이 어떠했더냐 물어보고 손님의 말을 자세히 듣더니 2년 전에 죽은 자기 딸의 모습과 조금도 다름이 없다면서 황급히 부엌으로 나갔습니다. 그런데 그 손님이 말한 대로 잘 보이지 않는 서쪽 한 모퉁이 벽 구멍 속에 돈이 있는 것이었습니다. 주인은 그 양을 절에 보내고 집안사람이 다 재계(齋戒)했다고 합니다.

이 이야기는 『법원주림(法苑珠林)』에 있는 이야기입니다.

### ■ 양이 되고 죽임을 당하다

중국 당나라 태종(太宗) 정관(貞觀) 연간에 경조(京兆 : 서울)에 위경식(韋京植)이란 사람이 딸을 하나 두었는데 일찍 죽고 말았습니다. 그 뒤 2년이 되어 저 위(韋) 씨가 손님을 맞이하기 위해 양 한 마리를 샀는데 그날 밤 아내의 꿈에 죽은 딸이 푸른 치마에 흰 적삼을 입고 머리에는 쌍옥(雙玉) 비녀를 꽂고 울며 말했습니다.

"어머니 제가 생시에 부모의 돈을 함부로 쓴 까닭으로 이제 양의 몸이 되어 부모에게 그 빚을 갚으러 왔는데 내일 아침에는 죽게 될 것이오니 목숨을 구해 주시기를 바랍니다."

하고 애원했습니다. 어머니가 꿈에서 깨어나 남편 위 씨가 사온 양을 가서 살펴보니 양의 반신(半身)은 푸르며 목과 어깨가 희고 머리 위에 흰 털의 두 점이 있어 완연히 비녀 꽂은 형상과 같았으므로 그 어머니는 곧 집안사람에게 곧 양을 죽이지 말라고 일러 놓았습니다. 남편 위(韋) 씨는 이 일을 미쳐 알지 못하고 있는데 마침 이 때에 손님이 왔으므로 주부(廚夫 : 음식 만드는 주방장)에게 음식을 재촉했고 주부는 곧 양을 잡아서 양 요리를 내 왔습니다. 그런데 그 손님이 고기를 별로 먹지 않으므로 까닭을 물었습니다.

"아까 부인의 말하는 걸 들으니 당신의 딸이 바로 이 양인 것 같아 차마 고기를 먹을 수가 없소이다."

위 씨는 안으로 들어가 아내에게 물어 사실을 알고는 대단히 비통해 하다 이것이 병이 되어 죽었다고 합니다. 이것은 『명보기(冥報記)』라는 책에 있는 이야기입니다.


이 일은 앞에서 말한 『법원주림(法苑珠林)』의 이야기와 똑같이 부모의 돈을 도둑질한 경우로 양으로 태어나는 벌을 받은 것은 똑같았습니다. 그런데 하나는 죽음을 면했고 하나는 죽음을 당하고 말았으니 '인과의 법칙에도 아주 정확한 것이 아니라 착오가 있을 수 있는 것이 아닌가 하는 의혹이 생길지도 모릅니다. 그러나 인과응보(因果應報)에 요행과 불운이 있는 것이 아니라 하나는 도둑질한 돈을 쓰지 않고 하나는 도둑질한 돈을 쓴 데 있습니다. 곧 같은 인(因)이지만 그것이 중하고 가벼운 차이에서 온 것일 뿐, 인과응보의 진리에는 조금의 착오도 있는 것이 아님을 알아야 합니다. 그러므로 불자는 모름지기 윤회와 인과응보를 먼저 믿고 알아야 할 것입니다.



## ──────── 도계(盜戒)를 처음 제정한 경위

앞에서 말씀한 바와 같이 계에는 대승계인 『범망경(梵網

經)』처럼 부처님이 일시에 설계(說戒)하신 '보살계'가 있고, 소승율장
(小乘律藏)의 구족계(具足戒)처럼 범하는 이가 있을 적마다 제정한 수범
수제(隨犯隨制)의 계가 있습니다. 율장에 있는 도계(盜戒)를 처음 제정
하시게 된 '수범수제'의 연유를 다음에 한 번 말씀하기로 하겠습니
다. 그 근본원리는 다 같은 것이므로 이를 통해 우리가 왜 도적질을
해서는 안 되는가를 알 수 있을 것입니다.

부처님이 왕사성(王舍城)에 계실 때였습니다.

성 안에 단니가(檀尼迦)란 비구가 있었는데 그는 본시 미장이[陶工]
의 아들로 을사라산(乙師羅山) 가운데서 풀로 움집을 묻고 살고 있었
습니다. 어느 날 탁발(托鉢)하러 나간 사이에 한 나무꾼[樵夫]이 들어
와서 그 '풀 움집'을 뜯어가 버렸습니다. 단니가 비구는 돌아와서 다
시 여기저기서 물건을 구하여 겨우 전과 같이 초암(草庵)을 수선하였
지만 며칠 안 되어 다시 와서 또 뜯어가 버렸습니다. 그는 이에 결
심을 하기를, '내게는 기술이 있으니 차라리 진흙을 이겨서 완전한
집을 지으리라.' 하고는 곧 진흙을 이겨서 기와를 만들고 나무와 쇠
똥을 주어다 태워서 온갖 기술(그는 출가 전에 미장이인 아버지에게 배운 것)
을 다 발휘하여 집을 이루어 놓으니 환하게 빛이 나는, 말하자면 호
화주택이 됐습니다. 어느 날 부처님이 화려한 이 붉은 집을 멀리서
바라보시고 아난에게 물으셨습니다.

"저 화려한 새 집은 값지게 생긴 집인데 도대체 누구의 집이냐,
또 누가 만든 것이냐?"

"그 집은 단니가 비구가 만든 암자이옵니다."

"그 참으로 괴이한 일이다. 출가한 사문으로서 저런 붉은 기와집
을 만들다니 탐착(貪着)을 여의지 못한 재가신자가 사는 집 같구나,

어떻든 가서 저 집을 무너트려라. 나의 사문 불자들에게 좋지 못한 예를 남겨서는 안 되리라."

이에 곧바로 비구들이 가서 단니가 비구가 새로 지은 집을 부셨습니다. 잠이 들었던 단니가 비구는 벌떡 일어나 나와서 세존의 명령임을 알았으며 그는 바로 세존 앞에서 큰 꾸지람을 받았고 대중스님네 앞에 나아가 참회했습니다.

"이후로 제가 기와를 구어서 저런 집을 만들면 투라차죄(偸羅遮罪)를 받을 것이며 나의 재주를 자랑하면 악작죄(惡作罪)가 될 것입니다."

라고 선언 서약까지 하게 됐습니다. 단니가 비구는 적지 않은 낙심을 했습니다.

'풀로 암자를 만들면 나무꾼이 뜯어 가고, 기와집을 지으면 세존께서 꾸짖으시니, 대체 어떻게 집을 만들어야 할까.' 그는 고심 끝에 쉽게 부술 수 없는 큰 집을 목조로 건축하기로 작정했습니다. 그러기 위해서는 우선 재목을 구해야 했는데 마침 그는 왕사성에 있는 재목 담당 관리를 잘 알고 있었으므로 그에게 가서 부탁하기로 했습니다. 그러자 그 관리를 말했습니다.

"안됩니다. 여기 있는 목재는 다 대왕께서 성을 건축하는 데 쓸 것입니다. 제가 마음대로 취급할 수 없습니다."

"물론 대왕의 윤허는 얻었습니다."

"그렇다면 좋소. 마음대로 좋은 재목을 가져가시오."

이렇게 해서 재목을 얻어 가지고 오면서 단니가 비구는 '내가 생각을 잘 하였지.' 하고 무릎을 치며 좋아했습니다. 그는 좋은 목재를 가지고 필요에 따라 길고 짧게 잘라서 집을 짓고 있던 중 이 광경을 순시(巡視) 나온 대신이 보고 이상하게 생각이 되어 재목 담당관을 불러 꾸짖고 단니가 비구를 왕궁에 소환하니 두 사람은 궁 안에서 만나 서로 뉘우치고 울기도 했습니다.

결국 아사세왕 앞에 끌려가기까지 많은 소동이 있었습니다. 대왕이 엄숙히 입을 열어 흥분된 어조로 물었습니다.

"목재관, 너는 누구의 허락을 받고 왕실의 성재(城材)를 마음대로 내 주었는가?"

"대왕님의 윤허가 내렸다고 하여서 가져가도록 했습니다."

"이상하구나. 단니가 비구는 들으라. 그대는 출가한 사문의 몸으로 남의 물건을 사취해도 옳은가?"

"그렇지 않습니다. 저는 사기하였다고 생각하지 않습니다. 대왕님이여 잊으시었나이까. '나라 안에 있는 초목과 물은 이후로는 사문과 바라문을 위해 보시할 것이다.'라고 등극하실 때 분부하셨습니다."

"이 어리석은 비구야, 말을 꾸며대지 말라. 내가 보시한다고 한 것은 임자 없는 것을 말한 것이지 주인 있는 것을 누가 함부로 가지라고 했는가?"

하고 얼굴에 노기를 띠다가 바로 고쳤습니다. 그리고는

"마갈타(摩揭陀)의 권정대왕(灌頂大王)인 내가 한 사람의 불제자 사문의 생명을 빼앗을 수 없으니 용서해 주노라."

하고 특명을 내려서 절로 돌려보냈다고 합니다. 두 사람의 죄인이 무사히 방면된 소문이 곧 성안에 퍼졌습니다.

"사형에 처해야 될 악승(惡僧)이 방면된다면 천하에서 도둑질을 좋아하지 않는 사람이 몇 명이나 있을까? 친히 대왕의 공양을 받는 자가 도리어 훔쳤으니 은혜를 원수로 갚는 비구가 있음이라 참으로 한심하구나, 저런 놈은 사문의 법도 외면하고 바라문의 법도 모르면서 세존의 제자 대열에 섞이다니 참으로 우스운 일이다. 그래서 우리는 세존의 새로운 종교를 믿을 마음이 들지 않는다."
라고 반박하는 거사들도 있었습니다. 이 소식을 들으신 부처님께서 단니가 비구를 불러 말씀하셨습니다.

"내가 늘 출가사문의 소욕지족(少欲知足)을 찬탄하지 않았느냐! 설사 1전 반 푼의 물건이라도 가질 수 없다고 해서 훔치지 말라고 누누이 간곡하게 말하지 않았느냐! 재가신자 중에서 도적하는 버릇이 있다면 이를 꾸짖고 타일러야 할 신분이면서 스스로 도적질을 하다니 대체 무슨 일이냐."
하고 무수히 꾸짖으시고 장로(長老)에게 말씀하셨습니다.

"마갈타왕법(摩揭陀王法)으로 돈 얼마를 훔치면 사형(死刑)에 처하는지를 알고 있는가?"

"네 아사세왕께서는 5전 이상을 훔치면 사형에 처하고 있습니다."

이렇게 대답한 비구는 과거 왕궁에서 대신이었던 늙은 출가자였습니다. 이 말을 듣고 세존은 드디어 엄숙하게 말씀하셨습니다.

"단니가여, 너는 벌써 목숨이 없어졌느니라. 이제 깊이 반성하고 앞으로 지극히 조심함이 마땅하다. 여러 승가대중들아, 나는 열 가지 이익을 위해 새로운 계를 제정하노라. 비구로서 5전 이상을 절취하면 바라이죄이며 따라서 승단에 서 있을 수 없다."

요컨대 5전 또는 5전 이상의 가치가 있는 것을 다른 사람이 자기에게 주지 않는데 불구하고 도적질할 마음이 생겨 절취한다면 비구나 비구니나 다 바라이죄가 된다는 말씀이었습니다. 5전 이하의 것을 훔친 경우에는 바라이죄보다는 가볍지만 역시 중벌인 투란차죄(偸蘭遮罪)가 된다고 하셨습니다.

### ■ 좁쌀 세 톨로 3년 동안 소가 되다

논밭을 지나다가, 특히 다 익은 곡식밭을 지나면서, 조심해서 잘 다니지 않고 나락을 쓱쓱 훑어서 집어던지고 가는 사람이 있는데 이런 것은 다 참 큰일입니다.

옛날에 부처님께서 보살로 수행할 적에 어느 스님하고 행각(行脚)을 다니다가 가을에 서석(조)이 하도 잘 되어서 만져보다 세 톨을 떨어뜨렸는데 데리고 다니던 그 스님이 말하길

"네 이놈, 남의 것을 그렇게 훔치느냐. 너 이제 그 밭 임자네 집에 소가 되어 갚으라."

라고 하였습니다. 그래서 3년을 소가 되어 갚았다는 것입니다. 그런데 어느 날 그 주인집 외양간에 매어 있던 소가 주인에게 말합니다.

"여보 주인장, 오늘밤 도적이 올 터이니 조심하시오."

주인이 깜짝 놀라면서 한편 이상하게 생각했는데, 과연 그날 밤에 도적 500명이 왔습니다. 그때 전생에 같이 수행하던 스님은 그 집 지붕 위에 올라가 가부좌를 틀고 앉아 있었는데 외양간의 소가 도적들에게 또 이렇게 말했습니다.

"나는 남의 밭에 누렇게 익은 서석(조) 세 톨을 먹고 3년을 소가 되어서 이렇게 그 죄를 갚는데 너희가 이제 남의 재물을 도적질을 하면 어찌 되겠느냐?"

그 도적들이 이 말을 듣고 어리둥절하면서 한편으로 겁이 나 도

적질을 못하고 있다가 지붕 위에 있는 스님을 보고 발심하여 그 스님을 따라 출가하여 공부했다고 합니다. 그래서 그들이 모두 깨닫고 500명의 나한이 되었다는 이야기가 전설로 전해 오고 있습니다.

나한(羅漢)이라고 할 때에 한(漢)자가 '도둑놈 한(漢)' 자인데, 이것은 도둑질하던 500명이 발심수행해서 도인이 되었기 때문에 '도둑놈 한(漢)' 자를 쓰게 된 것이란 우스운 이야기도 그래서 생긴 것입니다.

물론 나한(羅漢)은 아라한(阿羅漢)의 준 말로, 소승의 성문(聲聞)이 닦아 들어가는 네 과위(果位) 가운데 마지막의 지위를 가리키는 말이며, 또 그것은 범어 아라한(arhan)의 음을 옮겨 적은 것에 불과하고 악을 여의고[離惡] 번뇌의 도적, 생사의 도적을 죽여서 아주 없앤다[殺賊]는 뜻에 따라 번역하는 삼장(三藏)님네가 처음부터 '漢' 자를 쓴 것이긴 하지만, 저 서석 세 톨을 떨어트리고 3년 동안 소가 되어 빚을 갚은 그 소로 말미암아 발심한 '500나한'의 설화에 연결시켜서도 그 뜻은 함께 통하는 바가 있기 때문에 옛날부터 그렇게 이야기해 온 것입니다.

여하튼 도둑질은 복덕종자(福德種子)를 끊는 행위입니다. 그래서 남의 물건을 훔치지 않으면 복덕의 종자가 살아나고 살생을 하지 않으면 자비 종자가 자라게 되는 것이니 그러므로 도적질을 하지 말아야 된다는 것입니다.

### ■ 쌀 한 섬을 딸에게 주고 말의 보를 받다

중국 당나라 때 병주(幷州) 문수현(文水縣)에 이신(李信)이란 사람이 살고 있었습니다. 그는 융정부(隆政府) 위사(衛士)가 되어 현경(顯慶 :

656~660) 어느 해 겨울에 적기마(赤驥馬)를 타고 또 그 적기마의 망아지 한 마리를 데리고 삭주(朔州)에 가서 다시 반(藩 : 변방의 험지)으로 가게 되었습니다. 이때에 눈바람이 아주 혹심하여 10여 리 쯤 가다가 말이 더 가지 못하므로 이신은 채찍으로 매를 수십 차례 억세게 때렸습니다. 그러자 말이 별안간 사람의 말로 이신에게 말했습니다.

"내가 전생에 너의 어미다. 생전에 너의 아버지를 속이고 쌀 한 섬을 딸에게 준 과보로 지금 이 말의 몸을 받았단다. 그리고 이 망아지는 곧 너의 누이이니 그 빚을 갚기 위해 역시 말의 몸을 받았다."

이신이 이 말을 듣고 곧 말에서 내려 슬피 울며 몸소 안장과 고삐를 등에 지고 말에게 말했습니다.

"정말 나의 어머니라면 마땅히 스스로 집에 찾아 갈 수 있을 것이니 앞서서 한 번 가 보도록 하시오. 그런 뒤에야 나는 어머니로 알겠소."

그래서 말이 앞에 서서 집으로 가는데 자기 집 가듯이 서슴치 않고 집에 이르렀습니다. 이에 이신 형제가 의논하여 따로 집을 하나 잘 지어서 그 말을 기르는데 공부시랑(工部侍郎) 온무덕(溫無德)과 기주 사법(岐州司法) 장금정(張金停)이 모두 부모상을 입은 상주로서 이신의 집에 가서 말을 보고 갔다는 이야기가 『명보사유(冥報拾遺)』에 실려 있습니다.


### ■ 값을 많이 받고 우보(牛報)를 받다

중국 당나라 때에 옹주(雍州) 만년현(萬年縣)에 원(元) 씨의 처 사(謝) 씨가 술장사로 생계를 이었는데 딸이 하나 있어서 회룡부(回龍府) 사람에게 시집보내고 영휘(永徽) 말년(655)에 죽었습니다. 그런데 사(謝)씨가 죽은 지 6년이 지난 용삭(龍朔) 원년(661) 8월에 그 딸의 꿈에 어머니가 현몽하여 다음과 같이 말했습니다.

"내가 생시에 술을 작은 되로 팔고 값은 큰 되 값을 받은 죄로 이제 소가 되어 북산(北山) 아래 인가(人家)에 있다가 또 법계사(法界寺) 옆 하후사(夏候師)란 사람 집에 팔려 와 있느니라. 그런데 이집 주인이 일을 혹독하게 시키고 지금은 이른 새벽부터 밭을 가느라고 모진 고통을 겪고 있으니 나를 좀 그 집에서 풀려 나오게 해 주어야겠다."

딸이 잠에서 깨어나서 그 남편에게 이 말을 했습니다. 그리고 이듬해 정월달에 마침 법계사(法界寺)의 여승이 왔으므로 그 마을의 자세한 내용을 물어 보고 돈을 마련하여 그 집에 가서 소를 사가지고 오니 소가 딸을 보고 울었다고 합니다. 딸이 지극한 마음으로 보호했는데 그 당시 서울에 있는 왕의 후비(候妃)들이 이 일을 듣고 불러 올려서 돈과 비단을 주었다고 합니다. 이 일은 『명보사유(冥報捨遺)』에 실려 있습니다.

### ■ 18근으로 인하여 3인이 죽다

중국 청나라 강희(康熙) 신해년(1671)에 크게 가물은 일이 있는데 7월 15일에 곤륜산(崑崙山) 사록(榭麓)에서 한 부부가 물을 긷는데 홀연히 우뢰와 번개가 크게 일어나서 남편이 벼락을 맞아 죽었습니다. 그러나 그 남편이 평상시의 행이 성실했으므로 사람들이 그 죽은 연유를 알지 못했었는데 어느 날 그 아내가 홀로 탄식하여 말하기를, "다만 18근 때문이로다." 하므로 사람들이 귀곁으로 이 말을 듣고 자세히 캐어물었습니다. 아내가 하는 말은 다음과 같았습니다.

“지나간 겨울에 벼를 싣고 성(城) 안에 들어갈 때에 배를 언덕 옆에 대었는데, 한 빈 배에 고기 한 덩어리가 있고 사람이 없기에 이 틈을 타서 그 고기를 집에 가지고 와서 달아보니 열여덟 근이었습니다. 그 고기는 그 언덕 위에 사는 부잣집 고기였는데 그 집 종이 배 안에서 고기를 씻다가 볼일이 있어서 잠깐 나갔다 온 사이였습니다.”

그때 주모(主母)가 종을 때려서 종이 죽게 됐는데 그 남편이 이 일로 해서 다투다가 분하여 목을 매어 죽었다는 것입니다. 이 일은 『안사전서(安士全書)』에 실려 있습니다.


### ■ 과보가 조금도 틀리지 않는다

중국 양주(楊州) 땅에 한 부자가 화물 운반을 하는 것으로 업을 삼았는데, 임종에 이르러 아들에게 저울 하나를 주며 말했습니다.

“이것이 내가 집안을 일으킨 물건이다.”

아들이 자세한 내용을 물으니 아버지가 말했습니다.

“이 저울은 오목(烏木)으로 되었는데 중간에 수은(水銀)을 넣었으므로 추(錘)가 뒤로 물러나가면 수은이 머리에 쏠려서 사람이 무겁게 보지만 실은 도리어 가벼운 줄은 알지 못하며, 또 추가 앞으로 가면 수은이 꼬리에 몰려서 사람이 가볍게 보지만 실은 도리어 무거운 줄은 알지 못하게 만들어져 있다. 이 저울 덕으로 내가 재산을 모아 치부(致富)한 것이니라.”

아버지가 죽은 뒤에 장사를 마치고 아들이 하늘에 대해 아버지의 죄를 사(赦)하기를 빌고 곧 저울을 태우니 연기 속에서 푸른 뱀의 형상 같은 것이 올라갔습니다. 그 뒤 얼마 안 되어 두 아들(죽은 이의 손자)이 다 죽으니 이에 천도(天道)가 무지(無知)하여 인과가 거꾸로 되는 것을 탄식하고 연일 넋을 잃고 살 마음을 잃고 있었는데, 하루는 꿈에 금갑신(金甲神)이 나타나 말하기를,

"너의 아버지가 전세에 작은 선[微善]이 있어서 지금 치부(致富)한 것이요, 저울과는 관계가 없느니라. 그러나 너의 아버지가 금세에 용심(用心)이 공평하지 못한 까닭으로 상제(上帝)께서 파모이성(破秏二星 : 무엇이든 깨뜨리고 부수는 신)을 보내어서 너의 집을 망하게 한 뒤에는 또 화재를 만나게 하실 것인데 이제 네가 능히 아버지의 허물을 덮고 말하는 것이 공평하므로 두 별[二星]을 거두어들이고 장차 선신[聖子]이 너의 뒤를 빛나게 할 것이니, 너는 마땅히 좋은 일[善事]을 힘써 행하라."

라고 하였습니다. 꿈을 깨어 크게 깨닫고 선사(善事)를 더욱 힘쓰더니 그 후에 두 아들을 낳아서 다 진사(進士)가 되었다고 합니다. 이 일은 『감현편도설(感玄篇圖說)』에 실려 있습니다.


──────── **보시의 보**

　　보시는 단나(檀那)를 번역한 말이며, 복리(福利)를 사람에 베풀어 주는 것인데 여기에 여러 가지가 있습니다. 그 중 몇 가지를 소개하면 다음과 같습니다. 보시라고 하면 첫째 재시(財施)이고, 둘째 법시(法施)가 주가 됩니다.

　　첫째 재시(財施)는 다른 중생의 재물을 침범하지 아니하고 자기의 재물을 주는 것이요.

　　둘째 법시(法施)는 불서(佛書)를 간행하여 독송하게 하거나 불법을

설명하여 깨닫도록[開悟] 하는 것을 말합니다.

또 보시에는 깨끗한 보시와 부정한 보시가 있습니다.

깨끗한 보시는 보시(布施)할 때에 세간의 명예(名譽), 복리(福利) 등의 보를 구하지 아니하고 다만 출세간(出世間 : 모든 것을 초월함) 선근(善根)의 인 및 열반(涅槃)의 인을 돕기 위하여 청정심(淸淨心)으로서 보시하는 것을 말합니다.

둘째 부정한 보시[不淨施]는 망령된 마음으로 복보(福報)를 구하는 보이고 살인·강도 등으로 얻은 재물을 보시하는 것을 가리키는 경우도 있습니다.

### ■ 보시하지 못할 물건

사람에게 재물을 보시하는 것이 선행(善行)이긴 하지만 그 중에는 보시하지 못할 물건이 있으니 다음과 같습니다.

『법원주림(法苑珠林)』에 따르면, ① 불의한 재물, ② 술과 독약, ③ 짐승을 잡는 그물[罝], ④ 새잡는 그물[罹]과 고기를 잡는 그물[機網], ⑤ 매질하는 기구나 칼[刀]·활[杖]·총칼[弓箭], ⑥ 나쁜 음악과 여색[音樂女色] 등을 보시해서는 안 된다고 합니다.

『증일아함경』에서는 ① 칼, ② 독약, ③ 들소[野牛], ④ 음녀(淫女), ⑤ 음사(婬祠 : 음란한 신을 섬기는 신당) 등은 보시해서는 안 된다고 합니다.

### ■ 한 바릿대 밥의 복이 많다

부처님이 사위국에 계실 때 어떤 여인이 지극한 마음으로 한 바릿대 밥을 부처님께 드리니 부처님께서 "그 복이 아주 많다"라고 하셨습니다. 그 여인의 남편이 이 말씀을 듣고 마음에 의심하기를, '어찌하여 밥 한 그릇에 복이 그렇게 많을 리가 있을 수 있으랴' 하고 생각하였습니다. 부처님이 이를 아시고 불러서 물으셨습니다.

"네가 니구타(尼拘陀) 나무를 보았느냐?"

"예, 보았습니다. 높이가 4, 5리나 되고 매년에 열매가 수만 섬이 열리옵니다."

"그 씨가 얼마나 크냐?"

"겨우 개자만 하옵니다."

"땅은 무심한 물건이지만 개자만한 종자 한 알에서 해마다 능히 수만 섬의 열매를 거두거늘 하물며 사람은 신령한 마음을 가지고 있는데 지성으로 한 바릿대 밥을 여래에게 공양하여 많은 복을 얻지 않는다 할 수 있겠느냐."


■ 친후(親厚)한 사이에는 범도(犯盜)가 되지 않는 경우

친후(親厚)한 사람의 재물은 말하지 않고 써도 도적질을 범하는 것[盜犯]이 아닌 경우가 있습니다. 여기서 친후(親厚)하다 함은 부모·형제 등의 육친(六親)을 말하는 것이 아니고, 첫째, 하기 어려운 일을 능히 하는 이[難作能成], 둘째, 주기 어려운 것을 능히 주는 이[難與能與], 셋째 참기 어려운 것을 능히 참는 이[難忍能忍], 넷째, 비밀한 일을 서로 말할 수 있는 친분이 있는 이[密事相告], 다섯째, 허물을 서로 덮어 주는 이[互相覆藏], 여섯째, 고난을 만나더라도 버리어 외면하지 않는 이[遭苦不捨], 일곱째, 빈천하여도 박대하지 않는 이[貧賤不輕] 등을 말합니다.

이런 일곱 가지 관계가 있고 도덕을 지닌 이를 친후(親厚)라고 한

것이며, 혈친(血親)으로서의 친(親)·불친(不親)을 말하는 것은 아닙니다. 비록 육친이라 하더라도 의기가 서로 맞지 않으면 친후라 할 수 없고, 이 밖에 주지 않는 것을 취하면 다 범도(犯盜)가 되는 것입니다. 그러므로 도계(盜戒)를 가지기가 어렵고 계를 배우지 아니하면 알기 어려우며 범하기 쉬운 것입니다.

위의 이야기는 자주(慈舟) 법사의 『개시록(開示錄)』에 보이는 법문이었습니다.


### ─────── 밥을 보시하는 복보(福報)

사람이 밥을 보시하면서 다섯 가지 복보(福報)를 받는다 했습니다. 시명(施命), 시색(施色), 시력(施力), 시안(施安), 시변(施辯)이 그 다섯 가지입니다.

첫째, 시명(施命)인데, 일체중생이 음식으로 인하여 생명을 유지하고 음식을 먹지 못하면 7일을 지내지 못하여 명이 끊어지는 것이므로 밥을 보시하는 것은 곧 생명을 주는 것이니, 그 생명을 보시한 자는 세세생생에 장수하게 됩니다. 하늘이나 인간에 나면 그 수명이 요절하지 아니하고 의식(衣食)이 풍족하며 재부(財富)가 한량없습니다.

둘째, 시색(施色)인데, 사람이 밥을 잘 먹으면 얼굴빛이 윤택(潤澤)하고 밥을 잘 먹지 못하면 얼굴빛이 초췌하므로 밥을 보시하는 것이 곧 빛을 주는 것이니 그 빛을 보시하는 이는 세세생생에 형용이 단정합니다. 곧 하늘이나 인간에 나면 그 형모가 희유하게 준수하여 보는 이가 다 머리를 굽혀서 절하게 될 것입니다.

셋째, 시력(施力)인데, 사람이 밥을 잘 먹으면 기력(氣力)이 충실하게 되므로 밥을 보시하는 것이 곧 힘을 주는 것이니 그 힘을 보시한 이는 세세생생에 힘이 많습니다. 곧 천상이나 인간에 나면 힘이 무쌍(無雙)하며 출입진퇴에 그 힘이 쇠하지 않습니다.

넷째, 시안(施安)인데, 사람이 밥을 잘 먹으면 몸이 안온(安穩)하여 근심이 없고 밥을 잘 먹지 못하면 마음에 근심하여 몸이 파리하고 앉고 일어나는데 의뢰(依賴)가 없어서 능히 평안을 주는 것이니, 그 편안을 주는 이는 세세생생에 근심이 없어서 마음이 편안하며 신체가 건강하게 됩니다. 곧 하늘에나 인간에 나면 재앙을 받지 아니하고 이르는 곳마다 항상 현량(賢良)한 이를 만나며 재보가 무량합니다.

다섯째, 시변(施辯)인데, 사람이 밥을 잘 먹으면 기력이 충실하고 의지가 강성하여 언어가 이치에 합리(通理)하고 밥을 잘 먹지 못하면 몸이 이즈러지고 뜻이 약하여 입으로 말을 하기가 어려워서 할 말을 다하지 못하므로 밥을 보시하는 것이 곧 구변(口辯)을 주는 것이니 그 구변을 보시하는 이는 세세생생에 총명하게 됩니다. 곧 하늘이나 인간에 나면 말[語]과 소리[音]가 유장하고 말과 뜻이 밝고 지혜로워서 조금도 하자(瑕疵)가 없으므로 듣는 이가 다 기뻐하여 추앙하지 않는 이가 없게 됩니다.

### ■ 주운 금을 제자리에 두라

중국에 동한(東漢) 때에 악양(樂羊)이라는 사람이 있었는데, 길에 금 덩어리가 떨어진 것을 주어서 가지고 집에 들어왔습니다. 부인이 그 금덩어리를 보고 깜짝 놀라면서 말했습니다.

"군자는 불음도천(不飮盜泉)이라 하지 않습니까? 군자는 남의 샘물도 도둑질해서 먹지 않는다 했는데 떨어진 금 덩어리를 집에 갖고 오실 수가 있습니까? 빨리 그 자리에 도로 갖다 놓으십시오."

점잖은 사람은 길을 가다가 남의 집 샘에서 물을 먹어도 주인에게 알리고 물을 그냥 먹지 않는다는 겁니다. 그런데 길에 떨어진 금을 가지고 올 수가 있느냐는 것입니다. 부인에게 나무람을 듣고서 악양이 그 금덩어리를 제자리에 갖다 놓았다는 그런 얘기도 있습니다.

아예 남의 물건을 가져 오지 않겠다는 그러한 사상을 가지고 살면 저절로 노우불습(路遇不拾 : 길에서 흘린 걸 줍지 않는다)하고 야불폐문(夜不閉門 : 저녁에 문을 닫아걸지 않고 산다)하고 산무도적(山無盜賊 : 산에는 도적이 없다)이란 말과 같이 됩니다. 그래서 태평성대를 이루는 것입니다. 조그만 물건이라도 남의 것을 가져가면 부처님께서는 그것도 세밀하게 따지면서 도적이라고 하셨습니다. 도적질을 자꾸 범하면 어떠한 결과가 돌아오느냐, 부처님께서 참으로 무서운 말씀을 하셨습니다.

"나중에 빚을 갚는데 결국은 피모대(被毛袋), 즉 짐승의 모양을 쓰고 와서 내 몸으로 빚을 갚게 된다."

그러니 그 하찮은 물건, 조금 도둑질해 쓴 죄로 축생의 가죽을 뒤집어쓰고 갚으면 되겠느냐는 겁니다. 복덕의 종자를 끊는다고 했습니다.



─────── **시식호(施食護) 오복보경(五福報經)**

엣적에 인도 구류사국(拘留沙國)의 왕이 동산[園林]을 구경하고 있었습니다. 황금 고양이가 동산의 동북쪽에서 서남쪽으로 들어가는 것이 보이매 사람을 시켜서 그 곳을 파 보니 동분(銅盆) 가운데 돈이 담겨 있고 점점 퍼져서 5리에 이르기까지 돈으로 꽉 차 있었습니다. 왕이 보고 기이하게 여기어 부처님께 여쭈어 보니 부처님께서 말씀하셨습니다.

"대왕의 숙세복보(宿世福報)니라. 비바시 부처님 때에 한 비구가 큰 길 가운데 한 바릿대를 놓고 '만일 사람이 재물을 이 바릿대 속에 넣어두면 장래에 큰 부자가 되리라.'라고 했는데 이때에 나무하는 사람이 나무를 팔아서 돈 세 푼을 받아가지고 오다가 이 말을 듣고 기쁜 마음이 나서 지성으로 발원한 뒤에 3푼을 이 바릿대 속에 넣어 놓고 그로부터 5리 되는 집으로 돌아가도록 기쁜 마음이 그치지 않았느니라." (『잡보장경(雜寶藏經)』에 기록되어 있음)

이와 같이 돈 3푼으로 인연하여 그 복보(福報)가 5리나 되는 거리 안에 있는 돈을 얻고 또 국왕위(國王位)를 얻는 인과의 이치가 있습니다. 그래서 경에 이르기를

봄에 좁쌀 한 알을 심으면 가을에 만 개를 거두나니,
사람이 선악을 행하는 과보를 받음도 이와 같으니라.
一〇栗 黎萬顆子
人生爲善惡 果報還如此

라고 하시어, 인과응보의 갚음이 산울림의 메아리 같고 그림자가 형체를 따름과 같음을 누누이 간곡하게 말씀하셨습니다.

■ 복과 지혜를 쌍으로 닦으라

복만 짓고 혜를 닦지 아니하면 매양 복을 누리는 것뿐 지혜는 얻기 어려우며, 또 혜만 닦고 복을 짓지 아니하면 박복하여 자재가 부족하다는 것입니다.

옛날 가섭불(迦葉佛) 때에 형제가 살고 있었는데, 둘이 다 사문(少門)이 되었습니다. 그런데 형은 계를 지니고 좌선(坐禪)하여 일심으로 도를 구하는 것만 전념할 뿐 보시하지 아니했고, 아우는 복을 짓는 일은 잘 했지만 항상 파계(破戒)를 했습니다. 그 뒤에 석가세존께서 성불하실 때에 형은 이미 아라한과(阿羅漢果)를 얻었으나 복을 짓지 못한 인연으로 음식이 매양 부족하고 아우는 파계한 까닭으로 가섭불 당시에 대중 가운데서 쫓겨났으나 재물 복은 많아서 비록 금생에 축생은 되었지만 왕이 사랑하며 진주영락(眞珠瓔珞)을 몸에 걸고 식음(食邑)이 수백 호에 이르렀다고 합니다. 그러므로 이와 같은 게송이 있습니다.


복을 닦고 지혜를 닦지 아니하면

코끼리 몸에 영락을 걸고,

지혜를 닦고 복을 짓지 아니하면

나한(羅漢)의 바루가 텅텅 비도다.

부처님을 '두 가지로 만족하다[兩足尊]'이라 함은

복과 지혜를 구족하는 까닭이어라.

修福不修慧 象身掛瓔珞

修慧不修福 羅漢應供薄

佛稱兩足尊 禍慧具足耳

■ 복수사구(福壽四句)

금생에 복도 있고 수명도 있는 이는 전세에 보시도 하고 재계(齋戒)도 가진 사람이요, 금세에 복은 있되 수명이 없는 이는 비록 보시는 하였으나 살생한 사람이며, 금세에 복은 없으나 수명이 있는 이는 전생에 재계(齋戒)를 지켰지만 보시하지 아니한 사람이요, 금생에 복도 없고 수명도 없는 이는 전생에 간탐하고 살생한 사람이다. 『귀원직지(歸元直指)』에 나오는 말이다.


■ 가지고 갈 수도, 빼앗길 수도 없는 것

이 세상에서 축적(蓄積)한 재산은 남이 빼앗아 갈 수는 있어도 내가 가지고 갈 수는 없으며, 또 남도 빼앗아 가지 못하고 나도 가지고 가지 못하는 것이 있으며, 또 내가 가지고 갈 수 있고 남이 빼앗아 가지 못하는 것이 있습니다. 금(金) · 은(銀) · 재(財) · 보(寶) · 집[家舍] · 전원(田園)은 사람이 빼앗아 갈 수 있지만 나는 가지고 가지 못하는 것이요, 또 박학하고 뛰어난 슬기[博學鴻才]와 예술 · 기술 등의 재주[技藝技巧]는 사람이 빼앗아 갈 수도 없고 나도 가지고 가지 못하는 것입니다. 그러나 내가 가지고 갈 수 있고 남이 빼앗아 가지 못하는 것은 오직 선과 복을 닦는 것에 있습니다. 선을 닦음[修善]이 지극한 데 이르면 능히 7대 조상[七祖]으로 하여금 천상에 나게 하며, 100명의 선신이 항상 옹호하고 또 복을 닦음이 지극한 데 이르면 능히 불로 하여금 타지 못하게 하며 물로 하여금 떠내려가지 못하게 하는 것이니 선(善)은 복의 터요 복은 선의 응보입니다.

# 제3중계
# 음행하지 말라
## 不婬戒

---

若佛子는　自婬　敎人婬하며　乃至一切女人을　不得故婬[51]이니　婬因
약불자　자음　교인음　　　내지일체녀인　부득고음　　　음인

婬緣婬法婬業[52]이니　乃至畜生女와　諸天鬼神女와　及非道[53]行婬[54]
음연음법음업　　　내지축생녀　제천귀신녀　급비도　행음

이리요　而菩薩이　應生孝順心하야　救度一切衆生하야　淨法[55]與人이
이보살　응생효순심　　　구도일체중생　　　정법　여인

어늘　而反更起一切人婬하야　不擇畜生과　乃至母女姉妹六親[56]으로
이 반갱기일체인음　　　불택축생　　내지모녀자매육친

行婬하야　無慈悲心者는　是菩薩波羅夷罪니라.
행음　　　무자비심자　　　시보살바라이죄

너희 불자가 스스로 음행하거나 남을 시켜 음행하거나 내지 일체 여인으로 하여금 음행하지 말지어다. '음행의 원인'과 '음행의 반연'과 '음행의 법'과 '음행의 업'을 짓겠느냐. 내지 축생이나 하늘이나 귀신의 여인이나 및 '비도'에 음행을 행하겠느냐. 보살이 마땅히 효순심을 일으켜서 일체 중생을 구제하고 청정한 법으로 베풀 것이어늘 도리어 온갖 사람에게 음행을 일으키게 하고 내지 축생과 모녀 ·





---

**51 음(婬)** 부정행(不淨行) 또는 비범행(非梵行)이라고도 함. 애욕의 음란한 마음으로 부당한 음행을 하는 것. 출가중은 일체의 음행을 끊고, 재가중은 사음(邪婬)을 금한다.

**52 음인(婬因) ~ 음업(婬業)** 마음속에서 음행하려는 생각을 인(因)이라 하고, 분 바르고 화장하고 꾸밈은 연(緣)이며, 음심을 표시하는 태도, 말이나 행동 또는 음행하는 방법들을 법이라 하고, 음사를 직업으로 삼는 것, 음행을 이루어 나가는 일을 업(業)이라 한다.

　음인(婬因) : 마음으로 음행하려는 생각을 일으키는 것.

　음연(婬緣) : 분 바르고 화장하고 따라다니는 것.

　음법(婬法) : 몸을 비비거나 입을 맞추거나 말·행동으로 표시하는 것.

　음업(婬業) : 음행을 실제로 행하는 것.

**53 비도(非道)** 성기(性器) 이외의 다른 기관. 여기에 비지(非支) · 비처(非處) · 비량(非量) · 비리(非理)가 있다.

**54 비도(非道) 음(婬)** 애욕으로 마음이 더러워지고 산란해지므로 부정행(不淨行) 또는 비범행(非梵行)이라 하기도 한다. 음란한 마음으로 방일하게 되는 것을 뜻한다.

자매·육친을 가리지 않고 음행을 하여 자비심이 없으면 이것은 보살의 바라이죄니라.

────── **설법**

부처님께서 음행을 세 번째 중계(重戒)로 금하셨는데 여기에 출가·재가의 구별이 있습니다. 출가 대중은 전단(專斷)이니 출가한 승려들은 완전히 음욕을 끊어야 하며, 마을에 사는 청신사·청신녀는 사음(邪婬)을 금하셨으니 사음이란 것은 자기 부부외의 딴 남자 딴 부인과 관계하는 것을 말합니다.

남녀가 성욕(性欲)으로 교합(交合)하는 것을 음(婬)이라 하는데, 여기에 2종이 있으니 정당한 부부의 교합은 정음(正婬)이라 하고, 부부 이외의 다른 남녀와의 교합은 사음(邪婬)이라 하며, 정음까지도 아주 끊은 것을 범행(梵行)이라 합니다.

정당한 부부 사이라도 도리에 맞지 않는 비리(非理)로 음행하면 사음(邪婬)이 됩니다. 비리(非理)라 하는 것은 세간(世間)의 도리에 위배(違背)되는 것이니 곧 부당한 상대[非境], 부당한 기관[非道], 부당한 장소[非處], 부당한 때[非時]가 그것입니다.



**55 정법(淨法)** 음행을 하지 않는 거룩한 행을 스스로 지킬 뿐 아니라 남을 그렇게 교화하는 것[自行化他]을 정계(淨戒)라 한다.
**56 육친(六親)** 6인의 친척. 1. 부계(父系)의 조부모, 2. 고모·삼촌 등의 일가, 모계(母系)로 이모·외삼촌 등, 3. 자신의 친으로 부모·형제 처자 등, 4. 처계(妻系)로 장인·장모·자매 등. 5. 신부(新婦)의 친으로 사돈, 6은 형제의 친으로 형수·제수 등.

1. 부당한 상대[非境] : 부부이외의 다른 남녀 등.

2. 부당한 기관[非道] : 음도(陰道)가 아닌 다른 기관[餘道]이니 곧 항문(肛門 : 大便道) · 입 등.

3. 부당한 곳[非處] : 음행해서는 안 될 곳이니, 곧 영묘(靈廟) · 사당(祠堂) 또는 대중이 보는 드러난 곳.

4. 부당한 때[非時] : 월경(月經)할 때, 임신 중, 해산한 직후, 아이가 젖 먹을 때, 병이 있을 때, 한낮[日中]이나 재계(齋戒)를 가질 때 등.

'사음'에 대한 세 가지가 있으니 모녀 · 자매 등 육친에게 음행하는 자는 상품(上品)이고, 육친 이외의 여자와 음행하면 중품(中品)이며, 자기 아내와의 경우에도 때 아닌 때[非時 : 六齋日 · 年三齋月 · 八王日 · 妊娠産後]와 부당한 곳[非處 : 大便道 · 口]에 음행하는 자는 하품(下品)이라고 했습니다.

『화엄경』「이지품(二地品)」에는 사음(邪婬)의 죄를 범한 중생은 3악도에 떨어지고 이 죄를 범한 사람은 만일 사람으로 태어나더라도, '아내가 부정(不貞)하며 마음대로 권속을 따르게 할 수 없다.'라고 하였습니다.



### 불음계(不婬戒)가 제정된 동기

불사음계(不邪婬戒)가 제정된 최초의 동기가 있습니다. 대승계는 소승계와 달라서 범하기 이전부터 말씀한 계율이긴 하지만 그러나 불사음계의 뜻을 알기 위해서는 수범수제(隨犯隨制)의 소승계를 알아볼 필요가 있습니다.

소승계는 수범수제이니 불제자들 특히 출가중 가운데 나쁜 행위를 범한 사람이 있을 때 부처님이 '이 다음에 또 이런 행위를 저지르면 이러이러한 벌에 처하리라'고 훈계함으로 교단의 규범으로 규정된 것을 일컫습니다.

그런데 이 '보살계'는 부처님이 성도하신 직후에 말씀하신 계이므로 소승계의 수범수제와는 다릅니다. 소승계의 구족계도 보살계의 삼취정계 가운데 하나인 섭율의계로 포섭되는 만큼 아울러 살피는 것이 필요합니다.

이 계는 부처님께서 비사리성에 계실 때 가란타촌에 사는 가란타(迦蘭陀) 장자의 아들 수제나(須提那)에게 설하신 계율입니다. 원래 그는 40억 금이 넘는 거부장자(巨富長者)의 아들로서 부처님의 법문을 듣고 발심하여 사랑하는 부인의 애정도 뿌리치고 출가하였습니다. 그런데 그후 얼마 안 있다가 큰 흉년이 들어 걸식(乞食)을 할 수 없을 정도로 되었으므로 그는 생각했습니다.

'우리 집은 큰 부잣집이어서 창고에 많은 돈과 양식이 쌓여 있으니 이러한 때를 당해서 부처님과 대중들을 공양하면 큰 공덕이 있으리라.'

이렇게 생각한 수제나는 많은 대중을 거느리고 고향을 찾아 갔습니다. 어머니와 부인은 매우 반갑게 맞아 주었으며 어머니가 말하였습니다.

"수제나야, 이 창고의 곡식이야 네 마음대로 해도 좋다만 한 가지 청이 있다."

"무슨 소청이신지 말씀을 하십시오. 어머니."

"너도 잘 알다시피 나에게는 자식이라곤 오직 너 하나뿐 뒤가 없으니 후사(後嗣)는 어떻게 하며, 이 많은 가산을 누구에게 물려주겠느냐. 너와 너의 아버지가 이 세상을 떠나면 모두 나라에서 회수할 것이니 아깝지 않겠느냐. 이제 공부도 어지간히 하였을 것이니 출가행을 그만 두고 집으로 돌아와 보시공덕이나 닦도록 하여라.”

이 말을 들은 수제나는 어머니와 아내의 생각이 머리를 스치면서 눈물이 나옴을 금할 수 없었습니다. 또 옆에서 울고 있는 아내의 손을 잡고 하늘을 바라보고 탄식도 하였으나 드디어 애욕의 노예가 되어 아름다운 아내의 손을 잡고 고요한 곳에 가서 정을 통했습니다.

그후 수제나는 고뇌에 빠졌으며, 이 사실이 부처님께 전해지자 곧 수제나를 불러 꾸짖으셨습니다.

“나의 청정신성한 승가 대중아, 너희들은 수제나의 범죄에 대해 충분히 알고 있는가? 지금이야말로 계를 제정하지 않으면 안 될 때가 왔다. 그 까닭은 이러하다.”


1. 승중화합(僧衆和合)을 위해

2. 승중조섭(僧衆調攝)을 위해

3. 악인의 조복(調伏)을 위해

4. 참괴자(慚愧者)에게 안락(安樂)을 주기 위해

5. 현세의 번뇌를 끊기 위해

6. 후세의 욕됨을 멸하기 위해

7. 미신자(未信者)에게 믿음을 주기 위해

8. 신자의 선심(善心)을 증장시키기 위해

9. 불법이 영구한 등명(燈明)이 되기 위해

10. 계율을 따르는 청정행자(淸淨行者)가 오래도록 탁세(濁世)의 대

도사(大導師)가 되기 위해

이 10종 이익을 위해 불법 중에 계를 조정하노니 다음과 같이 외우라고 하셨습니다.

"만일 비구로서 부정음법계(不淨婬法戒)를 행하면 바라이죄이니 아울러 승단에 있을 수 없도다."라고 말씀하시어 불사음계를 제정하셨습니다.

## ───── 방일(放逸) 비구를 위한 계의 정정

'불사음계'를 규정하신 뒤 한참 있다가 이른바 방일(放逸) 비구가 생겨났습니다.

부처님이 사위성에 계실 때 제자 비구들 가운데 청정범행(淸淨梵行 : 음행을 끊는 것)을 할 수 없는 사람들이 많이 생겨서 입을 모아 불법을 비방했습니다. 그들은 비구로서 도저히 할 수 없는 말과 행동을 하고서도 추호도 뉘우침이 없었습니다. 그들은 말했습니다.

"세상에서 불법에 출가하는 것처럼 힘들고 고생되는 것은 없다. 앞으로 우리 다 같이 재가백의(在家白衣)의 생활이나 외도이학(外道異學)의 법을 배워 봄이 어떠한가. 그래서 세상 사람들이 하는 일과 외도이학들이 하는 것을 마음껏 하여 보지 않겠는가.

도대체 마을에 들어가 걸식(乞食)을 하는 데 따로 정해진 시간을 두는 것부터 없었으면 좋겠다. 살생이나 도적질이나 술 마시는 것이나 육식, 음욕도 제지하는 법이 없이 대낮에 연극을 보거나 노래를 들고 즐기는 일도 조심할 필요가 없게 되지 않는가.

출가자도 재가자도 외도를 따르는 사람도 다 같은 사람에 틀림 없다. 사람이 사람의 법을 배워 수행하는 것이 도에 장해가 된다고 하는 것이 불법이라면 우리는 모두 개종하자.”

대개 이렇게 비방하는 것을 거리낌 없이 공언(公言)하는 무리가 있는가 하면 외도이학의 행동을 하고도 부끄럽게 생각하지 않는 나쁜 무리까지 있었습니다. 그래서 불법의 앞날을 근심하는 장로들은 몸을 결백하게 하는 소욕지족(少欲知足)의 지계생활(持戒生活)과 비교할 때 너무나 거리가 먼 현상이어서 앞날을 몹시 근심하게 되었습니다. 이 일을 마침내 세존이 아시고 승단의 전 대중을 집합하시어 거듭거듭 그들의 비행부덕(非行不德)을 책망하셨습니다.

“참으로 기개가 없는 출가자라면 도대체 무슨 뜻으로 출가하였는가, 이 티끌 세상[塵世]에서 죽는 한이 있더라도 우리 승단을 다시 일으키려는 큰 뜻을 품지 않고 있단 말인가. 이제 와서 여래의 성법(聖法)을 비방하는 것은 무서운 저 사자의 몸속을 파들어 가고 있는 벌레 같은 존재로다. 지금 이후로는 내 제자 중에서 백의(白衣)의 생활이나 외도의 의법(儀法)을 절대로 말해서는 안 된다. 만일 외도의 의법을 말한다면 그 말 한마디 한마디가 다 큰 죄 투란차죄(偸蘭遮罪 : 바라이죄에 이르게 할 수 있는 죄)에 해당한다는 것을 명심하라. 또 백의(白衣)의 생활을 찬양하면 그 한마디 한마디가 다 악작죄(惡作罪)이다.”

이와 같이 크게 꾸짖으셨습니다. 그 뒤 세존께서 왕사성으로 돌아오셨을 때였습니다.

손타라난타(孫陀羅難陀)란 비구가 있었는데 처음에는 출가한 성자로서 체통과 명예를 한 몸에 지니고 많은 사람들로부터 존경과 공양을 받았습니다. 그런데 어떤 계기에서인지 정진을 소홀히 하여 지계(持戒)와 범행(梵行)을 힘들여 닦지 않고 있었습니다. 심지어 때로는 외도의 의법을 공부하기도 하고 백의의 생활을 해보기도 하고 자진하여 살(殺)·도(盜)·음(婬)의 죄까지 범하는 철면피로 타락되고 말았습니다. 뿐만 아니라 세상의 신임도 완전히 떨어지고 말았습니다.

불법을 좋아하지 않는 거사들이 입을 모아 이 악행사문(惡行沙門)을 꾸짖기를

"저런 행색을 하고도 석가모니의 제자라 할 수 있는가. 저게 사문이라면 세상에는 죄인이 한 사람도 없을 것이 아니냐. 저 놈은 겉모양은 비구지만 매일처럼 5욕의 쾌락에 빠져 있다. 양 머리를 달고 있으면서 개고기를 파는 놈처럼 겉으로는 훌륭한 체하고 실상은 음흉한 짓을 하는 불선부덕(不善不德)의 악한이다. 저놈의 행동은 사문의 행에도 바라문의 행에서도 찾아볼 수 없다. 아마 사문의 법과 바라문의 법을 전혀 알지 못하는 놈에 틀림없다. 저런 쓰레기와 같이 필요치 않은 존재는 하루바삐 이 사회에서 없애 버려야 된다. 누가 저 놈을 사문이라고 생각하겠는가."

라며 모두 그를 비방하는 소리가 날로 높아 갔습니다. 그런데 손타라난타는 어느 날 무슨 생각에서인지 승단에 찾아 와서 여러 장로들에게 다시 자기에게 출가수계(出家受戒)하여 달라고 애원하였습니다. 그렇지만 어느 누구 한 사람도 그것을 들어줄 리 없었고

"직접 세존께 나아가 사뢰어 보라."

고 할 뿐이었습니다. 그는 할 수 없이 부처님 앞에 가서 무릎을 꿇고 애원했습니다. 부처님은 대중을 모으시고 명랑한 하늘의 목소리[梵聲]로 말씀하셨습니다.

“이 손타라난타는 비구가 아니다. 여래의 제자라고 할 수 없다. 그래도 과거에 수계를 준 일이 있다면 마땅히 승가 대중의 이름으로 백사갈마(白四羯磨)의 멸도법(滅振法)에 따라 당장 우리 청정승단에서 쫓아냄이 옳을 것이니라.”

이렇게 해서 손타라난타는 바라이죄를 범하고 승단에서 쫓겨나게 된 첫 번째 비구가 되었습니다.


──────── **사음(邪婬)의 보(報)**


■  **재목상[木商]이 범에게 죽다**

중국 명(明)나라 세종(世宗) 가정연간(嘉靖年間 : 1522~1566)에 의흥(宜興)이라는 곳에 절개 높은 진(陳) 씨 여인이 있었습니다. 그는 자색이 뛰어났는데 이웃의 목상이 그를 보고 백방으로 유인하지만 범할 수가 없으므로 밤에 그 집에 나무를 얹어서 그 집에서 도둑질하여 간 것처럼 꾸며 놓고 관(官)에 들키게 한 뒤 관리에게 뇌물을 써서 진 씨로 하여금 자기의 욕망을 따르도록 작용을 하게 했습니다. 그러나 진 씨는 주야로 무사하기만 기도했는데, 하루 저녁 꿈에 신(神)이 나타나 말했습니다.

“이미 검은 호랑이에게 명하였다.”

꿈을 꾸고 난지 얼마 안 있어 재목 상인이 산에 들어갔는데 검은 호랑이가 바위 뒤에 숨어 있다가 뛰어 나와서 잡아먹었다고 합니다.

## ■ 하나는 참살되고 하나는 급제하다

중국 명나라 때에 직성(直省)에 한 선비(甲)가 있었는데 그는 당시 서울인 남경(南京)에서 시행하는 과거에 응시하기 위해서 남경으로 올라갔습니다. 요즈음으로 말하면 여관 같은 객점을 정해서 묵게 되었는데, 그 건너 집의 여인이 그 선비(甲)를 보고 마음에 두었다가 시험이 끝난 뒤에 종을 보내어 만나기를 청했습니다.

그러나 선비(甲)는 자신의 인격과 음덕(陰德)에 행여 누가 될까 두려워하여 거절했습니다. 그런데 이 선비와 같이 묶고 있던 또 다른 선비(乙)가 이 일을 눈치채고 거짓으로 자기가 갑(甲)인 척하여 밤에 그 여인에게 가니 종이 어두운 밤에 분별하지 못하고 끌어들여서 여자와 자게 하였는데, 깜박 잊어버리고 대문을 잠그지 않은 까닭으로 그 아버지가 밖에 나갔다가 새벽에 돌아와서 이 일을 보고 크게 노하여 둘을 다 머리를 벤 뒤 관청에 자수하였고 한 선비(甲)는 이튿날 방(榜)에 장원급제하였음이 발표되었다는 기록이 『계음휘설(戒婬彙說)』에 기록되어 있습니다.


## ■ 형은 급제하고 아우는 낙방하다

중국 난창(南昌)에서 옛날에 한 쌍둥이 형제가 있었는데 용모와 음성이 조금도 다름이 없어서 부모도 분별하기 어려워 의복 빛깔로 분별할 정도였습니다. 그리고 형제는 공부도 똑같이 잘하여 함께 과거를 보기 위해 서울에서 한 집에 동거하더니 이웃에 있는 여자가 형에게 뜻이 있어서 형을 조르므로 형은 거절하고 또 아우도 염려가 되어 아우에게도 단단히 경계하였습니다.

그러나 아우는 거짓으로 주의하겠다고 대답하고는 그 여인에게 형으로 가장하여 여인과 정을 통했습니다. 그리고 과거에 급제하고 나면 결혼하길 약속했는데, 그 뒤 방(榜)이 났는데 형은 등제하고 아우는 낙방하였습니다. 그 여자가 형이 와서 자기를 데려가기만 고대했지만 소식이 묘연하므로 필경은 원한을 품고 죽었는데, 그 뒤 형은 장수를 누리며 자손이 창성(昌盛)하고 잘 살았으며 아우는 일찍 죽고 후사도 없었다고 합니다. 이 일은 『감응편광소(感應篇廣疏)』에 기록되어 있습니다.

## ─────── 범행(梵行)의 보(報)

『칠불멸죄경(七佛滅罪經)』에는, '음계(婬戒)를 가지면 5선신(五善神) 즉 ① 정결(貞潔) ② 무욕(無欲) ③ 정결(淨潔) ④ 무염(無染) ⑤ 갈조(褐藻)가 시위(侍衛)한다.'라고 하셨고 『불반니원경(佛般尼洹經)』에는 '음계(婬戒)를 가지면 능히 5종 복덕을 더하나니 5종 복덕은

① 많은 사람이 칭찬하고[多人稱譽],

② 관청이 두렵지 않으며[不畏縣官],

③ 몸이 항상 편안하고[身得安隱],

④ 죽어서 하늘에 나며[死生天上],

⑤ 마침내 불도를 이룬다[究竟得道].'

라고 하였습니다.

또 『해탈요문(解脫要門)』에 이르기를, '만일 음업(婬業)을 참회하고자 하면 모름지기 여근(女根)을 독사의 입과 같이 보면 그 죄가 스스로 멸할 것이니 음계를 범한 이는 불가불 알아야 하리라.'라고 하였

습니다. 이러한 계는 재가중과 출가중에 다 해당하는 계이지만 특히 출가중의 단음(斷婬)을 가리킨 것이라 할 것입니다.

### ■ 밤을 지내도록 마음이 움직이지 아니하다

중국 명나라 선종(宣宗)의 선덕연간(宣德年間 : 1426~1435)에 조문충(曹文忠) 정공내(正公鼐)가 태화전리(泰和典吏)가 되었을 적에 도적 잡은 일과 관련하여 역정(驛亭)에서 한 미녀를 얻게 되었습니다. 관원이 미녀를 데리고 왔다.

"이 여자를 공(公)에게 맡기려 합니다."

이에 조공(曹公)이 말하기를,

"어찌 처녀를 범하리오."

하고 종이에

"조내야, 옳지 않다[曹鼐不可]"

라고 네 글자를 써서 불에 태우고 밤이 다하도록 마음이 움직이지 아니했으며, 날이 밝은 후에 그 여자를 집으로 돌아가게 한 일이 있습니다. 뒤에 과거시험[殿試對策]을 볼 적에 홀연히 한 종이가 앞에 나부끼는데, '曹鼐不可' 네 글자가 보이더니 문득 그날 밤의 일이 생각나면서 글을 곧 지어 장원급제를 하였다고 합니다.

이 일은 『광인품(廣仁品)』에 실려 있습니다. '전시대책(殿試對策)'에서 전시(殿試)는 천자가 친히 행하는 진사의 시험이요 대책(對策)은 관리를 등용(登用)하는 데 경의정사(經義政事) 등의 문제를 내어서 응시자의 학문을 시험하는 것을 말합니다.

■ 한 달 넘게 같이 있어도 삿된 생각이 없다

중국 명(明)나라 중종(中宗)의 가정(嘉靖 : 1522~1560) 말에 장상(漳庠)의 왕일청(汪一淸)이 난리를 만나 적에게 잡혔는데 적이 한 여자를 붙들어 온 것을 살펴보니 동학(同學)한 벗의 아내였습니다. 이에 누이로 삼고 풀려서 나가기를 기다리면서 지내는데 적이 한 방에 가두어서 상대한 지 한 달여[月餘]에 이르렀지만 삿된 생각[邪念]이 일어나지 아니하였다 합니다. 그 뒤 풀려서 돌아오니 벗이 울고 절하여 사례하였고 왕(汪)은 따라서 급제했다고 하는 기록이 『속필승(續筆乘)』이란 책에 있습니다.


■ 천지귀신이 있는데 어찌 나를 더럽히랴

중국 신주(信州)에 임무선(林茂先)이란 사람이 문을 닫고 글을 읽는데 이웃의 부잣집 여자가 그 남편의 배우지 아니하는 것을 싫어하고 무선(茂先)의 재주와 덕망 있음을 사모하여 그에게 접근해 왔습니다. 이때에 무선이 정색하고 말하기를,

"남녀의 분별이 있고 예법에 용납지 아니하며 천지귀신이 하늘의 별처럼 내려보고 있는데 나를 더럽히려 하시요."

라고 하였습니다. 이 말을 들은 그 여자가 부끄러워서 울며불며 갔는데, 그후 무선이 과거에 급제하여 귀하게 되고 세 아들도 다 과거에 급제하였다는 기록이 전해옵니다.


■ 음심을 한 번 안 냄으로 4선(四善)이 구비하다

중국 귀안(歸安)의 모록문(茅鹿門)이 약관(弱冠 : 20세)에 여도(餘姚)에 유학(遊學)하여 전응양(錢應楊)을 스승으로 섬기는데, 전(錢) 씨에게 여

종이 있어서 모(茅)를 엿보고 서실(書室)에 이르러 고양이 소리를 내어 모(茅)를 유혹하려 하므로 모(茅)가 정색(正色)하여 말했습니다.

"내가 멀리 나와 스승을 좇는데 만약 예를 어겨 서로 범하면 어찌 돌아가서 부모를 뵈오며 또 무슨 얼굴로써 너의 주인을 대한단 말이냐."

이 말을 들은 종이 부끄러워서 나가 버렸는데 그 뒤에 모(茅)가 등과(登科)하여 문장으로 이름을 크게 떨쳤습니다. 『모공문집후서(茅公文集後序)』에 다음과 같이 평하였습니다.

'어버지의 인덕(仁德)을 생각했고, 스승의 의리를 높였으며, 예의와 절개를 지켰고, 지혜를 미혹시키지 않았으니, 한 번 음행을 범하지 않아, 네 가지 선을 구비하도다[念親仁也 尊師義也 守節禮也 不惑智也 一不淫而 四善具備矣].'


■ 부인은 문을 잠그고 남편은 창을 넘어 나오다

중국 진강(鎭江)에 근유(靳瑜)라는 사람이 쉰 살이 되도록 아들이 없었습니다. 부인이 돈을 내어 이웃집의 여자를 첩으로 사서 놓고 근(靳)이 밖에서 돌아오기를 기다려 방에 술상을 차려 놓고 이 여자로 하여금 모시게 했는데, 그 사유를 근(靳)에게 아뢰었습니다. 그러자 근(靳)은 얼굴빛이 크게 붉어졌습니다.

"부인의 후의(厚意)는 고마우나 이 여자가 어렸을 때에 내가 끌어 앉고 항상 시집 잘 가기를 축원해 준 아이인데 이제 늙고 병이 많은 사람이 욕을 보일 수 없소."

라고 하며 돌려보냈습니다. 다음 해에 부인이 아들을 낳아서 17세에 발해(發解)하여 지위가 재상(宰相)에 이르고 문희공(文僖公)이 되었습니다. 이 일은 『의행록(懿行錄)』에 실려 있습니다.

발해(發解)는 주현(州縣)의 시험에 우등한 자가 있을 때에 그 지방 관청에서 해(解 : 公文書)를 중앙정부에 발송하여 다시 그 사람을 서울에서 시험하여 뽑는 제도를 말한다. 『의행록(懿行錄)』에서 이 일을 두고 다음과 같이 평(評)했습니다.

'무자(無子)한 까닭으로 첩을 두었다가 첩을 보내지 아니한다고 반드시 아들을 낳는 것이 아닌데, 지금 사람들은 아들이 없으면 첩 두기를 생각하니 욕화(欲火)는 더욱 치성하고 복덕은 더욱 경감하는 것이 목 마른데 소금물을 먹으면 목이 더 마르는 것과 같은 것을 깨닫지 못하도다.'


■ 선(善)을 베푸는 데 애욕을 함께하지 말지니라

중국에서 곤릉(崑陵)에 사는 전(錢) 씨가 재산이 그 고을에서 제일 많았고 또 선행(善行)을 하지만 자식이 없었습니다. 마을에 유(喻) 씨가 전 씨에게 돈을 빌리려 청하니 전 씨가 쾌히 꾸어 주었습니다. 그 뒤에 유 씨가 처녀를 데리고 와서 사례하므로 전 씨의 부인이 유 씨의 딸을 보니 자색(姿色)이 있으므로 유 씨에게 자기 남편에게 딸을 주기를 청하니 유 씨가 대단히 기뻐했습니다. 이때 전 씨가 말하기를,

"사람의 위기를 틈타 자기 애욕을 도모하는 것은 지혜가 아니요."

하고 급히 돌려보냈습니다. 이날 저녁 부인의 꿈에 신이 나타나서 다음과 같이 현몽을 했습니다.

"너희 남편의 덕이 후하여 마땅히 너에게 귀자(貴子)를 주노라."

그뒤에 과연 아들을 낳으매 이름을 천사(天賜)라 하였는데 후세에 향시(鄕試)와 회시(會試)에 다 급제했다고 합니다.

『의행록(懿行錄)』에 다음과 같이 평(評)했습니다.

'경에 이르기를, '음인부녀(姪人婦女)가 절사보(絶嗣報)를 얻는다' 하였으니 이것을 뒤집어 생각하면 가히 깨달을 바로다.'

또 한 가지 부인이 임신 중에 그런 짓을 하면 안 됩니다. 또 부부간이라도 성왕당이라든지 산속 같은 데서 그런 행동을 하면 안 됩니다. 이것을 부처님이 지극히 경계하셨는데 인도라는 데는 열대 지방이 되어서 옷도 이상하게 두르게 되어 있는데다 지방을 따라 남녀의 예의가 문란한 데가 있고 속된 풍속이 유행하는 데가 많기 때문에 부처님이 지극히 그것을 경계하시고 금하셨습니다.

그런데 우리 동방에서는 본래부터 남녀관계가 그렇지는 않습니다. 될 수 있으면 부부지간에 화합한 정신으로 그런 일이 없도록 해야 됩니다. 그리고 또 한 가지는 남편이 혹 부정한 짓을 했다 하더라도 부인까지 따라서 그렇게 하면 절대 안 됩니다. 여자가 난행(亂行)을 하면 2세가 나쁘다는 겁니다. 아들딸을 나쁘게 낳는다는 겁니다. 그래서 그것을 무겁게 경계한 것입니다. 그럴 때엔 여자가 지혜롭게 해야 합니다. 어떤 남자가 자기 부인 보고 말했습니다.

"내가 작은 마누라를 하나 얻어야 되겠오."

"어디 작은 부인이라도 얻어야 할 그런 근거라도 있습니까?"

"맹자에 일처일첩(一妻一妾)이라 한 데가 있으니 첩 하나는 두어야 한다는 뜻 아니겠소."

"그래요, 그럼 나도 남편을 하나 얻어야 되겠습니다."

“어디 부인이 남자를 얻는다는 말이 있단 말이요.”

“소학(小學)에 보니까 소장부(小丈夫)·대장부(大丈夫)라고 그랬는데 대장부는 남편이고 소장부는 둘째로 얻은 남편 아니겠습니까?”

부인의 그 말에 막혀 남편이 첩을 못 얻었다는 그런 애기도 있습니다만 남편이 바람을 피우고 그러더라도 부인네가 지혜롭게 막을 수가 있습니다. 그걸 자꾸 그런다고 시비할 게 아니라 될 수 있으면 남편네가 그런 데에 눈 뜨지 않게 하는 것이 선견지명의 지혜라고 그럽니다. 이런 점을 절대 가정에서 조심해서 해야 됩니다.

# 제4중계
# 거짓말하지 말라
妄語[57]戒

---

若佛子가 自妄語[58] 敎人妄語[59] 方便妄語[60]하야 妄語因妄語緣妄語
약불자  자망어  교인망어  방편망어      망어인망어연망어

法妄語業으로 乃至不見言見하고 見言不見하야 身心妄語리요 而
법망어업      내지불견언견      견언불견      신심망어      이

菩薩이 常生正語正見하야 亦生一切衆生正語正見이어늘 而反更起
보살  상생정어정견      역생일체중생정어정견      이반갱기

一切衆生邪語邪見邪業者는 是菩薩의 波羅夷罪니라.
일체중생사어사견사업자  시보살  바라이죄

너희 불자가 스스로 거짓말하거나 방편으로 거짓말하되 '거짓말
하는 인(因)'이나 '거짓말하는 반연'이나 '거짓말하는 방법'이나 '거짓
말하는 업'을 짓겠느냐. 보지 못한 것을 보았다 하며, 본 것을 보지
않았다 하고, 몸이나 마음으로 거짓말하지 말지니라. 보살은 바른
말을 하고 바른 견해(見解)를 가지며 모든 중생에게 바른 말을 하게
하고 바른 견해를 가지게 할 것이어늘 도리어 중생의 잘못된 말과
잘못된 견해와 잘못된 업을 일으키는 것은 보살의 바라이죄니라.

---

**57 망어(妄語)** 사실이 아닌 허위의 말이다. 여기에 소망어(小妄語)와 대망어(大妄語)가 있다. 대망어에는 자신이 스스로 성자의 경지
에 이르렀다고 사람을 크게 음혹한 거짓말이고 그 이외의 거짓말은 소망어에 속한다.

**58 자망어(自妄語)** 스스로 거짓말하는 것. 자기가 자기 입으로 상대에게 거짓말할 것. 곧 '내가 10지(十地)를 얻었다. 4향4과(四向四
果)를 얻었다. 6통8해탈(六通八解脫)을 얻었다. 하늘이 오고 용이 오고 귀신을 만나서 이야기 했다.'는 등의 말을 하여 명리를 도모
하면 대망어(大妄語)가 되고 기타의 망어는 경죄(輕罪)이다.

**59 교인망어(敎人妄語)** 사람을 시켜서 나를 칭찬하고 미덕이 있는 것처럼 선전하여 나의 명리를 도모하는 것은 중죄(重罪)에 해당하
고 사람을 시켜서 그 사람 스스로가 성인이라고 하여 그 명리가 그 사람에게 돌아가도록 하는 것은 다만 경구죄(輕垢罪)에 해당한
다. 따라서 『범망경』의 이 계는 이 둘을 다 겸하여 제지하고 있는 바이다.

**60 방편망어(方便妄語)** 여러 가지 간접적인 방법을 동원해서 하는 거짓말, 혹은 주술을 통해서 꿈에 나타나게 하는 거짓말 등.

위에서 말한 제1중계 살생, 제2중계 도둑질, 제3중계 음행은 다 몸으로 짓는 신업(身業)인데 대해 이 거짓말은 입으로 짓는 구업(口業)입니다. 그리고 여기에 네 가지가 있으니, 첫째는 거짓말, 둘째는 기어(綺語),[61] 발림말 곧 비단결같이 부품하게 알라 바치는 말. 셋째는 양설(兩舌),[62] 두 가지로 혀를 놀리어 이쪽에 이 말하고 저쪽에 저 말하고 이간질 붙이는 말. 또 넷째는 악어(惡語),[63] 악한 말 하는 것 곧 악담을 말합니다.

'구시화문(口是禍門)'이라고 입이 화의 문[禍門]이라고 합니다. 입을 도끼라고도 하는데 입이 자기 몸을 도끼질을 하다는 뜻입니다. 본 것도 안 보았다, 안 본 것도 보았다, 또 내가 듣고도 못 들었다, 안 들은 것도 들었다, 이렇게 거짓말을 합니다. 이런 거짓말이 때로는 사람을 죽이기도 하고 남의 재산을 없애기도 하고 온갖 범죄의 바탕이 되기도 합니다.

또 역시 아첨하는 말, 푸짐한 말을 잘하는 사람은 대면해서는 그대 말이 옳고 그대가 제일이라고 칭찬하다가 뒤를 돌아서면 네까짓게 무어냐는 식으로 욕을 하고 헐뜯는 것을 기어(綺語)라 합니다. 그걸 면시배비(面是背非)라고 하여 앞에서는 옳다고 하고 뒤돌아서서는



---

**61 기어(綺語)** 화사하고 부푼 말, 아첨하는 말, 의로움이 없고 이익이 없는 말, 대면해서 칭찬을 하고 뒤로 돌아서서는 험담하는 류 등.
**62 양설(兩說)** 이 쪽에 저 쪽 말을 이상하게 하고 저 쪽 말을 이 쪽에 어긋나게 말하여 두 사람 사이를 이간을 붙여서 싸움을 일으키는 말.
**63 악어(惡語)** 추악하고 독살스런 말로 남을 욕하여 분류하게 하고 저주하는 말을 하여 상대로 하여금 견디기 어렵게 하는 말.

그르다고 하는 이런 말은 다 죄업을 짓고 화를 부르는 나쁜 구업입니다.

또 두 가지로 혀를 놀려서 여기에 이 말 하고 저기에 저 말을 함으로 두 사람 사이를 갈라놓고 싸움 붙이는 양설(兩舌)의 구업이 또한 무서운 죄업이므로 경계하셨습니다.

또 네 번째 나쁜 구업인 악어(惡語)·악담(惡談)이 있습니다. 악어살인(惡語殺人)이라고 악한 말을 하는 것은 살생과도 같다는 겁니다. 욕설을 한다든지 맹세를 한다든지 저주를 한다든지 하는 말은 다 못 쓰는 겁니다.

과거에 연화색 비구니가 전생에 자기 남편이 작은 마누라를 얻어서 아들을 낳은 것을 못을 박아 죽였습니다. 그리고 자기의 의심을 덜기 위해 '내가 만약 그 애를 그렇게 죽였다면 내가 낳은 아기는 범이 물어 가고 물에 빠져 죽고 남편은 뱀에 물려 죽을 것이다.' 하고 다짐하여 맹세를 했다는 것입니다. 그런데 금생에 그런 것을 다 받았습니다. 아이 셋을 낳았는데, 물 건너 가다가 물에 빠져 죽고 남편이 뱀에 물려 죽고 또 아이 하나는 범에 물려 가고 그래서 중이 데려갔는데 부처님께서 하시는 말씀이, '네가 과거 전생에 말을 잘못해서 그렇게 되었느니라.' 그러셨습니다. 그러니까 결국은 구업이라는 게 그렇게 무섭다는 겁니다. 특히 맹세는 하지 말라는 겁니다. 특히 '만약 내가 그런 짓을 했다면 내생에 내가 어떻게 어떻게 되겠다'라는 식으로 맹세를 하는 말을 하기 쉬운데 절대 하지 말라는 겁니다.

또 거짓말에 대망어(大妄語)와 소망어(小妄語)가 있는데 승려로서 공부를 하다가, '아! 내가 깨달았다, 내가 성지성법(聖智聖法)에 들었다, 내가 모든 걸 깨달았다, 내가 아라한과를 얻었다, 내가 수다원과를 얻었다, 불환과를 얻었다, 내가 견성을 했다, 내가 저 천공(天供 : 하늘공양)을 받아 먹는다, 누가 천상에서 나에게 공양을 갖다 바친다.' 하고 과장된 말로 거짓말하는 경우가 있습니다. 그것은 승려로서 하지 말아야 될 큰 거짓 말[大妄語]입니다.

또 흔히 신도님들 가운데는 기도를 하다가 무얼 하나 보면, '나는 관세음보살을 집혔다. 나는 제석천을 집혔다.' 하고 허황된 소리를 해서 사람을 속이는 수가 있습니다. 그런 거짓말을 하지 말라는 것이고, 뭘 아는 것처럼, 도가 열려서 앞일을 다 아는 것처럼 하는 것이 큰 거짓말에 속하는 겁니다.

지욱(智旭) 스님은 거짓말에 다음과 같은 네 가지 구별이 있다고 했습니다.

곧, '본 것을 보지 않았다[見言不見]'라고 하고 '보지 않은 것을 보았다[見不言見].'라고 하는 것, 이렇게 듣고 감촉하고[覺], 지각하는 것[知]에도 각각 두 가지 경우가 있어서 다 8종의 망어가 된다고 했습니다. 여기에 눈의 안근(眼根)에 대한 것이 견(見)이고 귀의 이근(耳根)에 대한 것이 문(聞)이며 코(鼻) · 혀(舌) · 몸(身)의 세 가지는 감촉이니 각(覺)이라고도 촉(觸)이라고도 한다고 했습니다.

또 코의 비근(鼻根)에 의한 감각은 여기서 문(聞)과 같이 이름 붙였고, 생각의 의근(意根)은 지각 곧 지(知)라고 했으며 또 '실제로 있는 것을 없다[實有言無]'라고 하고, '실제로 없는 것을 있다[實無言有]'라고 하며, 내지 '바른 법을 그른 법[法說非法]'이라 하고 '그른 법을 바른 법[非法說法]'이라 하는 등이 그것이니, 다만 마음과 어긋나게 말하는 것이 다 망어(妄語)라 한다고 했습니다.

## ─────── 망어계 제정의 동기

부처님께서 비사리성에 계실 때였습니다.

큰 흉년이 들어 백성들은 굶주림에 시달렸으며, 비구들이 성안에 들어가 탁발(托鉢 : 걸식)을 하는 데도 바루가 비어 있을 때가 많았습니다. 이것을 아신 세존께서 비구들에게 자비로운 말씀으로 훈계하셨습니다.

"너희들은 참 안 됐다. 각각 아는 사람을 찾아 사방으로 흩어져서 안거하는 것이 좋을 것이다. 언제까지 나와 같이 있으면서 주림의 고통을 당하는 것은 안 될 말이다."

부처님의 이 말씀을 들은 제자들은 울면서 사방으로 흩어졌습니다. 대부분은 마갈타국 방면으로 가고 일부는 바구말하 강변의 마을로 옮겼습니다. 바구말하 강변의 일단의 노비구들은 한 곳에 모여 구급책을 논의하였습니다. 그 결과 '성과(聖果)를 얻었다'라고 서로 찬탄함으로 신도들의 존경심[渴仰心]을 유도하자는 데 의견의 일치를 보았습니다. 그들은 그 이유로써 '흉년의 출가인으로서 방편을 쓰지 않으면 수행도 할 수 없다. 서로 신력(神力)과 성과(聖果)가 있다고 찬탄하여서, 재가자들의 희사(喜捨)를 모으는 것이 제일이다. 그러니 지금부터 아무 장로는 초선(初禪)을 얻었다, 나도 역시 같은 묘경(妙境)에 들었다, 아무 대덕은 2선·3선·4선·사무량처·사무색정·내지 4과와 6통을 깨달아 얻었다.'는 등으로 널리 알리자는 것이었습니다. 그리하여 이 마을 저 마을에서 대사문 찬탄의 설법이 시작됩니다.

"여러분들에겐 큰 이익이 올 것입니다. 범행성자(梵行聖者)의 대복사문(大福沙門) 여러분의 마을에 안거하고 계십니다."

라고 이구동성으로 서로 찬탄하는 이 소문은 곧 이웃 마을로 퍼지고 퍼져 나갔습니다. 마을 사람들은,

"이렇게 거룩한 공덕을 쌓을 수 있는 시기를 어찌 다시 구할 수 있으리요.."

하고 빈부귀천·남녀노소 할 것 없이 모두 다투어 공양할 준비를 하게 됐습니다. 그들 중에는 자기들이 먹는 음식을 절약하고 노부모와 처자에게 줄 음식을 절약하여 보시했으며, 심지어는 제사까지 중단하고 제물을 내놓는 신자도 있었으며, 혹은 외도 사문에게 보시할 물건을 모두 다 공양하는 거사들도 있었습니다.

이와 같이 비구들의 구급책은 성공을 이룬 가운데 우기 3개월을 다 지냈으며, 안거가 끝난 비구는 사방에서 세존 곁으로 돌아왔습니다.

세존께서는 일일이 그들에게 고생하고 지낸 일에 대해서 위로의 말씀을 내리셨습니다. 마갈타에서 안거한 비구들을 비롯하여 사방에서 달려 온 사문불자의 오체가 아무 심히 쇠약했으며, 얼굴이 말이 아니게 초췌해졌으므로 세존은 일일이 자비스러운 눈으로 따뜻하고 부드러운 빛을 그들 머리 위에 쬐어 주시었습니다. 그리고

"오, 너희들 참 잘 돌아왔다. 안거 중에는 평화롭게 수행할 수 있었느냐. 걸식은 어렵지 않았느냐. 장도의 여행에 얼마나 피로했겠느냐."

"세존이시여, 오랫동안 존안을 우러러 뵈옵지 못하였나이다. 법체강령하셨사옵니까. 다행히 저희들은 안거도 무사히 끝냈사옵고, 여행 중 고생도 아니 하였사오며, 피로도 없사옵니다. 그저 어려웠던 일은 걸식이 어려웠을 따름이옵니다."

흉년의 출가자들은 창백한 얼굴을 서로 바라보며 위로했습니다.

그때 오체가 살이 찌고 얼굴에 기름기가 흐르는, 딴 세상에서 온 듯한 일단의 사문이 자신만만하게 당도했습니다. 이들에게도 세존이 따뜻한 자비로운 말씀으로 위로하셨습니다.

"아, 바구말하 강변에서 안거한 비구들이여, 안거 중 무사하고 밥은 굶지 않았으며, 여행 중 큰 고생은 없었는가."

"세존이시여, 저희들은 안거도 아주 편안하게 마쳤사옵고, 걸식에도 아무 어려움이 없었사오며, 여행 중에 고생도 없었사옵니다."

"아 그런가, 그게 참 알 수 없는 일이로구나. 이 흉년에 걸식이 어려운 것은 다 같은 사정일 터인데 너희들만 어찌해서 그렇게 살이 쪄서 왔느냐."

"그러하옵니다. 저희들은 방편을 써서 재가 신자들에게 보시를 잘 하도록 만들었나이다."

하고 의기양양하여 그 방편내용을 털어 놓았습니다. 이 말을 들으신 세존의 안색은 점점 변하셨습니다.

"참으로 어리석구나, 그것은 그른 법[非法]을 행한 것이요, 해탈도에 위배되는 것이다. 전혀 용서할 수 없는 거짓말로 사취(詐取)한 것이다. 어떠한 기갈로 심한 고생을 하더라도 차라리 돌을 구어 먹고 구리를 녹여 마실 경우가 있을지언정 거짓말로 사람들로부터 신심과 보시를 하게 하는 탐욕을 어찌 할 수 있단 말이냐. 더구나 출가자가 가장 존중해야 할 신통성과(神通聖果)를 경솔히 망언한 것은 도저히 용서받을 수 없는 잘못이로다. 내가 늘 얼마나 헐뜯는 말[毁語]·거짓말[妄說]의 죄업을 꾸짖었으며, 진설(眞說)·직어(直語)의 공덕을 찬탄하였더냐? 겨우 한때의 이용후생(利用厚生 : 이익)을 위해 그런 짓으로 편한 덕을 보는 것에 눈이 어두워 함부로 신력묘법(神力妙法)

을 헛되게 말하는[虛說狂語] 사람이 있다면 사문의 신분을 저버린 도적이다. 진실로 너희들은 도적놈이로다. 아주 무서운 큰 도적이로다. 대저 세상에는 다섯 가지 큰 도적이 있느니라.

첫째, 수천 명의 도둑의 두목이 되어 도시[城]나 마을을 파괴하면서 사람을 죽이고 재물을 약탈하는 무리들이고,

둘째, 많은 비구들이 몰려다니며 사회에 얼굴을 내밀고 불법 아닌 사법(邪命)을 설법하면서 의기양양한 나쁜 비구들이며,

셋째, 여러 설법을 훔쳐 자기의 가르침이라고 거짓말[妄言]하는 악사문(惡沙門)이며,

넷째, 진실한 범행(梵行)도 없으면서 스스로 범행과 범행자라고 사칭하는 악비구들이며,

다섯째, 오로지 한 때의 이득을 위해 아무 도과(道果)도 얻은 것이 없으면서 신통묘력이 있다고 거짓말하는 악비구들이니라.

이러한 다섯 도적[五賊]은 일체 세간의 하늘·인간·아수라·바라문·사문 등 모든 중생 가운데서 최대 최악의 큰 도적이니라.

열 가지 이익을 위해 불법과 승가의 영원불멸을 위해 여기 계를 제정하노니, 이 계를 다음과 같이 외우라. 만일 비구로서 인간을 초월한 신성한 묘신통력(妙神通力)을 보지도 알지도 못하면서, '나는 이런 것을 보고 이런 것을 안다.'라고 하다가 다른 사람들이 묻거나 묻지 않거나 자기 죄를 씻기 위해 '내가 모르는 것을 안다 했고 보지 못한 것을 보았다'라고 했다고 고백함으로 그 죄가 들어난 이런 비구는 바라이죄이니 승단에 함께 있을 수 없다."

이 계가 제정된 그 얼마 뒤 승단에 점차 과문소견(寡聞少見)의 비구들이 늘어나서 인간을 초월한 신통성과(神通聖果)도 없으면서 '나는

안다', '나는 보았다', '나야말로 옳게 깨달았다' 하고 자기를 내세우는 자가 적지 않았습니다. 그 가운데 한 사람이 뒤에 많은 비구들이 도를 얻은것[得道]과 도를 얻지 못한[未得道] 상태를 피차 논의하는 것을 듣고 자기가 안 것이 '도 아님'을 깨달아 알고 참괴하면서 식은땀을 흘렸습니다.

'아, 부끄러운 일이로다. 내가 신통성과를 얻었다고 생각한 것은 만심(慢心)이었기 때문이다. 나는 바라이죄를 범한 것이 아닌가.'

하고 크게 뉘우쳤습니다. 또 어떤 비구는 뒤에 많은 경문을 널리 공부한 뒤에 과거의 잘못을 깨달았습니다. 그리하여,

'아, 나는 너무 지레 짐작했다. 지금 겨우 알고 보니 참으로 부끄럽다.'

이렇게 뉘우치고는 부처님의 설법을 깊이 음미하였습니다.

'지금 나의 마음으로 전에 저지른 나의 마음을 꾸짖지 않을 수 없도다. 진실로 내가 너무 우쭐한 나머지 증상만심(增上慢心)으로 도를 얻지 못하고 도를 얻었다고 하였음에 틀림없도다. 바라이의 큰 죄를 범한 것이 아닐까?'

하였으며, 또 어떤 사람은 정진을 용맹스럽게 많이 하고 범행을 닦아 비로소 진실로 도과(道果)에 들어갔지만 과거에 경솔을 깨우치고,

'아, 내가 어떻게 그런 짓을 저질렀을까? 알지도 못하고 듣지도 못하고 깨닫지도 못한 대과성도(大果聖道)를 알고 보았고 깨달았다고 생각한 증상만심(增上慢心)이 새삼스럽게 부끄러워진다. 바라이의 큰 죄를 범한 것이 아닐까?'

이렇게 걱정하면서 이 '비구들은 다 큰 망어계에 저촉되지 않았을까' 하고 놀라서 아난 존자에게 뛰어 갔습니다. 아난 존자도 대답

할 수 없어 세존에게 말씀을 드렸습니다.

세존은 그 비구들을 대중 앞에 불러 놓고 그들의 경솔한 행동을 조용하고 차근차근하게 훈계하셨습니다.

"세간에는 신통묘력(神通妙力)을 말하는 사람이 5가지 종류가 있다. 첫째 어리석기 때문에, 둘째 산란한 마음[亂心] 때문에, 셋째 나쁜 마음 때문에, 넷째 잘난 체하는 마음[增上慢心]으로 마음이 안정이 안 되기 때문에. 다섯째 진실성과(眞實聖果)가 있기 때문에 인간을 초월한 묘법(妙法)을 말하나니, 이 가운데 우치(愚癡)나 난심이나 증상만심이나 진실성과가 있기 때문에 '나는 도를 얻은 큰 도인[大士]이다'라고 공언하는 것은 바라이죄라고 할 수 없느니라."
라고 하시었습니다. 그러니까 극단의 예로 미친 사람이나 아주 바보나 백치 같은 상태에서 하는 말은 나쁜 마음, 중생을 속일 마음으로 한 것이 아니기 때문에 죄가 아니라는 것입니다. 증상만의 경우에도 나쁜 마음으로 그런 것은 아니고 다만 자신이 너무 자존심·자만심이 많아서 그것이 일종의 우치가 되어 저지른 죄이므로 바라이죄까지는 아니라는 것입니다.

요컨대 허물은 허물이지만 모르고 저지른 허물이기 때문에 극형에 처해서는 안 된다는 것이니, 말하자면 불교의 계율은 동기론적이라 할 수 있습니다. 그리고 부처님은 다음과 같이 계문을 수정해서 제정하셨습니다.

"비구들아, 이제부터는 다음과 같이 계를 외우라, 만일 비구로서 인간을 초월한 묘신통력을 보지도 알지도 못하면서, '나는 이렇게 보았으며 나는 이렇게 안다'고 말하면서도 이유를 묻거나 묻지 않더라도 자기 자신이 속죄하기 위해 '나는 모르고도 안다 하였으며 보지 못하고도 보았다'고 고백하는 거짓말을 행한 자는 증상만심으로 말한 자를 제외하고는 바라이죄이니 청정대중과 함께 있을 수 없다."라고 하셨습니다. 따라서 이렇게 비추어 보면 작은 거짓말까지를 바라이죄에 포함시키는 것은 아니고 큰 거짓말 즉 대망어에 해당시켜야 할 것입니다. 그리고 여기서는 일체의 거짓말을 아울러 경계하신 것입니다.


─────── **망어계의 유형**

다른 사람으로 하여금 삿된 말[邪語]이나 삿된 소견[邪見]을 가지게 하고 삿된 말을 하게 하도록[邪業] 조작하면 이것은 낙보(樂報)를 얻지 못하게 되며 고과(苦果)의 원인이 됩니다. 이 같은 행위는 보살로써 중생을 이롭게 하는 보살원행[菩薩利生願]에 크게 위배되므로 자기는 물론 다른 사람에게도 손해를 주는 행위로써 바라이의 중죄를 얻게 된다고 했습니다.

정어(正語)는 여실하게 하는 말이고 정견(正見)은 생사에 제도를 위하여 보리를 위하여 중생을 위한 것이며 명리를 위한 것이 아니니, 삿된 말·삿된 소견은 이와 반대입니다. 삿된 업을 행하는 자는 삿된 말·삿된 소견으로 반드시 삿된 생활과 악업을 짓게 된다고 지욱(智旭) 스님이 말씀했습니다(『범망경합주』 권제4, 제4망어계조).

망령된 말[妄語]에 대개 여덟 가지가 있으니,

① 보지 못한 것을 보았다고 하는 것.

② 듣지 못한 것을 들었다고 하는 것.

③ 경험하지 못한 것을 경험했다고 하는 것.

④ 모르는 것을 안다고 하는 것.

⑤ 본 것을 못 보았다고 하는 것.

⑥ 들은 것을 못 들었다고 하는 것.

⑦ 경험한 것을 경험하지 못했다고 하는 것.

⑧ 아는 것을 모른다고 하는 것.

등이 그것입니다. 이 가운데 하나라도 범하면 곧 망어인 것입니다 (『보살심지품』 하 권3).

또 큰 거짓말[大妄語]에는 세 가지가 있으니 부모나 스승이나 스님·사람·하늘에 거짓말하는 경우에는 같은 거짓말이라도 상품(上品)이고, 귀신·축생에 대해서 하는 거짓말은 중품(中品)이며, 불·보살·성인에 대해서는 하품(下品)입니다. 그것은 그 망어를 듣는 상대의 현혹되는 정도에 따른 구분입니다.

현혹되는 정도가 부모·스승·승보·사람 등의 경우는 심하고 귀·축은 그 정도가 약하기 때문입니다. 그러니까 거짓말·쓸데없는 말을 절대 함부로 하지 말고 악독한 말·욕설은 특히 가정 부인네들이 하면 자녀들 교육상에도 안 좋고 액난을 부르는 것이니 주의해야 됩니다.

내 아들딸을 교육시킬 적에 첫째 말을 함부로 하지 말 것이니 습관적으로 '저놈의 자식 공부를 안 해', '저놈의 자식 때문에 우리 집안이 망해', 이런 말을 흔히 하는데, 과거에서부터 익힌 습성이 되어서 그렇게 나옵니다만 그런 말버릇을 아예 고쳐야 됩니다.

설사 공부를 못한다고 해도 그 사람의 재능이 있게 마련이니 천

성적으로 가지고 있는 일기일능(一枝一能)을 잘 발휘해서 뭐든지 하도록 하는 것이 부모의 책임입니다.

'저놈 때문에 안 된다, 저놈 때문에 집안이 망한다.' 이런 식으로 말을 함부로 하면 가정의 불화, 또 부자·모자간에 서로 윤기(倫氣)만 끊어지고 마음에 상처만 생길 뿐이지 아무 덕 되는 게 없습니다. 그러므로 절대 자녀들을 나무랄 적에 욕설은 하지 말아야 됩니다. 지금은 더군다나 예전과 달라서 옛날에는 종아리를 때려서 가르쳤지만 지금은 때리면 항의하고 달아나 버립니다. 안 그러면 물에 빠져 죽고 더군다나 근기와 기질이 약해져서 절대 말을 함부로 해서는 안 됩니다.

지금 와서는 시청각 시설이 지극히 잘 되어서 그 때문에 아이들이 어찌나 영리해졌는지 조금이라도 아이들 보는 데서 부모가 행동을 잘못하면 곧 발견되고 부모를 존경하지도 않습니다. 거짓말도 절대 하지 말아야 됩니다.

맹자가 맹자 같은 성인이 된 데는 그 어머니의 교육의 힘이 크다고 했습니다. 어머니가 아주 가난했는데 그 자식을 가리키면서 교육을 위해 세 번이나 이사를 했기 때문에 유명한 맹모삼천지교(孟母三遷之敎)라는 말이 있게 된 것입니다. 집이 가난하여 처음에는 가축을 잡는 푸줏간 옆에 살았는데 어린 맹자는 눈만 뜨면 소·돼지를 잡아서 포 뜨고 사지를 찢어내는 놀이만 했습니다. 이것을 본 맹자 어머니는 이곳은 어린아이에게 너무나 비교육적인 곳이란 판단을 하고는 곧 이사를 갔습니다. 새로 이사한 곳은 시장 근처였기 때문에 어린 맹자는 곧 '싸구려'를 외치며 팔고 사고 흥정하는 놀이를 했습니다. 맹자의 어머니는 또 생각했습니다.

‘여기도 내 아들을 기를 곳이 아니다. 아이를 위해서는 역시 글공부하는 마을로 갈 수밖에 없겠다.’

이렇게 생각한 맹자의 어머니는 곧 서당 옆으로 이사를 했습니다. 어린 맹자는 곧 책을 읽고 글씨를 쓰는 흉내를 내며 이때부터 책을 가까이하면서 큰 성인 맹자(孟子)를 기르게 되었다는 이야기가 바로 그것입니다.

맹모삼천지교(孟母三遷之敎)라 하여 세 번 이사한 것으로 말은 하지만, 대체로 그렇게 세 처소로 세 번 옮겼다는 뜻이고, 없는 사람이 어디 세 번 뿐이겠습니까. 여기서는 세 번만 이사한 것처럼 되어 있지만 실제로는 시장 근처에서 세 번, 다섯 번 옮겨 다녔더라도 그것을 다 시장근처 하나로 계산한 것입니다.

언젠가 정 씨 집에 세 들어 살 적이라고 합니다. 돼지를 잡았다는 이야기이므로 푸줏간 근처로 볼 수도 있고 옛날에는 돼지정도 잡는 것은 어느 집에서나 했던 일이므로 꼭 그렇게 지정해서 말할 수는 없는 일입니다. 하여튼 주인집에서 돼지를 잡았는데 그때 맹자의 나이는 다섯 살 먹었을 때라고 합니다. 주인집에서 돼지 잡는 것을 본 어린 맹자가 어머니에게 물었습니다.

“엄마, 저 집에서 돼지 잡는 거 누구 주려고 그래요.”

그럴 경우 흔히 부모들은 ‘그거 너 주려고 잡는다’라고 하는 게 보통입니다. 맹자의 어머니도 “그거 너 주려고 잡는다.”라고 거짓말을 했고 그래서 어머니는 바느질 품을 판 돈으로 고기를 사다주었다는 이야기가 있습니다. 그것은 아들에게 거짓말을 가르치지 않기 위한 어머니의 ‘올바른 자녀교육관’이 뚜렷했기 때문이라 할 것입니다.

우리나라에도 율곡(栗谷) 선생의 어머니 신 사임당이 현모양처로서 자녀 기르는 데 큰 모범을 보인 분입니다.

하여튼 아이들한테 '이거 너 줄 거다, 네 거다' 하는 등 함부로 거짓말해서는 안 되는 것입니다.


■ 　허망된 말[虛妄語]과 성실한 말[誠實語]

실제가 아닌 허황된 말을 스스로 말하거나 다른 사람을 시켜서 말하도록 하는 것을 허망된 말[虛妄語]이라 합니다. 곧 '본 것을 보지 않았다'라고 하며 '보지 않은 것을 보았다'라고 하고 또 '들은 것을 듣지 않았다'라고 하며 '듣지 않은 것을 들었다'라고 하는 것은 거짓말로 그 죄가 아주 무거운 것입니다.


■ 　부처님 말씀은 진어(眞語)·실어(實語)·정어(淨語)다

『대집경(大集經)』에 이르기를 수미산을 가히 입으로 불어 움직인다 할지언정 부처님이 두 말씀을 하신다 하는 것은 불가하다[須彌可說口吹動 不可說佛有二語]라고 하였습니다. 그러므로 부처님의 말씀[佛語]은 다 참다운 말씀[眞語]·실다운 말씀[實語]·거룩한 말씀[淨語]입니다.

이와 같이 부처님은 두 가지 말씀을 하시는 일이 없으시고 또 중생에게 대하여 거짓말하지 말라고 계행을 말씀하셨으니 부처님 자신이야 더더구나 (거짓말) 하실 리가 없는 것입니다. 범부 중생들이 부처님의 말씀을 듣고 그 말씀하신 것이 범부의 비열한 소견으로는 상상할 수 없는 경지이기 때문에 자기가 알지 못한다는 생각은 하지 않고 자기의 지견이나 성인의 지견이나 같은 것으로 판단하여 성인의 말씀을 믿지 않고 혹은 허망하다 혹은 사실이 아닌데 방편으로 말씀하신 것이라는 등의 지견을 가지고 망녕된 말을 하는 이도 많이

있으니 실로 안타까운 일이라 할 것입니다.

생명을 구제하기 위한 것은 '거짓말'이 아니니 사람이나 사물의 급난(急難)을 구하기 위해 방편[權道]으로 한 거짓말은 망어가 되지 않습니다. 『보살계소발은(菩薩戒疏發隱)』에

"부처님이 토끼가 들어오는 것을 보시고 '보지 않았다'라고 말씀하신 것이 망어가 되는가?"

"바른 생각을 어기고 본심을 등지는 것을 '거짓된 것'이라 하나니, 설사 경계에는 어겼더라도 만일 마음이 순하면 망(妄)이라 이름할 수 없습니다. 다시 말하면 실제의 행동으로는 거짓말을 했지만 마음으로는 중생을 구제하기 위해서 한 거짓말이면 거짓말이 아니란 뜻입니다. 예컨대 포수에게 쫓기는 토끼가 방으로 들어왔을 때 포수에게 '토끼를 보지 못했다'라고 거짓말을 한 경우 이것은 경계하는 토끼를 구하려는 마음에 순종한 것입니다."
라고 하였음이 그것입니다.


■ **짐승을 보셨으나 침묵하고 대답하지 아니하셨다**

석가세존께서 한량없는 겁 전에 인욕선인(忍辱仙人)이 되어 산중에서 수도하실 때에, 가리왕이 사냥하러 나와서 짐승을 쫓다가 선인을 만나서 짐승이 달아난 곳을 물으니 선인이 침묵하고 아무 대답도 하지 않으므로 왕이 노하여 한 팔을 베고 또 물으니 여전히 침묵하고 대답하지 아니하므로 또 한 팔을 베었는데, 이때에 선인이 발원하여 말하기를,

"내가 만일 성불하게 되면 먼저 이 사람을 제도하여 세상 사람으로 하여금 저것을 본받아 악을 짓지 않게 하리라."

하셨는데, 부처님이 정각을 이루신 후에 최초로 득도한 교진여가 바로 전생의 가리왕이라고 하셨습니다.

그때에 선인이 짐승을 보고 '보았다'라고 하면 살생이 되었을 것이므로 '보지 않았다'라고 하더라도 망어(妄語)가 되지 않습니다. 그러나 말로 드러나게 표하는 것보다 말하지 않고 있는 것이 도리어 나은 것으로 생각하고 침묵한 것입니다.


─────── **망어(妄語)의 보(報)**

중국 송나라 흠종(欽宗)이 북방에 순행할 때에 이미 화의(和議)가 이루어져 현인황후(顯仁皇后)가 장차 돌아올 터인데 황제가 말하기를,

"내가 만약 남으로 돌아가서 태을궁사(太乙宮使)라도 되었으면 족하고 다른 희망은 없다."

하니 황후가 다음과 같이 맹세했습니다.

"내가 돌아간 후에 너를 와서 맞지 않으면 내 눈이 마땅히 판수가 되리라."

그 뒤 돌아와서 이르니 고종(高宗)이 별로 맞이할 의사가 없으므로 황후가 무연(無然)하여 감히 힘써 말하지 아니하였습니다. 황후가 얼마 아니하여 실명(失明 : 장님이 됨)하므로 의사를 두루 청하였지만 치료하지 못했는데 한 도사(道士)가 궁에 들어와 금침을 한 번 놓으니 왼눈이 별안간 밝아졌습니다. 황후가 기뻐하며 다시 오른편 눈에 놓기를 청하니 도사가 아뢰되,

"황후께서는 한 눈으로 보고 한 눈은 맹세를 실천함이 옳았습니다."

하므로 황후가 송연(悚然)히 일어나 사례(謝禮)하였는데 도사는 가버렸습니다. 이 일은 『송감(宋鑑)』에 기록되어 있습니다.

### ■ 명부에 들어가 곤욕을 당하다

중국 강릉(江陵)에 여가(呂哥)라는 무당이 있었는데 무슨 일을 판단하기 위해서는 반드시 살생을 하라 하였습니다.

어느 때는 환자가 있는 집에 가서 막 판단하려 할 때에 홀연히 땅에 엎어져 죽었다가 한 이틀 뒤에야 깨어났습니다. 그리고 옆 사람에게 말했습니다.

한 길이나 더 되는 큰 악귀에게 이끌려 한 임금이 있는 곳에 갔는데, 그 임금이 말했습니다.

"네가 화와 복을 허망하게 말하여 널리 중생을 크게 해치는구나."

하고 크게 꾸짖고 또 수백의 귀신들이 꾸짖어 말하기를,

"네 말을 듣고 따른 죄로 우리도 모두 지금 죄를 받게 되었다."

하며 노한 눈으로 다투어 와서 자기를 할퀴려 했다는 것입니다. 이 때에 임금이 나를 몰아 지옥으로 넣으려 했는데 푸른 옷을 입은 신이 나타나서 말하기를,

'저자가 양수(陽壽 : 정해진 수명)가 다하지 않았으니 아직 놓아두었다가 때가 되면 논죄할 것이로다.'

하여 다시 깨어났다는 것이었습니다. 환자가 며칠 뒤에 죽고 무당은 이로부터 업을 고치고 이 일로 해서 세상에 널리 알려졌다는 이야기가 『광인록(廣仁錄)』에 기록되어 있습니다.

중생 사이에서 이곳의 말을 저곳에 하고 저곳의 말을 이곳에 말하여 쌍방을 이간하여 화합을 깨뜨리는 것을 말합니다.

■ 지옥 · 소경[生盲] · 빈천의 보를 받다

부처님이 기원정사에서 설법하실 적이었습니다. 60명의 초발심 보살이 함께 부처님 계신 곳에 와서 오체투지하고 슬픈 눈물이 비오듯하며 각각 숙세의 업연을 물었습니다. 이때 부처님이 말씀하셨습니다.

"너희가 구류손불 때에 출가하여 도를 배우는데 도심(道心)이 감멸(感滅)하였다. 그때에 신심있는 단월이 어떤 두 법사를 공양하는데 지극히 공경스럽게 하므로 너희가 질투심을 내어 그 단월에게 법사의 허물을 말하여 단월로 하여금 점점 경만한 마음을 내어 그 선근을 끊게 하였다. 이 인연으로 4종의 지옥 가운데에 떨어져서 1만 세 후에 사람이 되었으나 500생 가운데 소경으로 눈이 없고 우치 · 무지하여 항상 비천한 사람이 되었다. 너희들은 장래 목숨을 마친 뒤에 500년 정법이 멸할 때에 악국(惡國) · 악인(惡人)이 있는 곳에 나서 하천한 사람이 되고 다른 사람의 비방을 입어서 본심을 희미하게 잃어버렸다가 500년 지낸 뒤에야 일체의 업장을 멸진하고 아미타불 극락세계에 나게 되어 그 때에 여래가 너희에게 보리의 수기를 주시리라."

하고 과거전세의 인과인연을 말씀하신 내용이 『발각정심경(發覺淨心經)』에 있습니다.

이와 같이 우주와 인생의 모든 것은 인과와 연기의 소생이며, 전개입니다. 만일 인과법이 아니라고 하면 모두를 하느님이 창조했으니 오로지 신에 의존해야 한다거나, 우연론·유물론으로 되거나 할 것이니 그렇게 되면 인생의 근본도 모르게 되고 우주 만유의 실다운 이치도 매(昧)하게 됩니다.

그러므로 불교는 그 양쪽 극단을 물리치고 마음의 본성을 보는 심성론이며 중도사상이고 모든 것을 원인과 결과의 전개로 보는 인과설입니다. 그렇다고 하여 불교를 모든 것의 인과응보일 뿐 노력하고 창조하는 것을 부정하는 운명론으로 보는 것은 잘못입니다. 현재 중생이고 어려운 것은 인과응보이지만 장차 마음을 밝히고 복을 지으면 낙과를 얻고 보살이 되고 성불을 하게 된다는 창조론이기도 한 것입니다.


■ 독창(毒瘡)을 견디지 못하여 죽다.

중국에 안정백(安庭柏)이라는 사람이 말이 빠르고[口急], 더욱 이 사람 저 사람 사이의 이간을 잘하여, 비록 아무리 친한 벗이라도 이 사람 사이에 일단 끼면 서로 원수가 되므로 절교(絶交)하지 않는 이가 없었습니다.

정백도 또한 의술을 자부하더니 만년에 두 뺨에서 턱으로 내려오면서 독창(毒瘡)이 생겨서 말을 하고 음식을 먹는 데 지장이 되어 고생을 하다가 죽었다고 합니다.

이 이야기는 구급(口急 : 언어가 민첩한 뜻)이나 구민(口敏)과 같은 말로 『담인설(淡因說)』과 『과관총록(果舘叢錄)』에서 추렸습니다.

────── **추악한 말[惡口]의 보**

### ■ 개 몸의 보(報)를 받다

가섭 부처님 때에 한 늙은 비구가 항상 찬송을 좋아하여 자기는 목소리가 좋은 줄 알지만 실은 음성이 둔탁하므로 한 젊은 비구가 늙은 비구에게 그 소리가 개 짖는 소리와 같다고 했습니다. 이때 늙은 비구가 말했습니다.

"네가 나를 아느냐, 내가 이미 아라한도를 얻었도다."

젊은 비구는 그 말을 듣고 죄송해 하며 자책하고 참회하니 늙은 비구가 그 회과(悔過)를 들어주었습니다. 젊은 비구가 비록 지옥은 면하였으나 그 악언으로 말미암아 500년 동안 항상 개의 몸을 받았다 하는 이야기가 『육도집절요(六道集節要)』에 있습니다. 이것으로 미루어 보더라도 추어(麤語)와 악구(惡口)의 보가 얼마나 무서운가를 알 수 있습니다.

────── **잡된 말[雜穢語]**

### ■ 혀를 씹어서 죽다

중국에서 오(吳)나라에 원간령(袁千令)이란 사람이 있었는데 음악[音律]을 잘하여 고관대작[公卿]들이 불러서 노는 일이 있었지만, 사람됨이 탐욕이 많고 염치가 없어서 나이 칠순이 지났지만 연소한 태도를 억지로 꾸미고 남의 일을 말하기를 좋아하며, 손님을 대하면 곧 음란하고 추악한 말을 잘하여 사람으로 하여금 차마 들을 수가 없어서 귀를 가리게 할 정도였습니다. 그런데 이 사람이 갑자기 이상한 병을 얻어서 입 속이 가려워서 견딜 수가 없으므로, 스스로 혀를 씹어서 조각조각 떨어져 음식을 먹지 못한 지 20여 일만에 말 한마디 못하고 혀가 다 없어져 죽었다는 이야기가 전해옵니다.

### ■ 창(瘡)이 썩어서 장부(臟腑)가 드러나 죽다

중국 화정(華亭)에 이천영(李天榮)이라는 사람이 있었는데 천성이 총명하고 잔꾀가 많았습니다.

포목상[布商]을 하면서 매일 점포를 일찍 닫고 음란하고 추한 저질 서적만 보고 또 음악[音律]에도 소질이 있어서 소년 자제들을 모아서 난폭한 고사(故事)를 노래 부르며 남의 안방 일을 말하기 좋아하더니, 하루는 배를 타고 가다가 배가 언덕에 닿을 때에 갑자기 광풍이 불어서 배가 엎드러질 뻔 하였는데 이때에 그 사람이 아래턱과 이를 부딪쳐 크게 다치매 많이 치료했지만 효력이 없이 고질이 되었다고 합니다. 그래도 구열(口孽)은 고치지 못한 채 나이 40에 두 아들이 있었으나 한 달 안에 죽었으매 친구들이 경고하기를

"네가 구열(口孽)을 네 입으로 갖고 두 아들도 일찍이 죽였으니 빨리 참회하여 죄열(罪孽)을 면하라."

라고 하였지만 역시 듣지 아니하고 그 몇 해 뒤에 등창이 나서 썩고 장부가 드러나 죽었는데 염한 뒤에 관속에서 피가 흘러 냄새가 동리에까지 퍼졌다 합니다.

■ 수염·눈썹·콧마루가 없어져 죽다

중국에 유공부(劉貢父)라는 사람이 있었는데 활계(滑稽 : 우스운 말)를 좋아하여 조학(嘲謔 : 조롱하는 말)을 많이 하고 남의 음사(陰事)를 발각하므로 사람들이 다 미워하지만 공부(貢父)는 스스로 긍지를 가지더니 만년에 악창이 나서 수염과 눈썹이 다 빠지고 콧마루가 없어져서 곤란이 극심하여 죽었다고 합니다. 이상은 『담인설(淡因說)』과 『과관총록(果舘叢錄)』에서 나온 이야기로, 잡되고 추악한 말의 과보를 말한 것입니다.

# 제5중계
# 술 팔지 말라
酤酒戒[64]

---

若佛子가　自酤酒敎人酤酒하야　酤酒因酤酒緣酤酒法酤酒業이리요
약불자　　자고주교인고주　　　고주인고주연고주법고주업

一切酒를　不得酤니　是酒는　起罪因緣이니라　而菩薩이　應生一切衆
일체주　　부득고　　시주는　기죄인연이니라　이보살　　응생일체중

生明達之慧어늘　而反更生一切衆生顚倒之心者는　是菩薩의　波羅
생명달지혜어늘　이반갱생일체중생전도지심자는　시보살　　바라

夷罪니라.
이죄

너희 불자가 스스로 술을 팔거나 남을 시켜 술을 팔게 하여 '술 파는 인'이나 '술 파는 연'이나 '술 파는 방법'이나 '술 파는 업'을 짓겠느냐. 일체의 술을 팔지 말지니, 술은 죄를 저지르는 인연이 되나니라. 보살은 항상 모든 중생의 밝게 아는 지혜를 내게 할 것이어늘 도리어 온갖 중생의 전도된 마음을 내게 하는 이는 보살의 바라이죄니라.



범망경강설

---

**64 주(酒)** 술에 3종이 있다. 1. 곡주(穀酒) 2. 과주(菓酒) 3. 약초주(藥草酒)가 그것. 또 마른 것, 수분으로 된 것, 또 맑은 것, 탁한 것 등의 술이 있다.
　　**고주인(酤酒因)** 술을 스스로 만들고 또 팔겠다는 생각.
　　**고주연(酤酒緣)** 술 파는 장소 기구 등을 준비하는 것.
　　**고주법(酤酒法)** 한 되에 값을 얼마를 받는다는 것. 중독이 되게 하여 항상 먹게 하는 것.
　　**고주업(酤酒業)** 술을 실제로 팔아서 이익을 보는 행위.

오늘은 33조사(祖師) 가운데 제26대 불여밀다(不如蜜多) 존자의 계송 한 글귀를 먼저 소개하고 『보살계본』을 말씀하기로 하겠습니다. 처음에 여러 번 말씀했지만 이 『범망경』은 심지법문을 바탕으로 해서 보살행을 하고 성불한 것을 목표로 한 계입니다. 따라서 심지법문을 먼저 듣고 발심을 한 뒤에 보살계를 받는 것이 원칙입니다. 그런데 여러분들이 처음에 심지법문을 들으신 지 이제 여러 날이 되었기 때문에 세상살이에 시달리고 근기가 모두 낮은 요즘 세상인 만큼 그 뜻을 미처 알지 못하는 분들이 많이 계실 것 같습니다. 들을 적에는 그런대로 '그렇겠구나' 하는 이해와 신념이 있다가도 좀 지나면 곧 잊어버리는 게 중생입니다.

'33조사'란 부처님으로부터 3처전심(三處傳心 : 부처님이 세 곳에서 마하가섭 존자에게 법을 전하신 것)으로 법을 전해 받은 마하가섭 존자를 제1조로 하여 중국에 선법을 전해온 동토초조(東土初祖) 달마 대사까지의 33대를 말합니다. 그리고 이 33조사마다 다 전법게송(傳法偈頌)이 있는데, 그 모두가 심지법문이므로 그 가운데 제26대 불여밀다 존자의 게송을 오늘 말씀하여 지난 번에 들었던 심지법문의 뜻을 다시 한 번 되살려서 그 뜻을 환기시키자는 것입니다.

참된 성품을 마음 땅에 감췄으니,
머리도 없고 꼬리 또한 없어라.
인연 따라 중생을 제도하는 것,
방편으로 지혜라 이름하노라.
眞性心地藏

無頭亦無尾

應緣而化物

方便號爲智


　지장보살님이 원래 항상 구슬을 손바닥에 가지고 계시므로 이것을 장상명주(掌上明珠)라고 하는데 이 구슬은 마음 심성을 가리키는 구슬입니다. 지장보살이 언제든지 이 '장상명주'를 온 누리에게 보여주지만 어두운 방에 있는 아이들이 장상명주는 바라보지도 않고 밖으로만 향해서 쳐다본다는 것입니다. 지장보살은 언제든지 중생과 함께하지만 중생들이 스스로 다른 데로 간다는 것입니다.

　어제는 거짓말에 대해서 이야기했고 오늘은 술에 대한 계입니다. 술의 성질은 사람의 지혜를 막는 작용을 합니다. 음주는 단어지혜종(斷於智慧種)이라, 술을 마시면 지혜의 종자를 끊어버린다는 뜻입니다. 망어 곧 거짓말을 하면 신용을 잃어버리지만 술은 지혜의 종자를 끊어버린다고 하였으니, 이런 점에서 보면 음주는 더욱 큰 죄라 할 수 있습니다. 그래서 부처님께서 술 파는 것을 경계해 말씀하시기를,

　"너희 불자가 스스로 술을 팔며, 사람을 시켜서 술을 팔아, '술 파는 인'과 '술 파는 반연'·'술 파는 법'과 '술 파는 업'을 하겠느냐. 일체 술을 팔지 말지어다. 이 술은 죄를 일으키는 연 곧 간접 원인이 되나니, 마땅히 일체중생의 밝고 통달한 지혜를 흐리게 함으로써 일체중생으로 하여금 전도된 판단으로 엎어지고 거꾸러지는 망상심을 일으키게 하겠느냐. 만일 이러한 마음 곧 뒤집힌 마음을 내게 하는 이는 보살의 큰 죄이니라."

라고 하였습니다. 술 먹는 자체가 죄는 아니지만 술을 먹음으로 말미암아, 판단이 흐려지고 감정을 절제할 능력을 잃어 마침내는 죄가 되는 허물을 저지르게 되기 때문에 이것을 금합니다. 이와 같이 어떤 행위 그 자체가 본질적인 죄[性罪]는 아니지만, 그 행위에 의해 결국은 본질적인 죄를 유발해 오는 죄를 차죄(遮罪)라 하는데, 술은 후자 곧 '차죄'에 해당하므로 금하는 것입니다. 특히 술을 파는 업을 하는 것은 사람에게 술을 먹도록 유인해야 하고 여러 가지 사건·사고가 모두 이런 가운데 음모를 하고 범행을 하게 되고 하므로 그것을 업으로 하지는 말라는 것입니다.

술에 대해서는 다음 48경계에서 '술 먹지 말라[不飮酒戒]'는 계에서 다시 또 이야기하게 될 것이지만 우선 부처님 당시 교단에서 '불음주계'가 처음 생기게 된 경위를 말씀하겠습니다.


## ─────── 음주계를 제정한 경위

세존께서 지타국에 계실 때였습니다. 사가타(沙迦陀) 존자가 길을 가다가 편발범지(編髮梵志)에게 가서 말했습니다.

"그대가 사는 곳에서 제일가는 방에 나도 하룻밤 자고자 하는데 되겠소?"

"쉬는 것은 어렵지 않으나 단지 여기 독한 용이 있으므로 해칠까 두렵습니다."

"허락만 해주시오. 나를 해치지는 못할 것이오."

이렇게 해서 사가타 장로는 그 방으로 들어가서 손수 풀자리를 깔고 가부좌를 맺고 앉아서 생각을 집중하여 삼매에 들었는데, 큰 용이 사가타 존자가 가부좌를 맺고 앉은 것을 보고 연기를 뿜으매 존자도 불을 뿜었으며, 나중에는 화광삼매(火光三昧)로서 서로 교전하여 집이 불이 붙어서 마치 큰 화재가 난 것 같았으므로 사가타 존자가 생각했습니다.

'내가 지금 이 용의 불을 꺼서 용의 몸이 상하지 않게 하리라.'

그때에 용의 불을 꺼서 상하지 않게 하니 그 독한 용의 불빛은 빛을 잃고 사가타 존자의 불빛은 점점 성하여 푸른 빛 · 누른 빛 · 붉은 빛 · 흰 빛 · 초록 빛 · 보라 빛 · 파리(頗梨 : 수정 · 자색) 빛으로 광채가 났습니다. 사가타 존자가 그날 밤에 독한 용을 항복시키어 발우에 담아 두었다가 이튿날 새벽에 편발범지에게 가지고 가서 말했습니다.

"그대가 말한 독한 용을 내가 이미 항복시켜서 발우 안에 두었는데 지금 가지고 왔으니 보시겠소."

그때에 코삼비의 상주(商主)가 편발범지의 집에 와서 자다가 생각했습니다.

'참으로 처음 보는 일이다. 부처님의 제자들도 이와 같은 큰 신통력이 있거늘 하물며 부처님이겠는가.'

그는 곧 사가타에게 말했습니다.

"만약 부처님께서 코삼비에 오시거든 말씀해 주시겠습니까. 한 번 뵙기를 원합니다."

"대단히 좋은 생각입니다."

그때에 부처님께서 자타국으로부터 두루 거니시면서 코삼비에 오셨습니다. 상주는 부처님께서 코삼비에 오셨다는 말을 듣고 수레를 타고 나와 부처님을 맞이하였는데, 멀리서 부처님의 얼굴을 보자 곧 독실한 신심을 내어 공경하는 마음으로 부처님께 와서 머리를 숙여 발아래 절하고 한 쪽에 머물렀습니다.

그때 부처님께서 무수한 방편으로 설법하시고 권고하고 교화하시어 큰 기쁨을 얻게 되었습니다. 상주가 대중을 돌아보니 사가타 비구가 보이지 않았으므로 비구들에게 물었습니다.

"사가타 비구는 어디에 계십니까?"

사가타 비구가 바로 왔습니다. 코삼비의 상주는 사가타 앞에 가서 머리 숙여 발아래 예배하고 한 쪽에 물러섰습니다. 사가타 또한 갖가지 방편으로 설법을 하고 교화 권고함을 듣고 기쁨을 얻었습니다. 사가타는 이튿날 코삼비의 상인 집에 가서 갖가지 좋은 음식과 겸하여 술을 배부르게 먹은 뒤에 자리에서 떠났는데 중도에서 술이 취해 땅에 쓰러져 모두 토해 놓으니 뭇 새들이 어지럽게 울었습니다.

세존께서 아난에게 물으셨습니다.

"새들이 무엇 때문에 저렇게 우짖느냐?"

아난이 사뢰었습니다.

"사가타 비구가 코삼비의 상주가 공양하는 갖가지 음식을 먹고 겸하여 술까지 많이 먹고 취해서 길에 쓰러져 많이 토하였으므로 새들이 떠드는가 하나이다."

부처님이 아난에게 말씀하셨습니다.

"사가타가 저렇게 어리석은데 큰 용은 고사하고 작은 용인들 어찌 항복시킬 수 있겠느냐?"

다시 세존이 말씀하시기를,

"지금부터 나를 스승이라 하는 사람은 초목이라도 술 속에 대었던 것은 입에 넣지 말라.”

하시고 또 무수한 방편으로 사가타를 꾸짖으셨으며 여러 비구들에게 말씀하셨습니다.

“비구로서 술을 마시는 자 있으면 단타죄(單墮罪)가 된다.”


『대애도비구니경(大愛道比丘尼經)』에는 술의 허물에 대해 다음과 같이 말하고 있습니다. 냄새도 맡지 말며 술집 근처에도 가지 말라. 술은 독약이며 술은 독수(毒水)이며 술은 독기(毒氣)이며 모든 실수의 근원이며, 모든 악의 근본이니, 육신을 말라 썩게 하여 복을 사라지게 만들며 죄를 범하게 하느니라. 차라리 쇳물을 마실지언정 술맛이 들어 있는 것은 마시지 말라. 그 이유는 사람의 정신을 흐리게 해서 부지불식간에 지옥에 떨어지게 하기 때문이니라.

『범망경』의 보살계에서는 살생·도둑질·사음·망어는 성죄(性罪)·사실죄(事實罪)·실죄(實罪)라 하는 데 대해 ‘음주’는 술 마시는 그 자체가 죄가 되는 것은 아니지만 그러나 그 때문에 살생 등의 실죄를 유발하여 범하게 되므로 이것을 차죄(遮罪)라 합니다. 앞에서도 말한 바와 같이 차죄는 부처님이 이를 제정함으로써 죄가 성립된다는 뜻입니다.


옛날 인도에 범시왕(梵施王)이라는 이가 있었는데 이 왕은 매일 세 끼 식사 때면 고기와 술이 없으면 식사를 못했습니다. 그 당시에는 불교의 전성 시대였으므로 한 달에 두 번 행하는 포살(布薩) 때만은 살생이 금지되어 왕의 수라를 담당하는 사람은 늘 ‘포살’ 전날에 미리 고기를 준비해 두는 것이 예였습니다.

그런데 어느 포살날 준비한 고기를 개가 물어가 버렸습니다. 어찌할 바를 몰라 그 사유를 왕비에게 고하고 대책을 상의했습니다. 왕비는,

"대왕께서 좋아하고 계신 어린 왕자를 밥상 들여갈 때 틈타서 왕 앞에 놓고 술만 올려 보도록 하라. 그러면 왕은 왕자를 무릎 위에 앉혀 놓고 재롱떠는 것을 보는 데만 정신이 팔려 고기가 없는 것을 눈치채지 못할 것이다."

라고 가르쳐 주었습니다. 다음날 궁녀는 왕비가 말한 대로 했습니다. 그러나 술이 거나해지기 시작하자 고기가 없는 것을 알고 화를 내면서 하인을 불러 꾸짖었습니다.

"고기가 왜 없느냐?"

"오늘은 포살일이라 고기가 없습니다.'

그러자 술에 취해서 정신이 없는 왕은 무릎에 앉아 있는 왕자를 던지면서

"빨리 이것으로 조리해오라."

고 명하여 요리를 해서 상에 놓았습니다. 다음날 아침 왕자를 찾았으나 왕자는 어젯밤 요리가 되어 상에 올렸다는 말을 듣고 경악과 비탄에 잠겨 그후 일체의 술과 고기를 금지시켰다고 합니다. 세상에는 이런 일이 있을 수 있으니 술 마시는 이는 사람이면 특히 명심할 바입니다.

지욱(智旭) 스님은 술을 마시면 사람을 취하게 하므로 이것을 무명약(無明藥)이라 그랬습니다. 그리고 스스로 한다는 것은 자신이 돈을 받고 파는 것이고 남을 시킨다 함은 남을 시켜 술을 팔아서 내가 그 이익을 보는 것이니 위의 두 가지 곧 내가 팔거나 남을 시켜서 판

위의 두 가지는 다 중계(重戒 : 바라이죄)를 범한 것이 됩니다. 다른 이를 시켜서 술을 팔 경우에도 그 이익이 자기를 위한 행위가 아니면 경계(輕戒)를 범한 것으로 된다고 했습니다.

이에 이 계를 『범망경』 보살계에서는 '중계'와 '경계'로 겸하여 제지하는 계입니다.

술을 파는 인[酤因]이라 함은 술을 팔아서 이익을 구하겠다는 생각이고 술을 파는 연[酤緣]은 장소를 구하고 여러 가지 기구와 술을 파는 여자를 구하는 등을 말하며, 술을 파는 법[酤法]은 한 되에 값이 얼마고 한 병을 얼마에 사서 얼마에 판다, 돈을 어떻게 해서 많이 받는다, 그렇게 해서 계산한다 등의 일을 가리킵니다. 술을 파는 업[酤業]은 손으로 옮겨 술을 팔아 앞 사람에게 주는 것, 여자를 시켜서 따라준다든지 하는 등, 곧 술을 직접 먹게 하는 것을 말합니다.

온갖 술이라 함은 꽃으로 혹은 실과로 빚어서 술을 만들기도 하는데, 다만 맛으로 먹어서 먹은 사람이 취하게 하는 것은 판 것으로 보지 않는다고 그랬습니다.

죄를 저지르는 인연에 대해서 『사분율』에서는 술을 마시는 데 대한 열 가지 손실을 다음과 같이 밝히고 있습니다.

'첫째로 얼굴빛이 나쁘고[顏色惡], 둘째는 행동이 경박하여 천박하게 되고[少力], 셋째는 사물을 제대로 보지 못하고[眼視不明], 넷째는 성낸 모습을 하게 되고[現瞋恚相], 다섯째는 땅과 집과 살림하는 법을 무너뜨리고[壞田業資生法], 여섯째는 병을 더하게 만들고[增致疾病], 일곱째는 싸움과 소송을 더하고[益鬪訟], 여덟째는 명예가 없어지고 나쁜 이름이 더해지고[無名稱惡名流布], 아홉째는 지혜가 감소되고[智慧減少], 열째는 목숨을 마치고 3악도에 떨어진다[邪壞命終墮三惡道]' 하였습니다.

『대지도론(大智度論)』에는 35가지 손실을 밝혔습니다만 이에 대해서는 48경계(輕戒)에서 다시 말씀하겠습니다.

술을 먹는 것은 본질적인 죄[性罪]는 아니고 다만 본질적인 죄를 유발하여 범하게 되는 것을 미리 막는 차죄(遮罪)이므로 국법으로서는 금하지 않고 다만 불법의 계율로써 금하는 것입니다. 비록 계를 받지 않은 사람이 이 업을 짓더라도 또한 고보(苦報)를 받기는 한다고 했습니다. 그러므로 특히 대사(大士:보살)를 위해 이렇게 금계를 만든 것이라고 지욱스님이 말씀했습니다.

'중죄'를 짓는 데 다섯 가지 인연이 있으니, '첫째는 상대가 중생일 것, 둘째는 중생이란 생각이 있을 것, 셋째는 이익을 바라고 돈을 받고 판 일이 있는 것, 넷째는 판 것이 실제로 술일 것, 다섯째는 술을 사람에게 주고받은 행위가 이루어질 것'이 그것입니다.

여기에 또 상품·중품·하품의 3품이 있다고 옛 어른들이 말씀했습니다. 상품(上品)이란 돈을 받고 술을 팔긴 했지만 그 술을 먹고 취한 사람이 없으므로 그 죄가 가벼운 것이고, 판 술을 먹고 취하게 하면 무거우니 중죄를 범한 것이 됩니다.

중품(中品)은 이 중계의 대상인 사람과 하늘로서 이 계를 제정한 본래의 취지가 바로 이 중품[人天]이 범하는 '중죄'를 경계하는 데 있는 것입니다.

하품은 귀신과 축생에 대한 것으로, 소승의 다른 계에서는 도를 어지럽게 하는 힘이 약하므로 경계라고 했지만 여기서는 팔고 주고받는 것이므로 귀신·축생을 상대로 하였더라도 중계로 경계하고 있습니다.

이익을 목적으로 돈을 받고 파는 것은 바로 이 업주(業主)니 출가 보살은 일체를 판매하고 이익 구하는 것을 모두 억제하고, 재가 보살은 법다이 재물을 구하는 것은 허락하지만, 이것(술 파는 짓)을 금하는 것은 그 행위가 나쁜 일에 속하기 때문입니다.

또 술에도 여러 가지 종류가 있습니다. 이 참술은 술 빛·술 향기·술 맛이 있어 마시면 사람이 취하는 술이니, 이것이 바로 여기서 금하는 술로서 중계를 범한 것입니다. 비록 술 향기는 없으나 술맛이 좋아 취하게 하면 또한 중계(重戒)라고 합니다. 그러나 비록 술 빛·술 향기·술 맛이 있어도 사람이 취하지 않으면 죄가 없습니다.

또 약으로 먹는 술은 비록 이익을 취하고 팔았더라도 능히 사람을 어지럽게 하는 것이 아니므로 재가 보살의 경우 죄가 없다고 했습니다.


## 음주의 허물

살(殺)·도(盜)·음(婬)·망(妄)·주(酒)의 5계 가운데 앞의 넷(살생·도둑질·음행·거짓말)은 그 체성(體性)이 근본적으로 죄이기 때문에 성계(性戒)라 하지만, 음주하는 그 자체가 죄는 아니라고 하더라도 술을 마시어 취함으로써 앞의 계를 범하게 되기 때문에 이것을 부처님이 제지하셨습니다. 앞의 4계를 범하는 허물을 막는다는 뜻으로 차계(遮戒)라 한 것입니다.

가섭불 당시에 한 우바새가 술이 취하여 이웃집 닭을 잡아먹고 닭 주인집 여인을 강간함으로써 불투도계·불살생계·불망어계·

불사음계를 일시에 범한 일은 앞에서도 말했습니다만, 이와 같이 술을 한 번 마시면 크고 작은 죄를 범하게 될 뿐 아니라 온갖 허물이 발생하므로 마음을 조촐히 해야 할 불자는 모름지기 술을 먹지 말라는 것입니다. 최소한 절에 오는 날, 조·부모의 제사를 모시는 날 같은 때에는 더더구나 술을 하지 말아야 할 것입니다. 그래서 '48경계'에서는 남에게 술을 권해서 마시게 하면 400생 동안 손발이 없는 보(지령이 같은 발 없는 축생)를 받는다고 했습니다.

그러나 병이 있는 환자가 약으로 쓰는 경우까지 여기에 포함되는 것은 아닙니다. 부처님 당시에 기원정사에 한 비구가 병을 앓는 지가 6년이나 되었습니다. 한 우바이가 가서 먹고 싶은 것을 물으니 '오직 술 생각뿐'이라고 했습니다. 우바이는 부처님께 여쭈어 본 뒤 사다 드리겠다고 약속을 하고 부처님께 가서 사뢰었습니다.

"한 비구가 병을 얻어 술을 약으로 먹으려 하옵는데 되겠나이까?"

"그러하다. 여래가 술을 마시지 못하도록 금한 계법에는 환자를 제외하느니라."

우바이는 곧 마을에 들어가서 술을 구해 비구에게 먹게 한 바 병이 곧 나았으며, 또 부처님께서 법을 설해 주시어 아라한과를 얻게 하셨다고 합니다.

또 어느 때 부처님이 한 바라문이 술이 취한 것을 인연으로 하여 제도하신 일이 있었습니다. 그는 본래 출가할 마음이 없었던 사람인데 술이 크게 취한 가운데 출가할 마음을 내어 부처님께 와서 출가하기를 청하므로 부처님께서 아난 존자에게 제도해 주라 하셨던 바, 그는 술이 깨자 곧 집으로 돌아갔습니다. 부처님은 그가 돌아간 뒤 아난에게 말씀하셨습니다.

"저 바라문이 금세에서뿐만 아니라 무량세(無量世)를 두고 출가할 마음이 없었는데 이제 취한 기운에 발심하였거니와 이로 인연하여 뒷날 마땅히 출가하리라."

라고 하셨다고 합니다. 이 두 경우는 술로 인해 일종의 혜택을 본 경우이지만 술은 일반적으로 많은 허물을 동반합니다. 술의 과실에 대해 경·률·론 등에 10실(十失)·35실(三十五失)·36실(三十六失) 등을 기재하고 있습니다. 『사분율』에 말씀한 열 가지 허물[十失]은 앞에 말씀한 바 있으므로 다음에 35실과 36실에 대해 그 항목을 열거해 보기로 하겠습니다. 먼저 『대지도론』에 있는 35실에 대해서 말씀하겠습니다.


## ─────── 서른다섯 가지 허물[三十五失]

부처님이 어느 때 난제가(難提迦) 우바새가

"술이 능히 몸의 찬 것을 물리치고 몸을 더웁고 이롭게 하며 기분이 좋게 해 주는데 그것을 왜 금하셨나이까?"

하는 물음에 대해

"몸을 이롭게 하는 것은 아주 적고 손해를 주는 것은 아주 많으니, 그러므로 마시지 말라고 하였느니라. 비유컨대 보기에는 아름답고 맛이 있는 마실 것 가운데 독이 섞인 것과 같으니라. 그 독이란 무엇인가. 술에는 대저 서른다섯 가지 허물[三十五失]이 있느니라."

하시고 다음과 같은 35종의 술에 대한 허물을 말씀하셨습니다.

## 〈가〉

1. 현세에 재물을 다 써 없앤다[現世財物虛竭]. 왜냐하면 사람이 술에 취하면 아끼는 마음이 없어져서 함부로 낭비를 하게 되기 때문이다.

2. 뭇 병의 근원이 된다[衆病之門].

3. 투쟁의 근본이 된다[鬪爭之本].

4. 벗어 제쳐도 부끄러움을 모른다[裸露無恥].

5. 추악한 소문이 퍼져서 사람들이 공경하지 않는다
[人所醜名惡聲不敬].

6. 지혜를 덮어서 어둡게 한다[覆沒智慧].

7. 마땅히 얻을 것을 얻을 수 없게 된다[應所得物不得].

8. 이미 얻은 물건도 다시 잃어버리게 된다[己得物復散失].

9. 온갖 사업을 그르쳐서 이루지 못한다[種種事業廢不成辦].

10. 취하는 것은 근심의 근본이 된다. 왜냐하면 취한 가운데는 잃는 것은 많고 깨고 나면 참괴(慚愧)하고 근심할 뿐이기 때문이다[醉爲愁本以多失故].

11. 체력이 점점 감소된다[身力減少].

12. 육신이 마침내 무너진다[色身敗壞].

13. 아버지를 공경할 줄 모른다[不敬父母].

14. 어머니를 공경하게 모실 줄 모른다[不知敬母].

15. 스승을 공경할 줄 모른다[不敬師長].

16. 바라문[聖職者]을 공경할 줄 모른다[不敬婆羅門].

17. 백부·숙부 및 어른들을 공경할 줄 모른다[不敬伯叔尊長].

18. 부처님을 존경할 줄 모른다[不尊敬佛].

19. 불법을 존경할 줄 모른다[不敬法].

20. 승보를 공경할 줄 모른다[不敬僧].

21. 악인들과 붕당(朋黨)을 이룬다[結黨惡人].

22. 어진 인격자를 멀리하게 된다[疎遠賢人].

23. 파계(破戒)하는 사람으로 된다[作破戒人].

24. 항상 참괴(慚愧)함이 없다[恒無慚愧].

25. 여섯 가지 감정을 제대로 가누지 못한다[不守六情].

26. 여색을 쫓아서 방일하게 된다[縱色放逸].

27. 사람들이 미워하고 싫어하여 쳐다보기를 싫어한다

　　[所憎惡不喜見之].

28. 귀중한 천지가 다 외면한다[貴重親識共所損棄].

29. 선법을 행하지 못한다[行不善法].

30. 선법을 버린다[棄捨善法].

31. 유지나 지도자가 믿지 않는다[明人智士不信用].

32. 열반을 멀리하게 된다[遠離涅槃].

33. 우치·광란의 인연을 심는다[種狂癡因緣].

34. 목숨을 마치고 삼악도에 떨어진다[身壞命終墮三惡道].

35. 사람으로 태어나더라도 항상 어리석고 둔하다

　　[若得爲人所生之處 常愚癡闇昧『대지도론』].

<나>

1. 부모에게 불효를 끼치게 한다[不孝父母].

2. 존장과 벗에게 실수하게 된다[輕慢長友].

3. 삼보를 공경하지 않게 된다[不敬三寶].

4. 불법을 믿지 않게 된다[不信經法].

5. 사문을 비방하게 된다[誹謗沙門].

6. 남의 허물을 말하게 된다[訐露人罪].

7. 항상 거짓말을 하게 된다[恒說妄語].

8. 남의 나쁜 일에 무고된다[誣人惡事].

9. 이간하는 말을 하게 된다[傳言兩舌].

10. 폭언을 하여 남을 해롭게 하게 된다[惡口傷人].

11. 병의 근원이 된다[生病之根].

12. 싸움질하는 근본이 된다[鬪諍之本].

13. 나쁜 이름이 퍼진다[惡名流布].

14. 사람들이 미워한다[人所憎嫌].

15. 성현을 배척한다[排斥聖賢].

16. 사업을 파멸한다[廢亡事業].

17. 가산을 파멸한다[破散家財].

18. 항상 양심의 가책이 없다[恒無慚愧].

19. 수치심을 가질 줄 모른다[不知羞恥].

20. 하인을 무고히 때린다[無故捶打奴僕].

21. 생명을 함부로 죽인다[橫殺衆生].

22. 남의 부인을 간음하게 된다[姦淫他妻].

23. 남의 물건을 도적질하게 된다[偸人財物].

23. 어진 사람을 멀리하게 된다[疎遠賢人].

24. 나쁜 벗을 가까이하게 된다[狎近惡友].

25. 하늘과 땅을 원망한다[怨讟天地].

26. 항상 성을 낸다[常懷恚怒].

27. 밤낮으로 근심한다[日夜憂愁].

28. 동으로 서로 끌려 다닌다[牽東引西].

29. 남과 북으로 방황한다[指南著北].

30. 시궁창에 넘어지고 길에 쓰러진다[倒溝臥路].

31. 수레와 차에 친다[墮車墜馬].

32. 물에 빠진다[逢河落水].

33. 등이 있어도 불이 꺼진다[持燈失火].

34. 더위 먹어 죽는다[署月熱亡].

35. 추위에 얼어 죽는다[寒天凍死].


─────── **교승법수(敎乘法數)**

　　범계(犯戒)의 다섯 가지 허물과 다섯 가지 손실(五過五衰)을 살펴보면 다음과 같다. 부처님이 제정하신 계법을 헐뜯고 범하는 데 다섯 가지 허물과 다섯 가지 쇠퇴하는 모습[五過五衰]이 나타난다.


가. 5과(五過),

1. 스스로 몸을 해(害)한다.

2. 지혜로운 이에게 꾸짖음을 입는다.

3. 나쁜 이름이 유포된다.

4. 임종에 뉘우치게[悔] 된다.

5. 죽어서 악도에 떨어진다.


나. 5쇠(五衰)

1. 재물을 구하여도 얻지 못한다.

2. 설혹 얻더라도 곧 소모된다.

3. 대중이 애경하지 않는다.

4. 나쁜 이름(惡名)이 유포된다.

5. 죽어서 지옥에 떨어진다(『중아함경』).


## ■ 불법을 모르고 천당 가기 원치 않는다.

차계(遮戒)는 계를 받음으로 해서 성립되는 것으로 술을 마시면 죄과가 한층 더한 것이 차계(遮戒)이며, 성계(性戒)는 출가·재가와 계를 받지 아니한 것을 물론하고 범하면 죄의 결과[罪果]가 있는 것이니 이것은 그 체성이 악한 까닭인데, 계를 받지 아니하고 범하면 한 층의 죄과요, 계를 받고 범하면 두 층의 죄과요, 계를 받고 범하지 아니하면 공덕이 무량무변한 것입니다. 곧 계를 알지 못하고 계를 받지 아니한 자는 지옥에 떨어져서 고를 받은 뒤에 다시 인간에 나더라도 또 죄과를 범하고 지옥에 떨어지는 것이니 면하기 어려워서 고를 벗을 기한이 없습니다. 그러나 계를 받고 범하지 아니한 자는 인천의 복을 구하면 인천의 복을 얻고 내지 불과(佛果)를 얻을 것이요, 또 계를 받고 범한 자는 지은 죄과가 아주 무거워서 설사 지옥에 떨어지더라도 고를 받는 기한이 지나면 곧 전과(前過)를 뉘우치고 인간에 와서 수행을 하여 범하지 아니한다 했습니다. 그러므로 옛말에 이르기를, '차라리 불법을 듣고 지옥에 들어갈지언정 불법을 듣지 못하고 천당에 나는 것을 원하지 않는다.'라고 하였으니 이 말이 지극히 옳은 말인 것입니다.

# 제6중계
# 사부대중의 허물을 말하지 말라
## 說四衆過戒

若佛子가 口自說出家在家菩薩[65]과 比丘比丘尼[66]罪過하며 教人說
약불자　구자설출가재가보살　　비구비구니　죄과　　교인설

罪過[67]하야 罪過因[68]罪過緣[69]罪過法[70]罪過業[71]이리오 而菩薩이 聞
죄과　　　죄과인　죄과연　죄과법　죄과업　　　　이보살　문

外道惡人과 及二乘惡人의 說佛法中非法非律이어든 常生慈悲心하
외도악인　급이승악인　설불법중비법비률　　　상생자비심

야 教化是惡人輩하야 令生大乘善信이어늘 而菩薩이 反更自說佛
교화시악인배　　영생대승선신　　　이보살　반갱자설불

法中罪過者는 是菩薩의 波羅夷罪니라
법중죄과자　시보살　바라이죄

너희 불자가 출가·재가의 보살과 비구나 비구니의 허물을 제 입으로 말하거나 남을 시켜 말하되 '허물을 말하는 인'이나 '허물을 말하는 연'이나 '허물을 말하는 방법'이나 '허물을 말하는 업'을 짓겠느냐. 보살이 만일 외도나 나쁜 사람들이 불법에 대하여 법답지 못한 일과 경률을 어기는 일을 말하는 것을 들으면 항상 자비심을 내



---

65 **출가보살(出家菩薩)** 출가한 5중(衆)으로 심지계(心地戒) 곧 보살계를 받은 이.
66 **비구(比丘)·비구니(比丘尼)** 출가 불자의 구족계를 받았지만 보살계를 받지 않은 이.
67 **교인설죄과(教人說罪過)** 남을 시켜서 4중(출가보살·재가보살·비구·비구니) 가운데 어느 특정인이나 4중 전체의 허물을 말하는 것.
68 **죄과인(罪過因)** 4중의 허물을 말하기로 작정한 순간의 마음.
69 **죄과연(罪過緣)** 4중의 허물을 말하기 위한 여러 가지 도움될 인연을 짓는 것.
70 **죄과법(罪過法)** 4중의 허물을 말할 수 있는 근거·자료·대상·찬동자를 만드는 등 구체적인 방법.
71 **죄과업(罪過業)** 4부중 가운데 일부 또는 전체에게 확실하게 설득시키므로 온전하게 업을 이루는 것.

어 이 나쁜 사람들을 교화하여 대승에 대한 신심을 내게 할 것이어
늘 도리어 불법에 대한 허물을 말하는 이는 보살의 바라이죄니라.


──────── **설법**

너희 불자가 입으로 출가와 재가, 보살과 비구·비구니
의 허물을 말하지 말고, 사람을 시켜서 허물을 말하지 않도록 하여
서로 존중하고 아껴주고 서로 충고하고 탁마하고 의지하여야 한다.
도반끼리 도리어 잘잘못을 찾아서 허물을 들추고 헐뜯는다면 결국
은 삼보의 하나인 교단을 허는 결과가 될 것이니 그런 큰 죄를 저지
르지 말라는 것입니다. 그래서 허물을 말하는 반연[說過緣]과 허물을
말하는 법[說過法]과 허물을 말하는 업[說過業]을 지을 것이냐? 보살로
서 외도의 나쁜 사람과 이승의 나쁜 사람이 불법 가운데 법도 아니
고 율도 아닌 것 곧 허물을 비방하는 것을 들으면 항상 가엾어 하는
마음을 일으켜서 이 악한 무리들을 타이르고 교화해야 할 것이며,
그리하여 대승의 믿음을 내게 해야 할 사명과 임무를 가지고 있는
것이 보살인데, 도리어 보살이 스스로 불법 가운데 허물을 들추어내
어 남의 험담이나 하고 그래서 교단의 위신을 떨어뜨리고 하는 이는
보살의 '바라이죄'라는 것입니다.

중생이란 본래 업에 끌려서 업으로 사는 것이므로 과거세로부터
지어 온 업이 중요합니다. 그 업 가운데 남을 비방하는 습성(習性)이
있기 때문에 남의 말 하기가 쉽습니다.

절에 다니는 불자가 혹은 같은 신도님네 도반의 허물도 말하고

또 나아가서는 스님네 허물을 말하게 됩니다. 어느 절 주지는 어떻고 어느 스님은 행동이 어떻고 어떤 스님은 어떤 말을 했는데 그것은 나쁘니, 좋으니 시비를 하게 됩니다. 그런 시비를 하게 되면 그것이 곧 업을 짓는 것입니다.

예를 들어 아는 절의 스님이 잘못한 일이 있다 하더라도 진실한 신도라면 직접 그 스님을 상대해서 '그런 언행을 하면 불법에 큰 오점을 남기고 잘못하는 게 되지 않습니까. 그렇게 하지 마십시오.' 이렇게 권유하는 것은 모르지만 뒤로 돌아서서 누구도 나쁘고 아무 절 누구도 어떻더라, 비방을 하면 좋지 못하다는 것입니다.

'4부중의 허물을 말하지 말라[說四衆過戒]'고 한 이 계는 소승계에서는 구업(口業)의 하나로써 규정하여, 중죄인 바라이죄에 포함시키지 않고 있습니다. 소승계는 자기 자신의 성도(成道)만을 위주로 하기 때문에 남의 허물을 말하는 것도 하지 못하게 계로써 경계를 하지만 그것이 중계로 될 만큼 자신의 본심을 더럽혔다고 보는 입장이 아닙니다. 자신의 본심을 극도로 더럽혀서 '이제는 너는 아무리 해도 참다운 불자로서의 자세를 잃었다'고 판단되었을 적에 바라이죄를 적용하는 것인데, 소승불교의 경우 사람을 죽인다든지, 음행을 했다든지, 내가 도인이라고 큰 거짓말을 했다든지, 도둑질을 했다든지 하면 이것은 곧 네 가지 바라이죄에 해당하게 됩니다. 그것은 탐·진·치 3독심을 극치로 일으켜서 그 독이 본심에까지 뿌리 깊이 박혔으므로 조금 참회해서는 좀처럼 청정하게 될 수 없기 때문이라는 것입니다.

그렇다고 해서 '부처님이 4바라이죄를 범한 자는 구제의 대상에서 영원히 제외시킨 것이다.' 이렇게 단언을 해서는 안 됩니다. 그렇게 생각하는 이가 있다면 그것은 일종의 단상(斷想)이고 극단에 치우친 생각입니다. 부처님은 극단에 치우친 집착을 버리라 하셨고 항상 중도(中道)를 제일의제(第一義諦)인 구경의 진리로 말씀하셨던 만큼 그러한 뜻으로 바라이죄의 계를 제정하는 것은 아닙니다. 다만 그러한 큰 벌이 아니고는 참회되지 않고, 이미 계의 그릇[戒器]이 파손되어 삼학(三學)을 닦아서 그 공덕을 담을 수 없으며, 중생의 복전(福田)으로서 감당을 할 수 없기 때문에 금생은 오직 참회하는 마음으로 지내라는 뜻에서 제정하는 것이고, 그 중생을 영원히 구제할 수 없는 유황 불이 타는 지옥 속에 내어던진 것은 아닙니다.

그리고 세상에 나가서도 '부처님 계를 깨뜨리고 교단에서 쫓겨났으니 이제는 마음 놓고 나쁜 짓이나 실컷 하자.' 이렇게 살라는 것은 더더욱 아닙니다. 평생을 참회하는 마음으로, '나는 비록 바라이죄를 범하여 부처님 앞에서 쫓겨난 죄 많은 몸이지만 마음으로는 아직도 불제자이다. 부처님이 계율로는 버리시고 금생에는 벌을 주신 것이지만 내가 마음을 참회하고 다시는 그런 짓을 하지 말 것이니, 불심마저 버려서는 안 될 것이다. 부처님께서는 마음으로는 지금도 나를 제자로 생각해 주시고 계실 것에 틀림없을 것이니 나는 평생을 참회하는 마음으로 살리라, 이 육신을 버리고 지옥에 가서라도 끝없는 참회를 해야 하리라, 그리고 죄를 벗게 되면 꼭 부처님 법을 다시 만나 기어이 깨달음을 이루리라' 하는 자세로 참회하라는 것입니다. 그러니까 평생을 버린 몸으로 참회해야 한다는 뜻입니다.

'그러면 대승계에서는 4중의 허물을 들추어 헐뜯는 것을 왜 중계로 다스렸느냐' 하는 의문을 가지신 분도 계실 것입니다. 그것은 대승은 이타계(利他戒)이기 때문입니다. 남을 이롭게 하고 남을 도와

주는 게 대승의 정신이고 보살의 마음이며 보살계의 근본 정신입니다. 그런데 남을 헐뜯고 흉이나 봐서 잘못되는 것을 좋아하고 그렇게 되도록 조작을 하는 것은 보살심에 정면으로 위배되기 때문에 중계로 금하신 것입니다. 세속에서도 자기 부모나 형제의 잘못에 대해 남이 흉보고 욕하는 것을 보면 크게 분노하고 자기는 부모의 잘못을 결코 입에 담지 않는 법인데 부처님 법을 배우는 보살이 스승이나 선배나 동학(同學)의 허물을 들추고 또 신도로서 자기 절 주지스님이나 같은 신도님들 험담을 하면 안 된다는 것입니다.

그렇다고 해서 잘못하는 것을 보고도 말도 하지 말고 본 척 하지 말고 덮어 두라는 것이냐 하면 결코 그런 뜻은 아닙니다. 직접 대면해서 타이르고 충고하고 진실하고 여법하게 참회를 시키고 그러라는 것입니다. 이렇게 해야 잘못을 서로 고치게 되고 탁마가 되고 종단의 화합이 이루어집니다.

비유컨대, 집안에서 부모가 나쁜 길에 빠졌다든가, 자식이나 형제가 술이나 먹고 망나니가 되어 범죄의 소굴로 들어가게 되었는데, 그 자식이나 부모·형제가 되어서 뒤로 흉이나 보고 여기 저기 선전이나 하면 되겠습니까. 또 모른 척하고 말도 안 하고 충고도 안 하고 버려두면 되겠습니까. 이 두 가지는 다 잘못입니다. 어떻게 하든지 뉘우치게 하고 바른 길로 가도록 해야 도리입니다. 우리 불법도 이치는 그와 똑같은 것입니다. 종단의 어른, 절 집의 어른, 나의 은사(恩師), 수계사(授戒師), 법사(法師)는 부모와 같고 대덕화상은 백부·숙부와 같고 동학 선배 후배는 형제와 같아서 조금도 다를 게 없습니다. 자식으로서 부모·형제의 험담이나 하고 소문을 내어 집안 망신이나 하고 욕되게 하면 그 집안은 화목할 수도 없게 되고 마지

막에는 부모는 부모 노릇을 못하고 자식은 자식 도리를 못해서 풍지
박산으로 파멸하게 되는 것입니다.

부처님 교단은 화합이 으뜸이고 보살심·계율이 생명입니다. 뒤
로 비방하고 욕하면 그것을 당한 사람은 네가 날 욕하고 비방했겠
다, 두고 보자, 이렇게 됩니다. 만일 손아랫사람이 그랬다면 자기
잘못은 생각하지 않고 반감만 더더욱 더하게 됩니다. 진정한 마음으
로 정성스럽게 충고하고 공경하는 마음으로 간곡하게 말하면 다 수
행하는 불자인데 고맙게 생각하지 않는 사람이 없습니다. 그렇지 않
고 뒤로 헐뜯고 하다 보면 서로 업만 짓고 화합이 마지막에는 파국
에 이를 염려까지도 있게 되는 것입니다.


─────── **4부중의 조직**

이 설사중과계(說四衆過戒)는 구업(口業)으로 저지르는 중계
(重戒) 가운데 하나인데 이 구업의 대상은 4부대중입니다. 여기서 잠
시 4부중의 조직을 말씀하기로 하겠습니다.

부처님께서 우리 교단의 조직을 출가2중(出家二衆)·재가2중(在家
二衆)의 4부중으로 조직하셨습니다. 그러므로 불교에서 4부중(四部衆)
하면 비구·비구니·청신사(淸信士)·청신녀(淸信女)를 말하는데, '보
살계'에서도 같은 4부중이긴 하지만 '보살계'를 받았느냐 안 받았느
냐 하는 것을 기준으로 하여 '보살계'를 받은 4부중을 출가보살(出家
菩薩 : 보살계를 받은 비구·비구니 2부중)과 재가보살(在家菩薩 : 보살계를 받은
청신사·청신녀의 2부중)이라 했습니다. 그리고 그 다음 비구·비구니라

고 한 것은 '보살계'를 받지 아니한 출가 2부중을 가리킨 것입니다.

여기 제6중계에서는 위에 말한 4중의 허물을 들추어 비방하지 말라는 계입니다. 이 계에 대해서 말씀하기 전에 재가중의 청신사(淸信士)·청신녀(淸信女)·근사남(近事男)·근사녀(近事女)·근숙남(近宿男)·근숙녀(近宿女)의 구별이 있으며, 출가에도 5중(五衆)이 있음을 먼저 말씀하기로 하겠습니다. 출가중은 보통으로는 4중(四衆)이지만 여기에 비구니가 되기 전의 중이 더 있으니, 곧 학법녀(學法女)·정학녀(正學女)라 번역하는데, '사미니'로서 '비구니'가 되려고 하면 2년 동안 4근본(四根本)·6법(六法) 등의 수련을 통해 구족계를 받을 만한지를 시험해야 하기 때문에 있게 된 제도입니다. 이렇게 보면 출가중인 비구·비구니·사미·사미니·식차마니의 7중으로 구분이 됩니다.

청신사(淸信士)의 '淸'은 허물[過]을 여읜 것을 뜻하고 '信'은 믿음이 도에 들어가는 근본임을 가리킵니다.

저 『화엄경』에, '믿음[信]은 도의 근원이요 공덕의 어머니어서 온갖 모든 선근을 길이 길러 주느니라[信爲道源功德母 長養一切諸善根].'이라고 하신 바와 같이 신심이 제일이란 뜻입니다. '士'는 남자란 뜻이니, '淸信士'는 '허물을 여의고 믿음이 견고한 남자'란 뜻으로 여기에도 근사남(近事男)·근선남(近善男)·근숙남(近宿男)·선숙남(善宿男)의 다른 이름이 있고 그 뜻에도 몇 가지 구별이 있으며, 남자에 대하여 여자는 밑에 '士' 자 대신 '女'자로만 바꾸어 붙이면 됩니다. 다시 말하면 청신녀(淸信女)·근사녀(近事女)·근선녀(近善女)·근숙녀(近宿女)·선숙녀(善宿女) 등으로 부르게 됩니다.

근사남(近事男)은 3귀5계(三歸五戒)를 받고 모든 선법(善法)에 친근하여 부처님을 가까이 섬길 수 있는 '청신사'란 뜻입니다. 여인의 경우에는 근사녀(近事女)라 부릅니다.

근숙남(近宿男)이라 할 경우에는 팔관재계를 지키는 이로서 3귀5
계만을 받은 '근사남'보다는 한층 신행이 깊은 이를 가리킨다 할 것
입니다.

만일 여인이 '팔관재'를 가지면 근숙녀(近宿女)라 합니다. '근숙'은
결국 3보에 친근하여 절에 머무는[住宿] 재가 불자란 뜻이니, 근주남
(近住男)과 같은 뜻입니다. 선숙남(善宿男)은 삼보(三寶)에 귀의하여 5계
에 머무는 이'란 뜻입니다.

그러므로 '청신사' · '청신녀'는 남신도 · 여신도의 총명(總名)이고,
여기에 근사남 · 근사녀 · 근숙남 또는 근주남 · 근숙녀 또는 근주녀
의 구별이 있음을 알 수 있습니다.

또 청산사를 범어로 우바새(優婆塞)라 하고 청신녀를 우바이(優婆
夷)라 하는데 여기에 다섯 가지 구별을 두어 말한 데도 있습니다.


1. 일분행우바새(一分行優婆塞) : 지극히 적은 부분의 수행만을
하는 이.

2. 이분행우바새(二分行優婆塞) : 10분 가운데 2분 정도의
신행(信行)만이 있는 이.

3. 삼분행우바새(三分行優婆塞) : 10분 가운데 3분만을
신행하는 이.

4. 다분행우바새(多分行優婆塞) : 절반 이상의 신행을 하는 이.

5. 만분행우바이(滿分行優婆塞) : 80% 이상 100% 신행을 하는 이.

6. 단음행우바새(斷婬行優婆塞) : 음행까지 끊어 출가나
다름없는 청정범행자.

또 청신사를 거사(居士)라고도 하는 바, 여기에 2종이 있으니, 첫째는 널리 재물을 가지고 있는 부호거재(富豪居財)의 남자[士]란 뜻이고, 둘째는 마을에 재가해 있으면서 도를 닦는 수행인 곧 거가도사(居家道士)를 일컫는다고 했습니다.

또『십송률(十誦律)』같은 데서는

'왕·대신·바라문을 제외한 재가의 백의(白衣)를 거사(居士)라 한다.'라고 규정하기도 했습니다. 또 이 밖에도 백의(白衣)·속인(俗人)의 별칭으로도 썼으니 천축의 바라문과 속인은 흔히 흰옷을 입었으므로 흔히 재가한 이를 백의(白衣)라 하고 출가한 사문(沙門)은 물들인 옷을 입으므로 치의(緇衣)·염의(染衣)라고도 합니다.

또 여자를 여거사(女居士)라 하고, 남자를 대거사(大居士)라 하는데 대해 대매(大妹)라고도 합니다. 우리나라 풍속에는 여자 신도님들을 모두 보살이라고 하는데 이것은 '보살계'를 받았기 때문에 그렇게 부르는 이름으로 외국에서는 볼 수 없는 말이기도 합니다.

출가중(出家衆)에도 비구·비구니가 있고 사미·사미니가 있음은 다 아시는 바와 같습니다. '사미'는 식처(息妻)·식악(息惡)·근책남(勤策男)이라 번역하는 바, 출가하여 계[十戒]를 받아 지니는 행자(行者)를 일컫는 말이니, 남자 행자는 사미이지만, 여자 행자는 사미니 또는 근책녀라 합니다. 이밖에 10중대계 가운데 여섯 번째 중계인 이 설사중과계(說四衆過戒)에 대해서 지욱(智旭) 스님의『범망경합주(梵網經合註)』에 의해 자구와 경문의 뜻을 다시 한 번 말씀하기로 하겠습니다.

'설(說)한다' 함은 아직 보살계를 받지 않은 사람을 향해서 대승의

7중(七衆 : 비구·비구니·사미·사미니·식차마니 또는 보살계를 받은 우바새·우바이도 여기에 포함시킴)의 죄과를 설하고 구족계를 받지 않은 사람에게

비구·비구니 2중의 죄과를 말하는 것을 가리킵니다.

'출가 재가의 보살(出家在家菩薩)'이라 함은 곧 대승의 7중(七衆)에 통하여 말한 것이고 비구·비구니는 소승의 2중을 따로 가리킨 것입니다. '죄과인(罪過因)'은 허물을 말하려는 마음을 가리키고 '죄과연(罪過緣)'은 말하려고 하는 때와 장엄하게 꾸미는 방편을 말하며, '죄과법(罪過法)'은 가볍고 무거운 죄의 내용을 말하며, '죄과업(罪過業)'은 입으로 분명하게 말하여 상대방을 확실하게 설득시킨 것을 말합니다.

'외도의 악인과 및 2승(二乘)의 악한 사람이 불법 가운데 법이 아닌 것을 말하고 율이 아닌 것을 말하는 것을 들으면 보살이 마땅히 항상 자비심을 내어……'라고 한 경문 가운데, 외도를 악인이라고 한 데 대해서는 아무런 이의도 의심도 가질 수 없지만, '2승을 악인'이라고 한 점에 대해서는 의심을 한 번쯤 해보지 않을 수가 없습니다. 2승은 성문·연각의 소승불자를 가리키고 그 과를 얻었으면 곧 성인이므로 도저히 악인이라고는 할 수 없겠기 때문입니다.

이에 대해 지욱 스님은 다음과 같이 말씀하셨습니다. '2승을 악인이라 한 것은 일정한 규격에 집착되어 대인(大人 : 보살)의 작법[作法作略]을 의심하고 대승의 묘용을 알지 못하기 때문에 이를 배척하여 악인으로 규정한 것이다[執一定之規繩 疑大人之作略 不知大乘妙用 故斥之爲惡人].'라고 했습니다. 또 '불법 가운데 죄과에 대해서 외도의 죄과가 아님을 가려서 밝힌 것이고 또한 가(邊 : 지엽적인)의 작은 죄를 범한 것이 아님을 분별해서 밝힌 것이며, 이미 계를 잃은 사람의 죄과임을 가려서 밝힌 것이다[佛法中罪過者揀非外道罪過 亦揀非犯邊罪 己失戒人罪過也].'라고 한 바 있습니다.

이 계에 또한 성죄(性罪)와 차죄(遮罪)의 두 가지 업이 있어서 6가

지 인연이 쌓이면 중죄를 이룬다고 했습니다[性遮二業 六緣成重]. 6가
지 인연이란 첫째 중생, 둘째 중생이란 생각[衆生想], 셋째 죄를 말하
려는 마음[說罪心], 넷째 허물을 말한 바가 있으며[所說過], 다섯째 허
물을 말한 것을 들은 상대가 있을 것[所向人], 여섯째 들은 사람이 분
명하게 이해했을 것[前人領解]의 여섯 가지를 이루면 이 계를 범한 것
이 된다는 뜻입니다. 물론 여기에도 또 더욱 세밀한 차별은 있습니
다. 죄과를 말한 내용이 무엇인지, 누구의 허물을 말했는지, 보살계
를 받은 이인가, 비구계 · 비구니계를 받은 이인가. 계를 받지 않은
이인가에 따라 죄의 경중이 달라지게 됩니다. 보살계를 받은 이와
비구 · 비구니계를 받은 이의 허물을 비방했으면 중계(重戒)에 처하
게 되고, 계를 받지 않은 무계자(無戒者)의 허물을 말한 것은 죄가 가
볍다고 했습니다. 소승계인 비구 · 비구니계에는 계를 받은 이이거
나 계를 받지 않은 이이거나 다 경계(輕戒)로 취급하고 있지만, 이 보
살계에서는 중계(重戒)로 다스리는 바입니다.

그리고 또 설한 바 허물[所說過]이라는 것은 그 저지른 죄의 내용[罪
事]을 말하고 또는 죄명(罪名)을 들어 말하는 것을 일컫는 데도, 거기에
도 각각 의심하고 점검해야 할 여섯 가지[六句]가 있습니다. 죄과의 내
용[罪事]이란 살생 · 도적질 · 거짓말 · 술 마시고 고기 먹는 등의 내용
을 말합니다. 또 죄의 이름[罪名]이라 함은 큰 것은 7역(七逆) · 10중 48
경계(十重四十八輕戒)이고, 적게는 5편7취(五篇七聚 : 비구의 250계, 비구니의
348계를 5과(五科)로 분류한 것을 편이라 하고 취는 앞에서 말한 5편에 투란차와 악설을
더해서 7과로 분류한 것) 등을 말합니다.

이렇게 예전 선지식님네들의 말씀한 것을 다 하려면 한이 없습습
니다. 요컨대 스님네와 4부중의 허물을 비방하지 말라는 것입니다.

어느 절 주지가 어떻게, 어느 스님이 무엇을 잘못했다는 등으로 비방을 하다 보면 몇몇 스님의 재물을 들추어 마침내는 종단 전체가 그런 것으로 비방하게 됩니다. 스님네이든 신도이든 비행(非行)을 보면 직접 대면해서 시비를 가려서 충고해야 할 것이요, 뒤돌아서서 비방만 하면 구업을 짓는 것이 되고, 이런 풍조가 만연하면 마침내는 종단의 파국을 가져올 수도 있고 결국은 중계(重戒)를 범하게까지 되는 것이니, 대중의 허물을 들추어 비방하는 일은 지극히 조심해야 합니다.

### ■ 우바국다 존자와 노비구니의 대화

파계비구(破戒比丘)라도 비구의 공덕이 있습니다. 그래서 부처님께서도 '허물을 드러내지 말라'고 말씀하셨습니다.

『지장경』에 파계비구를 시들은 '밤박가화'란 꽃에 비유한 이야기가 있습니다. 밤박가화라고도 하고 '금색바라화'라고도 하는 이 꽃은 3,000년만에 한 번 핀다는 꽃으로 그 꽃이 얼마나 좋던지 이 꽃이 아무리 시들었더라도 진기한 향내가 진동하여 오히려 싱싱한 다른 꽃보다 낫다고 했습니다. 파계악행으로 모든 비구계를 깨뜨린 비구가 유승일체외도중(唯勝一切外道衆 : 오히려 외도중보다 낫다)이란 말이 있습니다. 계를 안 받은 사람보다는 낫다는 것입니다. 나쁜 짓을 하고 악행을 저질러서 지옥에 가더라도 비구계를 받은 공덕, 보살계 받은 공덕이 있기 때문에 모든 허물이 감면될 수 있고 필경에는 다시 부처님께 돌아와 성불하게 된다는 것입니다. 그러므로 파계한 것만 가지고 비구 때 받은 공덕까지 무시하면서 비방하지 말라는 것입니다.

참으로 부처님 말씀대로 하자면 팔만세행(八萬細行)이 있고 삼천위의(三千威儀)를 갖춘 비구라야 할 수 있습니다. 지금은 말세의 풍조인데 어떻게 그렇게 할 수 있겠습니까. 그래서 도선(道宣) 율사 말씀에, 유불일인지계자(唯佛一人 持戒者 : 오직 부처님 한 분만이 계를 다 지키시는 분이다)라고 했습니다. 그 나머지 대중은 전부 파계인이라는 뜻입니다.

그러므로 계행이란 그렇게 가지기 힘든 줄을 알아야하며 계행을 부처님처럼 하기는 참으로 힘들고 어렵다는 것입니다. 부처님 법을 가섭 존자가 먼저 받아 가지고 아난 존자에게 전했으며, 다시 상나화수 존자에게, 또 다시 제4조 우바국다 존자에게 계속해서 이어졌습니다.

선방에 조실(祖室)이니 주실(籌室)이니 하는 말이 제4조 우바국다 존자 때 생겼다고 하는 유래가 있습니다. 우바국다 존자가 한 사람의 제자를 교화시켜서 도를 깨닫게 하고는 수까치(산대)를 한 개씩 던져 놓은 것이 3칸 되는 방에 꽉 찼다고 해서 주실(籌室)이라 그럽니다. 조실(祖室)이라고도 하고 주실이라고도 하는 말이 이때에 있게 되었다고 합니다.

그런데 이 우바국다 존자가 소문에 부처님 당시에 부처님을 모시던 비구니가 있다는 소문을 듣고 그곳을 찾아갔습니다. 부처님 당시에는 승려들의 수행·위의가 어떠했는지를 직접 체험한 이에게 자세하게 들어보기 위해 갔었던 것입니다. 우바국다 존자가 제4대이지만 제2조 아난 존자는 부처님을 친히 모셨던 이이므로 4대라고 해도 그 실제의 연대는 부처님 열반하신 뒤 50년에 불과합니다. 우바국다 존자가 17세에 제3조 상나화수 존자에게 출가하여 아라한과를 얻었다고 하므로 이 노비구니가 부처님 열반 당시 젊은 나이었다고 하면 제3조 상나화수 존자의 나이와 큰 차이가 없을 것이며 제4조 우바국다 존자와 같은 시대에 만나는 것은 당연한 일에 속한다

할 것입니다. 그러므로 4조 우바국다 존자가 부처님 당시의 제자를 연대상으로 만날 수 있을까 하고 의심할지 모르지만 실제로는 그렇지가 않습니다. 그때 노비구 나이가 90정도 되었을 때입니다.

"부처님 당시에는 어떻게 스님네들이 행동을 했소?"

하고 물으니 그 비구니가 팔만세행(八萬細行) 전부를 자세히 이야기해 주는데 중생이 상상할 수도 없을 정도였다는 것입니다.

첫째로 비구니 절에 걸어 들어가는 입구에 양철 같은 쇠를 깔아 놓았더라는 것입니다. 그걸 밟으면 와짝와짝 소리가 나게 해서 누가 오는지를 알 수가 있게 한 것입니다. 그리고 그 비구니 말이 '불법이 장차 쇠퇴하는구나, 저 쇳소리가 나도록 밟고 들어오니 어떻게 되겠느냐.' 했다는 것입니다.

부처님 당시에는 부처님이나 1,200대중이 걸어가더라도 발자국 소리 하나도 없었다는 것입니다. 함석 같은 걸 깔아놨는데도 소리가 안 나게 걸어가셨다는 것입니다. 술 먹고 고기 먹고 하는 것 따지기 전에 걸음걸이 하나가 그만큼 위의가 있고 근엄하였다는 것입니다. 만일 그렇게 하지 않았다면 96종의 외도육사(外道六師)라든지 어떤 바라문을 조복받을 수가 없었다는 것입니다. 그러므로 부처님께서 행동으로 조복을 받는데 걸음걸이부터가 소리가 안 나게 걸어가도록 했다는 것입니다.

지금 사람들은 쾅쾅 울리고 다니는데 우리부터라도 발자국 소리가 안 날수가 있습니까. 그렇게 1,200대중이 걸어가더라도 소리가 안 나게 걸었다는 그것 한 가지 사실과 견주어 보고 비구니가 '불법이 앞으로 점점 쇠해가는구나' 하는 것을 알았다는 것입니다. 우바국다 존자 당시만 해도 불법이 말할 수 없이 성할 때여서 수행하는 이가 쉽게 해탈이 되고 부처님 법문 듣기만 해도 견성(見性)하고 그랬을 때입니다. 삽삼조사(卅三祖師) 때에는 불법이 거룩하게 잘 유지되고 그럴 때인데도 그 노비구니가 그렇게 한탄을 했습니다. 이것은 수행자의 행동거지부터가 그렇게 중요하다는 것을 뜻하는 말씀이라고 할 수 있습니다. 부처님은 앉으신 자세라든가 모든 게 위엄이 있어서 가만히 앉아 계시기만 해도 저 외도 마구니들이 와서 항복을 하고 먼 데서 보면 벌써 위엄이 있어 보이니까 저절로 합장을 하게 됩니다. 개금도비(開襟掉臂 : 옷깃을 풀어헤치고 소매를 걷어 올리는 짓)하고 거안고시(擧顏顧視 : 머리를 흔들고 눈을 두리번거리는 짓) 하고 하면 안 된다는 것입니다. 거동을 경계하는 초발심에 있는 말입니다. 마을 세속에서도 점잖은 사람은 그런 행동은 하지 않습니다.

지금 와서는 소위 수좌(首座)라고 하면서 오뉴월 염천에 누더기를 빨아 입지도 않고 다니는데, 이 누더기라는 건 옛날에 옷이 하도 귀해서 입었고, 또 그런 것은 산중에서 입는 것입니다. 요사이 도시에서 성직자의 출입복(出入服) · 법복(法服)으로는 맞지 않는 것이고 자주 세탁을 해 입어야 하고 냄새가 난다든지, 엄숙하지 못한 옷차림, 단정한 몸가짐으로 위의 행동이 모두가 불법에 어긋나지 않도록 해야 합니다. 그래서 걸음걸이 하나라도 발자국 소리가 안 나도록 조심해서 경건하게 하는 것이 수행하는 붙자의 위의입니다. 우바국다 존자 같은 어마어마한 어른도 비구니한테 그렇게 지적을 당하지 않았습니까.

# 나를 칭찬하고 남을 헐뜯지 말라
## 自讚毁他戒

若佛子가 自讚毁他[72]하며 亦教人自讚毁他하야 毁他因[73]毁他緣[74]
약불자 자찬훼타 역교인자찬훼타 훼타인 훼타연

毁他法[75]毁他業[76]이리요 而菩薩이 應代一切衆生하야 受加毁辱[77]하
훼타법 훼타업 이보살 응대일체중생 수가훼욕

야 惡事는 向自己하고 好事는 與他人이어늘 若自揚己德하고 隱他
악사 향자기 호사 여타인 약자양기덕 은타

人好事하야 令他人受毁者는 是菩薩의 波羅夷罪니라
인호사 영타인수훼자 시보살 바라이죄

그렇다고 충고도 하지 않고 참회시키고 바르게 인도하지도 말라는 뜻으로 생각하면 또 안 됩니다. 뒷전에서 흉이나 보고 손가락질하는 그런 짓을 하지 말라는 것입니다.

이렇게 비방을 하면 죄를 짓는 것이니 비방하지 말고 잘못하는 일이 있으면 직접 충고를 해주고 충성스럽게 가르쳐 주라는 것입니다.

너희 불자가 스스로를 칭찬하고 남을 비방하며 또한 남을 시켜서 스스로를 칭찬하고 남을 헐뜯어서 '남을 헐뜯는 인'과 '남을 헐뜯





72 **자찬훼타(自讚毁他)** 자찬(自讚)은 자기의 공덕을 드러내어 제 잘난 체하는 것이고 훼타(毁他)는 남의 허물을 들추어 헐뜯는 것. 또는 덕 있는 이를 헐뜯어서 그 이익을 자신에게 돌리려고 함으로 이 중계(重戒)가 성립됨을 일컫는다.
73 **훼타인(毁他因)** 자기를 찬양하고 남을 헐뜯으려는 마음을 처음 일으킨 생각.
74 **훼타연(毁他緣)** 칭찬하고 헐뜯을 마음을 계속해서 가지고 여러 가지 도움이 될 근거·자료·대상 등을 찾아서 관계를 맺는 것.
75 **훼타법(毁他法)** 갖가지로 교묘한 방법을 강구하여 자신을 칭찬하고 남을 헐뜯을 구체적인 수단을 삼는 것.
76 **훼타업(毁他業)** 대상자에게 설득하는 것. 곧 자기를 칭찬하고 남을 헐뜯는 말을 하여 듣는 이가 '자찬훼타'한 그 말대로 납득된 것.
77 **훼욕(毁辱)** 헐뜯고 모함하여 남을 모욕하는 것. 여기서는 도반을 훼욕한 것을 가리킴.

는 연'과 '남을 헐뜯는 법'과 '남을 헐뜯는 업'을 짓겠느냐. 보살이 마
땅히 일체중생을 대신하여 남의 비방을 받으며, 나쁜 일은 자기에게
들리고 좋은 일은 남에게 돌릴 것이어늘, 도리어 자기의 공덕을 드
러내고 남의 잘한 일을 숨겨서 다른 이로 하여금 비방을 하게 하는
이는 보살의 바라이죄니라.

─────── **설법**

　　부처님은 또한 '자기를 칭찬하고 남을 험담'하는 이런
짓을 하지 말라고 하셨습니다. 보살은 언제든지 일체중생을 대신해
서 욕되고 핍박되는 일을 참고, 다시 말하면 어떤 일은 불이익하고
잘못된 것은 다 남에게 돌리고 명예스럽고 이익되고 좋은 일은 모두
다 남에게 돌리는 마음이 보살심이라는 것입니다.

　　나 자신도 이렇게 하지는 못합니다. 하기 힘든 일이지요. 그러나
그렇게 하도록 노력은 해야 합니다. 그것이 보살계 받은 이가 할 일
입니다. 명예스러운 일·칭찬·훈장 받는 일은 남에게 돌리는 것,
자기 자신이 받을 일이라도 남이 했다고 하는 것, 이런 어려운 일하
는 것이 보살이 아니겠습니까. 이것이 부처되는 길입니다.

　　범부 중생이 하는 데는 능력이 있고 한계가 있지만 노력하며 하
다 보면 나도 모르는 사이에 보살도에 가까워집니다. 비근한 예로
내가 시주를 많이 해서 이 절이 이렇게 커졌다고 이렇게 자랑을 하
고 그러면 이것은 복을 짓고도 복을 깎는 게 됩니다. 가만히 있으면
큰 복을 받을 텐데, 자신이 자기 복을 작게 감하는 것이 스스로를

칭찬하는 일입니다.

　그러므로 남의 좋은 일을 숨기고 자기는 칭찬을 받게 하며 다른 사람으로 하여금 불명예를 받게 하는 이것이 보살의 바라이죄라 했습니다. 언제나 내 자랑을 하지 말아야 합니다. 언제나 어디가든지 하심(下心)을 하는 것이 보살계 받은 사람의 생활입니다. 자기 자랑을 하다 보면 그게 곧 아상(我相)이며 자꾸 구업(口業)을 쌓는 일로 되고 업을 짓는 일이 됩니다.




　'자찬훼타'에 대해서 역시 많은 옛날 선지식님네들의 해석이 많고 연구가 많습니다. 『범망경』 보살계살림(菩薩戒山林)을 원래 제대로 법다이 하자면, 저 천태지자(天台智者) 대사로부터 현수(賢首) 스님, 우리나라의 원효 스님, 의적(義寂) 스님을 비롯해서, 홍찬(弘贊) 스님 등의 주석을 다 풀고 대조해 보고 해야 하겠지만 여기 계신 신도님들에게 그것을 다 말씀드릴 수도 없고 시간도 없습니다. 또 산승(山僧)이 그것을 다 안다고 할 수도 없습니다. 여러분에게 한 가지 말씀드리는 것은 대중 가운데 『범망경』 공부에 뜻을 둔 학인이나 신도님이 계시면 중국 조동종(曹洞宗)의 제3조이시고 정토종(淨土宗)의 5조이신 영명연수(永明延壽) 선사의 『수보살계법서(受菩薩戒法序)』, 지욱(智旭) 스님의 『합주(合註)』, 홍찬 스님의 『약소(略疏)』 가운데 일부분을 간추려서 말씀드리기로 하겠습니다.

　자찬(自讚)이란 것은 자기의 공덕을 칭찬하는 것을 말하고, 헐뜯는다[毁他] 함은 남의 과오를 들추어 그것을 비교해서 자기 덕을 나타내고 남의 단점을 드러냄으로 그 명리를 자기에게로 돌리기 때문에 중계(重戒)를 범하는 것이며, 만일 단지 탐심(貪心)으로써 자기를 칭찬하는 것, 다시 말하면 단순히 자기의 잘난 것, 많이 아는 것, 훌륭한 점을 남에게 알리어 존경을 받고자 욕심으로 자기를 칭찬한 것은 마음에 때를 물들인 죄를 범한 것[染汚犯], 곧 경구죄(輕垢罪)를 범한 것이라 했습니다.

또 다만 진심(瞋心)으로 남을 헐뜯는 것도 역시 '경구죄'라 했습니다. 그것은 남을 헐뜯고 자기를 칭찬하여 그렇게 함으로써 자기에게 어떤 명리가 돌아오게 할 목적으로 저지르는 것이 아닌 단순한 허물이기 때문에 '경구죄'로 규정한 것입니다. 그래서 탐심(貪心)이나 진심(瞋心)으로써 남을 헐뜯는 것은 각각 물드는 허물[染汚犯]을 말하는 것이라고 지욱 스님이 주석했습니다.

『계본경(戒本輕)』 가운데는 이것을 계목(戒目)을 나누어 따로 설명한 것이 있는데, 이 『범망경』에서는 겸해서 제정했다고 했습니다. 여기서 『계본경』이라 한 것은 250계를 제정하신 『사분율』에서는 남을 헐뜯는 것을 경계하는 계[毁他戒]와 자기를 추켜서 이양[制養 · 名利]을 구하는 계를 따로 따로 정해서 말씀했지만 보살계에서는 두 계가 서로 연관성을 가지고 저지르게 되고 이 두 계가 합해지는 경우 중계(重戒) 곧 아주 큰 죄인 바라이죄를 범하게 되는 것이므로 일곱 번째 중계[第七重戒]로 하여 겸해서 제지한 것임을 말합니다.

남을 시킨다[敎人]함은, 혹 사람으로 하여금 나를 칭찬하고 남을 헐뜯게 하는 것을 가르치면 중계(重戒)를 범한 것이고 그 사람 자신을 찬양하고 다른 이를 헐뜯었다면 그 허물이 가벼우므로 경구죄(經

垢罪)를 범한 것으로 되는 경우를 말합니다.

훼타인(毁他因)은 자신을 찬양하고 남을 헐뜯겠다는 마음이고, 훼타연(毁他緣)은 갖가지 방편을 꾸미는 것을 말하고, 훼타법(毁他法)이란 헐뜯는 법을 베푸는 것을 말하고, 훼타업(毁他業)은 듣는 상대가 완전하게 설득되어 이해한 것을 말합니다.

여기에 또한 성죄와 차죄의 두 가지 법이 있는데, 5가지 연(緣)이 모이어 중죄(重罪)를 이루고 경죄(輕罪)를 이룹니다. 5가지란 첫째 중생이 있을 것, 둘째 중생이란 대상이 있을 것[衆生想], 셋째 자기를 찬양하고 다른 사람을 헐뜯을 마음[讚毁心]이 있을 것, 넷째 찬양하고 헐뜯는 말을 갖추어 했을 것[說讚], 다섯째 말을 듣는 상대자가 설득되어 확실히 알아들은 것[前人領解]의 다섯 가지가 그것입니다.

여기서 자신을 찬양하고 헐뜯는 마음[讚毁心]이란, 출가보살·재가보살·비구·비구니의 4부중의 허물, 그 가운데 특정인의 단점을 들추어서 그 반사적인 작용에 의해 자신에게 그 명예와 이익을 돌리려고 하는 마음이니, 이것은 상대방의 잘못을 충심으로 타이르고 참회시키는 절복이 아니며, 따라서 참다운 이익도 아니라는 것입니다.

찬양하고 헐뜯을 근거를 갖추어 말한다[說讚毁具] 함은, 예컨대 그 사람이 태어난 족성, 그 집안의 내력 가운데 좋지 않은 점을 들추어 말하고, 옛날 인도 같으면 왕족이나 바라문족이 아닌 노예계급이라느니, 우리나라의 옛날 경우라면 출신이 양반이 아니라느니, 아버지가 어떻고 어머니가 어떤 등의 단점 같은 것을 들추어내는 것을 말합니다. 또한 이제까지 익혀온 행업(行業)·직업이 귀한 직업이 아니고 대단치 않은 일에 종사했다느니, 또는 가진 기술이 뛰어나지 못하고 변변치 못하다느니 하여 나쁘게 평가하는 것을 말합니다. 또한 그 사람이 누구와 나쁜 싸움을 했고 전과가 있다느니, 혹은 그 사람이 행위가 매양 가볍고 무겁지 못하다느니, 그 사람은 번뇌가 많고 업장이 두터운 사람이니 친할 것이 못된다느니, 그 사람의 생김새가 어떠하므로 귀상이 아니고 좋은 마음씨가 아닐 것이라느니, 그 사람은 선법을 갖추지 못한 사람으로 존경의 대상이 되지 못하느니 하는 등의 말로 헐뜯는 것을, 남을 헐뜯고 자기를 칭찬하는 근거를 갖추어 말하는 것[說讚毁具]이라 합니다.

앞 사람을 설득했다[前人領解] 함은 자찬훼타(自讚毁他)의 구업을 이루는 것을 가리킵니다. 다시 말하면 아무 대덕은 그 출신이 하천한 사람으로 사회에서 특별한 교육을 받은 것도 없는 사람이며 성질도 급하고 병이 많아서 업장이 두터운 사람이니 우리가 큰 스님으로 존중하는 것은 옳지 않다, 뿐만 아니라 얼굴 생김새도 귀상이 되지 못하고 어디서 들으니 좋지 않은 짓도 했다는 등의 갖가지 말을 하여 듣는 사람이 '과연 그 사람은 나쁜 사람이구나' 하는 인식을 갖게 된 것을 전인령회(前人領會)라 합니다.

그런데 이때에 저지른 죄의 경중 곧 '중계(重戒)인 10중바라제목차로 다스릴 것인가, 그렇지 않으면 경구죄로 다스릴 것인가' 하는 결죄(結罪)는 그 말한 바 내용 여하에 달려있다고 했습니다. 갈마문(羯磨文 : 수계법을 담은 의식문)에 의하면,

'만일 범한 바가 상품이면 보살계를 잃은 것이니 마땅히 다시 받아야 하며, 중품을 범했다면 마땅히 3인 앞에서 참회를 하면 되고, 3인 이상의 대중 앞에서 참회를 하면 죄가 소멸된다. 또 하품을 범하였으면 1인을 향해서 참회하면 죄가 소멸된다. 또한 다른 이의 선

행을 따라서 기뻐하지 않는 것도 이 계에 겸하여 해당한다.'

라고 했습니다. 『계본경(戒本經)』에 이르기를,

'다른 이가 공덕을 지은 바가 실제로 있는데도 그것을 알면서 미워하는 마음으로 다른 이를 향해 말하지 않고 찬탄하지 않거나, 찬탄하는 사람이 있는데도 그 훌륭한 일을 찬양하지 않는 자는 염오(染汚)의 계를 범한 것이다.'

라고 했습니다. 요컨대 이 계는 자신이 유명해지고 자신의 이익을 위해 같은 도반의 허물을 헐뜯는 것을 중계로 다스린 계로서, 이것은 보살심에 근본적으로 위배되기 때문에 제7중계로써 규제한 것이라 하겠습니다.

그러나 계에는 개차법(開遮法)이라는 것이 있어 예외의 경우가 있으니, '사견'을 가진 자를 절복하기 위해서, 그리고 바른 지견을 열어 주기 위해서 하는 '자찬훼타'의 경우는 범계(犯戒)한 것으로 보지 않습니다.

# 제8중계
# 내 것 아끼려 남 욕하지 말라
## 慳惜加毁戒

---

若佛子가 自慳[78]敎人[79]慳하야 慳因[80]慳緣[81]慳法[82]慳業[83]이리요 而菩
약불자　자간　교인　간　　간인　간연　간법　간업　　　　이보

薩이 見一切貧窮人來乞者어던 隨前人所須하야 一切給與어늘 而
살　　견일체빈궁인래걸자　　　수전인소수　　　일체급여　　　이

菩薩이 以惡心嗔心으로 乃至不施一錢一針一草하며 有求法者라도
보살　　이악심진심　　　내지불시일전일침일초　　　유구법자

不爲說一句一偈一微塵許法하고 而反更罵辱者는 是菩薩波羅夷
불위설일구일게일미진허법　　　이반갱매욕자　　시보살바라이

罪니라
죄

　　너희 불자가 스스로 아끼고 남에게 아끼도록 가르쳐서 '아끼는 인'
과 '아끼는 연'과 '아끼는 법'과 '아끼는 업'을 하겠느냐. 보살은 일체의
빈궁한 사람이 와서 구걸함으로 보거든 그 사람의 구하는 바를 따라
서 온갖 것을 주어야 하는 것이어늘 보살이 나쁜 마음과 성내는 마음
으로써 돈 한 푼 바늘 한 개 풀 한 줄기라도 주지 아니하며, 법을 구

---

**78 자간(自慳)** 스스로 재물이나 법을 아끼는 것. 입으로 아끼는 것을 말하거나 아끼는 모습을 보이거나 감추어 두고 재물이나 법을 베풀지 않거나 없다고 하는 것. 혹은 몽둥이나 무기를 가지고 때리거나 욕하는 등의 행위.
**79 간교인(慳敎人)** 다른 사람을 시켜 은밀히 아끼게 하여 재물과 법을 베풀지 않게 하거나 혹 사람을 시켜서 때리고 욕하게 하는 것.
**80 간인(慳因)** 처음에 아끼는 마음을 일으킨 것이 이 계를 범하는 원인이 되는 것.
**81 간연(慳緣)** 한 번 일으킨 아끼는 마음을 지속하여 더욱 돕는 것.
**82 간법(慳法)** 갖가지 교묘한 말이나 방법을 동원하여 재물과 법을 아끼는 수단.
**83 간업(慳業)** 상대에게 주지 않을 뜻을 이해시켜 아끼고 베풀어 주지 않는 일이 성취되는 것.

하는 이에게 법문 한 구절, 게송 한 마디나 조그마한 법도 일러주지
아니하고 도리어 나쁜 말로 욕설하는 이는 보살의 바라이죄니라.


—————— **설법**

　　　　여덟 번째, 자기 것을 아끼려고 남을 헐뜯는 잘못을 경
계하는 계입니다. 스스로 아끼는 간탐심을 내지 말라는 것입니다.
물건이 많아서만 간탐이 아니라 조금 가진 가난한 사람에게도 간탐
이 있습니다. 수좌(首座)들은 누더기 간탐이 있다는 말이 있습니다.
누더기에도 간탐을 부린다는 뜻이니 간탐은 많이 가진 사람에게만
해당하는 말이 아닙니다. 사람을 시켜서 간탐을 하도록 가르쳐서 그
아낀 이익이 자신에게 돌아오게 하거나 그 사람 자신의 것을 아끼도
록 했거나 하는 것을 교인간(敎人慳)이라 합니다.

　　보살이 일체 빈궁한 사람이 와서 구하는 바가 있을 적에, 혹은
옷이 없다든지 돈이 없다든지 밥을 달라든지, 그런 사람이 있으면
요구에 따라 내 능력에 따라 베풀어 주고, 사랑하는 말과 이로운 행
동[利行]으로 구해 주고, 격려해서 위로를 아끼지 말라는 것입니다.
그런데 베풀지도 않으면서 욕을 하는 이것은 보살심을 크게 거역한
것이므로 바라이죄라 한 것입니다.

　　어떤 사람이 재물을 요구하는데 그것이 많든 적든 그 구하는 바
에 따라서 베풀어 주고, 법을 구하는 경우에도 큰 법이든 작은 법이
든, 다시 말하면 대승법을 묻든 소승법을 묻든, 그 묻는 바에 따라
서 기쁜 마음으로 성실하게 가르쳐 주라는 것입니다.

또 '악한 마음, 성내는 마음으로 한 푼의 돈이나 바늘 한 개, 풀 한 포기 베풀지 않고, 또 법을 구하는 자에게 일구일게(一句一偈) 터럭 끝만큼도 법문은 해주지 않으면서 도리어 욕이나 하고 모욕을 주는 자는 이 보살의 바라이죄니라.'

하고 말씀했는데, 악심(惡心)은 아끼고 아끼기를 수전노처럼 하여 돈에 독이 들고 독하고 더럽고 정신을 잃어서 인간이 아닌 경지에 이르러 돈 때문에 폐인이 되고 악인이 된 것을 말합니다. 진심(嗔心)이란 구하는 상대자를 싫어하여 성내는 것을 말합니다.

중생살이를 하자면 재산이 있어야 하고 돈이 필요합니다. 그래서 모두 부지런히 일해야 하고 근검절약해서 살림을 아주 잘해야 합니다. 특히 가정 부인들·보살님들이 한 푼 두 푼 알뜰살뜰하게 살림을 잘 꾸려가야 합니다. 남편이 밖에 나가서 직장이든 사업이든 생활전선에 날이면 날마다 몸을 던져가며 전쟁을 하다시피 합니다. 그렇게 해서 벌어온 돈을 흥청망청 아까운 줄 모르고 쓰면 그것도 큰 죄입니다. 전에도 말씀한 바와 같이 부처님께서 재가불자에게 살림하는 법으로 4분법을 가르쳐 주셨습니다. 그 달 벌어온 돈 그 달에 다 써버리지 말고 저축도 하고 가족 가운데 병이 나든지 유고시에 대비해야 합니다.

그렇다고 해서 수전노처럼 돈만 알고 인사불성(人事不成)이 되어, 시아버지 시어머니 공경도 하지 않고 일가친척 사이에 체면도 없이 지나쳐 버리면 바로 이 간석가훼계(慳惜加毁戒)를 범하는 것이 됩니다. 또 반대로 돈을 아낄 줄 모르고 척척 써도 안 되고, 주기만 하고 벌 줄 몰라도 안 됩니다. 사업도 안 하고, 장사도 돈 버는 것이고 아끼는 일이라 하여 안 하면 되겠습니까.

부처님의 법을 중도(中道)라고 합니다. 중도라는 것은 한 군데 지나치게 치우치지 않는 것을 말합니다. 비유하면 거문고를 타는 것과 같다는 것입니다. 거문고 줄을 지나치게 팽팽하게 조이면 줄이 끊어지고 너무 느슨하게 늘어놓으면 소리가 나지 않습니다.

부처님 당시에 나이가 좀 들어서 뒤늦게 출가한 한 비구가 있었는데 그 비구는 이런 생각을 하게 됐습니다.

'내가 복이 적어 다른 이보다 좀 늦게 부처님이 제자가 되었구나, 내 또래의 다른 비구들은 다 수다원과를 얻었다, 사다함과 · 아나함과를 증(證 : 깨달아 얻음)했다 하고, 또 심지어는 소승 성문의 마지막 도과인 아라한과를 깨달았다고 하는데 나만 뒤늦게 이게 무슨 꼴인가. 오늘부터 용맹정진을 해서 아주 부지런히만 하면 한두 달 동안에라도 아라한과를 얻도록 해야겠다.'

이렇게 생각을 한 그는 제대로 자지도 않고 용맹정진을 합니다. 절에서는 참선을 하든지 경법을 공부하든지 몇 시간 하고 나서는 도량 주위를 거닐면서 머리도 쉬고 운동 겸해서 걷는 경행법(經行法)이 있습니다. 이 비구는 이 경행도 다른 사람의 몇 배를 해야만 내 공부가 저들을 앞설 수 있을 것이라 생각하고 다른 사람 한 바퀴 경행하는 것을 빠른 걸음으로 뛰다시피 하여 쉬지도 않고 자꾸 돌았습니다. 인도사람들은 특히 수행자는 당시 맨발이었습니다. 그래서 그는 발에서 피가 흘렀습니다. 그러나 그는 쉬지 않고 계속 걸었습니다.

부처님께서 어느 날 경행을 하시다 이것을 보셨습니다. 그리고 그 비구를 부르셨습니다.

"너는 마을 집에 있을 적에 무엇을 하였느냐?"

"거문고 타는 일을 하였나이다."

“그러하냐. 거문고를 탈 때 줄을 아주 팽팽하게 하면 어떠하더냐?”

“줄이 끊어지오며, 줄이 없으면 거문고는 탈 수가 없었사오니다.”

“그러면 줄을 아주 느슨하게 해 놓으면 어떠하냐?”

“줄이 너무 느슨하면 소리가 나지 않나이다.”

“비구야. 도를 닦는 것도 그와 같아서 너무 조급하게 하면 병만 얻고 끊어지게 되고, 너무 게으른 마음으로 하면 방일하여 공부가 이루어지지 않나니, 여래의 법은 느리지도 조급하지도 않은 중도(中道)로써 중도(中道)를 이루느니라.”

이와 같이 부처님의 법은 중도인 줄을 알아서 한 쪽 양 극단에 치우치지 말아야 합니다. 집착을 하지 말라는 뜻도 여기에 있는 것입니다. ‘세상은 허망하다, 공수래공수거(空手來空手去)다.’ 하여 아무것도 없는 공(空)·무(無)에 집착하면 큰일입니다. 아주 출가하여 수행하는 비구라면, 사견(邪見)이 병은 병이지만, 공부해 가는 과정에서 그럴 수도 있는 일이니, 신도님들이 시주한 밥 먹고 절에서 잠자고 하여 당장 큰일은 없습니다. 그러나 재가불자인 경우엔 그렇지만도 않습니다. 살림하는 주부가 모든 것이 허망하다 하여 밥도 제때 안 하고 자녀의 양육도 제대로 안 하면 하루만 제대로 안 해도 큰일납니다. 남자가 사업하고 직장에서 일하는 직무를 태만히 하면 그 사업, 그 직장은 그 시간부터 중단되는 것입니다.

그러므로 모든 것은 중도로 해야 합니다. 중도가 바로 처음이자 마지막인 진리입니다. 여기서 경계한 간석가훼계(慳惜加毀戒)도 이런 뜻에서 잘 풀어야 합니다. 돈이다, 권리다, 명예다 하여 현실에 지나치게 집착해서 안 되는 것은 물론이지만, 또 재물을 지나치게 아껴도 안 되는 것입니다.

『결정비니경(決定毘尼經)』에 이르기를,

'재가보살은 마땅히 두 가지 보시를 해야 하나니, 하나는 물질의 보시이고 또 하나는 법문의 보시이며, 출가보살은 네 가지 보시를 할 것이니, 하나는 종이이고 둘은 먹이며 셋은 붓이고 넷은 법이니라. 인위(忍位)의 보살[得忍菩薩]은 첫째 왕위를 버리고 둘째 처자를 버리고 셋째 자신의 머리·눈 등 육신까지 버리어 보시하는 행이니라.'
라고 했습니다. 그런데 범부의 보살인 경우에는 그 마땅한 정도를 따라 따뜻한 마음으로 보시[惠施]를 하면 되는 것인데 이것을 전혀 하지 않고 심지어는 거꾸로 욕이나 하여 보살심을 끊는 이는 보살의 바라이죄라는 것입니다.

이 계는 계명(戒名)에서 보는 바와 같이 아끼는 죄[慳惜]와 헐뜯는 죄[加毁]의 두 죄가 합해져서 한 계가 된 것입니다. 홍찬(弘贊) 스님은 이에 대해 『우바리문경(優婆離問經)』의 일문(一文)을 이끌어 다음과 같이 풀었습니다. 『우바리문경』에 이르기를,

"근본죄(根本罪)에 어떻게 두 가지 죄가 겹칠 수가 있습니까?"
하고 부처님께 여쭈었는 바 부처님께서 말씀하시기를,

"대승에 머무는 보살이 항하의 모래 수와 같이 많은 탐죄를 범하는데 하나의 진심의 죄[瞋罪]와 더불어 비교하면 이 두 죄 가운데 오직 진심으로 지은 죄가 중죄에 해당한다. 왜 그러냐 하면 진심을 드러내는 것은 중생을 여의었고, 탐심을 들어내는 것은 중생을 애호(愛護)함이 있나니 보살의 처소에 번뇌가 되지 않으며 재앙 등의 공포가 없기 때문이니라."

라고 하셨습니다. 또 논에 말씀하기를,

"성내는 것이 왜 나쁘냐 하면 본성에 큰 죄가 되는 성죄(成罪)에 해당하기 때문이니라[瞋義云何謂本性 爲大罪故]."

라고 하였습니다. 자비한 방편을 베풀지 않고 성을 내는 것은 아무런 이익이 없고 번뇌를 길이 기를 뿐이며, 불쌍히 여기는 자비심을 잃고 큰 허물을 쌓을 뿐[不生方便悲感 行恚怒者 然非利益 則長養煩惱 減失悲愍 爲大過失]이라고 했으며, 그래서 재물을 아끼고 진심을 내어 헐뜯는 것[惜財而行加毀]을 제지하는 것이 이 계의 제의(制意)라고 했습니다.

따라서 이 계는 물질적인 간탐뿐 아니라 법시(法施)를 해야 하는 것이 보살계를 받은 불자의 도리인데, 이것을 간탐심으로 아끼고 말해 주지 않는 행위, 또는 불심을 북돋아 주고 칭찬해 주진 못할망정 욕을 하고 모욕을 주는 등의 언행을 하는 것은 보살심을 길이 등진 것이므로 보살계를 회수한다는 것입니다.

또 법을 구하는 이가 찾아와서 절에서 들은 법문을 물으면 『금강경』의 사구게든지, 『반야심경』의 한 글귀라도 풀어서 이야기해 주어야 합니다. 그러기 위해서는 법문을 들을 때나 경책을 보아서 다는 모르더라도 그 중에 몇 글귀, 다만 몇 줄이라도 똑똑히 배워 두어야 합니다. 염불하고 참회하고 절하는 것도 물론 해야 합니다만, 부처님의 법문도 들어서 알고 남에게 말할 수도 있어야 합니다. '해야겠다'는 각오로 열심히 공부하면 되는데, '법문은 스님네나 하는 것이고 우리는 가서 불공이나 하면 된다'는 자세로 하니까 5년, 10년 절에 다니면서도 남에게 법문 한 구절 제대로 말해주지 못하게 됩니다.

예컨대 '『금강경』 4구게'하면, '범소유상 개시허망 약견제상비상 즉견여래(凡所有相 皆是虛妄 若見諸相非相 卽見如來)'는 다 아실 것입니다.

또 『반야심경』하면 '조견오온개공 도일체고액(照見五蘊皆空 度一切苦厄)'
이라든지, '색즉시공 공즉시색 수상행식 역부여시(色卽是空 空卽是色 受
想行識 亦復如是)'와 같은 법문은 누구나 다 외우실 것입니다. 그런데
그냥 외우는 데 그칠 것이 아니라, 한 걸음 더 나아가서 그 뜻까지
잘 알고 있어야 합니다. 그래야 내 공부도 되고 남에게 보살계를 받
은 이로서 불법을 말해줄 수 있게 됩니다.

『금강경』의 '범소유상 개시허망(凡所有相 皆是虛妄)'은 현상계의 일체
존재는 다 있다 없다 하는 생멸계(生滅界)의 허망한 모습으로 잠시 잠
깐 있는 것일 뿐이란 뜻입니다. 또 다음의 '약견제상비상 즉견여래
(若見諸相非相 卽見如來)'는 '만일 일체의 현상을 그대로 존재가 아닌 줄
로 보면 곧 여래를 보리라'는 뜻인데, 이것을 또 '만일 일체의 형상
과 상 아닌 것을 다 보면 곧 여래를 보리라'로 해석하기도 합니다.
두 가지 해석이 결국은 같은 뜻이지만 '상을 상 아닌 것으로 본다'라
고 해석하면 공에 떨어질 염려가 있다는 것입니다. 이것을 완공(頑
空) · 낙공(落空)이라고 하는데, 이렇게 되면 부처님 법의 중도를 모
르게 됩니다. 그러므로 상인 존재의 세계, 곧 유(有)의 경계도 보고
비존재 비현상계인 무(無)의 세계도 다 보아야 비로소 여래를 본다
고 하는 것입니다. 이것을 다른 말로 하면 꽃이 피고 잎이 지는 자
연 현상계는 다 차별의 세계고 생명의 경지이지만 그대로 불생불멸
의 경계이고 열반의 모습이라는 것입니다. 다만 중생은 무명(無明)과
무지(無智)의 소치로, 생멸에 집착되고 상(相)에 속박되어 생노병사의
고가 있을 뿐, 여래에게 있어서는 그것이 생사가 아니고 고가 아니
라는 것입니다.

『반야심경』의 '조견오온개공 도일체고액(照見五蘊皆空 度一切苦厄)'도

그 대의는 대동소이합니다. '다섯 가지 쌓임[五蘊]이 다 공한 도리를 비추어 보고 일체의 고액을 건넜느니라'는 뜻입니다. 비추어 본다[照見]는 것은 관조해서 깨닫는다는 말입니다. 5온은 우리의 정신과 육신이 색·수·상·행·식의 다섯 가지 요소로 구성되었음을 가리키는 말입니다. 색(色)이란 질애(質礙)·변괴(變壞)의 두 뜻을 가지는 말로서 변해서 무너지는 존재이고 공간을 가로막아 점령하는 형체가 있는 것이란 뜻이니, 곧 물질의 총칭입니다. 그런데 여기서는 물질과 더불어 육체·물질적인 신체의 뜻을 겸하고 있습니다. 수(受)는 바깥의 경계를 우리가 몸과 마음으로 받아들이는 것을 가리킵니다. 곧 감수(感受) 감각 작용을 뜻하는데, 여기에 낙수(樂受)·고수(苦受)·사수(捨受 : 괴롭지도 않고 즐겁지도 않은 불고불락수)가 있습니다. 상(想)은 마음에 떠올리는 생각이니 객관의 만상(萬像)을 받아들여서 좋고 나쁘고 사람·동물·남자·여자라는 생각을 하는 정신작용[表象作用]을 말하며, 행(行)은 조작(造作)·천류(遷流)한다는 뜻이니 곧 인연으로 만들어지고 종류별로 뭉쳐서 이룬다는 뜻으로, 이 같은 정신작용은 마음의 의지라고 할 수 있으며 수(受)·상(想) 이외의 마음의 작용 전부를 가리킵니다. 식(識)은 인식작용을 말하지만 특히 여기서는 8식을 가리킵니다. 수(受)가 전5식(감각), 상(想)은 제6식(六識), 행(行)은 제7식(七識)에 배정하여, 여기서 말하는 수·상·행·식을 8장식(八藏識)에 배대하기도 합니다.

우리의 육신은 이 같은 다섯 가지 요소[五蘊]로 이루어졌는데, 이 5온은 영원불멸하는 것이 아니며, 우리의 신심(信心)은 결정코 불변의 본체가 없는 것으로 곧 무아(無我)임을 말한 것입니다.

이런 뜻을 평소에 좀 더 자세히 알았다가 상대방의 근기와 정도에 맞추어 잘 설명해 주어야 합니다. 그런데 누가 법을 구하는 이가 있으면 작은 법이라도, 앞에서 말한 『금강경』 4구게나 『반야심경』의 어느 한 대목이라도 그것이 안 되면 티끌만한 뜻이라도 법문을 말해 주어야 할 것인데, 그렇게는 못할망정 도리어 꾸짖고 핍박을 한다면 그것이 보살의 바라이죄가 될 것은 너무나 당연한 일입니다.

따라서 여덟 번째의 바라제목차인 간석가훼계(慳惜加毀戒)는 탐욕을 바탕으로 한 계입니다. 불자는 마땅히 탐·진·치 3독의 마음을 다스려 없애야 하는 것인데, 탐욕을 극치로 부리는 것은 옳지 않다는 뜻입니다. 따지고 보면 모든 죄업의 근본은 탐욕입니다. 욕심을 부리다 그것이 뜻대로 안 되면 화를 내게 되고 진심(嗔心)이 일어납니다. 또 욕심에 눈이 어둡다는 말이 있듯이 탐욕이 어리석은 마음의 근본이 됩니다. 돈에 눈이 어둡다 보면 일가친척 형제간도 모르고 심지어는 부모도 모르게 되며, 아내도 아들도 외면하는 사람이 있습니다. 대체적으로 온갖 범죄가 이 탐심이 앞서서 저질러지게 됩니다.

그러므로 탐욕이 무명의 머리가 되고 6바라밀에 있어서도 탐심을 다스리는 보시가 으뜸이 되는 것입니다. 따지고 보면 살생이나 도둑질 등이 다 탐심이 원인이 되어 있음을 알아야 합니다. 다음에 탐욕에 대한 과보 몇 가지를 예로 들어 보기로 합니다.

# 제9중계
# 참회를 물리치지 말라
瞋心不受悔戒[84]

若佛子가 自瞋敎人瞋[85]하야 瞋因[86] 瞋緣[87] 瞋法[88] 瞋業[89]이리요 而菩
약불자　자진교인진　　진인　진연　진법　진업　　　이보

薩이 應生一切衆生中善根無諍之事하야 常生慈悲心孝順心이어늘
살　응생일체중생중선근무쟁지사　　상생자비심효순심

而反更於一切衆生中과 乃至於非衆生中에 以惡口罵辱하며 加以
이반갱어일체중생중　내지어비중생중　이악구매욕　　　가이

手打하며 及以刀杖하고도 意猶不息하야 前人求悔하야 善言懺謝하
수타　　급이도장　　　의유불식　　전인구회　　선언참사

야 猶瞋不解者는 是菩薩의 波羅夷罪니라
유진불해자　시보살　바라이죄

불자가 스스로 성내거나 남을 시켜 성내게 하되 '성내는 인'이나 '성내는 연'이나 '성내는 방법'이나 '성내는 업'을 짓겠느냐. 보살은 중생에게 착하게 하여 다투지 말고 항상 자비한 마음과 효순한 마음을 낼 것이어늘 도리어 온갖 중생이나 무정물에게까지 나쁜 욕심을 하거나 주먹이나 매나 칼로 때리고도 성이 풀리지 아니하며 그 사람이 좋은 말로 참회하더라도 성내는 마음을 풀지 않는 이는 보살의 바라이죄니라.

---

85 진심불수회계(瞋心不受悔戒) 독한 마음으로 남을 손상하는 것을 진심(瞋心)이라 하고, 한을 맺어 풀지 않는 것을 참회해도 받지 않는대[不受悔] 하며, 이를 막는 것을 계명(戒名)으로 삼은 것.
86 진(瞋) 독한 마음으로 남을 손상하는 것을 진심(瞋心)이라 한다.
87 진인(瞋因) 분하고 원한을 일으키는 마음.
88 진연(瞋緣) 성을 내어 단절하는 방편.
89 진법(瞋法) 성난 모습으로 구업을 일으키는 것.
90 진업(瞋業) 성내서 하는 말과 표현을 상대가 분명히 이해한 것. 또는 성내는 말이나 모습을 받은 상대가 있는 것.

아홉째는 진심을 내어 저지르는 바라이죄입니다. 진심(嗔心)이란 마음 가운데 불이 되어 덕의 숲을 불사르므로 보살도를 행하는 이는 모름지기 인욕으로써 진심을 보호하라 하셨고, 부처님이 인욕하셔서 성불하셨다고 했습니다.

옛날에 퇴계 선생이 어려서 서당에 가서 글 배울 적이었습니다. 그 서당 선생님 친구가 딸을 두었는데 어느 날 서당 선생님을 찾아와서 사윗감 하나 골라달라는 부탁을 했는데 그 선생님이 사윗감 고르는 방법이 참 기묘했습니다. 제자들에게,

"내일 점심을 싸 오지 말아라. 안 싸오면 내가 점심을 한 턱 내겠다."

그랬습니다. 그래서 10여 명이 점심을 안 싸와서 그날 선생님이 별스러운 음식을 해줄 줄 알고 큰 기대를 했습니다. 선생님은 안에 일러서 거친 보리쌀로 밥을 하고 소금국에 배추 뽑아다 벼락짠지(급히 아무렇게나 만든 것)를 만들었는데 제자들은 아무도 그것을 먹을 수가 없었습니다. 보리밥도 두 벌째 보리밥이고 국은 쓰디쓴 소금국에 벼락짠지 배추뿐이니 먹을 수가 없었습니다. 그런데 오직 퇴계 선생님만은 그걸 국에 말아서 그대로 먹을 양만큼 먹었고 다른 사람은 먹는 이가 하나도 없었다는 것입니다. 서당 선생님이 묻기를,

"다 안 먹을 줄 알았는데, 이황, 너는 왜 그렇게 먹었느냐?"

"뭐든지 솥에 둘러 나온 것이면 다 소중하게 먹어야지 맛이 좋고 나쁜 게 어디 있겠습니까."

그때 퇴계 선생의 나이 17살 때입니다. 선생님은 부탁한 친구를 불러,

"이 사람이야말로 과연 자네 사위될 자격이 있는 훌륭한 사람이네."

해서 결혼을 했는데 퇴계 선생이 장가를 들고 보니 부인이 과연 불출(不出)이었습니다. 생기기도 못생기고 아주 천치였습니다. 인류 역사상 세계에서 퇴계 선생 부인만큼 못난이는 없다고 할 정도였습니다. 바느질도 할 줄 모르고 음식도 할 줄 모르는 여인이지만, 퇴계 선생님은 여전히 담담하게 사시는데, 하루는 무슨 생각을 했던지 부인이 버선을 짓는데 이건 두부 주머니도 아니고 이상야릇한 모양의 버선을 만들어서 남편에게 드렸습니다. 퇴계 선생님은 부인이 해주는 거니까 고맙게 신고 있는데, 제자들이 그 버선을 보고 전부 집에 가서 그렇게 만들어 달라고 해서 신고 왔습니다. 그것을 본 퇴계 선생이 말씀하시길,

"자네들 왜 좋은 버선 놔두고 그런 버선들을 신고 오나."

"선생님이 그렇게 신고 계시니 저희들도 그렇게 만들어 신었습니다."

"자네 사모님 어리석고 무엇을 할 줄 모르는 거 알지 않는가. 40년 만에 처음으로 해 준 버선인데 안 신을 수 있나."

'40에 첫 버선'이란 소리가 거기서 나왔다고 합니다. 그러한 부인이지만 아들은 모두 잘 낳아서 그 자손들이 모두 복을 누리고 살았다는 이야기가 있습니다.

그뿐만 아니라 광산(光山) 김씨에 사계(沙溪) 신독재(愼獨齋) 선생의 부인이 있었는데, 신독재 선생의 부인은 유척기(俞拓基)의 자손인 유씨인데 그 부인도 어리석고 못났다고 합니다. 그 시아버지가 제사를 지내려고 생율(生栗 : 밤)을 베끼고 있는데 며느리가 와서,

"아버지, 나 밥 좀 줘요."

"오냐, 제사 지내고 줄 게."

그랬다는 겁니다. 이게 다 도덕군자이며, 이런 분들은 세속의 선비이지만 마음이 수양이 돼서 진심(瞋心)을 내지 않는 상당한 정도에 이르렀다고 봐야 할 일입니다. 만일 불만스럽다 하여 성을 내고 화를 낸다면 수양이 부족하고 마음 공부가 안 된 사람입니다.

진심(瞋心)을 자주 내면 첫째 얼굴이 나빠집니다. 그러므로 보살님들은 특히 진심을 내지 않는 공부를 해야 합니다. 부인들은 남편에게 진심을 내지 말고 남편들은 부인에게 진심을 내서는 안 됩니다. 진심을 내게 되면 얼굴도 미워지고 생활 자체가 나쁘게 되고 온갖 마장이 듭니다. 진심을 안 내면 보살님들은 화장하지 않아도 좋은 얼굴이 됩니다. 남편이 좀 잘못 하더라도 부인이 진심을 내지 말고 화합을 지키면 가정이 평화롭지만 진심을 많이 내면 얼굴부터 버립니다. 내외가 진심을 내면서 싸우고 이혼을 한다고 하는 이들을 보면 그 얼굴이 만덕 존상(萬德尊相 : 만 가지 덕을 갖춘 거룩한 상이란 뜻인데 여기서는 진심을 자꾸 내어 만 가지로 나쁜 얼굴로 되었다는 뜻으로 쓴 것)으로 됩니다. 그러므로 불자들은 모름지기 진심을 내지 않도록 조심해야 합니다.

『화엄경』의 진심(瞋心)을 경계하는 다음의 가르침은 우리 범부들의 생활을 깊이 경계하는 의미 깊은 말씀입니다.

'한 생각 진심을 일으키매 백만 장애의 문이 열리느니라[一念瞋心起 百萬障門開].'라고 하였습니다.

이 말씀으로 미루어 처음의 일념[業因]이 이렇게 중요한 점을 생각할 때, 이러한 진심이 상속해서 계속할 때[業緣] 그 죄과가 어떠하겠으며, 내지 진심의 업[瞋業]을 이루었을 때 어떠하겠는가를 넉넉히 생각할 수 있을 것입니다. 그 재앙이 능히 우리로 하여금 악도에 떨어지게 하고 만대에 원한을 맺어서 세세생생을 두고 풀기 어려운 지경에 이르게 하는 것입니다.

중생의 심지(心地)는 본래 착한 불성인데 무명의 번뇌에 뒤집어씌운 바 되어 진심의 장애를 받게 되는 것입니다. 그러므로 보살은 마땅히 자비심으로 중생의 자비한 마음을 일으키게 하고 진심과 번뇌의 업장을 버리는 선근(善根)을 길러서 진심으로 싸움하는 일이 없도록 하는 것을 본분으로 삼습니다. 그런데 어떻게 전비(前非 : 전에 잘못한 일)를 뉘우치고 참회하는 것을 스스로 받아주지 않을 수 있겠습니까.

본문에 '보살이 마땅히 일체중생에게 중생의 마음 가운데 스스로 가지고 있는 좋은 마음씨인 선근(善根)을 일으켜 다툼이 없도록 해야 할 것이어늘'이라고 한 이 부분에 대해 『범망경보살략소』를 쓴 홍찬(弘贊) 스님은 다음과 같이 말씀했습니다.

'대사(大士 : 보살)는 항상 일체중생을 벌거벗은 외아들 생각하듯이 염려하고 걱정해야 할 것인데 어떻게 헐뜯고 욕하는 짓을 차마 할 수 있으랴[恒念一切衆生 如己赤子 何忍毁辱], 이렇게 가지는 마음이 자비심이니라[是爲慈悲心].' 또 보살은 '일체중생 생각하기를 자기 부모처럼 생각하여 거스르는 마음을 갖지 말 것이니 이것이 효순의 마음이니라[常觀一切衆生 猶己父母 奚敢忤逆 是爲孝順心也].'

또 본문에 '도리어 일체중생이나 중생 아닌 이에 대해서 악한 말로 욕설을 하고 손으로 때리거나 몽둥이와 연장으로 때리고 그러고도 마음에 분한 생각이 풀리지 않아서, 그 사람이 참회하고 용서하기를 구하여 좋은 말로 뉘우치는 말을 하는데도 오히려 진심으로 원한을 풀지 않는 이는, 이것은 보살의 바라이죄니라'라고 한 부분에 대해 역시 홍찬 스님은 다음과 같이 말씀했습니다.

'대사(大士 : 보살)가 이 중생의 선근(善根)을 일으키고 다시 항상 자비심과 효순심이 있다면 어찌 감히 도리어 중생을 괴롭히고 핍박할 수 있으랴[大士能生衆善根, 復常慈孝則無有反更逼惱衆生矣].'

라고 하고, 중생이 아닌 이[非衆生]에 대해서 '이것은 성문·연각·보살의 삼승(3乘)의 성인과 및 변화인(變化人 : 사람의 몸을 나툰 이)'이라고 했습니다. 또 '입으로 욕을 하는 것[以惡口悔辱]'은 구업을 가리키고 '손으로 때리는 것[加以手打]'은 신업을 짓는 것이며, '마음으로 분한 생각을 쉬지 않는 것[意猶不息]'은 의업이니 이 구업으로 뇌해(惱害)를 가하여 그 심하기가 호랑이나 이리처럼 하지만, 쉬지 않고 풀지 않는 것은 중죄를 범한 것이라 했습니다.

그런데 여기에 이 계를 범한 것으로 볼 수 없는 예외의 경우가 있으니, 참회해 오는 사람이 진실하지 못하여 그 뉘우치는 태도가 간절하지 않기 때문에 보살이 자비심으로 민망하게 생각하여, 혹 그의 간사한 마음을 절복하고 참괴를 모르는 악성(惡性)의 사견(邪見)을 지닌 무리들을 항복시키기 위해 겉으로는 무섭고 노한 모습을 보이지만 안으로는 자비심을 실제로 일으키는 것, 다시 말하면 입으로는 사납게 나무라고 꾸짖지만 생각은 민망하게 여기는 경우는, 대사(大士 : 보살)가 굳세고 거친 중생을 조복하기 위한 큰 법을 쓰는 것[調伏剛强衆生之大用]이므로 계를 범하는 것이 아니라고 했으며, 3독심으로 저지르는 악행과 구별해야 한다고 했습니다.

또 같은 대승계율경전인 『지지경(地持經)』에

'범하지 않는 이는 방편으로써 조복하려 할 때와 상대가 여법(如

法)하게 참회하지 않으므로 마음이 불평(不平)할 때에는 그 참회를 받지 않아도 죄가 없는 경우니라[不犯者 若以方便令調伏 若彼不如法懺 其心不平 不受其懺 無罪].'

라고 했습니다. 또 현수법장(賢首法藏) 스님은 『대지도론』 등의 글을 인용하여 이 계를 다음과 같이 말씀했습니다.

'술이 취한 사람이나 귀신이 씌인 미친 사람에게 욕을 먹고 매 맞은 것을 가지고 성을 내어 원한을 삼을 사람이 없나니 중생에 대한 것도 또한 그와 같다. 무명의 술에 취하고 번뇌의 귀신이 씌워서 그것 때문에 마음대로 할 수 없으므로 저지르는 것이니 마땅히 성낼 것이 아니니라. 다만 이렇게 생각하라.

이 번뇌의 허물은 중생의 허물이 아니니 내가 마땅히 보리를 부지런히 구하여 모든 중생을 위해 번뇌의 병을 다스려서 모두 다 고쳐줌으로써 다시는 그렇게 되지 않게 하리라[此煩惱過 非衆生咎, 我當勤求菩提 爲諸衆生 治煩惱病 要令永差].'

하고 스스로 생각하라. 또 보살은 마땅히 스스로 이렇게 생각하라.

'내가 부처님의 거룩한 정토에 번뇌가 없는 저 세상에 태어나지 못하고 이제 이미 번뇌와 죄악의 예토에 있으니 번뇌의 괴롭힘을 받아야 하는 것은 당연하다. 다만 나 스스로의 마음을 조복해서 벗어나기를 구할지언정 저 중생에 대해 성낼 것이 아니로다. 그것은 마치 가시덤불 속에 들어갔으면 당연히 가시에 찔리는 것과 같으니 다만 벗어나기를 구할지언정 가시덤불에 대해서 성낼 것은 없음과 같다[我不生淨土 無惱之處. 旣在此穢土. 法應受惱. 但應調伏自心 以求出離. 不應嗔彼. 如入棘林. 法應被刺 但求免出 不應嗔刺].'

또 보살은 이렇게 알라.

‘내가 이제 보살행을 닦으려 하거니와 보살행 가운데는 인욕(忍辱)의 행이 으뜸이어서 지계 고행(持戒苦行)이 그에 미치지 못한다고 하지 않았던가, 그런데 이제 이 인욕의 행은 요컨대 번뇌에 의해 괴롭히는 것으로 말미암아서 이루는 것이니, 만일 저들의 괴롭힘이 없으면 나의 인욕행은 이루어지지 않을 것이다. 따라서 나를 괴롭히는 저 사람은 나에게 대행(大行)을 베푸는 사람이니 마땅히 부끄러워하고 감사하라. 만일 참회하지 않고 감사하지 않으면 또한 허물이 되는 것이어늘 어찌 은혜를 등지고 도리어 성내고 괴롭힐 것이냐, 이것은 심히 불가한 것이다[我今修學諸菩薩行 菩薩行中忍行爲最 持戒苦行不能及 此行要由惱害方成 苦無彼惱我行不成 彼人施我大 應復愧謝 苦不慚謝亦負深㤪 何乃背恩瞋惱 甚爲不可].’

라고. 경에 말씀하기를,

‘제바달다가 큰 선지식이 되었다 하심이 이것을 일컬음이니라.’
라고 하였으며, 또 『법구경』에 이르기를

‘성내는 것 등은 잠깐 있다 없어지는 아지랑이 같은 것, 참는 것도 또한 이와 같아 참음없이 참도다[知瞋等陽炎 忍亦無所忍].’
라고 하였으며, 『사익경(思益經)』의 게송에 이르기를,


육신의 원한과 칼이나 몸뚱이는
다 4대(四大)로부터 생겨난 것.
지·수·화·풍은 물질이니
일찍이 손상됨이 없도다.
가사 마디마디 몸을 자른다 해도,
그 마음 항상 부동하셨거니,

마음은 그 안에 있지 않음이요.

또한 밖에서 나는 것도 아니다.

일체 법이 생각 생각 멸하므로

그 성품이 항상 그대로 있지 않으니

그 가운데 욕 당할 것도 없고

공경을 받을 것도 없도다.

身怨及刀杖 皆從四大起

於地水火風 未曾有傷損

設節節解身 其心常不動

知心不在內 亦復不生外

諸法念念滅 其性常不立

於中無侮辱 亦無有恭敬


라고 했습니다. 그러나 이것은 다 높은 보살의 경지이고 범부인 보살의 경우에는 그렇게는 못하지만 진심으로 참회하는 것까지 원한을 품고 물리쳐서는 안 된다는 것입니다.

# 제10중계
# 3보를 비방하지 말라
## 謗三寶戒

若佛子가 自謗三寶[90]하고 敎人謗三寶하야 謗因[91] 謗緣[92] 謗法[93] 謗業
약불자　자방삼보　　교인방삼보　　방인　방연　방법　방업

[94]이리요 而菩薩이 見外道와 及以惡人의 一言이라도 謗佛音聲이어
　　　이보살　견외도　급이악인　일언　　　방불음성

든 如三百鉾刺心[95]이어늘 況口自謗이리요 不生信心孝順心하고 而
여삼백모자심　　　황구자방　　불생신심효순심　　이

反更助惡人邪見人謗者는 是菩薩波羅夷罪니라
반갱조악인사견인방자　시보살바라이죄

너희 불자가 스스로 삼보를 비방하거나 남을 시켜 비방하되 '비방하는 인'이나 '비방하는 연'이나 '비방하는 방법'이나 '비방하는 업'을 짓겠느냐. 보살이 만일 외도나 악인들이 삼보를 비방하는 말 한마디를 들더라도 300자루의 창으로 가슴을 찔리듯이 해야 할 것이어늘, 하물며 제 입으로 비방하랴. 믿는 마음과 효순한 마음을 내지 아니하고 도리어 악인과 잘못된 소견 가진 이를 도와서 비방하는 자는 이것이 보살의 바라이죄이니라.



---

**90 방삼보(謗三寶)** 삿된 것으로 정법(正法)을 삼고 바른 것으로 삿됨을 삼아서 보살의 경률을 비방하여 불설(佛說)이 아니라고 하는 것은 세존을 비방하는 것이고[謗佛寶], 대승의 경전이 아니라고 하는 것은 방법보(謗法寶)며 그것을 수지독송하는 자는 불제자가 아니라고 하는 것은 승보를 비방하는 것[謗僧寶]이다.
**91 방인(謗因)** 삿된 소견을 일으키는 것.
**92 방연(謗緣)** 삿된 마음이 상속하여 비방할 일을 여러 가지로 조성하는 것.
**93 방법(謗法)** 교묘한 이론을 세우고 삿된 소견을 합리화시키는 방법.
**94 방업(謗業)** 상대에게 설득하여 분명히 납득시키는 것.
**95 삼백모자심(三百鉾刺心)** 300개의 창으로 심장을 찌르는 것. 많이 맞음을 뜻한 말.

3보를 비방하는 데 대한 중계(重戒)로 10중대계 가운데 열 번째 마지막입니다. 이 계는 말하자면 탐·진·치의 치심(癡心)으로 저지르는 '중죄'를 다스리는 계이기 때문에 높은 것입니다.

사람은 어리석지 않아야 됩니다. 어리석지 않은 사람은 살생도 범하는 일 없고 도둑질도 범하는 일 없는데, 또 이 어리석음 때문에 허물을 범하게 되는 것입니다. 선천적으로 지혜가 있어야 어리석은 생각이 없고 번뇌를 여읜 무루지(無漏智)를 얻어 성불한다는 것입니다.

특히 3보를 비방하는 것은 어리석기 때문입니다. 부처님 법을 비방한다는 것은 등상불을 비방한다는 말이 아니라 승보(僧寶)를 비방하면 따라서 부처님을 비방하는 게 됩니다. 불법을 비방하는 그 과보가 8만 4천 업을 지은 죄보다 더하다는 것입니다. 그래서 될 수 있는 대로 승려를 비방하지 말라는 것이고, 그럴수록 승려는 더욱 잘해야 됩니다. 다른 사람 다른 종교에 모범이 될 수 있도록 해야 합니다.

승려의 행동이 엄숙하고 근엄하면 자연히 불법은 비방을 받지 않을 것이니 이 계는 승보를 비방하지 말라는 계이면서 동시에 승려의 수행과 지계를 강조하는 것이라 할 수 있습니다. 앞에서도 말한 바와 같이 방비지악(防非止惡 : 그른 걸 막고 악한 걸 그치게 하는 것)이 계이고 중생을 보호하는 것이 계입니다.

신도님들이 부처님을 비방하지 않고, 법을 비방하지는 않지만, 승보는 비방합니다. 그런데 승보 가운데 불법이 다 들어 있기 때문에 승보를 비방하는 것이 결국 3보를 다 비방하는 것이 된다는 것입니다.

마음이 깨끗한 것이 바로 부처님이고[心淸淨是佛] 마음의 광명이 불법[心光是法]이며 마음의 청정·광명이 이 도[心淸淨光明是道]로, 마음이 바로 불이요, 법이어서 걸림이 없는 것입니다. 이것을 자기 마음 가운데의 3보란 뜻으로 자성 3보(自性三寶)라 합니다.

이 3보는 신앙의 대상이고 마음의 근원이라고 할 수 있으므로 이것을 비방하는 것은 곧 심지(心地)를 비방하는 것으로, 보살심을 크게 위배하기 때문에 중죄로 결죄(結罪)하는 것입니다.

이 계의 이름을 또 보살장(菩薩藏)을 비방하고, 유사한 그릇된 법을 설함을 경계하는 계[謗菩薩藏說相似法]라고도 하고, 혹은 삿된 소견으로 삿된 말을 하는 것을 경계하는 계[邪見邪說戒]라고도 합니다. 비방한다[謗] 함은 어기고 등지는 것[乖背]을 말하며, 그 지해(知解)는 이치에 맞지 않고 하는 말은 실답지 않아서 다른 경해와 다른 이론을 세우는 것을 다 비방이라 한다[謗者 乖背之稱 凡解不稱理 言不審實異 解異說 皆名爲謗]라고 지욱 스님은 말씀했습니다.

이 계에 성죄(性罪)·차죄(遮罪)의 두 가지 업이 있다고 합니다. 그 것은 곧 사견(邪見)이 근본이 되고 입의 허물[口過]을 합한 것을 말합니다. 이 계 또한 다음의 다섯 가지 인연이 모이면 중계를 이루는 바, 중생과 중생이란 생각[衆生想], 비방하여 말하려는 마음[欲說心], 실제로 말한 사실이 있을 것[正吐說], 상대방을 이해시켰을 것[前人領解]의 다섯 가지가 그것입니다.

삿된 소견[邪見]을 세워가지고 이것이 진실이고 다른 것은 다 허망하다는 그 그릇된 견해와 주관을 가지고 다른 사람에게 말하기를 기뻐하는 것을 말하려는 마음[欲說心]이라 하는데 여기에 네 가지 구별이 또 있습니다. 첫째는 상사견(上邪見)이고, 둘재는 중사견(中邪見)이고, 셋째는 하사견(下邪見)이며, 넷째는 잡사견(雜邪見)이 그것입니다.

상사견(上邪見)은 인과를 논의할 여지가 없는 것이니 천제(闡提) 곧 선근(善根)이 끊어진 극단의 악인을 말하며, 중사견(中邪見)은 3보(三寶)가 외도만 못하다고 마음 가운데 헤아려 결정했으면 계를 잃은 것을 일컫습니다. 또 만일 마음으로는 3보가 더 훌륭하다고 생각하면서, 입으로는 그렇지 않다고 말했다면 그리고 그것을 돌이켜 고치지 않았을 경우 계체(戒體)는 잃지 않은 것이지만, 말마다 3보가 더 못하다고 했다면 중계(重戒)로 다스리게 된다고 했습니다. 하사견(下邪見)이라 함은 대승을 버리고 소승을 취하는 것이니 현실적 행동으로 그렇게 이루었으면 보살계를 잃게 되며, 그러나 생각뿐이었을 뿐 실제로 행동한 바 없으면 경계(輕戒)에 속한다고 합니다. 잡사견(雜邪見)은 혹 한 쪽에 치우쳐 집착하거나 혹 잡된 신앙을 하거나 혹 소승을 생각하는 마음을 계속하거나 혹 편벽되고 그릇된 것을 생각하여 두 가지에 집착하는 것이라고 했습니다.

첫째는 대승을 집착하고 소승을 비방하는 것이니, 『계본경(戒本經)』에 이르기를,

'만일 보살이 이렇게 보고 말할 것이며, 보살이 성문의 경법을 듣지 말고 받아들이지 말고 배우지 말 것이니, 보살이 어찌 성문법을 쓰랴. 이것은 염오죄(染汚罪 : 輕垢罪)를 범한 것이니라.'
라고 한 것이 그것입니다. 또 치우쳐 어느 일부의 경을 비방하는 것, 예컨대 『방등경』 가운데 어느 경은 불설이 아니라[非佛說]고 하는 것은 또한 경구죄를 범하는 것이라고 했습니다. 이것은 저 『계본경』에,

'만일 보살이 보살장(菩薩藏)의 깊은 뜻과 진실한 뜻과 제불 보살의 한량없는 위신력을 듣고 비방이나 하고 그것을 받아들이지 않으

면, 그리고 이익이 없다고 하거나 여래의 말씀이 아니라고 하거나 이 법이 또한 중생을 안락하게 하지 못할 것이라고 비방하면 염오법 (染汚法 : 輕垢罪)이니라.'

라고 했음이 '치우쳐 일부를 비방하는 것[偏謗一部]'입니다.

또 잡신(雜信)이라 함은 인과나 삼보와 대승을 등지지는 않지만 다만 외도나 귀신도 위신력이 있다고 하여 임금에게 상소를 하고 선전하면서 다른 이에게 권하는 등의 행위가 다 경구죄라는 것입니다.

현수(賢首) 스님은 이 계를 제계(制戒)하게 된 동기[制意]에 대해 다음의 열 가지를 들어 설명하고 있습니다.


1. 업도가 중하기 이보다 더한 것이 없으므로[業道尤重無過此故]

2. 선근(善根)을 모두 태워서 소멸하여 남음이 없기 때문에[燒滅善根悉無餘故]

3. 은덕을 배반하는 악이 지극하므로[背恩德惡中極故]

4. 신심을 파괴하고 법안을 깨뜨리기 때문에[破壞信心 滅法眼故]

5. 크고 작은 온갖 선행을 다 이루지 못하기 때문에[於善行中 若小若大 悉不成故]

6. 외도 사견의 그물에 떨어지기 때문에[入於外道邪見網故]

7. 큰 사견으로 선근을 끊게 되기 때문에[第大邪見 斷善根故]

8. 모든 중생을 악지식으로 만들기 때문에[作諸衆生 惡知識故]

9. 3보의 종자를 이 사견에 의해 끊기 때문에[斷三寶種 由此見故]

10. 자타가 아비지옥에 떨어질 업을 짓기 때문에[令自他成阿鼻故]


이상과 같은 열 가지 이유로 말미암아 이 계를 제정하게 되었다고 했습니다.

'보살이 외도나 악인들이 단 한마디라도……' 이하가 바로 이 계를 제정한 본 뜻을 밝힌 것[明正制]이라고 하고 그 가운데 먼저 법을, 뒤에는 비유를 들어 말했다고 현수 스님은 말하고 있습니다. 300개의 창으로 심장을 찌른다는 것은 마음이 말할 수 없이 아픈 것을 표현한 것입니다.

『화엄경』에 '보살은 불타를 찬탄하거나 불타를 허는 소리를 듣더라도 불법 가운데서 마음이 안정되어 동요하지 않느니라[菩薩聞讚佛毁佛 於佛法中 心定不動].'라고 했는데 어찌하여 '창으로 심장을 찌르는 것처럼 하라고 하는가 하는 의문이 생길 수 있습니다. 이에 대해 법장(法藏 : 賢首) 스님은 중생 가운데 네 가지 종류가 있음을 다음과 같이 말씀하십니다.

'첫째는, 불타를 헐뜯는 소리를 듣고 기뻐하는 마음을 일으키는 것은 사견(邪見)이 있기 때문이며[聞佛生喜 以邪見故].

둘째는, 기쁨도 없고 근심도 없음은 불법 외의 사람이기 때문이다[無喜無憂 以佛法外人故].

셋째는, 듣고 나서 비통함을 느끼는 것은 초심의 불자이기 때문이다[聞已生病 以是初心弟子故].

넷째는, 듣고 나서 근심도 없고 기쁨도 없음은 이것은 불퇴전의 보살이기 때문이니[聞已無憂無喜 以是不退菩薩故], 불타의 공덕은 무너뜨릴 수 없음을 알기 때문이며, 무너지는 데 이르지 않기 때문'이라고 했습니다.

따라서 『화엄경』은 불퇴유의 보살을 일컫는 말이고, 『범망경』은 초심인을 말하는 것이므로 같지 않다는 것입니다. 만일 여기서 초심인을 강제로 후위(後位 : 不退轉位)와 같은 것으로 여겨 '불법을 헐뜯는 것'을 보고도 아파하지 말라고 하면 이것은 어리석고 악한 사람의 일이며, 근본적으로 악견(惡見)에 따라 이것을 그대로 받아들이라고 하는 것밖에 되지 않습니다.

또 '제법은 다 공한 것인데 구태여 이것을 근심해서 무엇하겠는가'라고 묻는다면, 진공(眞空)은 연기의 업과(業果)를 파괴하지 않나니[眞空緣起業果] 그러므로 존비(尊卑)가 완연하다고 했으며, 만일 이것을 깨뜨리는 것을 공이라 한다면 이것은 악취공(惡取空)이며 외도의 소견이라는 것입니다.

『열반경』에 500명의 바라문이 불법을 비방하여 말하기를, '일체가 다 공이다. 어디에 다시 불(佛)·보리(菩提) 등이 있는가[一切皆空 何處更有佛菩提等].'라고 비방하기 때문에 왕이 그들을 죽였지만 '복만 받고 죄는 없다[得福無罪]'라고 했거니와 '어찌 저들과 같은 류가 되기를 원하겠는가.'라고 현수 스님은 말씀했습니다.

셋째, '하물며 입으로 스스로…' 이하는 계를 범하는 것을 밝힌 것입니다. 그 가운데 '가벼운 것도 들어 말했는데 하물며 무거운 것을 어찌 말하지 않았겠는가.' '한 마디를 듣고도 오히려 아픔을 일으키거늘 하물며 스스로 비방하고 헐뜯음이겠는가.'라고 말씀했습니다. 그리고 또 '믿지 않고 효순하지 않음은 비방의 인이 된다'라고 했습니다[不信不孝是謗因地]. 그래서 이 『범망경』에서는 믿고 효순하는 것을 처음부터 끝까지 중시하고 있는 것입니다.

넷째, 도리어 악인과… 이하는 계를 완전히 범했음을 가리킨다고 했습니다. 말하자면 앞의 두 종류의 사람을 도와서 비방하는 일을 저질렀음을 밝힌 것입니다.

# 총결

總結

善學[96] 諸仁者[97]는 是菩薩十波羅提目叉를 應當學하야 於中에 不應
선학 제인자 시보살십바라제목차 응당학 어중 불응

一一犯如微塵許니 何況具足犯十戒리요 若有犯者는 不得現身發
일일범여미진허 하황구족범십계 약유범자 부득현신발

菩提心하며 亦失國王位와 轉輪王[98]位하며 亦失比丘比丘尼位하며
보리심 역실국왕위 전륜왕 위 역실비구비구니위

亦失十發趣[99]와 十長養十金剛과 十地와 佛性常住妙果[100]하며 一
역실십발취 십장양십금강 십지 불성상주묘과 일

切皆失하야 墮三惡道中하야 二劫三劫토록 不聞父母三寶名字하리
체개실 타삼악도중 이겁삼겁 불문부모삼보명자

니 以是로 不應一一犯이니라 汝等一切諸菩薩이 今學當學已學이
이시 불응일일범 여등일체제보살 금학당학이학

니 如是十戒를 應當學하야 敬心奉持니라 八萬威儀品에 當廣明하
여시십계 응당학 경심봉지 팔만위의품 당광명

니라

잘 배우는 보살들아, 이 열 가지 바라제목차를 마땅히 잘 배워서

이 가운데 낱낱이 티끌만치라도 범하지 말아야 할 것이어늘 어찌 열

가지를 모두 범하겠는가. 만일 범하는 자가 있으면 이 몸으로 보리

---

96 **선학(善學)** 불성의 본원(本源)인 심지(心地)를 어기지 않고 잘 닦는 이.
97 **인자(仁者)** 자비로 중생을 제도하는 이. 곧 보살도를 실천하는 이.
98 **전륜왕(轉輪王)** 국왕은 일방의 주(主)인데 대해 전륜왕은 4천하(四天下) 또는 3천하·2천하·1천하의 주재자이므로 그 복덕이 국왕보다 한없이 많은 왕. 다생에 지계(持戒)한 공덕으로 국왕·전륜왕이 됨.
99 **십발취(十發趣) ~ 십지(十地)** 10주(十住)·10행(十行)·10회향(十迴向)·10지(十地) 보살. 곧 보살 수행계위 40위(四十位)를 일컫는다.
100 **불성상주묘과(佛性常住妙果)** 묘과(妙果)는 묘각불과(妙覺佛果)로 불성이 상주하는 극과(極果)의 뜻.

심을 일으키지 못할 것이며, 또한 왕의 자리나 법륜왕의 지위를 잃을 것이며, 또한 비구·비구니의 위를 잃을 것이며, 또한 10발취와 10장양과 10금강과 10지와 불성에 상주하는 묘과를 잃을 것이며, 일체를 다 잃고 3악도에 떨어져서 두 겁 세 겁 동안을 지내도 부모의 이름이나 3보의 이름을 듣지 못할 것이니, 그러므로 한 가지도 범하지 말 것이니라. 너희들 일체 보살이 이제 배우고 마땅히 배울 것이며, 이미 배운 것이니, 이와 같은 열 가지 계를 꼭 배워서 공경하는 마음으로 받들어 지닐지어다. 「팔만위의품」에 마땅히 널리 밝혔느니라.

### 설법

이제 10중대계의 설명을 다 마쳤는데, 그 낱낱의 계가 중요하고 범하는 죄가 큰 것을 보았습니다. 보살계를 받은 불자는 모름지기 잘 알아서 범하지 않도록 해야 할 것입니다. 그런데 일관해서 살펴야 할 또 한 가지 일은 인과 업보의 어김없는 사실입니다. 살생이나 도둑질은 말할 것도 없고 탐·진·치심의 어느 것 하나 모두가 인과의 근거하지 않은 것이 없습니다. 그러므로 불자는 모름지기 인과 윤회를 반드시 믿어야 합니다.

고려 때 우리나라 선풍(禪風)을 크게 일으키신 큰 스님이 계셨습니다. 전라도 조계산(曹溪山)에 있는 송광사(松廣寺)를 창건하시고, 화두선(話頭禪)과 조사선(祖師禪)으로 당시 퇴폐하고 어지러웠던 불교계에 새로운 종풍(宗風)을 일으켜 많은 승속 대중을 제도하신 스님이셨습니다.

이 보조 스님의 전생담을 통해서 우리는 인과 윤회의 법칙이 얼마나 철두철미한지를 볼 수 있으며, 이 보살계의 58계 가운데 특히 10중대계만이라도 꼭 지켜야 한다는 교훈을 다시 한 번 되새길 수 있습니다.

송광사의 보조 국사가 전생에 무심도인(無心道人)이 되어 그때 고려의 방방곡곡을 두루 행각하면서 절과 선방에서 공부를 하실 때였습니다. 어느 때 길을 가다가 산마루에 앉아 떨어진 누더기를 깁고 있었는데, 노루 한 마리가 달려와서 자꾸 누더기를 들치며 숨으려 했습니다. 그래서 무심도인이 노루가 불쌍하여 누더기를 들추고 숨겨주었습니다. 잠시 후 포수가 와서,

"노루 한 마리 지나간 것을 못 보았습니까?"
하고 물었습니다. 이때 무심도인은 생각했습니다.

'못 보았다면 거짓말을 하는 것이고 보았다면 노루가 죽을 것이다.'

"노루를 잡아다 팔면 얼마나 받소."

"3냥 받습니다."

"그렇다면 3냥을 내가 줄 테니 노루가 크던 작던 내게 판 것으로 하고 그냥 돌아가시오."

이렇게 해서 노루를 살려보냈습니다. 포수가 돌아가다 문득,

'누구는 3냥을 주면서 노루를 사지도 않고 샀다 하는데 나는 노루를 잡아 팔려하니 나는 무엇하는 사람이냐.'

이런 생각이 들어 깊이 반성하고 다시 돌아와서 무심도인에게 3냥을 주며 노루를 살려주었습니다. 그로부터 한 10여 년이 지나서

무심도인이 깊은 산중을 지나가게 되었습니다. 마침 낯선 길이어서 길을 잃고 헤매게 되었고 날은 곧 어두워지는데 쉬어갈 인가도 찾을 수 없었습니다. 비록 무심도인이긴 했지만 다소 당황하면서 아무데서나 쉬어갈 곳을 살피고 있는데 별안간 노루 한 마리가 뛰어나오면서 길을 인도해 주는 시늉을 했습니다. 무심도인은 고맙게 생각하며 노루 뒤를 따라가는데 골짜기로 한참 들어가서 어느 움막집을 가리키고는 훌쩍 산으로 가버렸습니다. 그래서 무심도인은 그 허술한 움막집에서 하룻밤을 자는데 잔등이 닿는 곳이 불편하여 여덟 군데에 심한 아픔을 느꼈지만 고단하게 잠을 자고 일어나 밖으로 나오니 노루 3마리가 컹컹 울었습니다. 무심도인은 "이게 너희 집이었구나. 잘 자고 간다." 하고 고맙다는 인사를 남기고 길을 떠났습니다.

이때에 이 노루는 10여 년 전에 3냥을 주고 포수로부터 사서 살려준 일이 있는 그 노루였는데 무심도인임을 알아보고 은혜를 갚은 것이었습니다.

그 뒤 포수는 마음을 고쳐 복을 많이 지었고 무심도인은 더욱 깊은 수행을 했는데 그가 바로 뒷날 순천 송광사를 창건하고 선풍(禪風)을 크게 일으키신 보조 국사의 전신이었다고 합니다. 그리고 그때에 포수였던 사람은 보조 국사 당시 원나라 천자가 되었고 그 노루는 원나라 천자의 태자가 되었습니다.

그런데 포수는 천자가 되기는 했는데 등창으로 8군데 구멍이 나는 몹쓸 병이 생겼습니다. 백약이 무효여서 불공을 올리고 16나한 기도가 영험이 있다고 하여 기도를 하는데, 16나한님이 보시니 이것은 16나한의 인연이 아니라 고려국의 보조 국사와의 인연이 있는 것을 알고 나한님이 보조 국사를 업어다 등창을 고치게 했다는 이야기가 있습니다. 그런데 보조 국사와 원나라 천자의 등창병과 관련하여 또 다른 전생의 인연담이 있습니다. 그것은 원나라 천자에게는 전생의 인연이지만 보조 국사에게는 전생의 인연이 아니라 바로 금생의 인연이 되어 있으며 그 이야기는 다음과 같습니다.

보조 국사께서 운수납자(雲水衲子 : 이 절 저 절 옮겨 다니며 여러 선지식을 찾아 공부하는 이)로 행각하실 때의 일입니다.

어느 날 깊은 산중을 가다가 날이 저물었습니다. 집도 절도 없는 깊은 산중에서 하룻밤 쉬어갈 곳을 찾다가 숯을 굽는 움막을 발견했습니다. 스님은 그 곳에서 숯 굽는 영감에게 하룻밤 쉬어갈 것을 청했습니다. 영감은 반겨 맞으며,

"스님께서 이런 누추한 자리에 쉬신다면 소인으로서는 그런 영광이 없습니다."

감자를 구워 저녁을 대접하고 방에 쉬게 하고는 밤이 이슥하도록 영감님은 스님에게 자기의 신세타령을 늘어놓으면서 소원을 말했습니다.

"소인도 내생에 만승천자(萬乘天子)가 되는 길이 있겠습니까."

스님께서는,

"복을 짓고 참선을 열심히 하시면 됩니다."

하고 공부하는 방법을 자상하게 일러주셨습니다. 그 뒤 그 영감님은 남은 여생을 감자 심고 숯을 구워 보시를 부지런히 하면서 오직 공부하는 데만 힘쓰다가 세상을 하직했습니다.

스님은 그 뒤 30여 년간 수도에 전념하시다가 길상사(吉祥祠 : 지금의 송광사)에 도량을 정하려고 하셨습니다. 그 당시의 길상사는 이미 퇴락될 대로 퇴락되고 외도들이 절을 점거하고 살면서 시냇물에서

고기를 즐겨 잡아먹고 하여 물고기가 많이 있지 않았습니다. 스님께서는 길상사를 중창하실 뜻을 외도들에게 말했지만 이들은 고기를 한 솥 끓여 먹다가 스님께 내 놓으면서, "이 고기를 먹고 산 고기를 내어 놓으면 절을 비워주고 나가겠다."라고 했습니다. 스님께서는 하는 수 없이 고기를 가져오게 하여 다 잡수시고 다시 토해 내니 고기가 퍼드득거리면서 되살아나왔습니다. 그러자 외도들은 스님의 도력(道力)에 놀라 절을 비워주고 떠나버렸다고 합니다.

지금도 송광사 계곡에는 그 고기가 서식하고 있으니 그때부터 눈이 희멀겋게 변했다고 하며 이 고기 이름을 '토어(吐魚)'니 '중택이'니 또는 '중피리'라고 부른다고 합니다.

그 뒤 스님은 길상사를 크게 중창하고 정혜결사문(定慧結社文)을 선포하여 절 이름을 수선사(修禪寺)라 개칭하고 수많은 납자를 제접하여 선풍(禪風)을 크게 일으키셨습니다.

그런데 보조 국사께서 아직 송광사를 세우기 전에 어느 암자에서 참선을 하고 계신데 중국 천태산에서 16나한님들이 금나라 천자의 공양 청정을 받고 스님을 모시러 왔다고 합니다.

보조 스님이 조실 방에 앉아 있으려니 어느 날 갑자기 공중에서 우루루 소리가 나면서 16나한이 나타나서 말했습니다.

"공양 청정 왔습니다."

"나한님들이 어디서 오셨습니까?"

"저 만주 중국 금나라에서 왔습니다."

"그렇습니까? 나한님들은 신통이 있어 마음대로 가고 오고 하시지만 나야 어떻게 무슨 수로 가겠습니까?"

"염려 말고 등에 업히십시오. 그리고 눈만 감으시면 됩니다."

"그렇다면 한 번 가 볼까?"

이렇게 해서 나한님 등에 업혀서 중국을 갔는데 16나한 앞에 음식을 잔뜩 차려 놓고 부전(副殿 : 의식을 집행하는 이)이 16나한님을 부르며 기도 정진을 하고 있는 큰 법당으로 나한님을 따라 들어갔습니다. 그리고 나한님들이 권하는 대로 음식을 먹었습니다.

부전이 정진을 한참하다 눈을 떠보니 어떤 스님이 앉아서 나한님께 차려 놓은 음식을 이것 저것 자시고 있었습니다. 부전이 이상히 여기어 쫓아가서 물었습니다.

"스님 어디서 오신 어떤 스님이십니까?"

"고려국에서 온 목우자(牧牛子 : 보조 국사의 호)란 중이요."

하고 사연을 가르쳐 주었습니다. 부전은 이 일을 나라에 보고했고 나라에서는 곧 스님을 모셔오도록 했습니다. 그리고 천자가 등창을 보이며 병이 낫게 해 달라고 청을 했습니다. 보조 국사께서 그 말을 들으시고 손으로 환부를 어루만지면서,

"내가 그때 하룻밤을 잘 쉬어갔을 뿐 아픈 줄을 몰랐는데 그런 것을 뭐 마음에 두고 이렇게 고생하실 게 있습니까?"

그러자 그 순간 천자의 등창은 운권청천(雲捲淸天)으로 씻은 듯이 다 나았다고 합니다. 그래서 천자는 국사에게 은혜 갚을 기회를 달라고 원했지만 스님은 모든 것을 사양하시고 천자의 셋째 아들을 상좌(上佐)로 달라고 하여 고려에 데리고 왔다고 합니다. 그런데 이때 데리고 온 세자가 뒤에 담당 국사(湛堂國師)가 되었습니다.

그리고 이 때 보조 스님과 담당 국사가 향나무 지팡이 둘을 짚고 왔는데 그 향나무가 지금도 천자암(天子庵)에 800년 동안 살아서 쌍향수(雙香樹)라 불리우며 천연기념물로 지정되어 있습니다.

천자의 아들이 있었던 암자라는 데서 나온 이름이고 이 밑에는 삼일암(三日庵)이 있는데 삼일 영천수(三日靈泉水)를 마시면서 공부하다가 3일만에 견성을 했다 하여 지금도 그 방을 삼일암(三日庵)이라 합니다.

위의 두 인연 설화로 보면 보조 국사의 전신은 무심도인(無心道人)이었으며, 포수는 숯을 굽고 감자를 심어 먹으며 보조 국사를 공손히 대접했던 숯을 구워 팔던 노인의 전신이며, 등창을 앓다가 보조 국사의 법력으로 병을 고친 원나라 천자는 바로 저 숯 장사하던 노인의 후신이었음을 알 수 있습니다. 그리고 담당 국사의 전생은 보조 국사가 구해준 노루였는데 그 다음 중간의 윤회 인연은 이 설화에 나타나지 않고 있음을 알 수 있습니다.

다음에 현수(賢首) 대사의 『보살계본소(菩薩戒本疏)』에 의거해서 이 총결분(總結分)의 내용을 문단별로 분류해 말씀드리기로 하겠습니다. 현수 대사의 말로는 이것을 차례의 세 번째는 앞의 글을 맺음하여 부지런히 배우고 닦을 것을 권하는 대문[第三結修學]이라고 이름했습니다. 이제 10중대계를 하나하나 말씀했는데 그 10중대계의 결론으로서 또는 10중대계를 잘 지니고 범하지 않도록 당부하는, 이를테면 10중계의 유통분(流通分)이란 뜻이 됩니다.

또 현수 법사는 이것을 다시 4대문으로 나누어 설명하고 있는데, 그러나 우리는 그렇게 할 수는 없으므로 개략적으로 어떠한 내용의 문단이 어디에 해당하느냐 하는 윤곽만을 말씀드리기로 하겠습니다.

이 결권수학분(結勸修學分) 맨 처음에 있는 선학 제인(善學諸仁)에 두 가지 뜻이 있습니다. 첫째 제인(諸仁)은 계를 잘 배우는 사람이고 둘째 선(善)을 잘 배우는 사람이란 뜻이니 곧 보살도를 배우는 사람이란 뜻이라 할 것입니다. '낱낱이 한 티끌만이라도'라고 한 이 대문은 '한 계 가운데 있어서도 오히려 조그만 티끌만큼이라도 범하지 않아야 할 것이거늘 하물며 온전히 한 계를 다 범할 것이며 더구나 10계를 다 범할 수 있겠느냐'는 뜻이 있습니다.

또 10중대계를 범한 자는 열 가지 이익을 잃는 것을 밝히고 3악도에 큰 손해를 밝힙니다.

1. 대심(大心)을 잃는다고 했으니, 이 10중대계를 범하면 금생의 현재의 이 몸으로 보살심을 일으킬 수 없게 됨을 말하며, 본서원(本誓願)을 위배하여 법기(法器)가 아니기 때문입니다. 계의 그릇이 깨져서 법을 담을 수 없다는 뜻입니다.

2. 왕위를 잃는다는 것입니다. 소왕위(小王位)를 얻음은 전생에 보살계를 인(因)으로 하는 것인데 인을 없앴으므로 과(果) 또한 잃는 것은 너무나 당연하다는 것입니다.

3. 전륜왕의 자리도 역시 잃는다는 것입니다.

4. 비구를 잃는다는 것은 이 계를 범하면 지옥에 들어가고 사람이 되어도 비구가 될 수 없다는 것입니다. 우선 중계를 범하면 현재 비구로서 역할을 할 수 없으므로 잃는다고 합니다. 또한 비구니 위도 잃는다고 했습니다.

위의 4위는 적은 것을 잃는 것이고 이하의 5위(10발취·10장양·10지·불성상주묘과)는 대승의 위를 잃음을 밝힌 것입니다. 또 그 가운데 4위는 이것이 인위(因位) 곧 3현 10성(三賢十聖)이고 1위[佛性常住妙果]는 이것이 과이니 곧 불과(佛果)를 가리킨다고 했습니다.

'불과'에도 둘이 있습니다. 하나는 법신과(法身果)니, 위의 성인 불성을 가리키며, 둘은 보신과(報身果)니 묘한 행[妙行]을 이루었으므로 묘과(妙果)라 합니다.

이 10중을 범하면 이와 같은 자리를 다시 얻을 수 없으므로 다 잃는다고 한 것입니다. 또 이 계를 범함으로써 혹은 지옥·아귀·축생에 들어가는 것을 밝힌 것입니다. 2겁·3겁 동안이라고 한 것은 계를 범한 죄의 경중에 따라 악도에 떨어져 있는 기간이 다른 것을 말한 것입니다.

'부모와 3보의 이름을 듣지 못한다'라고 함은 양친은 자육(慈育)의 은혜가 깊고 3보는 구호의 은혜가 지극한 것인데 악도에 떨어지면 고를 받을 뿐 그 이름을 들을 수 없다는 것입니다.

'시십계(是十戒)' 이하는 넓은 뜻이 있는 가운데 생략하여 보인 것이며, '팔만위의품(八萬威儀品)'은 『범망경』의 광본(廣本) 가운데 「팔만위의품」이 있는데, 그 가운데 이 '10중대계'의 위의에 관한 내용이 여러 가지로 설명되어 있다는 뜻입니다.

◉

그러므로 알라.

보살은 최상의 보리심을 발하기 위해서

계를 받는 것이니 비록 잠깐 범하였더라도

그것은 형식상으로는 계를 범한 것이지만

만일 보리심과 사홍서원이 끊지 않았다면

범했다고 이름하지 않느니라.


以知菩薩은 爲發菩提無上心故로 受戒하야

雖暫有犯이라도 乃從事而論하야 一期所制라

若菩提心四弘願이 不斷하면 卽不名犯이요

# 사십팔경계 四十八輕戒

# 序

佛告諸菩薩言하사대　已說十波羅提木叉竟이니　四十八輕[1]을　今當
불고제보살언　　　　이설십바라제목차경　　　　사십팔경　　금당

說하리라
설

부처님이 모든 보살에게 말씀하시었다. 이미 열 가지 바라제목
차를 설하였으니 이제는 사십팔경계를 말하리라.

──────── **설법**

이제 『범망경』 58계 가운데 10중대계를 다 말씀했고 다
음에는 48경계를 말씀드리게 되는데 처음에, '부처님이 모든 보살
에 말씀하시기를 이미 10바라제목차를 말해 마쳤으니 48경계를 이

---

1 **사십팔경계(四十八輕戒)** 48종의 가벼운 계. 앞에서 말한 10중대계가 한 번 범하면 그 허물을 지워버릴 수 없는 계인데 대해, 이 경
계는 옷에 때가 묻었을 경우 세탁을 하면 깨끗하게 되는 것처럼 참회를 하면 곧 죄가 없어지는 계이므로 염오기(染汚起)라고도 한
다. 경에 따라 계의 수에는 다소의 차이가 있다.

제 마땅히 말하리라.' 하신 이 부분은 말하자면 이 48경계를 말씀하는 서문이라 할 수 있습니다. 10중바라제목차를 말씀할 때도 서문이 있고 유통분(流通分 : 結論)이 있었습니다.『범망경』전체의 서문은 노사나 부처님으로부터 천 부처님이 이 법을 받으시어 다시 천백억 석가모니 화신불께 전하시는 등의 말씀은 이 경 전체의 서문입니다. 그리고 '이제부터 10바라제목차를 말하리라' 하신 데서부터는 10중대계의 서문이면서 이 경 전체로 보아서는 정종분(正宗分) 곧 본론의 시작이 됩니다.

그러므로 10중대계는 본론 가운데 제1장이 되고 48경계는 본론 가운데 제2장이 됩니다. 그리고 제1장 10중대계에 제1 살생계로부터 제10 방삼보계까지 모두 10절이 있고, 제2장 48경계에는 모두 48절이 있음을 알 수 있습니다. 그리고 이 대문은 말씀한 바와 같이 제2절의 서문에 해당합니다.

'경구계'란 무엇에 비유되느냐 하면 48가지 계를 깨뜨렸다 하더라도 참회하면 그 계상(戒相)을 완전히 회복합니다. 그것은 마치 옷을 입으매 때가 묻을 경우 새로 세탁을 하면 새 옷이 되는 것과 같으므로 이름한 것입니다.

유가(瑜伽)에 의하면 44종의 경계(經戒)가 있고,『지지경(地持經)』과『선계경(善戒經)』에 의하면 그 수에 다소의 증감이 있어서 일정치 않으나 크게 보면『유가』와 같습니다. 이상은 다분히 출가의 계상(戒相)입니다. 그런데『보살내계경(菩薩內戒經)』에 따르면 42종이 있고『선생경(善生經)』에 따르면 육중(六重)을 빼고 28경계를 들고 있습니다. 또『방등경(方等經)』에 따르면 24종의 계를 제의하고 따로 다시 525경을 들고 있는데 이것은 다분히 재가의 계입니다.

또 위의 『범망경』에 의하면 크게는 48계이지만 자세히는 1계 가운데 여러 가지 계로 구성되어 있어서 이것을 모두 합하면 약 100가지의 계가 됩니다. 이『범망경』의 경우에는 도속(道俗)에 다 통하는 계입니다.

또 80,000종의 계가 있다고도 했으니 '「팔만위의품(八萬威儀品)」에 자세히 다 열거했다'고 한 것과 같은 예입니다.

혹은 100,000종의 계가 있다고도 하는 바 『양론(梁論)』에 인용하고 있는 『비나구사라경(毘奈瞿沙羅經)』에 '보살계에 100,000종의 구별이 있다'라고 설한 것과 같은 예입니다.

또 먼지 수와 같은 계가 있다고도 한데가 있으니 『대지도론』에 '약하면 80,000이 있고 넓게는 진사(塵沙 : 먼지의 수) 등의 수가 있다'라고 한 예가 그것입니다.

그런데 48경계 가운데 중계(重戒)를 겸하고 있는 계가 있습니다. 가령 통국입군계(通國入軍戒) 같은 것은 군신을 다니면서 많은 중생을 살생하게 되므로 살생계인 제1중계를 겸하여 범하는 경우가 그것입니다. 또 제14경계인 방화손생계(放火損生戒)는 불을 냄으로써 생명을 죽이게 되면 살생계를 겸하여 범한 것이 되고 남의 재산에 손실을 주었다면 투도계인 제2중계를 겸하여 범한 것이 됩니다.

어떤 권세에 의지하여 남의 물건을 강제로 취했다면 이것 또한 도계(盜戒)를 겸한 것이니 제17계 시세결구계(恃勢乞救戒) 등이 그것입니다.

# 제1경계
# 스승과 벗을 공경하라
不敬師友戒

若佛子가 欲受國王位[2]時와 受轉輪王[3]位時와 百官受位時에 應先
약불자　　욕수국왕위　시　　수전륜왕　위시　　　백관수위시　　　응선

受菩薩戒니 一切鬼神이 救護王身과 百官之身하며 諸佛이 歡喜하
수보살계　　일체귀신　　구호왕신　　백관지신　　　제불　　환희

리라 旣得戒已하야는 生孝順心과 恭敬心하야 見上座[4]와 和尙[5]과
기득계이　　　　　생효순심　　공경심　　　　견상좌　　　화상

阿闍梨[6]와 大德과 同學同見[7]同行[8]者어든 應起承迎禮拜問訊이어늘
아사리　　　대덕　　동학동견　동행　자　　　응기승영예배문신

而菩薩이 反生憍心慢心癡心瞋心하야 不起承迎禮拜하고 一一不
이보살　　반생교심만심치심진심　　　불기승영예배　　　일일불

如法供養이리요 以自賣身國城男女七寶百物하야 而供給之니 若不
여법공양　　　이자매신국성남녀칠보백물　　　이공급지　　　약불

爾者는 犯輕垢罪니라
이자　　범경구죄

너희 불자가 임금의 지위를 받을 때나 전륜왕의 지위를 받으려
할 때에는 먼저 보살계를 받을지니, 온갖 귀신들이 임금의 몸이나
관원들의 몸을 구호해 주며 모든 부처님들도 기뻐하시느니라. 계를

---

2 **국왕위(國王位)** 국왕위를 머리에 든 것은 국왕이 바르면 나라가 바르고 왕이 선하면 천하가 선하며 왕은 교화의 힘이 있기 때문.
3 **전륜왕(轉輪王)** 전륜왕에 4종이 있어 4천하를 다스리는 왕이 있고 일방만을 다스리는 전륜왕이 있으니 곧 세계 통치자.
4 **상좌(上座)** 대중 가운데 우두머리 곧 대덕(大德)·상수(上首)의 뜻.
5 **화상(和上)** 은사(恩師) 또는 친교사(親敎師)·수계사(授戒師)·화상(和尙)이라고도 씀.
6 **아사리(阿闍梨)** 궤범사(軌範師)로 의범을 가르치고 수계시에 작법(作法)을 가르쳐 주는 이.
7 **동견(同見)** 보살의 도를 함께 배우는 이.
8 **동행(同行)** 보살계를 함께 수행하는 도반.



범망경강설

받고도 효순하는 마음과 공경하는 마음으로 상좌나 화상이나 아사리나 스님네나 함께 공부하는 이나 지견이 같은 이와 행이 같은 이를 보거든 일어나서 맞이하고 예배하여 문안할 것이어늘, 보살이 도리어 교만한 마음·게으른 마음·어리석고 성내는 마음으로 일어나 맞이하여 예배하지 않고 법답게 공양하지 않으랴. 제 몸이나 나라의 땅이나 아들이나 딸이나 7보나 여러 가지 물건을 팔아서라도 공양할지니 그렇지 아니하면 죄가 되느니라.

## ———— 설법

차례의 첫째는 스승과 벗을 공경하지 않음을 경계하는 계[不敬師友戒]입니다. 인도에서는 부처님 당시에도 국왕이 임금의 위에 오를 때는 계부터 받았습니다. 위에 오르기 전에 보살계를 받으면, '일체 왕의 몸과 백관의 몸을 보호해 주며 모든 부처님이 크게 기뻐하신다.'라고 했습니다.

또, '계를 받은 이는 효순한 마음과 공경하는 마음을 내어 상좌와 아사리, 화상과 대덕스님과 동학과 동행자를 보거든 일어나서 마중하고 예배하고 물으라.'라고 했는데, '상좌'는 절의 노덕스님이고 화상은 수계사(授戒師)를 일컬으며 아사리는 궤범사(軌範師)라 하여 좌우에서 갈마(羯磨 : 수계 의식을 인도하는 짓)를 하는 스승이며, 대덕은 대중으로부터 존경받는 덕망이 있는 스님입니다. 이런 분들을 위시해서 같이 배우고 같은 견해를 가지고 같이 수행하는 이를 보면 곧 자리에서 일어나서 예배하고 법을 묻고 지극히 존경하라는 뜻으로 하신 말씀입니다.

길에서라도 스님을 만나면 외면하지 말고 인사라도 하라는 그런 뜻입니다. 그렇다고 해서 어떤 이는 맨땅에서 절을 하는데 그런 것은 지나친 일이니 그렇게까지 할 것은 아닙니다.

절을 하라 해서 무조건 많이 할 것이 아니라 세 번 하면 됩니다. 그리고 부인네들은 밖에 나갈 때 검박하게 하고 깨끗이 입고 나가라는 뜻도 있습니다. 가정주부는 가정주부답게 행동하고 절에 와서 행동을 조심하라는 것입니다. 우리가 행동을 잘 하는 게 그대로 보살입니다.

당나라 때 현수(賢首) 스님이라고 큰 선지식이 계신데 법장(法藏) 스님이라고도 합니다. 이 스님은 화엄종 제3대 조사로서 우리나라의 의상(義湘) 스님과 함께 화엄종의 제2조 지엄(智儼) 화상에게서 화엄을 깊이 통해서 중국 화엄종을 일으킨 분으로 그 분의 화엄종에 있어서의 지위를 선종에 비하면 6조 혜능(慧能) 스님 같은 어른입니다.

이 현수법장 스님은 이 『범망경』을 해석함에 있어 먼저 이 계를 제정하지 않으면 안 되는 근본 취지를 각 계문마다 밝혔는데 이것을 제의(制意)라 그랬습니다. 다음에 현수 스님의 『보살계본소』에 의지해서 기본적인 뜻만 풀어서 말씀하기로 하겠습니다.

보살은 마땅히 자기 몸을 겸손하게 낮추어 일체중생을 공경하고 돌봐 주어야 하는데 어찌 하물며 스승과 동학에게 조금이라도 경솔하게 할 수 있겠는가. 그런데 이것을 어기는 일이 아주 많아서 이를 제지하기 위해 이 계를 만든 것이라고 현수 스님은 말씀하셨습니다. 또 이미 이 계를 세웠으면 처음 계를 받아야 하고 마땅히 스승을 따라 그 가르침을 받아야 할 것입니다. 그런데 만일 건방지고 업신여기는 마음을 품는다면 가르침을 주고받을 수 없을 것이니 반드시 계를 만들어 먼저 이를 제재하는 바라고 했습니다. 그리고 이로써 이 계를 널리 행할 수 있고 이것에 의해 계가 바르게 성립할 수 있다고 했습니다.

또 이 계의 이름을 이같이 짓게 된 데 대해, 스승과 어른에 대해 마음으로 가벼이 여기거나 몸으로 공손하지 않은 태도를 보이는 것을 경계한 것이며, 이 같은 허물을 막는 것이 이 계의 뜻이므로 이를 따라 이름을 세운 것이라고 했습니다.

또 이 계를 범하는 데 4종의 경중(輕重)이 있다고 했습니다. 첫째 계를 범하는 대상[約境]이 누구이냐 하는 데 따른 구별입니다. 여기에 다수 3품이 있으니 1. 스승에 대한 것이면 제일 중하고, 2. 웃어른이나 벗에 대한 것은 다음이며, 3. 같은 또래의 동학에 대해서라면 이는 하품이라고 했습니다. 둘째, 범할 때의 마음가짐 여하에 따른 3품의 구별이 있으니 1. 미워하고 원한을 가지고 성내어 저지르는 것은 상품이고, 2. 미워하는 마음을 없지만 교만한 마음으로 저지른 것은 중품이며, 3. 해태한 마음으로 저지른 것은 하품에 속한다고 했습니다.

셋째, 상대에 따른 3품이 있으니 이 세 가지 마음을 가지고 앞의 3경계에 견주어서 '경중'을 살피며, 넷째는 일에 대한 3품이 있으니 1. 스승을 위해서 몸 등을 팔지 않는 것은 하품이고, 2. 법다이 공경하지 않는 것은 중품이며 3. 마중하고 배웅할 때 예배하지 않는 것은 상품인 것을 말합니다.

# 제2경계
# 술 마시지 말라
## 飮酒戒

約佛子가 故飮酒리요 而酒生過失[9]無量하니 約自身手로 過酒器與
약불자   고음주      이주생과실 무량      약자신수    과주기여

人飮酒者는 五百世를 無手[10]어늘 何況自飮이리요 亦不得敎一切人
인음주자   오백세   무수      하황자음      역부득교일체인

飮하며 及一切衆生飮酒어늘 況自飮酒아 一切酒를 不得飮이니 若
음     급일체중생음주      황자음주   일체주   부득음      약

故自飮이어나 敎人飮者는 犯輕垢罪니라
고자음      교인음자   범경구죄

너희 불자가 술을 마시지 말지니 술이란 것은 허물을 짓게 하는 것이니라. 만일 자기의 손으로 술잔을 들어 다른 이를 주어 마시게 하면 500생 동안 손 없는 과보를 받을 것이어늘 하물며 스스로 마시겠느냐. 모든 사람들에게 술을 먹게 하지 말며 여러 중생들에게도 술을 마시게 하지 말 것이어늘 어찌하여 스스로 마시리요. 일체의 술을 마시지 말지니 스스로 마시거나 남을 시켜 마시게 하면 죄가 되느니라.



---

9 주과실(酒過失) 술을 먹음으로 해서 생기는 허물. 『사분률』권10에 10과(過), 『대지도론』권13에는 35실(失) 등을 들고 있다.
10 5백세무수(五百世無手) 500생 동안 손이 없다는 뜻. 3악도에 떨어져 축생이 되면 손이 없기 때문에 일컫는 말.

술이 우리 동양에서는 지금으로부터 5,000년전 하우씨(夏禹氏 : 치수(治水)의 공으로 천자가 된 이) 때에 생겼다고 합니다. '의적'이라는 사람이 술을 만들어 왔는데 '하우씨'가 그 술맛을 보고 나서 '이걸 달게 하라. 술은 망국지본(亡國之本)이라'고 했다고 합니다. 그래서 하우씨의 자손 걸(桀)이 여자를 알아 매일 술만 먹고 하다 망했지요. 그 다음 1,000년 뒤에 은나라 주(紂)임금이 달기(妲己)라는 여자에게 정신이 빠져서 술만 먹고 그 여자 말만 듣다가 나라가 망했습니다. 주(周)나라 때에는 또 유왕(幽王)이라는 임금이 포사(褒姒)한테 미쳐서 술만 먹고 하다가 또 나라가 망했습니다. 포사라는 여자는 평생 웃질 않아서 유왕이 웃는 걸 보려고 중국에 여산(온천이 있는 한 명승지)이란 곳에 굉장한 별궁을 짓고 밤에 야유회 놀이를 하는데 유왕이 봉화를 들라고 했습니다. 나라에 큰 변란이 있을 때 드는 것이므로 봉화불을 드니까 각 지역에서 제후(임금)들이 군사를 동원해서 올라왔습니다. 그런데 유왕은 장난으로 그랬다는 것입니다. 그러니까 포사가 깔깔거리고 웃었습니다. 유왕은 좋다고 자꾸 봉화불을 들었는데, 나중에 정말 난리가 나서 봉화불을 드니 지방 제후들이 또 장난하는 줄 알고 아무도 출병하지 않는 바람에 나라가 망했습니다.

술을 먹어 취하면 이성(理性)을 잃게 되므로 술은 안 먹는 걸로 경계를 했고, 병을 고칠 때 술이 아니면 안 될 때에는 할 수 없이 술을 마시도록 했습니다. 술을 먹어서 취하지 않을 정도면 약이 되기도 합니다. 그런데 술을 한 잔 하기 시작하면 자꾸 먹어서 정신을 잃어버리게 됩니다. 그러니 술이란 아주 나쁜 음식입니다. 10중대계의 고주계(酤酒戒 : 술 팔지 말라는 계)에서 말씀한 바와 같이 부처님 제자에

사가타가 신통으로 독룡을 항복받았지만, 술을 해서 큰 봉변을 했습니다.

술의 해독에 대해 『대애도비구니경』에,

'술을 마시지 말라. 술 맛도 맛보지 말라. 술 냄새도 맡지 말라. 술을 팔지도 말라, 술집에 가지도 말라. 주객과 서로 말하지도 말라.'라고 하신 말씀이 있습니다. 또 술은 독약·독수(毒水)·독기(毒氣)라고 하셨으며, 술은 모든 실수의 근원이요, 모든 악의 근본이기 때문이라고 하셨습니다.

또 『대지도론』에 술에 대한 해독을 말씀했습니다.

'술의 종류에 1. 곡주(穀酒), 2. 과주(果酒), 3. 약초주(藥草酒)가 있다. 과주란 포도·아리타수과(我利陀樹果)와 같은 나무 열매로 만든 술을 말하며, 약초주는 여러 가지 약초를 쌀누룩·감자즙과 섞으면 익어서 술이 되는 것이며, 제축유(蹄畜乳)도 이와 같고 모든 젖을 익히면 젖이 술이 된다. 이런 술들은 다 건(乾)·습(濕)·청(淸)·탁(濁)의 기운으로 이루어져 이런 것이 사람의 마음을 움직이게 하여 멋대로 기탄없이 행동하게 되나니 술은 도무지 마시지 말라. 또 술을 마시면 여러 가지 허물이 생기나니 술을 마시지 말라. 술은 지각작용(知覺知相)을 잃게 하고 육신[色身]을 혼탁하고 나쁘게 만들며 지혜로운 마음을 흔들리게 하고 바른 생각을 잃어 진심이 늘고 즐거움에 빠져 가족을 해친다.

술을 마심은 죽음의 독[死毒]을 마시는 것이니 노하지 않을 때 노하고, 웃지 않을 때 웃고, 울지 않을 때 울고, 말하지 않아도 될 때 말하며, 미친 사람과 같고, 모든 선 공덕을 빼앗아 가느니라.'

# 제3경계
# 고기를 먹지 말라
食肉戒

若佛子가 故食肉[11]이라도 一切衆生肉을 不得食이니라 夫食肉者는
약불자   고식육           일체중생육     부득식       부식육자

斷大慈悲佛性種子하여 一切衆生이 見而捨去니라 是故로 一切菩
단대자비불성종자       일체중생   견이사거     시고     일체보

薩은 不得食一切衆生肉이어다 食肉하면 得無量罪니 若故食者는
살   부득식일체중생육       식육     득무량죄     약고식자

犯輕垢罪니라
범경구죄

너희 불자가 고기를 먹지 말지니 어떤 중생의 고기라도 먹지 말
아야 하느니라. 고기를 먹는 이는 대자비의 불성종자를 끊는 것이어
서 중생들이 보고는 도망하여 가나니, 그러므로 일체의 보살들은 고
기를 먹지 말아야 하느니라. 고기를 먹으면 한량없는 죄를 짓는 것
이니 고기를 먹는 이는 경구죄를 범한 것이 되느니라.

---

11 **식육(食肉)** 고기는 살아 있는 짐승을 죽여야 얻을 수 있으므로 이것을 원칙적으로 금한다. 그러나 5종 정육(五種淨肉) 등은 허락하
  고 있다.

　　'보살이 마땅히 자신의 고기를 던져서 뭇 생명을 건질 것이거늘 어찌 거꾸로 중생의 고기를 먹을 수 있으랴. 그 어기고 해로움이 심하기 때문에 이에 제지하는 바이다[菩薩理應捨自身肉 以淸物命 何容反食衆生之肉 違害之甚故 須制也]'라고 현수 스님은 이 '식육계'를 제정한 뜻을 말했습니다. 이 계문(戒文)의 조직을 보면 처음에 범죄를 들고[擧犯], 다음에는 바로 제지했으며[正制], 세 번째는 죄형(罪刑)을 규정하는 순서로 되어 있습니다. 그런데 바로 제지하는 것[正制] 가운데 두 가지가 있어서 먼저 제지를 표한 대문이 있으니 일체의 고기는 뭇 중생의 고기임을 표현했고, 둘째는 단대자(斷大慈 : 대자비의 불성 종자를 끊는다) 이하는 제지하는 이유를 밝힌 대문입니다. 여기에 다시 세 가지 잃는 허물을 담고 있으니, 『열반경』에 말씀하기를 '무릇 고기를 먹는 자는 대자대비의 종자를 끊는다'라고 했는 바, 이것은 곧 고기를 먹으면 대비성종(大悲性種)에 위배하는 자리(自利)를 잃음을 말한 것입니다. 다른 중생이 보고 도망한다[見而捨去]고 한 것은 보살의 이타행(利他行)을 잃은 것을 말합니다. 중생을 보고 이를 버리면 이타를 잃는 것이기 때문입니다.

　　또 『열반경』에 말씀하기를 '축생과 고기를 먹은 사람을 보면 머리 위에 혈광(血光)이 있다'라고 했으며, 『입능가경』·『열반경』·『앙굴마경』·『일체지광명선인불식육인연경(一切智光明仙人不食肉因緣經)』 등에 식육(食肉)의 잘못과 손실에 대해 널리 말씀했습니다. 고기를 먹지 말라는 이 계는 중국에 와서 더욱 금해졌습니다.

　　옛날 신라 때 혜숙(惠宿) 스님은 화랑인 호세랑(好世郎)의 낭도로서 이름을 감추고 있다가 호세랑이 도교로 은퇴하므로 혜숙 사(師)도 적선촌에 은거한 지 20여 년이었습니다.

그때 국선(國仙)으로 있는 구참공(瞿旵公)이 일찍이 교외에서 사냥을 하였습니다. 하루는 혜숙 스님이 길에 나와 말고삐를 잡고 청하기를,

"용렬한 이 사람도 같이 따라가기를 청합니다."

라고 하니 공이 허락했습니다. 혜숙 스님은 사냥을 아주 잘하여 공이 기뻐했습니다. 잠시 쉬면서 고기를 먹는데 혜공 스님께서,

"이보다 더 좋은 고기가 있으니 드려도 되겠습니까."

하니 공이 좋다고 하매 혜숙 스님께서 다리를 베어 소반에 바치니 공이 매우 놀랐습니다. 이에 혜숙 스님은 말씀하시기를,

"처음에는 어진 사람인 줄 알았는데 남을 살해하여 자기 몸만 살리기를 좋아하니 어찌 인인(仁人) · 군자(君子)가 할 일입니까?"

하고 떠나갔다. 공은 부끄러워하며 혜숙 스님이 먹은 걸 보니 하나도 먹은 게 없더라는 겁니다. 이런 말을 들은 진평왕(眞平王)이 사신을 보내어 맞아오라 하였습니다. 혜숙 스님이 어떤 여자와 같이 있는지라 사신이 더럽게 여겨 그대로 돌아가다가, 칠, 팔 리쯤에서 혜숙 스님을 만나서 "어디서 오느냐" 하고 물으니 "성 안에 보시하는 집에서 7일의 재를 마치고 오는 길"이라 했습니다. 사신이 임금께 아뢰니 사람을 시켜 집을 조사케 하니 그 또한 사실이었습니다. 오래지 않아 혜숙 스님께서 갑자기 죽으니 마을 사람들이 이현(耳峴) 동쪽에 장사지내는데 때마침 그 마을 사람들이 이현 서쪽에서 오다가 혜숙 스님을 만나 어디로 가느냐 묻자,

"여기 너무 오래 있었으니 다른 곳으로 간다."

하며 헤어져 반 리쯤 가더니 구름을 타고 가는 것을 보았다고 했으며 이현 동쪽에 오니 장사 지내는 사람들이 아직 있어 조금 전의 일을 말하고 무덤을 파보니 짚신만 있을 뿐이었다고 합니다.

혜공(惠空) 스님은 천진공(天眞公)의 집에서 고용살이 하던 할머니의 아들이었습니다. 아명은 우조(憂助)였는데, 천진공이 종기로 앓아 죽게 되어서 우조가 할머니에게 묻기를, "집안에 일이 있습니까?" 하자,

"주인이 병이 악화되어 곧 죽게 되었다."

이 말을 듣고 우조가 "내가 고칠 수 있습니다." 하자 공이 불러오라 하여 우조가 병상 앞에 앉으니 저절로 종기가 터져서 나았습니다. 공은 우연이라 여겼습니다. 장성하여 공을 위하여 매를 길렀는데 아우가 지방의 관원으로 가며 매 한 마리를 가져가서 공은 매를 보고 싶어 하였습니다. 어느 날 저녁에 '내일 새벽에 우조를 시켜 가져오라' 하겠다고 천진공이 생각했는데 우조는 먼저 알고 날이 밝기도 전에 매를 가져오니 그제야 전에 종기를 낳게 했던 일도 신기한 일이라 생각했습니다. 그래서 우조에게

"그 동안 예 아닌 행동을 했으니 죄를 어떻게 씻겠습니까." 하고 절을 했다는 것입니다. 마침내 우조는 그 길로 스님이 되어 이름을 혜공이라 하고 매양 술에 취하여 삼태기를 지고 거리를 다니며 노래하고 춤추므로 부궤화상(負簣和尙)이라 하고 절 이름을 부개사(夫蓋寺)라 했다고 합니다.

부개사 우물 속으로 들어가면 몇 달씩 나오지 않으매 우물 이름을 혜공이라 하였는데, 나올 때는 푸른 옷을 입은 신동이 먼저 나오

므로 스님들은 그것으로 나올 때를 짐작했고 우물에서 나와도 옷은
젖지 않았다고 합니다.

말년에는 항사사(恒沙寺 : 지금 영일군 오어사(吾魚寺))로 옮기셨는데 그
때 원효 스님이 모든 경(經)의 소(疏)를 짓다가 의문이 나면 혜공 스님
에게 물었다고도 합니다. 하루는 두 분이 개천에 가서 고기·새우
등을 잡아먹고 돌 위에 똥을 누고 혜공이 가리키며 희롱하되,

"너는 똥을 누고 나는 고기를 누었다."

해서 오어사(吾魚寺)라 한 것이며, 어떤 이는 원효 스님의 말이라고도
합니다. 구담공이 일찍이 산에 놀러갔다가 혜공이 산 속에 죽어 엎드
렸는데 그 시체가 썩어서 벌레 난 것을 보고 피하다가 돌아와 성 안
에서 혜공 스님이 노래하며 춤추는 것을 보았다고도 합니다.

하루는 새끼줄을 가지고 영묘사(靈廟寺)에 들어가 금당과 좌우 경
루(經樓)와 남문 마루를 둘러매고 주지에게 '이 줄을 반드시 3일 뒤에
끌러라' 하였습니다. 사직이 그대로 하였더니 과연 3일만에 선덕여
왕의 어가가 납시었을 때 지귀(志鬼)가 심화가 나서 탑을 태워 버렸
으나 오직 새끼를 매었던 곳만 안 탔다고 합니다.

또 신인종(神印宗) 조사(祖師) 명랑(明朗) 스님이 금강사(金剛寺)를 새
로 짓고 낙성연을 베풀었는데 용상(龍象)들이 모두 모였으나 혜공 스
님만 오지 않으매 향을 피우고 어서 오시기를 비니 혜공 스님이 왔
는데, 그때 막 비가 쏟아졌는데도 혜공 스님은 옷도 젖지 않고 발에
는 흙도 묻지 않았다고 합니다.

임종할 때에는 공중에 높이 떠서 입적했는데 사리가 부지기수로
많았으며 일찍이 『조론』을 보고 '이것은 내가 옛날에 지은 것이다'
했으니 승조(僧肇) 법사의 후신인 것을 알 수 있다고 했습니다. 그런

데 고기를 안 먹는 건 원칙적으로 세속의 불자에게까지 적용시키지는 말라는 것입니다. 그러나 6재일만은 가려서 먹는 게 좋다고 했습니다.

또 잔치가 있을 때에는 사다 쓰고 잡지는 말라고 했습니다. 고기 먹지 말라는 근본 원인은 살생하지 말라는 데 있습니다.


─────── **육식의 허물**

일체 유정이 다 불성이 있고 나와 같은 몸인데 이제 그 고기를 먹는 것이 대단히 참혹하여 대자비불성(大慈悲佛性)을 끊는 까닭으로 성도(聖道)에 방해가 되는 것입니다. 『법원주림』에 『열반경』·『앙굴마경』 등에 의하여 식육의 나쁜 법을 알리고, 『능엄경』「차육품」에 의하여 열 가지 허물[十過]을 다음과 같이 들고 있습니다.

1. 일체 유정이 무시이래로 다 나의 친속이므로 고기를 먹는 것은 불가하다.

2. 고기를 먹으면 짐승이 다 두려워하므로 고기를 먹는 것이 불가하다.

3. 고기 먹는 사람은 다른 사람의 신심을 파괴하므로 고기 먹는 것이 불가하다.

4. 자비심과 소욕(小欲)을 기르는 행자는 고기를 먹는 것이 불가하다.

5. 고기 먹는 사람은 과거에 나찰이 되었던 습기(習氣)로 인하여 이제 특히 고기를 탐하는 것이니 고기를 먹는 것이 불가하다.

6. 고기 먹는 사람은 세상의 주술을 배워도 성취하지 못하거늘 출세법(出世法)을 어떻게 증득하겠는가, 그러므로 행자는 고기 먹는 것이 불가하다.

7. 유정이 다 목숨을 사랑하는 것이 나와 다름없으므로 행자는 고기 먹는 것이 불가하다.

8. 고기 먹는 사람은 모든 하늘과 현성이 다 멀리 떠나고 악신을 친하게 되므로 행자는 고기 먹는 것이 불가하다.

9. 정육(淨肉)의 고기일지라도 먹는 것이 불가하거늘 하물며 부정(不淨)한 고기이랴. 그러므로 행자는 고기를 먹는 것이 불가하다.

10. 고기 먹는 사람은 죽으면 나찰 등으로 태어날 것이므로 행자는 고기 먹는 것이 불가하다.


─────── **먹을 수 있는 경우[五淨肉]**

부처님이 처음에는 소승계에서 비구가 3정육(三淨肉) 등을 먹는 것은 허락하시고 『능가경』·『능엄경』·『범망경』·『열반경』 등 대승경에는 일체 금지하셨습니다. 그 뒤에는 소승계의 '3정육' 등도 점차 제지하셨습니다.

**삼정육(三淨肉)**

1. 불견살(不見殺) : 내 눈으로 그 죽이는 것을 보지
   아니한다는 것.

2. 불문살(不聞殺) : 나를 위해 죽였다는 것을 듣지 아니한 것.

3. 불의위정아살(不疑爲正我殺) : 나를 위해 죽였는가 하는
의심이 없는 것 등이다.

『열반경경회소(涅槃經經會疏)』 제4권에는 두 가지 해석이 있습니다.

첫째, 1. 나를 위해 죽이는 것을 보지 아니한 것, 2. 죽어도 소리를 듣지 아니한 것, 3. 의심될 만한 일이 없는 것.

둘째, 1. 보지 않은 것[不見], 2. 듣지 않은 것[不聞], 나를 위해 죽였는지 죽이지 아니하였는지는 물론 죽이는 것을 보지 아니하고 듣지 아니한 것, 3. 의심나지 않는 것[不疑]은 도가(屠家)의 고기나 스스로 죽은 고기와 같이 전혀 나를 위해 죽인 것이 아님을 아는 것.

## 오정육(五淨肉)

1, 2, 3은 3정육과 같고 4. 스스로 죽은 것[自死] 곧 모든 짐승이 자신의 명이 다하여 스스로 죽은 것, 5. 새가 먹다 남은 것, 매·솔개 등 다른 새나 짐승들이 먹다 남긴 고기.

## 구정육(九淨肉)

1, 2, 3, 4, 5는 5정육과 같고, 6은 불위아살(不爲我殺), 나를 위하여 죽이지 아니한 것. 7. 생건탕화(生乾湯火), 데워 죽인 것도 아니요 또 매 등이 먹다 남긴 것도 아닌 스스로 죽어서 스스로 마른 것, 8. 불기과기약(不期過期約), 아무 계획없이 우연히 만나서 먹게 된 것, 9. 전기살(前己殺), 지금 나로 인하여 죽인 것이 아니요 전에 이미 죽인 것.

## 제4경계
## 오신채를 먹지 말라
五辛戒

約佛子가 不得食五辛[12]이니 太蒜茖葱慈葱蘭葱興渠라 是五辛을
약 불 자　부 득 식 오 신　　　태 산 각 총 자 총 난 총 흥 거　　시 오 신

一切食中에 不得食이니 若故食者는 犯輕垢罪니라
일 체 식 중　　부 득 식　　약 고 식 자　　범 경 구 죄

너희 불자가 다섯 가지 맵고 나쁜 채소를 먹지 말지니, 마늘·부추·파·달래·흥거, 이 다섯 가지는 무슨 음식에나 넣어 먹지 말지니라. 만일 짐짓 먹는 자는 경구죄를 범한 것이니라.

─────── **설법**

이 식오신계(食五辛戒)를 제정한 뜻은, 보살은 마땅히 향기롭고 거룩한 데 있어야 하는데, 냄새나는 것을 먹어서 그 나쁜 냄





12 **오신(五辛)** 다섯 가지 냄새 있는 채소. 날것으로 먹으면 진심(瞋心)을, 익혀서 먹으면 음심(婬心)을 일으키므로 금한다. 또 그 냄새가 나빠서 선신(善神)은 싫어하고 악신은 좋아하므로 금한 것. 마늘[大蒜]·부추[茖葱]·파[慈葱]·달래[蘭葱]·흥거(興渠)의 다섯. 파[慈葱]·난총(蘭葱) 대신에 부추[韮]·해채[薤 : 파 비슷한 것]를 넣기도 하며, 흥거는 중국이나 우리나라에는 나지 않는 식물.

새로 하여금 현성(賢聖)과 천신(天神)이 떠나서 가까이 할 수 없게 하므로 이를 제지하게 된 것이라고 합니다. 그러나 중병이 있거나 많은 중생을 이롭게 하기 위한 인연으로 쓸 때는 당연히 활용해야 한다는 것입니다.

마늘·파·부추·달래·흥거 이 다섯을 오신채(五辛菜)라 합니다. 중국에서는 신선도 하는 사람들이 이걸 꺼렸습니다. 이걸 훈신채(薰辛菜)라고 해서 안 먹었습니다. 이래서 절에 와서도 오신채를 꺼리는 것입니다.

지금 절에서 여러 고기를 먹는데 이것은 비법(非法)이라는 것이고, 양념도 오신채는 금하고, 생강·고추 그것밖에는 쓰지 않습니다. 그러나 파 같은 것은 감기가 들었을 때 끓여 먹으면 해열제가 되는데, 평소에는 그것을 좋지 못하다 하여 경계한 것입니다.

# 제5경계
# 죄를 참회하도록 가르치라
## 不敎悔罪戒

若佛子가 見一切衆生이 犯八戒五戒十戒[13]어나 毀禁[14] 七逆八難[15]
약불자　　견일체중생　　범팔계오계십계　　　　훼금　　칠역팔난

과 一切犯戒罪어던 應敎懺悔어늘 而菩薩이 不敎懺悔하고 同住하
　일체범계죄　　　응교참회　　이보살　　불교참회　　　동주

야 同僧利養하고 而共布薩하야 同一衆住說戒하되 而不擧其罪하야
　동승이양　　　이공포살　　동일중주설계　　　이불거기죄

不敎悔過者는 犯輕垢罪니라
불교회과자　　범경구죄

너희 불자가 중생들이 8계를 범하거나, 5계와 10계를 범하거나, 금계를 깨뜨리거나, 7역죄를 지었거나, 팔난에 태어날 죄를 지었거나, 일체의 계를 범한 이를 보면, 마땅히 참회케 할지니, 보살이 이런 이들을 참회시키지 않고 함께 머물러 이양을 같이 받으며 함께 포살하여 대중 가운데 계를 말하여 주면서 그 죄를 들어서 참회시키지 아니하면 경구죄를 범한 것이니라.

---

13 **8계(八戒)·5계(五戒)·10계(十戒)** 여기에 대승과 소승의 설이 같지 않다. 소승의 '8계'는 8관재계를, 대승의 8계는 『지지경』의 8중의 금계를 든다. '5계'에 대해 대승 5계는 『우바색계경』·『선생경』의 5계를, 소승 5계는 재가 5계를 말한다. 또 소승 10계는 사미 10계, 보살 10계는 『범망경』의 10중계 또는 『문수문경』의 사미 10계를 가리킨다.

14 **훼금(毀禁)** 소승의 구족계와 대승의 보살계를 일컬음.

15 **8난(八難)** 불법을 만나지 못하는 여덟 가지 장애. ① 지옥 ② 축생 ③ 아귀 ④ 장수천(長壽天 : 쾌락이 너무 많아서 불법을 모름) ⑤ 북구로주(北俱盧洲 : 향락에 젖어 불법을 모름) ⑥ 소경·귀머거리·벙어리 ⑦ 세지변총(世知辯聰 : 세간의 지혜는 많지만 올바른 이치 곧, 교만하여 불법을 구하지 아니함) ⑧ 불전불후(佛前佛後 : 부처님의 법이 세상에 없는 때에 나는 것).

　　다섯째는 허물이 있으면 참회하도록 가르치지 않는 것을 경계하는 계[佛敎懺悔罪戒]입니다. 곧 계를 범한 이를 참회하도록 가르치라는 것입니다. 승려로서는 대중 가운데 잘못하는 사람이 있으면 참회시키고 나쁜 일을 못하도록 해야 됩니다. 이런 참회법이 없어지고 계법이 없어지면 불법은 쇠퇴하고 말법의 현상이 나타납니다.

　　본래 참회법에 칠멸쟁법(七滅諍法)이 있어서 일곱 가지로 참회하는 법이 있는데 그것을 잘 살리는 것이 중요합니다. 잘못했다고 좀 나무래면 얼굴 붉히고 대항하는데 이것은 불법이 땅에 떨어진 모습입니다.

　　이 계를 제정한 뜻은, 보살이 마땅히 허물을 들어서 사람에게 알리고 그것을 참회하여 마음을 청정하게 하도록 같은 도반끼리 힘써야 할 것이니, 이로써 광명을 열고 이 법을 후세에 끼쳐서 정법이 천 년 만 년 길이 전하게 함으로써 아래로는 모든 백성을 구제하여 버리지 않고 외로는 성교(聖敎)를 지켜 부처님의 은혜에 보답하는 데 있다고 했습니다.

　　또 이 계의 이름을 '계를 범한 이를 참회시켜라'[不敎懺悔罪戒]라고 한 것은 그 저지름이 교리에 위배되고 성스러움에 허물이 되었는데 사사로운 정이 얽히고 이끌리어 참회를 권하지 않으면 허물을 덮어 드디어 조작하는 것이 되므로 이러한 일을 막기 위해 제정된 계입니다.

　　또 이 계를 범하는 데 그 경중이 있으니 적은 계, 곧 가벼운 계를 범한 것을 가르쳐 주지 않은 것은 그 죄가 경하고, 중계를 범했는데 가르쳐 주지 않은 것은 그 죄가 중하다고 했습니다.

또 잘못을 들어 가르쳐 주었는데 본인이 깨닫지 않는 것은 허물이 경하고, 따르면서 그 잘못을 들어 가르쳐 주지 않은 것은 죄가 중하며, 또 복이 약해서 일러 주려고 했지만 못 일러준 것은 죄가 경하고 성내고 미워하는 마음으로 일러주지 않는 것은 죄가 중하다고 했습니다.

# 제6경계
# 법사에게 지성으로 청법하라
不給供請法戒

若佛子가 見大乘法師와 大乘同學同見同行이 來入僧坊과 舍宅[16]
약불자 견대승법사 대승동학동견동행 내입승방 사택

과 城邑하되 若百里千里來者어던 卽起迎來送去하며 禮拜供養하되
성읍 약백리천리래자 즉기영래송거 예배공양

日日三時供養[17]에 日食三兩金하며 百味飮食[18]과 牀座醫藥으로 供
일일삼시공양 일식삼냥금 백미음식 상좌의약 공

事法師하야 一切所須를 盡給與之하고 常請法師하야 三時說法하고
사법사 일체소수 진급여지 상청법사 삼시설법

日日三時禮拜하되 不生瞋心과 患惱之心하고 爲法滅身하야 請法
일일삼시예배 불생진심 환뇌지심 위법멸신 청법

不懈니 若不爾者는 犯輕垢罪니라
불해 약불이자 범경구죄

너희 불자가 대승법사나 대승을 같이 공부하는 이나 지견이 같은 이나 행동이 같은 이가, 100리나 1,000리를 걸어서 절이나 마을 집이나 성읍에 오는 이를 보거든 일어나서 맞아 예배하고 공양하여야 하느니라. 날마다 세 차례 공양하되 하루에 금 석 냥어치 음식을 차려 드리며, 온갖 맛있는 음식과 앉는 상과 먹는 약으로 법사에



---

**16 사택(舍宅) · 성읍(城邑)** 인도에서 성(城)은 국왕이 머무는 서울, 읍은 지방 관청이 있는 도시, 택(宅)은 고관 · 부호의 집, 사(舍)는 서민의 집.
**17 일일삼시공양(日日三時供養)** 삼시는 ① 해가 처음 뜰 때, ② 사시(巳時) ③ 한 낮을 가리킴. 혹은 저녁에 탕약을 포함시키기도 함.
**18 일식삼냥금(日食三兩金) 백미음식(百味飮食)** 극진하게 공경하고 게으르지 않음을 뜻함.

게 공양하며, 온갖 필요한 물건을 다 제공하고 법사에게 청하여 세 차례 설법을 들으며, 날마다 세 차례 예배하되 성내거나 괴로워하지 말고 법을 위하여는 몸도 잊어버리고 부지런히 법문을 청하여야 하나니 만일 그렇게 하지 않는 이는 경구죄를 범한 것이니라.

## ──────── 설법

공양하지 아니하고 법을 청함을 경계하는 계[不供給請法戒]이다. 법사에게 법을 청하되 그 쓰일 바를 다 공급하여 공양하고 항상 법사를 청해서 아침·점심·저녁 세 차례 설법을 듣되 성내는 마음·근심하는 마음을 내지 말고 법을 위해 몸을 다해서 청법을 게을리 하지 말라는 것입니다.

옛날 삼냥금이면 아주 큰 값으로 한 냥짜리가 오늘의 몇십만 원에 해당되는데 그만큼 잘 차리라는 겁니다. 진심을 내지 말라는 것은 예배를 다니니 몸이 고달프다, 무엇을 하려고 하니 돈이 든다고 성내지도 말고 아끼고 걱정하는 마음도 내지 말라는 것입니다. 법을 위해 몸을 잊어버리라는 것입니다.

이 계를 제정한 뜻은, 모든 부처님을 스승으로 하는 것이 이 법이니 보살이 마땅히 법사를 공경하고 법을 소중히 하여 몸이 다하도록 청법을 하여 구해야 할 것이어늘, 도리어 인법(人法 : 법사와 불법)을 가벼이 하면 도를 잃음이 심하므로 이것을 막기 위해 이 계를 제정하신 것이라고 합니다.

이 계를 범하는 데 경중이 있으니 사람을 따라 세 가지 경우로 구별합니다. 첫째는 불법을 아는 것이나[解] 수행(行)이 자기보다 나은 이는 곧 궤범사(軌範師 : 자기를 바르게 이끌어주는 스승)인데, 거만한 마음으로 경청(敬請)하지 않으면 마땅히 그 죄가 중한 것이며, 둘째는 그 아는 것이나 수행[解行]이 자기와 동등한 이에 대해 청하지 않는 것은 죄가 경하고, 셋째는 해행(解行)이 자기보다 못한 이에 대해 청법을 하지 않는 것은 범하는 바가 없다고 했습니다. 경문에 삼시(三時)라 함은 아침 일찍이 소식(小食)을 공양하고 청법하는 것, 한낮의 재시(齋時 : 2時)에 정식(正食)을 공양하고 청법하는 것, 그 나머지 시간은 때 아닌 때(非時)의 공양이므로 탕·약 등을 공양하고 청법하는 것을 말합니다.

또 일식삼냥금(日食三兩金)은 꼭 금 값을 따져서 대접하라는 것보다도 음식이나 필요한 모든 것을 지극하게 하여 법을 높이고 거룩하게 하여 인법(人法)을 극진히 공경하라는 뜻임은 앞에서도 말씀한 바와 같습니다.

# 법문하는 데 빠지지 말고
# 찾아가 들으라
## 不往聽法戒

若佛子가 一切處에 有講法毘尼經律[19]하며 大宅舍中에 有講法處어
약불자　　일체처　　유강법비니경률　　　대택사중　　유강법처

던 是新學菩薩이 應持經律卷하고 至法師所하야 聽受諮問하되 若
　 시신학보살　　응지경률권　　　지법사소　　　청수자문　　　약

山林樹下어나 僧地房中[20]이 一切說法處에 悉至聽受니 若不至彼하
　산림수하　　　승지방중　　　일체설법처　　실지청수　　약불지피

야 聽受諮問者는 犯輕垢罪니라
　 청수자문자　　범경구죄

　　너희 불자가 어느 곳에서든지 경법과 계율을 강설하는 데가 있거
나 큰 집에서 불법을 강설하거든 새로 배우는 보살들은 마땅히 경전
이나 율문을 가지고 법사가 있는 곳에 가서 들을 것이며, 나무 밑이
나 숲 속이나 절에서나 불법을 말하는 곳이면 다 찾아가서 들을 것
이니, 만일 가서 듣지 않고 묻지 않는 있는 경구죄를 범한 것이니라.

---

19 **법비니경률(法毘尼經律)** 법은 본원심지(本源心地)를, 비니(毘尼)는 신·구·의 3업으로 짓는 악업을 멸하는 계율을 뜻한다. 경률
(經律)과 비니(毘尼)를 함께 든 것은 경은 『범망계경』을, 율은 심지법률(心地法律) 및 보살계장(菩薩戒藏) 또는 일체 대승경을 가리
키며 악을 없애고 선을 행하는 비니(毘尼)를 두루 일컫는 것.
20 **승지방중(僧地房中)** 수행도량 곧 절의 법당과 주위 경내(境內 : 結界內) 및 방사.

이 계를 제정한 뜻은, 처음 공부를 하는 보살[新學菩薩]이 여러 경우에 부딪혀 이치를 바로 알지 못하므로 마땅히 경율 배우기에 힘써서 도행(道行)을 이루어야 할 것이어늘, 도리어 외우지도 듣지도 않아서 스스로 무지(無知)하여 스스로 죄를 알지 못하므로 그 범하고 있음을 모르기 때문에, 마침내 계행을 삿된 데다 모두 잃어버리고 적은 것을 소승에 떨어지게 되는 바 이렇게 되면 그 허물이 이미 무겁기 때문에 제정한다고 했습니다.

이 계를 범하는 데 있어 사람에 따라 또는 법에 따라 각각 3가지 경우가 있는데 그 경중의 규정은 앞의 제6경계, 곧 청법하지 않는 경우의 경중과 동일합니다.

이 계문(戒文)을 해석하는 데 있어 대개 3가지 문단으로 구성되어 있음을 볼 수 있습니다. 처음에는 뛰어난 인연[勝緣]을 들고, 둘째는 '새로 배우는 보살'이 하는 연(緣)에 대해서 바로 제지한 것이며, 셋째는 '만일 가서 듣지 않고 묻지 아니하면', '이하는 짐짓 어기어 범한 것을 맺임'이라[結犯]고 했습니다. 처음에 일체처이나 또는 그 강설하는 '경법(經法)'을 든 것입니다. '비니(毘尼)'는 우리말로 하면 '없앤다'는 뜻이니 신(身)·어(語)·의(意)의 모질고 사나운 기운으로 타오르는 불길을 제가 능히 막아주기 때문에 '없앤다'라고 한 것이며, 이 경률 곧 '비니'를 선설(宣說)하기 때문에 비니경율(毘尼經律)이라고 한 것입니다. 큰 집[大宅舍]이라고 한 것은 따로 강설하는 곳을 나타낸 것이며 '강법'은 거듭 법을 나타낸 것이니 해석해 들어가는 데 있어 이것을 말하자면 본문을 푸는 것을 '강(講)'이라고 합니다. 바로 제지(正制)하는 가운데 두 대문이 있으니 처음은 법을 가지고 제지하는 것이고 다음은 '곳[處]'을 가지고 제지합니다. 곧 '청(聽)'은 경률을 가지고 그 곳에 가서 듣는 것과 '나무 밑이나 숲속이다' 이하는 '곳'에 대해서 제지한 것이며, '가서 그 법을 받으라' 이하는 권한 것입니다. '만일 가서 … 않으면' 이하는 세 번째 짐짓 어겨서 범한 것을 맺는 대문인 것입니다.

# 제8경계
# 대승경율을 그릇되게 여기지 마라
## 心背大乘戒

若佛子가 心背大乘常住經律[21]하야 言非佛說이라 하고 而受持二乘
약불자   심배대승상주경률        언비불설          이수지이승

聲聞과 外道惡見과 一切禁戒邪見經律者는 犯輕垢罪니라
성문   외도악견   일체금계사견경률자   범경구죄

너희 불자가 마음에 머물고 있는 대승의 경과 율을 그르게 여겨 부처님의 말씀이 아니라 말하며, 2승 성문의 경율이나 외도의 잘못된 소견으로 만든 일체의 금계와 잘못된 소견으로 된 학설을 배우는 자는 경구죄를 범한 것이니라.

### 설법

이 계를 제정한 뜻은 보살이 마땅히 스승을 버리고 대승

---

21 **대승상주경률(大乘常住經律)** 대승의 경률은 노사나불의 심지(心地)로부터 나온 말씀으로 성품의 본성이 상주하는 불생불멸의 도리를 여래께서 일시에 돈설(頓說)하신 가르침. 방편으로 그때 그때 제정한 법이 아니므로 상주경률(常住經律)이라 한 것.

의 진실한 법을 받아 지녀야만 바야흐로 보살이라고 이름할 것이므로, 이제 대승을 버리고 소승에 돌아가는 비행을 막는 데 있으니 바른 행[正行]을 잃음이 지극히 심하기 때문에 이 계를 제정하게 된 것입니다. 그러므로 『열반경』에서 말씀하기를,

'보살은 2승의 도에 떨어질까 두려워하기를 생명을 두려워하는 사람이 목숨을 빼앗기는 것처럼 두려워한다.'

라고 했으며, 또 『대반야계품(大般若戒品)』에,

'만일 보살이 극가사겁(殑伽沙劫 : 항하사겁)에 이르도록 5욕락을 받더라도 보살계에 있어서는 범한 것으로 보지 않지만 만일 한 생각이라도 2승의 마음을 일으킨다면 이것이 곧 계를 범한 것으로 규정한다.'

라고 한 말씀이다. 이 계의 정신과 일치하는 말씀입니다.

이 계를 범하는 데 있어서 그 허물이 무겁고 가벼운 분별이 있으니, 경계[約境]를 가지고 말하면 대승의 권교(權敎)인가 실교(實敎)인가에 따라 차이가 있는바 '권교'는 가볍고 '실교'는 무거운 것입니다. 또 범계의 연유[約事]를 가지고 말하면 게으르고 우치했기 때문에 저지르게 되는데 게을러서 저지름은 중하고 우치함으로 몰라서 저지른 것은 경(輕)한 것입니다.

# 제9경계
# 병든 이를 간호하라
## 不看病戒

若佛子가 見一切疾病人이어든 常應供養하되 如佛無異니 八福田[22]
약불자　견일체질병인　　상응공양　　여불무이　팔복전

中에 看病福田이 是第一福田이니라 若父母師僧弟子病諸根不具[23]
중　간병복전　시제일복전　　약부모사승제자병제근불구

어나 百種疾病으로 苦惱어던 皆供養令差어늘 以菩薩이 以惡心瞋
백종질병　　고뇌　　개공양영차　　이보살　이악심진

恨心으로 不看하며 乃至僧坊中城邑과 廣野山林과 道路中에 見病
한심　　불간　　내지승방중성읍　광야산림　도로중　견병

不救濟者는 犯輕垢罪니라
불구제자　범경구죄


　　너희 불자가 모든 병든 이를 보면 마땅히 부처님과 같이 공양할
것이니, 8복전 가운데 병을 간호하는 것이 첫째가는 복전이니라. 부
모나 스승이나 스님이나 제자가 병들어 팔 다리나 육신이 온전치 못
하거나 여러 가지 병으로 고생하는 이들을 공양하여 낫게 할 것이어
늘, 하물며 보살이 미워하는 생각으로 간호하지 아니하며, 절에서





**22 팔복전(八福田)** 복덕을 심는 밭이란 뜻. 부처님과 성인·승중 등을 경전(敬田)이라 하고, 스승·부모 등은 은전(恩田), 병자·걸인
등은 비전(悲田)이라 한다. '경전' 중 불·성인·승의 셋과 '은전' 중 화상·아사리·부·모의 넷과 '비전'의 병인을 더하여 8복전
이라고 한다.
**23 제근불구(諸根不具)** 팔·다리·성기·눈·귀·코 등이 확실하지 못한 것.

나 도시에서나 들에서나 산에서나 숲속에서나 길 가에서 병든 이를 보고도 구하지 아니하면 경구죄를 범하나니라.



이 계를 제정한 뜻은 보살은 대자비를 체(體)로 하고 중생의 고를 없애는 것을 용(用)으로 하는데, 병든 사람을 보고 구제하지 않는다는 것은 있을 수 없는 만큼, 이런 일은 마땅히 제재해야 하는 데 있습니다. 만일 마음으로 능히 이러한 잘못을 금하여 병을 간호해 줌으로써 완쾌하게 하면 이는 곧 목숨을 구해주는 것이니 그러므로 환자를 반드시 잘 돌보라고 경계한 것입니다.

혜와 복을 구족하신 여래 대성(如來大聖)께서도 친히 병고를 간호하셨거늘 나머지 다른 사람이 병고를 간호한다는 것은 말할 것이 없다고 했습니다. 대저 병과 고통은 죽음과 이웃해 있는 액이므로 이것을 구하지 않는다는 것은 자비행에 정면으로 위배되는 것이므로 이 계를 세워서 금한 것이며 이 계의 이름도 그래서 병난 이를 간호하지 않는 것을 경계하는 계[不看病戒]라고 한 것입니다. 또 이 계를 범한 죄의 경중을 정하는 데 두 가지 기준이 있습니다. 곧 경계를 기준하여 말하면 그 병고의 경·중을 따라 중한 병을 못 본 체 하는 것은 죄가 중하고, 대단치 않은 병인 경우에는 죄가 가벼울 것은 말할 필요가 없습니다. 그 당시의 마음가짐의 여하에 따라 경중을 가려야 합니다. 예컨대 긴급한 환자를 보고 외면하는 마음이 심했느냐 그렇지 않았느냐로 생각할 수 있으며, 또 어떤 상황에 처해서 긴급하고 아주 중요한 일이 있어 간호할 수 없었다면 그 죄는 가벼운 것입니다.

# 제10경계
# 살생하는 도구를 만들어 두지 말라
畜殺具戒

若佛子가 不得畜一切刀杖[24]弓箭矛斧鬪戰之具하며 及惡網羅罥殺
약불자　부득축일체도장　궁전모부투전지구　　금악망라견살

生之器의 一切不得畜이니라 而菩薩이 乃至殺父母라도 尙不加報
생지기　일체부득축　　　이보살　내지살부모　　　상불가보

어늘 況殺一切衆生이리요 不得畜殺衆生具니 若故畜者는 犯輕垢
　　황살일체중생　　　부득축살중생구　약고축자　범경구

罪니라 如是十戒를 應當學하야 敬心奉持하라 下六度品中에 當廣
죄　　여시십계　응당학　경심봉지　　하육도품중　당광

明이니라
명

너희 불자가 칼이나 몽둥이나 활이나 화살이나 창이나 도끼 등 온갖 싸움하는 무기를 마련해 두지 말 것이며, 그물이나 올가미나 덫 등 살생의 기구들을 마련해 두지 말아야 하느니라. 보살은 설사 부모를 죽인 이에게도 원수를 갚지 않는데 하물며 중생을 죽이겠는가. 중생을 살해하는 기구를 마련하여 두지 말 것이니 만일 마련하여 두는 자는 경구죄를 범하는 것이니라.





---

**24 도장(刀杖)** 도(刀)는 베고 자르는 칼을, 장(杖)은 때리는 것 또는 형틀, 궁(弓)은 활, 화살[箭]은 활 쏠 때의 살, 모(矛)는 창, 도끼[斧]는 찍는 것, 투전구(鬪戰具)는 갑옷·전차·대포·폭탄 등이고 악망(惡網)은 고기잡는 그물, 살생기(殺生器)는 함정, 덫 같은 것인데, 이런 기구는 사람이나 짐승을 살해하기 위한 기구이므로 보살은 이런 것을 만들지 말라 한 것.

이 열 가지 계를 꼭 배우고 공경하는 마음으로 받들어 지닐 것이니 「육도품(六度品)」에 자세히 밝혀 있느니라.




이 계를 제정한 뜻은, 보살은 마땅히 널리 법재(法財)를 모아서 중생을 이롭게 하여야 할 것이며, 도리어 반대로 살생하는 기구[殺具]를 모아 놓는 것은 자비스런 마음으로 중생을 널리 건지는 보살행을 어기는 것이므로 반드시 이 계를 제정하여 이를 막고자 하는 데 있습니다.

이 계를 범하는 데 있어 경중의 구별이 있으니, 살생 기구를 저장한 정도에 따라 많은가, 적은가, 또는 아주 살생을 하기 좋고 한 번에 많은 생명을 살해할 수 있는 날카로운 것인가, 그렇지 않은가에 따라 경중의 차이가 있게 되고 그 마음의 자세 여하에 따라, 아주 적극적이었는가 소극적이었는가의 여하에 따라 경중의 차이가 있게 되며, 또 그 기구가 아주 죽일 수 있는 것인가의 여하에 따라서 그 경중은 가려진다고 했습니다.

✿

# 제11경계
# 군의 사절이 되지 말라
## 國使戒

若佛子 不得爲利養惡心故로 通國使命<sup>25</sup>하고 軍陣<sup>26</sup>合會하며 興
약불자 부득위이양악심고　　통국사명　　군진　합회　　흥

師相伐<sup>27</sup>하야 殺無量衆生이니 而菩薩이 常不得入軍中往來어늘
사 상 벌　　　　살 무 량 중 생　　　이 보 살　　상 부 득 입 군 중 왕 래

況故作國賊<sup>28</sup>이리요 若故作者는 犯輕垢罪니라
황 고 작 국 적　　　약 고 작 자　　범 경 구 죄

　　너희 불자가 이양을 바라는 나쁜 마음으로 나라 사이를 통래(通
來)하여 명을 행하며 군진을 왔다갔다 소통하면서 군대를 일으켜 싸
움하는 일을 거들어 많은 중생을 죽게 하지 말라. 보살은 군대 가운
데 들어가 다니지도 않아야 하거늘 하물며 나라에 해가 되는 일을
하랴. 만일 스스로 이런 일을 저지르는 자는 경구죄를 범하는 것이
니라.





---

25 **통국사명(通國使命)** 양국 사이를 다니면서 이양(利養)을 위해 나쁜 마음으로 싸움을 일으키는 것.
26 **군진(軍陣)** 양군(兩軍)의 행열을 뜻함. 두 나라 군진 사이를 드나들며 살생하는 일을 꾸미는 등의 일에 관여하지 말라는 것.
27 **흥사상벌(興師相伐)** 군대를 일으켜 교전하는 것. 사(師)는 무리(衆)의 뜻임. 군사 500을 1여(旅)라 하고 5여 곧 2,500인을 1사(師)라
　한다 함.
28 **국적(國賊)** 도적(賊)은 남을 해롭게 하는 것이니 나라와 백성을 해롭게 하므로 '국적'이라 한다.

이하는 제2의 10경계이니 계 가운데 먼저 지범(持犯 : 계를 지키고 깨뜨리는 것)을 밝히고 뒤에 권하여 맺는[結勸] 차례로 되어 있습니다.

이 계를 제정한 뜻은 마땅히 모든 어긋난 다툼을 화해시키고 서로 해치는 것을 그치게 하여야 할 것이어늘, 도리어 이와 반대로 나라의 사신이 되어 서로 침범하게 하면 그 잘못이 아주 심하므로 반드시 제지해야 한다는 데 있는 것입니다. 여기에 3가지 구별이 있으니 첫째는 혐오하도록 하는 것이고, 둘째는 화합하는 행위에 어긋나기 때문이며, 셋째는 서로가 싸워서 죽이게 되기 때문에 허물이 중한 것이니 이에 제지하는 것이라고 했습니다.

국사(國使)가 되어서 말을 전하고 군에 들어가서 싸움하게 하는 것은 결국은 살생계의 제1중계까지 겸하여 범하는 것이므로 그것을 막기 위해 이 계를 제정한다고 한 것입니다.

또 이 계를 범하는 데 있어서 경중의 구별이 있으니 또는 명리(名利)를 탐하고 진심을 내어 그렇게 했다면 죄가 중하고 그렇지 않고 형식상으로 한 것에 불과하다면 죄가 가볍다는 것입니다. 또 남을 해칠 생각이 있었느냐 없었느냐에 따라서도 죄의 경중은 달라지게 됩니다.

# 제12경계
## 나쁜 생각으로 장사하지 말라
### 販賣戒

若佛子인댄 故販賣良人奴婢六畜[29]하며 市易棺材板木[30] 盛死之具[31]
약불자    고판매양인노비육축    시역관재판목  성사지구

니 尚不應自作이온 況教人作가 若故自作하며 教人作者는 犯輕垢
  상불응자작    황교인작    약고자작    교인작자    범경구

罪니라
죄

 

너희 불자가 양민이나 노비와 가축들을 사고팔거나 관이나 널 등 장례에 쓰는 기구들을 팔지 말지니, 스스로도 하지 않을 것이어늘, 하물며 남을 시켜서 할 수 있으랴. 만일 스스로 팔거나 남을 시켜서 팔게 하는 자는 경구죄를 범하느니라.

---



범망경강설

**29 양인(良人) · 노비(奴婢) · 육축(六畜)**: '양인'은 선량한 서민, '노비'는 노예의 남녀, '육축'은 소 · 말 · 개 · 양 · 돼지 · 닭 이런 것의 판매를 금한 것. 육축은 살생을 위한 일이기 때문이고 인신의 매매를 금한 것은 불교의 인간존중사상에 위배되기 때문.

**30 관재판목(棺材板木)** '장례(葬禮)에 쓰는 널판 재목의 판매업을 하지 말라'한 것은 사람 죽기를 기다리는 마음을 조장하게 되기 때문.

**31 성사지구(盛死之具)** 상사(喪事)에 쓰는 상복 · 상여 · 신 등.

이 계를 제정한 뜻은 보살은 마땅히 모든 중생을 자비로써 구제하여야 하거늘, 도리어 사람이나 가축이나 장례의 도구를 판매하여 자기 자신의 이익을 채움으로써 안으로는 자비로운 행을 어기며, 밖으로는 사방의 비방을 사게 되므로 반드시 이를 막아야 하는 데 있는 것입니다. 장례의 도구를 파는 것은 자심(慈心)을 손상하기 때문이고 사람과 가축을 파는 것은 자비로 구제하는 마음을 어김이 심하므로 이것을 막아야 한다는 뜻으로 이 계의 이름을 지은 것입니다. 또 이 계를 범하는 데 경중이 있으니 양민(良民)을 파는 것은 죄가 중하고 노비를 파는 것은 그 다음이고 육축(六畜)을 파는 것은 그 죄가 가벼운 것이며, 장례의 물건[盛死具]을 파는 것은 가장 가볍다고 했습니다.

# 제13경계
# 비방하지 말라
## 謗毁戒

若佛子가 以惡心[32] 故로 無事[33] 謗他良人善人과 法師師僧과 國王貴
약불자　이악심　고　　무사　방타양인선인　　법사사승　　국왕귀

人하야 言犯七逆十重이리요 於父母兄弟六親[34] 中에 應生孝順心과
인　　　언범칠역십중　　　어부모형제육친　중　응생효순심

慈悲心이어늘 而反更加於逆害하야 墮不如意[35] 處者는 犯輕垢罪니
자비심　　　이반갱가어역해　　　타불여의　처자　범경구죄

라.

    너희 불자가 나쁜 마음으로 양민이나 선인이나 법사나 스님이나 임금을 까닭없이 비방하여 7역죄나 10중계의 큰 죄를 지었다고 말하지 말라. 부모나 형제나 육친에게 대하여서도 항상 효순한 마음과 자비심을 일으킬 것이어늘, 도리어 거슬러 해롭게 하는 일을 하여 좋지 못한 형편에 들어가게 하는 자는 경구죄를 범하느니라.



범망경강설

---

32 악심(惡心) 탐욕 · 진심으로 남을 해롭히려는 마음.
33 무사(無事) 계를 범한 사실이 없는 것. 또한 견(見) · 문(聞) · 의(疑)의 세 가지 근거가 없는 것.
34 육친(六親) 부모 · 백숙(伯叔) · 형제라고도 하고 또는 부계 · 모계 · 처가의 육친을 말하기도 함.
35 불여의(不如意) 남의 허물을 드러내서 그 사람으로 하여금 수치심을 일으켜 주야로 불안하게 하는 것.

이 계를 제정한 뜻은 첫째는 10중대계 가운데 4중의 허물을 말하는 것[說四衆過], 3보를 비방하는 것[謗三寶], 자기 것을 아끼려고 남을 헐뜯는 것[慳惜加毀]을 경계한 3중계(三重戒)를 보호하기 위하는 데 있고, 둘째는 모든 좋은 사람을 괴롭히는 것을 여의게 하기 위해서이며 셋째는 불법을 보호하여 나쁜 꼴을 여의게 하기 위함이라고 했습니다. 아무 근거 없이 남을 비방한다는 것은 도리를 어김이 아주 심한 것으로 이것을 방지한다는 뜻으로 이 계의 이름을 또한 세웠습니다.

이 계를 범하는 데 무겁고 가벼운 구별이 있으니, 경계와 법과 마음에 따라 각각 3품의 차이가 있습니다. 먼저 경계 곧 비방의 대상에 대한 3품이란, 1은 화상·법사·계사 등의 스승이요, 2는 덕이 높은 선배·제덕, 3은 동등한 현선(賢善)의 동학(同學)을 말하고, 둘째 마음의 여하에 따른 3품은 적극적인가 악의적인가 소극적인가 여하에 따라 차이가 있음을 말하며, 셋째 비방한 법 곧 내용이 어떠한가의 여하에 따라 경중이 각각 다름을 말하게 됩니다.

# 제14경계
# 방화하지 말라
放火焚燒戒

---

若佛子가 以惡心故로 放大火하야 燒山林曠野하되 四月[36]로 乃至
약불자   이악심고   방대화     소산림광야       사월       내지

九月放火하야 若燒他人家屋宅城邑僧坊田木과 及鬼神官物이리요
구월방화     약소타인가옥택성읍승방전목     급귀신관물

一切有生物[37]을 不得故燒니 若故燒者는 犯輕垢罪니라
일체유생물       부득고소     약고소자   범경구죄

 

너희 불자가 나쁜 생각으로 불을 놓아 산과 임야를 태우거나 4월부터 9월 사이에 땅 위에 불을 놓아 남의 집이나 도시나 절이나 전답이나 숲이나 사당이나 신묘나 공유물을 불사르지 말며, 온갖 산 것을 함부로 불태우지 못하나니, 만일 스스로 불 지르는 자는 경구죄를 범한 것이니라.

---



36 사월(四月)·구월(九月) 4월부터 9월에 이르기까지의 5개월간을 뜻함. 곤충과 짐승이 번식하는 시기이기 때문.
37 유생물(有生物) 생명이 있는 것이란 뜻이니, 이본(異本)에는 주인이 있는 물건이란 뜻으로 유주물(有主物)이라 했다. 담이나 나무통 밑에 곤충이 있기 때문.

이 계를 제정한 뜻은 산야를 태우는 것을 경계하고 살생하는 죄를 피하자는 데 있습니다. 특히 산중에 도량이 있는 승려에게는 너무나 당연한 계라 할 것입니다. 나쁜 마음으로 불을 놓아 남의 집이나 자택을 불태우는 것은 남을 비방하고 헐뜯는 일 가운데 가장 나쁜 행위이기 때문에 보살은 마땅히 중생을 이롭게 해야 하는 것이므로 이 계를 세워 제지하는 것입니다.

이 계를 범한 경우에도 이 불로 인해 생명을 손상시켰거나 남의 재산을 손상시켰으면 이것은 중계이며 산이나 집 등에 불을 놓아 불태우면 보살이 마땅히 할 일이 아니기 때문에 경구죄를 맺는다 했습니다. 또 진심이나 나쁜 마음으로 했다면 중죄이고 부주의하여 저질렀다면 경죄에 해당할 것입니다.

# 제15경계
# 편벽된 법으로 교화하지 말라
偏教戒

---

若佛子가 自佛弟子나 及外道惡人과 六親과 一切善知識을 應一一
약불자　자불제자　급외도악인　육친　일체선지식　응일일

敎受持大乘經律하며 應敎解義理하야 使發菩提心하되 十發趣心과
교수지대승경률　　응교해의리　　사발보리심　　십발취심

十長養心과 十金剛心인 於三十心中에 一一解其次第法用[38]이어늘
십장양심　십금강심　어삼십심중　일일해기차제법용

而菩薩이 以惡心瞋心으로 橫敎二乘聲聞經律과 外道邪見論等하면
이보살　이악심진심　　횡교이승성문경률　외도사견론등

犯輕垢罪니라
범경구죄

너희 불자가 불제자에게나 외도나 악인에게나 육친이나 여러 친구들에게는 언제나 대승경전과 대승경률을 가르쳐 지니게 하며, 글뜻과 이치를 일러주어서 보리심을 내게 하여 10발취심과 10장양심과 10금강심인 30심을 그 차례와 법의 작용을 낱낱이 알게 할 것이거늘, 보살이 만일 악한 마음과 성난 마음으로 2승 성문의 경율을 가르치거나 외도의 잘못된 학설을 가르치면 경구죄를 범한 것이니라.

---

**38 차제법용(次第法用)** 차제로 공덕을 닦아 3현(三賢)의 과위(果位)를 밟아나가는 것.

　　이 계를 제정한 목적은 보살이 마땅히 보살승(菩薩僧)으로서 중생에게 베풀어 중생에게 구경(究竟)의 이익을 갖게 할 것인데, 도리어 이것에 반하여 2승의 법과 글을 가지고 사람을 교화하면 이치를 어기고 원에 위배되므로 반드시 계로써 이를 막아야 한다는데 이 경의 제의(制意)가 있습니다. 경에서 말씀하시기를,

　‘소승을 가지고 사람을 교화하면 곧 깊은 탐욕에 떨어지리니 이는 옳지 않도다.’

라고 하였음이 그것입니다. 만일 좋은 마음으로써 두루 가르쳐 널리 알게 하고 집착하지 않는다면 당연히 범죄가 될 수가 없으며, 만일에 삿된 소승의 집착을 깨뜨리기 위해서 상대방의 종파의 뜻을 이해시키려 한다면 또한 범죄가 되지 않는다고 했습니다. 만일에 상대방이 근기(根機 : 소질)가 소승의 법기(法器)여서 먼저 소승법을 말해 주고 뒤에 점차로 대승으로 인도하고자 하여 소승을 말한 것도 역시 범죄가 아니라는 것입니다.

# 제16경계
# 이익을 위해 그릇되게 가르치지 말라
## 爲利倒說戒

若佛子가 應好心[39]으로 先學大乘威儀經律하야 廣開解義味하고 見
약불자　응호심　　　　선학대승위의경률　　　광개해의미　　　견

後新學菩薩이 有從百里千里來하야 求大乘經律이어던 應如法爲說
후신학보살　유종백리천리래　　　구대승경률　　　응여법위설

一切苦行하되 若燒身燒臂燒指[40]어다 若不燒身臂指하야 供養諸佛
일체고행　　　약소신소비소지　　　약불소신비지　　　공양제불

하면 非出家菩薩이며 乃至餓虎狼師子와 一切餓鬼에 悉應捨身肉
비출가보살　　내지아호랑사자　　　일체아귀　　실응사신육

手足하야 而供養之[41] 然後에사 一一次第로 爲說正法하야 使心開意
수족　　이공양지　연후　　　일일차제　위설정법　　　사심개의

解니 而菩薩이 爲利養故로 應答不答하며 倒說經律文字하야 無前
해　　이보살　위이양고　　응답부답　　　도설경률문자　　　무전

無後[42]하야 謗三寶說者는 犯輕垢罪니라
무후　　　방삼보설자　　범경구죄


　　너희 불자가 좋은 마음으로 대승의 위의와 경과 율을 먼저 배우
고 그 뜻을 잘 해석할 것이며, 새로이 발심한 보살이 백 리 천 리를
지나와서 대승경과 율을 외우려고 하거든 법대로 온갖 고행을 말하





---

**39 호심(好心)** 자리이타(自利利他)의 보살심.

**40 소신소비소지(燒身燒臂燒指)** 몸이나 팔·손가락 등을 태워 불·보살 앞에 서원하고 공양하는 것. 이것은 중생을 한 가지로 불쌍
히 여김과 동시에 위로 불도를 구하는 극치이다.

**41 아호랑사자(餓虎狼師子) ~ 이공양지(而供養之)** 중생에게 자비심으로 몸과 팔·생명을 보시하는 지상보살(地上菩薩 : 초지 이상
의 보살)의 수행이라 할 것이니, 여래와 같은 자비심으로 중생을 교화하는 극치를 나타낸 것.

**42 도설경률문자(倒說經律文字) 무전무후(無前無後)** 이양심(利養心)을 앞세워 경률의 문자를 아무렇게나 거꾸로 말하고 앞뒤를 뒤섞
어 틀리게 하는 것. 경률을 삿되고 어긋나게 해석하지 말아야 함에도 불구하고 성의없이 하고 오해를 일으키도록 애매하게 설명하
는 것을 경계한 것.

되 몸을 태우거나 팔을 태우거나 손가락을 태우는 것을 일러 줄 것이니, 만일 몸이나 팔이나 손가락을 태워 부처님께 공양하지 아니하면 출가한 보살이 아니며, 굶은 범이나 이리나 사자나 아귀들에게까지 몸이나 살이나 손발을 던져주어 먹일 것을 말하여 주고 그 후에 올바른 법을 차례차례 말하여 마음이 열리고 뜻이 통하게 할 것이어늘, 보살이 이양을 위해 다 답할 것을 대답하지 않거나 경과 율을 잘못 일러주어 앞뒤가 틀리게 하여 3보를 비방하면 경구죄를 범하는 것이니라.

────── **설법**

새로 배우는 보살[新學菩薩]이 찾아와서 법을 구하면 마땅히 그를 위해 법을 충실하게 말해주어야 할 것이어늘 만일 이와 같이 하지 아니하고 도리어 이를 어긴다면 그 잃는 바가 아주 많을 것이기 때문에 이 계를 제정한 것이라고 합니다.

그런데 이 계가 제정된 의의를 3가지로 말합니다. 1은 간법(慳法 : 법을 베푸는 데 인색한 것)의 중죄를 막기 위함이고, 2는 새로 배우는 '신학보살'을 껴안아 보호[攝護]하여 정행(正行)으로 가게하기 위함이며, 3은 정법을 지켜 끊임없는 전등(傳燈)을 하기 위해서이니 이 3가지를 달성하기 위해 이 계를 제정한 것입니다.

지지계(地持戒)에 말씀하기를,

'만일 보살로서, 중생이 법을 구하기 우해서 찾아와 법 듣기를 원하는 데, 보살이 진심을 내고 아끼고 질투하여 말해주지 않는다면 이것이 곧 이 계를 범한 것이다. 이와 같이 이것을 범하는 것은 염오심(染汚心 : 나쁜 마음)을 일으키는 데 있으니, 만약 나태하여 범하는 것은 염오심(染汚心)으로부터 일어난 것은 아니다. 불범(不犯)은 의도가 법의 약점을 찾아내기 위해 법을 구할 적에 설하지 않는 경우이며, 혹은 중병(重病)이나 정신이상이어서 설법하지 않는 것, 혹은 상대가 공경하고 순종하려는 마음이 아니어서 단정한 태도가 아니었을 때, 혹은 상대가 둔근(鈍根)이어서 깊은 법을 듣고 공포심을 내는 경우, 혹은 설법을 들은 뒤에 사견(邪見)을 더 일으키는 경우, 혹은 들은 뒤에 악인을 향하여 설할 줄을 안 경우에는 다 설법해 주지 않더라도 범계(犯戒)가 아니니라.'

라고 말씀했습니다. 이것은 다 일종의 지범개차법(持犯開遮法)이고 현수 스님은 이것을 통색(通塞 : 통할 경우와 막을 경우, 또는 막힘을 통하게 한다는 뜻)이라 했습니다.

# 제17경계
# 세도를 믿고 구하지 말라
恃勢乞求戒

若佛子가 自爲飮食錢財利養名譽故로 親近國王王子大臣百官하야
약불자　자위음식전재이양명예고　　친근국왕왕자대신백관

恃作形勢[43]하며 乞索[44]打拍[45]牽挽[46]하야 橫取錢物이리오 一切求利
시작형세　　　걸색　타박　견만　　하야　횡취전물　　　일체구리

가 名爲惡求多求니 敎他人求하야 都無慈心하며 無孝順心者는 犯
명위악구다구　　교타인구　　도무자심　　무효순심자　범

輕垢罪니라
경구죄

너희 불자가 음식이나 재물이나 이양이나 명예를 위하여 왕이나
왕자나 대신과 관원을 가까이 사귀고, 그것을 빙자하여서 때리고 협
박하여 억지로 독이나 재물을 횡령하여 이익을 구하겠느냐. 이것은
나쁘게 요구하는 것이며 욕심으로 요구하는 것이니, 남을 시켜서 요
구하되 자비한 마음과 효순한 마음이 없는 자는 경구죄를 범한 것이
니라.

---

**43 시작형세(恃作形勢)** 남의 권력을 의지하는 세력으로 남을 억압하여 명리를 구하는 것.
**44 걸색(乞索)** 사정하고 억지로 구하는 것.
**45 타박(打拍)** 때리고 협박하여 구하는 것.
**46 견만(牽挽)** 갖가지 고통을 주어 괴롭히며 구하는 것.

이 계를 제정한 뜻은 보살은 마땅히 겸양하고 낮추어 모든 중생을 이롭게 하고 비록 생명을 다 해서라도 어긋나서는 안 될 것이어늘 도리어 이에 반하여 관청의 권세에 기대어 분에 넘치게 구하고 침해하는 것은 도리에 어긋나는 바가 심하므로 이것을 제지하는 바입니다.

또 이 계를 정한 뜻을 세 가지로 구분해서 말하기도 합니다. 1은 도둑질하지 말라는 제2중계를 보호하기 위하여, 2는 자리(自利)를 어기고 겸손하여 자기를 낮추는 행에 어긋날까 두려워서, 3은 이타(利他)를 어기어 교화의 대상을 잃을까 두려워하는 까닭이 그것입니다.

또 이 계를 범하는 데 경중(輕重)의 판별이 있어야 하는 바, 이익을 취하기 위해서였다면 중계(重戒)를 범한 것으로 되며, 단순히 위의를 믿고 남을 괴롭히는 것은 경구죄를 범하는 것이라고 했습니다. 또 이 죄를 범하는 경중(輕重)에 다음의 10종이 있다고 했습니다.

1. 목표하는 명리에 따라 깊고 낮음이 있고, 2. 기대는 관청의 높고 낮음[尊卑]을 따라 다름이 있으며, 3. 실제로 위세를 부리는 정도 여하에 따라 심했는지 덜했는지[厚薄]의 차이가 있다고 합니다. 또 4. 괴롭힘을 당한 사람의 피해가 경한가 중한가, 5. 괴롭힌 범계자의 마음이 적극적이었는가 소극적이었는가, 6. 그렇게 해서 얻은 명리가 많은가 적은가, 7. 위의 6을 종합하여 볼 때 다 중한가 가벼운가를 비교해 보아야 하며, 8. 중한 것이 많고 경한 것이 적은 경우, 9. 경한 것은 많고 중한 것은 적은 경우, 10. 경하고 중한 것이 같은 경우의 10종의 경중을 따져서 범계(犯戒)의 경중을 살피라고 한 말씀이 있습니다.

## 제18경계
# 아는 것 없이 스승이 되지 말라
無解作師戒

若佛子가 應學十二部經[47]하야 誦戒者는 日日六時[48]에 持菩薩戒하
약불자　응학십이부경　　송계자　　일일육시　　지보살계

야 解其義理와 佛性之性이어늘 而菩薩이 不解一句一偈와 及戒律
해기의리　불성지성　　이보살　불해일구일게　급계율

因緣[49]하고 詐言能解者는 卽爲自欺誑이며 亦欺誑他人이니라 ――
인연　　사언능해자　즉위자기광　　역기광타인　　일일

不解하며 一切法을 不知하고 而爲他人하야 作師授戒者는 犯輕垢
불해　일체법　부지　인위타인　작사수계자　범경구

罪니라
죄

너희 불자가 12부 경을 배워서 계를 외우는 이는 날마다 여섯 때
로 보살계를 지니어 그 뜻과 부처님의 성품을 알아야 할 것이거늘,
보살이 경전 한 구절 게송 한 마디도 알지 못하고 계율의 인연도 모
르면서 스스로 아는 척하는 것은 곧 자신을 속이고 또한 남을 속이
는 것이니라. 낱낱이 법을 알지 못하고 일체법을 알지 못하면서 남
의 스승이 되어 계를 일러주는 것은 경구죄를 범하는 것이니라.

---

47 12부경(十二部經) 12분경(十二分經)·12분교(十二分敎)라고도 함. 석존 일대의 교법을 그 내용과 형식에 따라 12로 나눈 것. ① 수
다라(修多羅) : 계경(契經)·법본(法本)이라고도 하며 산문체의 일반적 경전의 총칭, ② 기야(祇夜) : 중송(重頌)·응송(應頌)이라고
도 하며, 산문체 뒤에 실은 운문 노래 게송, ③ 수기(授記) : 제자의 성불할 일에 대한 기록, ④ 가타(伽他) : 4언·5언·7언 등의 게
송, ⑤ 우타나(優陀那) : 무문자설(無問自說)이라 번역, 남이 묻지 않는데 부처님이 스스로 말씀한 『아미타경』 등, ⑥ 나타나(尼陀
那) : 연기(緣起)·인연(因緣)이라 번역 경중에 부처님을 만나 법을 들은 인연 등을 말한 부분, ⑦ 아파타나(阿波陀那) : 비유(譬喻)
라 번역, 경전 중에서 비유로써 은밀한 교리를 명백하게 한 곳, ⑧ 이제왈다가(伊帝曰多伽) : 본사(本事)라 번역, 부처님이나 제자들
의 지난 세상 인연을 말한 곳, 사타가는 여기서 제외, ⑨ 사타가(闍陀伽) : 본생(本生)이라 번역, 부처님 자신의 지난 세상에 행하던
보살행을 말한곳, 비불략(毘佛略) : 미증유법(未曾有法)·희유법(希有法)이라 번역, 부처님이 여러 가지 신통력 부사의를 나타내
는 것을 말한 것. 경전의 흥기한 인연에 부사의한 일을 말함과 같은 것, 우바제사(優波提舍) : 논의(論議)라 번역, 교법의 의리를 논
의 문답한 경문을 말함.



사십팔경계

이 계를 제정한 뜻은 '보살은 마땅히 안으로 덕을 이루어 중생에게 모범을 보여야 하는데 도리어 이것을 어기어 덕을 잃고 중생의 지탄을 받는 대상이 되어서는 안 되겠다'라는 데 목적이 있습니다. 여기에 또한 3가지가 있으니, 1. 스스로 무지하면서 거짓으로 다른 사람의 사범(師範)이 되어 거짓과 속임수의 허물을 짓기 때문에, 2. 참다운 교리를 알지 못하여 옳은 것을 잃기 때문에, 3. 거짓으로 다른 사람의 스승이 되어 참답게 인도하지 못함으로 온갖 불이익을 가져오기 때문이란 3가지가 그것입니다. 이와 같은 3가지 좋지 않는 일을 막기 위해 이 계를 세워 제지해야 된다는 것입니다.

또 이 계를 범하는 데 그 죄의 경중의 차이가 있습니다. 이를테면 참으로 알지 못하고 깨달음이 없으면서 거짓으로 깨달았다 하고 안다고 했으면 이것은 처음의 10중대계의 망어죄(妄語罪)를 범한 것이며, 여기서는 바르게 인도하는 것을 어김으로써 법을 전할 수 없게 하는 허물을 범하는 것을 규제하자는 것이 그 목표입니다. 여기에 또 여섯이 있습니다. 1. 근기(根機)가 영리한가 둔한가 하는 이둔(利鈍)에 따라 범함이 깊고 얕은 차이가 있게 되며, 2. 그릇된 것을 익히는 데 부지런히 하였는가 게을렀는가 하는 데 따라 죄의 경중은 달라지며, 3. 무지한 정도가 심한가 그렇지 않은가에 따라 범계



---

**48 일야 육시(日夜六時)** '日日六時'로 된 이본(異本)도 있으나 뜻은 같음.
**49 계율인연(戒律因緣)** 노사나불이 계를 천 부처님께 전하고 천불이 천백억 석가세존에게 전하므로 석존이 처음에 보리수 아래와 묘광당에서 무슨 법을 설했으며, 차례로 어느 천왕궁에서 어떤 법을 설했으며, 내지 부처님이 입으로 광명을 내놓아서 모든 국왕·왕자·대신 등을 위해 계를 주신 일련의 인연을 말함. 또 계를 주는 데 있어 자비가 인이 되고 계를 받는 것은 보리심으로 인이 된다.

의 정도가 다르며, 4. 법사가 대승인가 소승인가 하는 차이에 따라 다르며, 5. 이상의 넷에 다 경중이 있으며, 6. 이상을 조합하여 다소 경중을 비교하여 그 범계의 경중을 결정해야 한다는 것입니다.

# 제19경계
# 두 가지로 말하지 말라
兩舌戒

若佛子가 以惡心故로 見持戒比丘 − 手捉香爐하야 行菩薩行하고
약불자　이악심고　　견지계비구　수촉향로　　행보살행

而鬪搆兩頭하며 謗欺賢人하야 無惡不造者는 犯輕垢罪니라
이투구양두　　방기현인　　무악부조자　범경구죄

너희 불자가 악한 마음으로 계를 지키는 비구가 향로를 손에 들고서 보살행을 하는 것을 보고 나쁜 생각으로 이간을 붙여 싸우게 하지 말지니, 어진 이를 비방하고 속이어 여러 가지 악을 끝없이 저지르는 자는 경구죄를 범한 것이니라.

─────── **설법**

이 계를 제정한 뜻은, 보살이 마땅히 보살행을 하는 사람을 칭찬하고 찬탄하여 그 훌륭한 점을 널리 알려서 많은 중생이 이것을 따르도록 하여야 할 것인데, 도리어 나쁜 마음을 가지고 비방하고 헐뜯고 다투며 비방하여 좋은 점을 없애고 나쁜 점을 더하려 하니 허물을 저지름이 심히 무거우므로 이에 계를 제정하여 이를 막고자 하는 데 있는 것입니다. 여기에 따로 3가지가 있으니 이른바

악은 그치지 않고 선은 늘어나지 않아서 범죄를 일으키게 된 것이
이 계를 제정한 이유라는 것입니다.

여기에 또 경중이 있습니다. 계를 범하는 대상이 누구인가, 비방
하는 말이 얼마나 심하였는가, 비방하는 내용이 다른 이에게 알려졌
는가 그렇지 않은가의 여하에 따라 경중이 각각 다르다는 것입니다.

그런데 만일 착오가 있어서 오해로 인하여 이 계를 범하게 됐다
든지 정신이상이 됐다든지 귀신이 씌워서 그랬다든지 또는 범계(犯
戒)한 죄인을 다스리기 위해서 비방한 것은 범한 것이 아닙니다. 그
러나 이런 경우에 해답하지 않는 비방·속임은 다 계를 범한 것입
니다.

# 제20경계
# 생명을 구제하라
不行放救戒

若佛子가 以慈心故로 行方生[50]業하라 一切男子는 是我父요 一切
약불자　이자심고　행방생　업　일체남자　시아부　일체

女人은 時我母니 我生生에 無不從之受生故로 六道衆生이 皆是我
여인　시아모　아생생　무부종지수생고　육도중생　개시아

父母어늘 而殺而食者는 卽殺我父母며 亦殺我故身이니라 一切地
부모　이살이식자　즉살아부모　역살아고신　일체지

水[51]는 是我先身이요 一切火風은 是我本體니 故로 常行放生이어다
수　시아선신　일체화풍　시아본체　고　상행방생

生生受生은 常住之法[52]이니 敎人放生하여 若見世人이 殺畜生時에
생생수생　상주지법　교인방생　약견세인　살축생시

應方便救護하야 解其苦難하며 常敎化하야 講說菩薩戒하야 救度
응방편구호　해기고난　상교화　강설보살계　구도

衆生하라 若父母兄弟死亡之日에 應請法師하야 講菩薩戒經律하야
중생　약부모형제사망지일　응청법사　강보살계경률

福資亡者하야 得見諸佛하고 生人天上이어늘 若不爾者는 犯輕垢
복자망자　득견제불　생인천상　약불이자　범경구

罪니라 如是十戒를 應當學하야 敬心奉持하라 如滅罪品[53]中에 廣明
죄　여시십계　응당학　경심봉지　여멸죄품　중　광명

一一戒相하니라
일일계상





---

**50 방생(放生)** 죽게 된 생명을 돈을 주고 사든지 하여 살 수 있게 놓아주는 것.

**51 일체지수(一切地水)** 지·수·화·풍의 4대를 물질의 4대원소로 보았다. 중생이 청정법신을 미혹하고 지·수·화·풍으로 이루어진 피와 살 골육[四大血肉]이 숨 쉬고 따뜻한 것으로 자기 몸을 삼고 객관의 여섯 경계와 접촉하여 감각·지각하는 것으로 마음을 삼는 바, 이밖에 따로 별다른 물질이 있어서 나의 육신을 만드는 것은 아니다. 그러므로 나와 중생은 다 같이 4대를 가지고 형상을 이루고 육신을 삼기를 다생으로 그렇게 해왔으므로 이것을 본체의 선신[本體先身]이라 한 것이다. 그리고 이것을 더욱 다생으로 확대하면 지·수·화·풍이 나의 전생신 아님이 없고 본체 아님이 없음을 보인 것이다. 그런데 다생을 윤회하는 것은 청정법신을 미혹해서 4대 육신을 내 몸으로 삼고 육신의 감각작용을 마음으로 삼아 업을 따라 생사를 거듭하게 되기 때문인데, 무시무한의 과거세로부터의 윤회를 생각할 때 어느 중생이 내 부모 형제 아님이 없고 처자·친지 아님이 없는 것이니 마땅히 자비심으로 다 방생해야 한다는 뜻이며 그러므로 천지는 하나의 근본이고 만물이 다 하나의 몸[天地同根萬物同作]인 도리를 알아야 한다는 것.

너희 불자가 자비한 마음으로 산목숨을 살려주는 일을 하여야 하느니라. 모든 남성은 다 나의 아버지이고 모든 여성은 다 나의 어머니니 내가 날 적마다 그를 의지하여 태어났을 것이니라. 그러므로 육도의 중생들이 다 나의 부모이거늘 그들을 잡아먹는 것은 곧 나의 부모를 죽이는 것이며, 또한 나의 옛 몸을 먹는 것이니, 온갖 지대·수대·화대·풍대가 모두 내 전생의 몸이니 항상 산목숨을 살려주어야 하느니라. 세세생생에 몸을 받아 나는 것이 항상 머무는 법이니, 남을 가르쳐서 산목숨을 살펴주게 하며, 만일 사람들이 짐승을 죽이려는 것을 보거든 방편으로써 구호하여 액란으로부터 구해줄 것이며, 항상 교화하여 보살계를 강설하며 중생을 제도하여야 할 것이니라. 만일 부모형제의 제삿날에는 법사를 청하여 보살계와 경율을 읽어서 죽은 이의 내생의 복을 빌어 부처님을 뵙고 천상이나 인간 세상에 태어나게 할 것이어늘 그렇게 하지 아니하는 자는 경구죄를 범한 것이니라.

이 열 가지 계를 꼭 배우고 공경하는 마음으로 받들어 지닐 것이니, 「멸죄품」 가운데 널리 말하였느니라.

---

52 **상주지법(常住之法)** 항상하여 변하지 않는 법. 6도 가운데 윤회하여 세세생생 쉬지 않고 끊임없는 데 그 가운데 상주법이 있음을 가리킴.
53 **멸죄품(滅罪品)** 현행의 「범망경」(노사나불설 보살심지계품 제10)으로 되어 있을 뿐 멸죄품은 실제로는 현존하지 않는다.

이 계를 계정하지 않으면 안 되는 이유가 있습니다. 보살은 마땅히 자신의 목숨을 내어던져서라도 중생을 구해야 하고 고통에 빠진 중생을 즐거움의 세계로 인도해야 하는 것인데, 도리어 반대로 중생이 큰 고통에 빠져 있는 것을 보고도 자비로 구하지 않는 것은 보살도를 어김이 아주 심한 행위이므로 모름지기 제지해야 한다는 것입니다. 여기에 또 세 가지 구별이 있으니 악을 더하고[增惡] 선을 없애며[損善], 중생 구제하는 길을 잃게 한다[失救生]는 것이 그것입니다.

이 계를 범하는 데도 그 경우에 따라 경중이 있습니다. 첫째는 자비심이 없기 때문에 죽어가는 중생을 보고 외면하게 되는 것인데, 이때에 자비심이 없는 정도가 심하였는가 그렇지 않았는가에 따라 죄의 경중은 달라지게 됩니다. 또 구제의 대상인 중생에 귀하고 낮은 차별이 있으니, 그것이 사람이라면 말할 것도 없지만 소·개·닭 같은 큰 짐승이냐, 그렇지 않으면 개미·벌레 같은 미물이냐 하는 구제의 대상, 방생의 대상 여하에 따라 그 범계의 경중이 달라야 할 것은 당연한 것입니다.

또는 구제의 대상인 중생의 고통이 많았느냐 적었느냐, 또는 그 중생의 수가 많은가 적은가도 생각할 수 있을 것입니다. 또는 내가 구제할 능력이 되느냐 못되느냐 하는 것도 중요합니다. 가령 백만 원을 주어야 방생할 수 있는데 내 형편은 집안의 살림 살고 자녀들 교육시키고 하려면 도저히 그럴 능력이 되지 못하는 경우에는 죄가 될 수 없는 것입니다. 그러나 반대로 능력이 있으면서 술 먹고 놀러 다니며 죽어가는 생명을 살리지 않는다면 이것은 보살이 아니니 경구죄를 범한 것이 됩니다.

✿

# 제21경계
# 성내어 원수 갚지 말라
瞋打報讎戒

若佛子 不得以瞋報瞋하며 以打報打니 若殺父母兄弟六親이라도
약불자 부득이진보진　　　이타보타　　　약살부모형제육친

不得加報하며 若國主 爲他人殺者[54]라도 亦不得加報어다 殺生報
부득가보　　　약국주 위타인살자　　　　역부득가보　　　살생보

生은 不順孝道니라 常不畜奴婢하야 打拍罵辱하야 日日起三業하여
생　불순효도　　　상불축노비　　　타박매욕　　　일일기삼업

口罪無量이은 況故作七逆之罪리요 而出家菩薩이 無慈心報讐하되
구죄무량　　　황고작칠역지죄　　　이출가보살　무자심보수

乃至六親中이라도 故報者는 犯輕垢罪니라
내지육친중　　　　고보자　범경구죄


　　너희 불자가 마주 성내거나 같이 때리는 것으로 갚지 말지니, 설사 부모나 형제나 육친을 죽였더라도 원수를 갚지 말 것이며, 왕이 다른 이에게 죽었더라도 원수를 갚지 말아야 하나니, 산목숨을 죽여서 원수를 갚는 것은 효도에 순하는 것이 아니니라. 노비를 두고 꾸짖고 때려서 날마다 3업을 일으켜서 구업의 죄를 짓지 말 것이어늘 하물며 7역죄를 지으랴. 출가한 보살로서 자비한 마음이 없이 복수

---

**54 국주위타인살자(國主爲他人殺者)** 재가보살은 임금이나 부모의 원수라도 세속의 예법이나 국법으로 갚는 것은 본원심지(本源心地)의 계율에 어긋난다고 한다.

하되 육친에게까지 원수를 갚는 자는 경구죄를 범하는 것이니라.




보살은 마땅히 인내행(忍耐行)을 닦아서 자비가 밖으로 충만해야 하는데, 도리어 이와 반대로 성을 내서 남을 때리고 위해(危害)를 주면 이것은 그 허물됨이 아주 심하므로 이에 제21계로써 제지하는 것입니다. 여기에 세 가지 구체적인 이유가 있으니 첫째는 이렇게 진한심(瞋恨心)으로 원수를 갚다 보면 그 진원심(瞋怨心)은 또 다른 진원심으로 이어지고 확대되어 그칠 날이 없게 되기 때문이고, 둘째는 인욕하는 거룩한 마음이 자라날 수 없겠기 때문이며, 셋째는 중생을 다 버리게 되기 때문에 이 엄과(嚴科)를 제정하게 된 것입니다.

옛날 무량한 과거세에 석가모니 부처님이 인욕선인(忍辱仙人)이 되어 깊은 산에서 인욕바라밀을 닦고 계실 적입니다. 그때 그 나라 임금은 가리왕(歌利王)이라는 폭군이었는데, 따뜻한 봄 화창한 날을 가려서 산에 사냥을 가기로 했습니다. 먹을 것 마실 것을 많이 마련해 가지고 간다는 것이 마침 인욕선인이 수행하고 계신 그 산을 선택하게 되었습니다. 얼마만큼 사냥을 하고는 배가 고파 점심 겸해서 술에 고기에 잔뜩 먹고 나니 가리왕은 따뜻한 햇빛 아래 곤하게 잠이 들고 말았습니다.

옆에서 시중 들던 궁녀들은 '이때다' 하고 백화가 만발한 산 언덕을 다투어 올라가며 꽃내음도 마음껏 마시며 나물도 캐면서 한발 한

발 올라간다는 것이 저 인욕선인이 참선을 하고 있는 토굴에까지 이르게 되었습니다. 그들은 인욕선인의 거룩한 도인의 풍채를 보고는 저절로 존경심이 생겨 절을 하고 이 이야기 저 이야기 수도하는 내용을 듣게 되었고, 인욕선인은 궁녀들에게 좋은 법문을 들려주고 있었습니다.

한 잠을 자고 난 가리왕은 옆에 있어야 할 궁녀들이 보이지 않자 곧 진노했습니다. 그리고 곧 사방을 두리번거리며 목격한 군사들의 이야기를 따라 곧 인욕선인의 처소에 이르렀습니다. 그리고 아주 잘 생긴 신선과 재미있게 이야기하며 정성을 다해 절도 하면서 넋을 잃고 있는 궁녀들의 모습을 보고는 곧 불타는 질투심으로 크게 노하였습니다. 그리고는 곧 큰 칼을 빼어 들고 인욕선인을 향해 큰 소리로 외쳤습니다.

"그대는 무엇을 하는 사람인가."

"나는 인욕행(忍辱行)을 공부하는 산인(山人)이외다."

"그렇다면 인욕을 잘 할 수 있는가."

이때 가리왕은 만일 저 선인이 인욕을 잘하지 못한다고 하면 '도인인 척 가장하여 궁녀들을 유혹하여 희담(戲談)을 한 것은 곧 자신의 궁녀들을 농락할 음모였다'라고 죄를 씌울 작정이었고, 만일 인욕을 할 줄 안다고 하면 곧 가혹한 행위를 해서 자신의 노여움과 질투심을 풀려고 했던 것입니다. 인욕선인은 대답했습니다.

"참는 데까지 인욕을 합니다."

"그렇다면 나의 칼날을 견디어 참을 수 있겠소?"

"참는 데까지 참겠소."

이렇게 해서 팔을 자르고 다리를 자르고 코를 떼고 귀를 잘랐다는 것입니다. 그래서 『금강경』에 절절지해(節節支解)라고 했습니다. 인욕바라밀이 만족하면 칼로 몸을 베어도 베어지지 않는다고 합니다. 칼로 물 베는 것처럼 그렇다는 것입니다. 이때 제석천(帝釋天)이 인욕선인의 거룩한 인욕에 감복하여 뇌성벽력으로써 가리왕을 엄하게 다스리고 인욕선인의 몸에 하늘의 고약을 발라 구제했는데, 이때에 인욕선인은 제석천에 고맙다는 생각도 가리왕에게 미웁다는 생각도 하지 않았다고 하여 이것은 인욕선인의 도할양무심(塗割兩無心)이라고 합니다.

보살은 이렇게 인욕을 닦아야 하는데 그렇게는 못하더라도 도리어 진심과 원한심으로 때리고 원수 갚는 일을 하는 것은 안 된다는 것입니다. 그렇게 되면 경구죄를 범하는 것이고 그래서 만일 사람을 죽이든지 했으면 그것은 제1중계인 살생계를 동시에 범한 것이 됩니다.

그러나 만일 상대방의 범죄를 다스리고 뉘우치게 하기 위해 또는 조복을 하여 선행(善行)으로 교화하기 위해서 했다면 그것은 범계(犯戒)가 아니라는 것입니다.

제22경계
# 교만한 마음을 버리고
# 법문을 청하라
憍慢不請法戒

若佛子가 初始出家하야 未有所解[55]하되 而自恃總明有智[56]하며 惑
약불자　초시출가　　미유소해　　　이자시총명유지　　　　혹

恃高貴年宿[57]하며 或恃大姓高門[58]과 大解[59]大福과 大富饒財七寶
시고귀년숙　　　혹시대성고문　　　대해　대복　　대부요재칠보

[60]하고 以此憍慢으로 而不諮受先學法師經律이리오 其法師者는 或
　　　이차교만　　　이부자수선학법사경률　　　　기법사자　혹

小姓[61]年少어나 卑門貧窮下賤이어나 諸根不具하되 而實有德하며
소성　년소　　　비문빈궁하천　　　　제근불구　　이실유덕

一切經律을 盡解어던 而新學菩薩이 不得觀法師種姓이어다 而不
일체경률　진해　　　이신학보살　　부득관법사종성　　　　이불

來諮受法師 第一義諸者는 犯輕垢罪니라
래자수법사 제일의제자　범경구죄


　　너희 불자가 처음 출가하여 아는 것이 없으면서 스스로 총명하

고 지혜가 있음을 믿거나 지위가 높고 나이 많은 것을 믿거나 가문

이 훌륭한 것을 믿거나 지식이 많고 복이 많으며 재물이 넉넉한 것

을 믿고 교만한 생각으로 먼저 배운 선배나 법사에게 경과 율을 배

우기를 싫어하지 말라. 법사가 비록 나이가 젊고 가문이 보잘 것 없



---

55 미유소해(未有所解) 대승의 경을 배우지 못해 바른 이해가 없는 것.
56 유지(有智) 세속의 지식이나 재주만 믿고 오만한 것. 세지총명(世智聰明) 7사(事)의 하나.
57 년숙(年宿) 연장이란 뜻. 나이가 많은 것을 빙자하여 교만한 것. 7사(事)의 하나.
58 대성고문(大姓高門) 문벌 · 가문이 다른 이보다 좋은 것. 7사(事)의 하나.
59 대해(大解) 세속의 학문이 많은 것을 믿고 교만한 것. 7사(事)의 하나.
60 요재칠보(饒財七寶) 재산이 많은 것을 믿고 교만한 것. 7사(事)의 하나.
61 소성(小姓) 출신 가문이 천박한 것. 곧, 빈천하다는 뜻.

으며 빈궁하고 천하거나 몸이 온전치 못하더라도 진실로 덕이 있으며 일체의 경율을 다 알거든 처음 배우는 보살은 법사의 가문을 보지 말라. 만일 이런 법사에게 가서 제일의제를 배우지 아니하는 자는 경구죄를 범하는 것이니라.

─────── **설법**

보살은 마땅히 4구(四句)의 법을 위해서도 천 개의 못을 내 몸에 박더라도 능히 참고 반 게송[半偈]을 구하기 위해서도 높은 바위에서 몸을 던지기도 합니다. 『화엄경』에 이런 내용이 있습니다.

보살마하살은 법을 구하려 하나 법을 얻는 일이 어렵기 때문에 법을 말해 줄 자[惡魔]가 말하기를 "네가 만일 일곱 길 되는 저 불길 속에 몸을 던진다면 내가 너에게 법을 말해주리라" 하매 보살이 한량없이 기뻐하면서 이렇게 생각했습니다. '내가 법을 위해 일찍이 아비지옥의 온갖 악취의 세계에서 한량없는 고통을 받았거늘 하물며 인간세계의 작은 불구덩이에 들어가는 대가로 법문을 들을 수 있게 된다면 그 얼마나 다행인가. 정법을 얻기가 이렇게 쉽다니! 지옥의 한량없는 그 무서운 고통을 면하고 조그만 불구덩이에 한 번 들어가는 것으로 법문을 들을 수 있다면 얼마나 다행인가.' 그리고 악귀에게 말했습니다.

"그대는 법을 어서 말하라. 내가 그 불구덩이에 들어가리라."
라고 한 구선법왕보살(求善法王菩薩) · 금강사유보살(金剛思惟菩薩) 등과 같습니다.

또 『화엄경』 권25에 이르기를,

'만일 누가 한 글귀의 법을 설해 주어서 나로 하여금 청정한 보살행을 얻게 해 준다면 설사 3천대천세계에 가득한 큰 불 속이라도 범천의 하늘 위에서 저 불길 속에 몸을 던지는 것을 어렵지 않게 여길 것이다.'

라고 한 것 등이 다 보살이 법을 존중하는 모범이거늘 도리어 짐짓 고의로 사람을 가벼이 여기고 법을 잃는 짓을 저지르겠느냐는 것입니다. 법을 위해 손실과 허물이 너무 크므로 이 계를 제정해서 금제(禁制)한다는 것입니다.

若佛子가 佛滅度[62]後에 欲以好心으로 受菩薩戒時에 於佛菩薩形
약불자　　불멸도　후　　욕이호심　　　수보살계시　　어불보살형

像前에 自誓受戒[63]어다 當以七日로 佛前懺悔하야 得見好相[64]하면
상전　　자서수계　　　　당이칠일　　불전참회　　　득견호상

便得戒니라 若不得好相이어든 應二七三七로 乃至一年이라도 要得
편득계　　약부득호상　　　　응이칠삼칠　　내지일년　　　　요득

好相하라 得好相已에 便得佛菩薩形像前에 受戒요 若不得好相이
호상　　　득호상이　　편득불보살형상전　　수계　　약부득호상

면 雖佛像前에 受戒라도 不名得戒니라 若先受菩薩戒法師前에 受
　　수불상전　　수계라도　불명득계　　약선수보살계법사전　수

戒時는 不須要見好相이니 何以故오 是法師는 師師相授[65]故로 不
계시　　불수요견호상　　　하이고　　시법사　　사자상수　고　　불

須好相이니라 是以로 法師前에 受戒時는 卽得戒니 以生至重心故
수호상　　　　시이　　법사전　수계시　　즉득계　　이생지중심고

로 便得戒니라 若千里內에 無能授戒師어든 得佛菩薩形象前에 自
　　편득계　　약천리내　　무능수계사　　　득불보살형상전　자

誓受戒하되 而要見好相하라 若法師가 自倚解經律大乘學戒[66]하야
서수계　　　이요견호상　　약법사　자의해경률대승학계

與國王太子百官으로 以爲善友하고 而新學菩薩이 來問若經義律
여국왕태자백관　　　이위선우　　이신학보살　　내문약경의율

義하면 輕心惡心慢心으로 不一一好答問者는 犯輕垢罪니라.
의　　경심악심만심　　　불일일호답문자　범경구죄





---

**62 멸도(滅度)** 열반과 같은 뜻. 생사를 초월한 해탈의 경지를 의미하는 말인데, 때로는 석존이나 선지식이 세상을 떠난 것을 가리킴.

**63 자서수계(自誓受戒)** 계사(戒師)에게 계를 받지 않고 스스로 불상에 서원하며 계를 받는 것. 자연수(自然受)라고도 하며, 이 수계법 (受戒法)은 『점찰선악업보경(占察善惡報經)』에 있고 우리나라에서도 진표(眞表) 율사가 이 법으로 수계했다.

**64 호상(好相)** 불·보살이 현신(現身)하여 정수리를 만져 주시고 광명을 보이시거나 꽃을 보는 등의 상서. 진표 율사는 미륵 부처님의 상서를 얻었다.

**65 사사상수(師師相授)** 스승과 제자가 서로 잇고 이어서 끊어지지 않게 하는 것.

**66 대승학계(大乘學戒)** 지중한 마음으로 스승을 부처님처럼 존경하고 여의주를 구하듯, 싫어하거나 게으름 피우지 않으며, 한 번 얻 으면 목숨을 바쳐 잃지 않도록 하는 것.

너희 불자가 부처님이 열반하신 뒤에 좋은 마음으로 보살계를 받으려거든 불보살의 형상 앞에서 서원을 세우고 계를 받되 7일 동안 불보살께 참회하여 좋은 징조를 보면 계를 얻는 것이요, 좋은 징조를 보지 못하면 마땅히 이칠 일·삼칠 일 또는 1년이라도 좋은 징조를 볼 때까지 참회할 것이니라. 그리하여 좋은 징조를 얻은 뒤에 불보살의 형상 앞에서 계를 받을 것이니, 만일 좋은 징조를 얻지 못하면 아무리 불보살의 형상 앞에서 계를 받았더라도 계를 얻지 못한 것이니라. 먼저 보살계를 받는 법사에게 계를 받게 되면 좋은 징조를 요하지 않으니 이 법사는 법사와 법사가 서로 전하여 받아왔기 때문에 좋은 징조가 필요치 않느니라. 그러므로 법사에게서 계를 받으면 계가 얻어지는 것이니 소중한 마음을 내는 탓으로 계가 얻어지나니라. 만일 1,000리 이내에 계를 일러줄만한 법사가 없으면 불보살의 형상 앞에서 스스로 서원을 세우고 계를 받되 좋은 징조를 보아야 하느니라. 만일 법사가 경과 율을 알고 대승계를 배운 것을 의지하여 왕과 백관들과 벗을 삼고서 처음 배우는 보살이 경과 율을 물었을 때 업신여기는 마음이나 나쁜 마음과 교만한 마음으로 상세히 잘 일러주지 아니하는 자는 경구죄를 범한 것이니라.



#### ——— 설법

계를 받는데 부처님 앞에 계를 받으면 상품계(上品戒)라 하고, 사자전계(師資傳戒)로 스승에게 받으면 중품계(中品戒)라 하고, 불전에 기도해서 받으면 그것을 하품계(下品戒)라 합니다.

　우리나라에는 진표(眞表) 율사가 지장보살과 미륵보살께 기도하여 현신수계(現身授戒)함을 받은 일이 있습니다. 진표 율사는 어려서 활을 잘 쏘아 사냥을 하다가 개구리를 잡아 장난으로 버들가지에 꿰어 물에 담가 놓은 채 잊어버리고 집으로 돌아갔습니다. 이듬해 봄이 되어 또 사냥을 가다 개구리 우는 소리를 듣고 작년 일이 생각나서 그곳에 가보니 자기가 꿰어놓은 개구리가 그대로 울고 있음을 보고 크게 뉘우쳐 발심하여 그는 곧 금산사 숭제(崇濟) 스님에게 가서 출가했습니다. 그 때 나이가 12살인데, 숭제 스님이,

　"나는 당나라에 가서 선도(善導) 삼장에게 학업을 익혔고 오대산에 가서 문수보살께 기도하여 5계 주심을 감득(感得)하였다."
하므로 진표 율사는 물었습니다.

　"그러면 얼마나 기도를 하면 불보살님의 수계(授戒)를 받을 수 있습니까."

　"정성이 지극하면 1년에 감득할 수 있느니라."

　진표 율사는 스승으로부터 『사미계법전교공양차제기법(沙彌戒法傳敎供養次第機法)』 1권과 『점찰선악업보경(占察善惡業報經)』 2권을 받아 곧 부안(扶安) 변산(邊山) 부사의암(不思議庵)에서 3업을 닦으며 2·7일(14일) 동안 기도하여 지장보살의 현신수계(現身授戒)를 받았으며, 또 미륵보살님께 기도하여 『점찰법(占察法)』 2권과 간자(簡子) 189개를 감수(感受)했다고 합니다.

　또 전해 오는 말에는 진표 율사가 처음 기도를 하여 지장보살님이 나타나시므로

　"저는 미륵존불께 계를 받으려 하오며, 지장보살님께 계를 받으려는 것은 아니옵니다."

하고 기도를 또 몇 주일 동안 했다고 합니다. 그리하여 마침내 황금 세계가 나타나면서 미륵존불이 응현(應現)하시어 이마를 만져주시며 '보살계'를 주시고 『점찰업보경(占察業報經)』과 점찰간자(占察簡子)를 주셨다고 합니다. 진표 율사는 그 뒤에 미륵보살의 장육상(丈六像)을 조성하여 금산사를 크게 중창하고 불사를 크게 일으키신 분입니다. 금산사에 가면 지금도 진표 율사께서 계단을 모으고 계를 설하시던 '계단'이 있습니다.

또 조선조 말기에 대은(大隱, 1780~1841) 스님은 은사스님 금담(金潭) 스님과 함께 지리산 칠불암(七佛庵)에서 기도를 하여 '수계'를 감득했습니다. 그런데 제자인 대은 스님이 먼저 계를 받아서 스승인 금담 스님은 제자인 대은 스님에게 계를 받았다고 합니다. 이때에는 상서 곧 광명이나 불보살님의 상호를 분명하게 보아야 합니다.

중국의 고심(古心) 선사는 오대산 문수보살께 계를 받기 위해 수천 리 길을 가는데 한 걸음에 한 번씩 절을 하여 가기를 3년이 걸려서 갔습니다. 이렇게 지극한 정성으로 법을 구해야 합니다. 날이 덥거나 춥거나 절하는 자리가 진창이거나 물이거나 걸음마다 예배를 하며 오대산에 당도하니, 문수보살께서 나타나셔서 고심 율사에게 장삼을 입혀 주시면서 이렇게 말씀하셨습니다.

"고심 비구야, 네게 계를 주어 마치노라."

이렇게 해서 고심 율사는 새로이 '보살계'의 법맥(法脈)을 세우셨다고 합니다. 우리가 지금 '보살계'하는 계맥(戒脈)도 저 고심 율사의 계라는 것입니다.

절하는 공덕이 본래 이렇게 굉장하다는 것입니다. 부처님께 절을 많이 하면 묘색신(妙色身)을 받는다 그랬습니다. 좋은 얼굴을 타고 난다는 것입니다. 또 절을 많이 하면 출언인심(出言人心)으로 말만 하면 다 믿어준다는 것입니다. 또 모든 부처님이 항상 염려해 주시고 보호해 주시는 호념(護念)의 공덕을 얻는다는 것입니다. 또 많은 대중 앞에 가도 두렵지 않고[處衆無畏], 또 부처님 사리탑 모신 데서 계를 받게 된다는 것입니다. 또 큰 위의를 갖추게 되고 여러 사람이 찬하려고 하며, 하늘 사람이나 인간이 다 공경하고 사랑하게 되고 또 목숨이 마치면 극락에 왕생하게 되며, 열반을 재빨리 얻게·되는 공덕을 성취한다고 그랬습니다.

예부터 기도를 하고 절을 해서 원을 성취한 일이 많지만 보살계 법사가 없어서 불·보살상 앞에 이렇게 절을 하고 기도를 하여 상서를 얻은 다음에 계를 받는다고 했습니다. '상서'를 얻는다 함은 곧 업장이 소멸됨을 가리킵니다.

다음에 이 계를 제정하게 된 본의를 현수 대사의 소에 의지해서 말씀드리기로 합니다.

보살은 마땅히 고통받는 모든 중생세계에 들어가서 중생을 인도하여 마음을 열어주고 큰 보살심을 일으키도록 해주어야 할 것이며, 그리하여 '보살계'를 받게 해야 할 것입니다. 『영락경(瓔珞經)』에 이르기를

'만일 한 사람을 교화하여 발심시킴으로써 보살계를 받게 한다면 삼천대천세계에 불탑(佛塔)을 가득하게 세우는 것보다 수승(殊勝)하다.'

하였으며, 또 『화엄경』 권5에서는,

'일체중생을 위하기 때문에 아비지옥 가운데 들어가서 한량없는 겁을 주고 불에 태우더라도 마음이 청정한 이것이 가장 뛰어나도다

[最勝].’

라고 했습니다. 보살은 오히려 지옥에 들어가서라도 중생을 교화해야 할 것인데, 새로 배우는 보살이 와서 좋은 마음으로 구하는데 잘 가르쳐 주지 않으면 이것은 보살이 아닙니다. 또한 이것은 악을 조장하고 선을 어기는 허물이 적지 않기 때문에 이에 이 계를 제정한다는 것입니다.

그러나 만일 병이 있든지 실력이 없든지 해석할 수 없든지 상대가 법을 경만하게 여긴다든지 또는 상대를 조복하기 위해서 일러주지 않는 것은 범계(犯戒)가 아니라고 했습니다.

若佛子가 有佛經律과 大乘法[67]과 正見[68]正性[69]正法身[70]하되 而不
약불자　유불경률　대승법　　정견　정성　정법신　　　이불

能勤學修習하야 而捨七寶하고 反學邪見二乘外道[71]俗典과 阿毘曇
능근학수습　　이사칠보　　반학사견이승외도　속전　　아비담

[72]雜論[73]一切書[74]記[75]리요 是는 斷佛性이며 障道因緣이니 非行菩薩
잡론　일체서　기　　시　단불성　　장도인연　　비행보살

道者니 若故作者는 犯輕垢罪니라.
도자　약고작자　범경구죄ㅣ라

너희 불자가 부처님의 경과 율과 대승법과 올바른 지견과 올바
른 성품과 올바른 법신이 있는데도 부지런히 배우지 않아 7종의 법
재를 버리고 도리어 삿된 소견과 2승 외도의 속전과 아비담 잡론의
일체 기록 등의 여러 가지를 배우랴. 이는 불성을 끊는 것이며 도를
장애하는 인연이라. 보살도를 행하는 것이 아니니, 만일 이런 일을
지으면 경구죄를 범한 것이니라.





**67 대승법(大乘法)** 소승의 경률이 아님을 나타낸 말.
**68 정견(正見)** '대승의 정견'이란 뜻으로 대승의 경률은 본원심지(本源心地)를 본래 구족하고 있음을 바로 알고 깊이 이해함.
**69 정성(正性)** 심지(心地)의 바른 이해를 갖춤으로 말미암아 '심지'의 그윽한 인[玄因]에 계합한 것이니 노사나불의 불성을 가리킴.
**70 정법신(正法身)** 노사나불의 불성이 바로 나의 불성임을 깨달아서 6도만행을 닦고 이해와 실천이 서로 응하고 사리(事理)가 쌍으로
원융함으로써 진상과덕(眞常果德)의 묘체(妙體)를 깨달은 것.
**71 이승외도(二乘外道)** 2승은 공(空)과 무(無)에 치우친 삿됨이 있고, 망령된 집착과 그릇된 95종의 이학이견(異學異見)이 있다.
**72 아비담(阿毘曇)** 불법을 교리적·논리적으로 밝힌 것. 아비담은 대법(對法)이란 뜻이니 소승의 논장(論藏)에 속함.
**73 잡론(雜論)** 소승·외도·세속의 전적(典籍)들을 섞은 백과사전식의 책.
**74 서(書)** 글씨·그림 등
**75 기(記)** 산수·부기 등 산수의 뜻.

본래 대승을 받들어 수행하려는 이를 보살이라 이름함이니, 이제 대승을 버리고 소승으로 돌아섰다면 이것은 이미 보살이 아닙니다. 그러므로 이를 방지하기 위해 이 계가 필요한 것입니다. 여기에 세 가지 경우가 있으니 1은 대승행을 어기는 것이고, 2는 다른 것을 익히어 마음에 훈습(薰習)된 것이며, 3은 보리를 얻는 것을 장애함을 일컫습니다.

이 계를 범하는 데 있어 경중이 있으니 위에서 말한 3가지 경우, 그러한 허물을 범하는 시간이 잠깐이면 가볍고 오래면 중한 것으로 보게 됩니다. 또 교묘한 방편으로 대승이 나쁘고 소승을 좋게 꾸민 일이 많은가 적은가에 따라 많았으면 죄가 무겁고 적었으면 가볍다고 봐야 한다는 것입니다.

그렇지만 중생을 위해서 잠깐 배우는 것, 또는 자신의 지식을 넓히기 위해서 배우는 것, 또는 함께 동사(同事)하면서 그를 조복하고 교화할 목적으로 대승의 행(大乘行)을 잠깐 버린 것은 모두 계를 범한 것이 아니라고 합니다.

# 제25경계
# 대중을 잘 통솔하라
## 不善知衆戒

若佛子가 佛滅度後에 爲說法主[76]어나 爲行法主[77]어나 爲僧房主[78]
약불자　불멸도후　위설법주　　　위행법주　　　위승방주

어나 敎化主[79]어나 坐禪主[80]어나 行來主[81]어든 應生慈心하야 善和
　　教化主　　　坐禪主　　　행래주　　　응생자심　　선화

鬪諍하며 善守三寶物하야 莫無度用[82]하야 如自己有어늘 而反亂衆
투쟁　　선수삼보물　　　막무도용　　　여자기유　　　이반란중

鬪諍하며 慈心으로 用三寶物者는 犯輕垢罪니라.
투쟁　　자심으로　용삼보물자　범경구죄

　　너희 불자가 부처님이 열반한 후에 법을 설하는 주인이 되거나 법을 행하는 주인이 되거나 절 주인이 되거나 교화하는 주인이 되거나 좌선하는 주인이 되거나 행래(行來)하는 주인이 되거든, 마땅히 자비한 마음으로 다투는 것을 잘 화해시키고 3보의 물건은 잘 간수하여 자신의 물건처럼 함부로 쓰지 말 것이니라. 만일 대중을 어지럽게 하고 다투게 하며 방자한 마음으로 3보의 물건을 사용하는 자는 경구죄를 범한 것이니라.



---

76 **설법주(說法主)** 설법주는 법을 가르치는 강법주(講法主), 곧 부처님을 대신해서 설법하는 주인공.
77 **행법주(行法主)** 아는 것과 수행이 어긋나지 않아서 말한 대로 행하는 이, 또는 율의(律儀 : 규율)를 시행하는 이.
78 **승방주(僧房主)** 사중의 방사(房舍)와 공공 재물을 지키는 이, 곧 주지에 해당.
79 **교화주(敎化主)** 중생을 가르쳐서 복을 짓게 하는 책임자. 신도나 시주 등을 교화하며 3보에 귀의하게 하여 사찰을 보호하고 대중을 편안하게 하는 책임자.
80 **좌선주(坐禪主)** 선정과 삼매를 가르치는 이.
81 **행래주(行來主)** 제방(諸方)의 승려의 출입왕래를 감찰·지도하는 이.
82 **막무도용(莫無度用)** 3보의 물건은 소금 한 줌, 쌀 한 되라도 삿되이 써서는 안 되는 것.

보살은 대중의 주인이니 마땅히 자비심으로 껴안아 주고 대중을 어루만져 주는 거룩한 덕재(德財)를 지켜야 한다는 것입니다. 그런데 이에 반해서 도리어 주인으로서 의궤(儀軌)를 어기면 그릇된 업도(業道)를 일으키는 것이므로 이에 이 계를 제정하여 제지하는 바입니다.

이 계문(戒文)을 세 문단으로 나누어 볼 수 있으니, 1은 주가 됨을 밝힌 것이고, 2는 그 행위를 제지한 것이며, 3은 제지할 것을 어긴 범계를 맺는 내용으로 나눕니다. '부처님이 열반한 후에'는 부처님의 유법(遺法)이 머무는 것은 요컨대 대중의 주인[衆主 : 불법교화의 각 분야의 책임자]에 의지해서 가능한 것이므로 부처님이 멸도하신 뒤의 때를 정해서 말씀한 것입니다.

여기서 주(主)의 뜻이 많지만 대개 5종으로 나누어 말할 수 있습니다. 첫째, 설법의 주(說法主)라 함은 이른바 자비로 대중을 어루만지고 법을 잘 전해서 오래 머물게 하고 잘 맡아 지니게 하며, 둘째, 승방의 주(僧房主)라 함은 몸으로 실천의 모범을 책임진 이로서 대중을 위해 고통을 참고 재물을 굳게 수호하는 것이며, 셋째, 교화의 주(敎化主)는 단월을 잘 인도하여 사중의 탑사(塔寺)와 불사 등을 잘 다스려 그 재물을 생명처럼 지킴으로 대중을 괴롭히지 않는 책임이며, 넷째 좌선주(坐禪主)는 지관(止觀)을 잘 닦도록 가르쳐 주어 번뇌를 항복 받는 이이며, 다섯째 행래의 주(行來主)는 대중을 잘 거느려서 나고 드는 출입을 잘 영도(領導)하고 금계를 무너뜨리지 않도록 하는 책임이 있는 이입니다.

또 그 다음 '응생(應生)' 이하의 본문은 잘못된 행동을 제지하는 내용이며, 끝으로 '이반(而反)' 이하는 제지한 바를 어겨서 범하는 것을 결죄(結罪)하는 대문입니다. 다시 말하면, 고요한 대중을 소란하게 만들고, 화합하는 제도를 무너뜨려 다투게 하며, 업으로 가는 길[業道]을 생각지 아니하며 정에 끌리어 손실을 가져 오는 여러 가지 허물을 결죄(結罪)한 것입니다.

요컨대 주지가 되든 원주가 되든, 화주·입승·도감이 되는 책임을 맡으면 화합하는 정신으로 불법·승 3보의 물건을 소중하게 보존하고 조금이라도 소홀히 하지 말라는 것입니다. 그런데 여기에 불보의 물건, 법보의 물건, 승보의 물건이 다 따로 있어서 그것을 섞어서 함부로 쓰지 말라는 것입니다. 그렇게 되면 호용죄(互用罪)를 범하게 됩니다.


옛날 도수(道邃) 스님이 중국 대력(大歷, 766~779) 연간에 5조 계 선사(溪 禪師 : 천태종 제5조 형계담연 711~782) 회상에서 고두(皐頭 : 창고 지키는 책임) 소임을 보고 있는데 신심이 장하셨습니다. 조실 계 화상이 감기가 들어서 시자가 도수 스님에게

"조실스님이 생강 한 뿌리 얻어 오라 하셔서 왔습니다."

"너 생강 값 가져 왔느냐?"

그래서 조실스님에게까지 생강을 팔았다는 것입니다. 그 뒤에 다른 절에서 5조 계 화상에게 조실청장이 왔는데, 계 화상이

"이번에 아무 절 조실은 생강 판 놈이 간다. 그 절 조실을 하려면 나에게 생강 팔 정도는 돼야 할 수 있다."

라고 한 그런 이야기가 있습니다. 이것은 그만큼 사중(寺衆)의 물건을 마음대로 써서는 안 된다는 뜻입니다.

또 양기방회(楊岐方會, 996~1046) 스님은 임제종 양기파(楊岐派)의 개조(開祖)로 임제선을 후세에 크게 떨친 유명한 조사입니다. 이 스님이 은사인 자명(慈明) 스님 문하에서 30년을 원주(院主) 소임을 보는데 등잔을 두 개를 달아 놓고 썼다는 것입니다. 위의 등잔은 당신 등잔이고 밑의 단 등잔은 사중(寺衆) 등잔인데, 자기 사사로운 글을 기록할 때나 경을 볼 때엔 자기 등잔을 켜고 사중의 사무를 볼 때면 자기 등잔은 끄고 사중 등잔을 썼다고 합니다. 그만큼 3보의 물건을 자기 눈동자처럼 아꼈다는 것입니다. 누가 묻기를 '3보 등잔을 왜 밑에다 놓았소' 하니, '혹시 위의 등에 기름을 붓다가 잘못해서 흘리면 사중의 등잔에 보태 줄라고 그런다'라고 했다는 겁니다. 그만큼 3보의 물건을 자기 눈동자 아끼듯 한다는 뜻입니다.

## 제26경계
# 혼자만 이양을 받지 말라
### 獨受利養戒

若佛子가 先在僧房中住하야 後見客菩薩比丘[83] 來入僧坊과 舍宅
약불자　선재승방중주　　후견객보살비구　　내입승방　사택

城邑과 若國王宅舍中과 乃至夏坐安居[84]處와 及大會[85]中이어던 先
성읍　약국왕택사중　내지하좌안거처　급대회중　　선

住僧이 應迎來送去하며 飮食供養과 房舍臥具와 繩牀木牀[86]과 事
주승　응영래송거　음식공양　방사와구　승상목상　사

事給與하라 若無物이어던 應賣自身及男女身이어나 割自身肉賣라
사급여　약무물　응매자신급남녀신　할자신육매

도 供給하되 所須를 悉以與之어다 若有檀越[87]하여 來請衆僧이어던
공급　소수　실이여지　약유단월　내청중승

客僧도 有利養分하니 僧房主가 應次第로 差客僧受請이어늘 而先
객승　유이양분　승방주　응차제　차객승수청　이선

住僧이 獨受請하고 而不差客僧者는 僧房主 得無量罪하리니 畜生
주승　독수청　이불차객승자　승방주　득무량죄　축생

無異라 非沙門[88]이며 非釋種姓[89]이니 犯輕垢罪니라.
무이　비사문　비석종성　범경구죄





---

83 보살비구(菩薩比丘) 보살계를 받은 비구의 준말.
84 하좌안거(夏坐安居) 절에서 여름철 90일 동안 출입을 금하고 참선·강학(講學) 등 정진·수행하는 기간. 하안거(夏安居)의 준말.
　일하구순(一夏九旬)이라고도 하며, 일반적으로는 4월 15일부터 7월 15일까지.
85 대회(大會) 큰 모임이란 뜻이니 무차대회(無遮大會 : 외도·빈궁·하천을 가리지 않고 차별없이 공양하는 것), 불강탄회(佛降誕
　會), 부처님의 성도를 경축하는 납팔대회(臘八大會), 7월 백중의 자자회(自恣會) 등.
86 승상(繩床)·목상(木床) : 일종의 휴대용 의자로서 좌선할 때에 앉아서 정진할 수 있도록 된 좌구(坐具) 곧 의자.
87 단월(檀越) 범어 dānapati의 음역으로 곧 시주(施主)라 번역.
88 사문(沙門) 범어 śramaṇa의 음역. 근식(勤息)·빈도(貧道)라 번역한다. 출가수행인 일반을 가리키는 총칭.
89 석종성(釋種姓) 석종은 석가족 또는 불제자의 뜻.

너희 불자가 승당에 머물러 있으면서 뒤에 오는 보살비구가 절이나 집이나 도시나 임금이 지은 집이나 안거하는 곳이나 여럿이 모인 법회에 객으로 오는 것을 보거든, 먼저 있던 대중이 마중하고 또 배웅하여 보낼 것이며, 음식을 공양하고 방과 침구와 평상의자, 방석 등을 일일이 공급할 것이니라. 만일 공급할 물건이 없거든 마땅히 자신의 몸이나 아들딸의 몸이나 제 살을 베어 팔아서라도 필요한 바를 공급하여 줄 것이니라. 만일 단월이 와서 대중을 청하거든 객스님도 공양 받을 분이 있으니 승방주가 으레 차례대로 객스님도 보내어 청을 받게 하여야 하느니라. 만일 먼저 머무른 대중이 홀로 청을 받고 객스님은 청을 받지 못하게 하면 승방주가 한량없는 죄를 얻을 것이며 짐승과 다를 것이 없고 사문이 아니며 불자가 아니니 이런 일을 저지르면 경구죄를 범한 것이니라.

──────── **설법**

이 스물여섯 번째 경계는 절에서 객비구(客比丘)와 주인과의 접대 관계를 두고 제정한 계입니다. 보살이 객비구를 보면 오히려 몸을 팔아서라도 공양을 해야 할 것이어늘 하물며 짐짓 성인의 가르침을 어기고 등져서 좋은 손님을 경멸하는 일이 있어서야 되겠느냐는 것입니다. 만일 이런 일이 있다면 이것은 보살도 정신에 크게 어긋나는 일이며, 따라서 그 허물이 적지 않으므로 이 계를 제정했다는 것입니다.

그런데 여기에 세 가지로 판별하는 기준이 있습니다. 1은 사중의 규칙을 어기는 것이고, 2는 자리(自利 : 스스로의 수행에도 잘못됨)를 어기는 것이며, 3은 객비구가 의지할 데를 없게 하는 것이 그것입니다.

또 이 계를 범하는데 경중(輕重)이 있으니, 머무는 곳[住處]의 빈부 곧 그 절의 형편에 따라 넉넉히 대접할 수 있었는데 하지 않은 것은 죄가 중하고 절의 형편상 여러 날 머물게 하며 잘 대접할 수 없어서 소홀히 된 것은 죄가 가벼울 것은 당연합니다. 또 객승(客僧)의 수와도 관계가 있습니다. 객승의 수는 수십 명이나 되고 절은 토굴이어서 도저히 여러 사람이 함께, 한 철은 고사하고 단 한 달도 지내기 어려운 형편이면 그것이 큰 죄가 될 수는 없지만, 그렇지 않은데도 아끼는 마음으로 그랬다든지, 성내는 마음으로 그랬다든지 무단히 거절했다면 이것은 죄가 무거운 것입니다. 또는 여러 대중이 머무를 물자를 구할 수 없는 곳이었다든지 그 절에 불공이 많이 들지 않아 형편이 어려웠다든지 할 경우도 그럴 것입니다. 또 신도로부터 들어 온 공양을 나누어 주는 데 있어 객승에게 특별히 박대를 했다든지 하는 것은 다 이 계를 범한 것으로, 그 정도에 따라 죄를 결정해야 할 것입니다.

객승이나 본래부터 있던 승려나 음식을 차별해서는 안 되고 방에 불도 안 때주고 음식이든지 무엇이든지 똑같이 나누어 쓰라는 것입니다.

若佛子가 一切를 不得受別請[90]하야 利養入己어다 而此利養이 屬
약불자　일체　부득수별청　　　이양입기　　　이차이양　속

十方僧[91]이어늘 而別受請은 卽是取十方僧物[92]하야 入己니라 及八
시방승　　　이별수청　즉시취시방승물　　　입기　　급팔

福田中에 諸佛聖人과 一一師僧父母病人物을 自己用故로 犯輕垢
복전중　제불성인　일일사승부모병인물　자기용고　범경구

罪니라.
죄

너희 불자가 온갖 별청을 받아서 자신만 이양을 취하지 말라. 이런 이양은 시방 스님께 모두 속한 것이니 만일 혼자서만 청을 받으면 이것은 시방 스님들의 물건을 자신이 독차지하는 것이요, 또 여덟 가지 복전인 부처님·성인·여러 스님 및 부모와 병난 이들의 물건을 혼자서만 수용하는 것이므로 경구죄를 범한 것이니라.

---

90 **별청(別請)** 차례를 뛰어넘어 특별히 어느 특정인을 지명하여 초청하는 일.
91 **시방승(十方僧)** 승려 모두의 뜻.
92 **승물(僧物)** 승려 전체의 공유물의 뜻. 여기에 현전승물(現前僧物)·사방승물(四方僧物)이 있다. '사방승물'은 시방승(十方僧) 모두의 공유물이니, 예컨대 사찰·논·밭·산 등이 그것이다. '현전승물'은 현재의 대중에게 돌아가는 물건이니 예컨대 시주가 현재의 대중에게 보시해 온 옷이나 음식 등이 그것이다.

제27경계와 제28경계는 다같이 별청(別請)을 받고, 별청을 하는 데 대한 계입니다. '별청'이란 자기 혼자 청을 받아 가는 것을 말합니다. 혹은 옛날에 6군비구(六群比丘)라고 부처님 당시에 떼를 지어 나쁜 일을 많이 하던 6인의 악비구가 있었는데, 계율의 대부분은 이 6군비구로 인해 만들어졌다고도 합니다. 이 6군비구가 누가 다른 스님에게 무엇을 줄려고 하면 '내가 이런 것을 해 주겠다'고 해서 가로채고 했는데 이것도 '별청'이라고 합니다.

보살은 마땅히 소중하게 여기는 재물을 버려서 보시하고 공양하는 법을 조성해야 하는 것인데, 하물며 남을 앞질러서 별청을 받는다는 것은 다른 이에게 갈 시물(施物)을 가로채는 것과 같으므로 큰 허물이 된다는 것입니다. 그래서 이를 제지하신 것입니다.

절에는 여래의 승차법(僧次法)이 있어서 이 법을 무너뜨리지 말라는 것입니다. 어느 절에 대중이 20명이 있으면 단월 곧 신도 집에서 그 형편에 따라 '나는 세 스님 공양을 청합니다', '저는 오늘 집에 큰 일이 있어 다섯 스님을 청합니다' 하여 공양청장이 오면, 차례차례 한 사람이라도 건너뛰는 법이 없이 하라는 것입니다. 그렇게 하지 않으면 공양을 하는 이도 공양을 받는 이도 큰 복을 모두 깎아 없애는 것이 되고 허물이 되기 때문에 이런 계를 제정하게 되는 것입니다. 승차법(僧次法)에 따라 공양을 하면 그 시주는 무한한 복을 받는다고 했습니다. 『비구응공법행경(比丘應供法行經)』에 보면

'만일 나의 제자가 별청을 받은 자가 있으면 이 사람은 결정코 1과(一果)·2과(二果)·3과(三果)·4과(四果)를 잃을 것이니 비구라고 할 수 없다. 이 사람은 국왕의 땅을 밟고 다닐 수도 없고 나라의 물을

마실 수도 없으며, 500의 큰 악귀가 그 앞을 가로막을 것이다. 이 비구는 7겁을 두고 부처님을 보지 못할 것이며, 단월의 물건을 받지 못할 것이며, 5,000의 큰 귀신들이 항상 그 뒤를 따르며, 불법 가운데 큰 도적이라고 할 것이니 모든 비구는 이 일을 저질러서는 안 되느니라. 차제승(次第僧) 가운데 불타의 교화를 받은 승려, 4과를 얻은 승려, 보살의 승려, 7현(七賢)의 승려, 범부승은 사방의 단월로 하여금 이와 같은 승중(僧衆)을 만나지 않게 하기 위해 별청을 받지 말라'고 했으며, 『거사복전경(居士福田經)』에도 같은 뜻의 말씀이 있습니다.

# 제28경계
# 스님을 별청하지 말라
## 別請僧戒

若佛子가 有出家菩薩과 在家菩薩과 及一切檀越하야 請僧福田[93]하
약불자　유출가보살　　재가보살　　급일체단월　　　청승복전

야 求願之時에 應入僧坊하야 問知事人[94]하되 今欲請僧求願이어든
구원지시　응입승방　　문지사인　　　금욕청승구원

知事報言하되 次第請者는 卽得十方賢聖[95]僧이니라 而世人이 別請
지사보언　　차제청자　즉득시방현성　승이니라　이세인　별청

五百羅漢[96]과 菩薩僧은 不如僧次一凡夫僧이니 若別請僧者는 是
오백나한　　보살승　불여승차일범부승　　약별청승자　　시

外道法이니라 七佛[97]은 無別請法이라 不順孝道니 若故別請僧者는
외도법　　칠불　　무별청법　　불순효도　약고별청승자

犯輕垢罪니라.
범경구죄

　　너희 불자가 출가보살과 재가보살과 일체의 여러 단월들이 복전
인 스님네를 청하여 소원을 청하려 할 때에 마땅히 승방에 들어가서
지사인에게 물을 것이니, '내가 지금 스님을 청하여 소원을 이루려
하노라'고 하거든, 일 보는 이는 '스님네를 차례대로 청하는 것이 시
방의 거룩한 스님네를 얻는다'라고 할지니라. 그러나 세상 사람들이

---





93 **승복전(僧福田)** 8복전의 하나로 신도가 보시함으로써 복을 심을 수 있으므로 이렇게 일컫는다.
94 **지사인(知事人)** 사중(寺衆)의 물건을 보관하고 분배하는 역할을 맡은 이.
95 **현성(賢聖)** 소승의 3현(三賢)·4선근(四善根)의 7현(七賢)과 수신행(隨信行)·수법행(隨法行)·구해탈(俱解脫) 등 7을 합해서 현성
(賢聖)이라 하며, 또 네 가지 진리[四聖諦]를 바르게 증득한 것을 성(聖)이라 한다. 대승에서는 10주(住), 10행(行), 10회향(迴向)의 3
현(三賢)과 10지(地)의 10성(聖)을 말한다.
96 **나한(羅漢)** 아라한(阿羅漢)을 줄인 말이니, 응공(應供)·살적(殺賊)이라 번역하며, 소승 최고의 성과(聖果)이다.
97 **칠불(七佛)** 과거 7불 곧 비바시불(毘婆尸佛)·시기불(尸棄佛)·비사부불(毘舍浮佛)·구류손불(拘留孫佛)·구나함모니불(俱那含
牟尼佛)·가섭불(迦葉佛)·석가모니불을 일컬음.

500나한이나 보살들을 따로 청하는 것은 차례대로 범부승을 청하는 것만 못하니, 만일 따로 스님을 청하는 것은 외도들이 하는 법이니라. 7불은 따로 청하는 법이 없으며, 이것은 효순하는 도가 아니니 만일 따로이 스님을 청하는 자는 경구죄를 범한 것이니라.



앞의 제27계는 '별청을 받지 말라는 경계'인데 대해, 이 스물여덟째 계는 어떤 스님을 특별히 '따로 청하는 것을 금하는 계'입니다. '아무 스님은 내가 존경하는 스님이니 그 스님만 청하겠다'고 하는 것을 하지 말라는 계로써, 먼저는 스님네를 경계했고 여기서는 신도님네를 경계한 계입니다.

부처님 당시에 수달(須達) 장자라고, 부처님 제자로서 교살라국의 재상이고 큰 부자이며 덕망이 또한 아주 높은 이었습니다. 이 분이 빈두로(賓頭盧) 존자를 존경하여 공양을 올리려 하는데 별청을 할 수 없으므로 빈두로 존자를 청하기 위해 500승재·300승재를 합니다. 300승을 먼저 청해서 공양을 올리는데 빈두로 존자는 본래 독성나한(獨聖羅漢)님으로 옷을 아주 남루하게 입고 왔습니다. 수문장은 수달 장자로부터 '스님네 외에는 헐벗은 사람은 들여보내지 말라'는 명을 받았기 때문에 빈두로 존자를 그저 지나가는 걸인으로만 알고 받아주질 않았으므로 빈두로 존자는 문지기, 요새말로 호위병에게 매만 맞고 돌아갔습니다.

수달 장자는 빈두로 존자가 보이지 않으므로 다시 300재를 했지만 또 호위병하고 싸우다 주먹만 맞고 돌아갔고 영문을 모르는 수달 장자는 또 세 번째로 500승재(五百僧齋)를 차렸습니다. 빈두로 존자는 또 주먹을 맞고 갔습니다. 매우 이상하게 여긴 수달 장자는 할 수 없이 빈두로 존자를 찾아가서 물었습니다.

"큰스님 왜 3번씩이나 재회를 열고 기다렸는데 오시지 않으셨습니까."

"안 가긴 왜 안 갔겠소. 첫 날 가서는 왼쪽에 주먹을 맞아 혹이 이렇게 나고, 두 번째는 여기, 세 번째는 여기 이렇게 혹만 3개나 얻었소이다."

수달 장자가 별청을 하지 않으려고 이렇게 3번이나 큰 재회를 연 일이 있었습니다. 따라서 부처님 당시부터 별청을 이렇게 엄하게 금하고 있음을 볼 수 있습니다.

옛날에 중국 절 법에는 대중을 몇백 명이고 청해서 공양을 할 때면 자리를 비어 놓고 좌복(방석)을 하나 놓아두는 풍습이 있습니다. 그것은 성승(聖僧)을 위한 자리인데, 성승은 '벽지불(辟支佛)과 나한(羅漢)님'이란 뜻인데 이상하게 그 자리에 거지 같은 스님이 와서 공양을 받는다고 합니다. 그러면 그날 재를 잘 마친 것으로 생각한다는 것입니다. 문수보살과 같은 보살이 응현(應現)으로 나타나셔서 공양을 하셨다는 것입니다.

그리고 이 제도는 선방에서 식당과 승당의 중앙에 안치한 비구 모양의 등상을 모시는 제도로 되었는데, 그 상은 빈두로 존자나 문수보살상을 보통으로 하고, 교진여 · 마하가섭 · 수보리 존자 · 포대 화상의 상을 모시기도 합니다.

옛날에 또 허주덕진(虛舟德眞, ?~1888) 화상이라고 유명한 선사가 있었는데 어느 날 거지꼴로 통도사에 갔습니다. 대중스님들이 큰 방에 웬 거지가 온다고 쫓아내는 바람에 방에 들어가지도 못했습니다. 그 스님은 그 다음에 옷을 잘 입고 갔습니다. 이번엔 대중스님들이 환영을 하며 공양을 잘 차려가지고 갖다 드렸는데, 그 스님은 전부 옷에다 담아 버렸습니다. 그래서 그 까닭을 물으니,

"옷이 공양 받을 자격이 있지, 내가 무슨 공양 받을 자격이 있느냐."

라고 한 일이 있다는 것입니다. 성승(聖僧)은 험상궂은 모습으로 와서 중생을 시험한다는 뜻이고 상에 집착해서 별청을 한다든지 그러면 안 된다는 교훈을 행동으로 보여준 예라 할 것입니다.

옛날에 진실한 한 신도가 어느 큰 스님을 꼭 모시고 싶은 생각이 있어서 어느 날 그 큰 스님을 찾아가서 이렇게 간청을 했습니다.

"제가 스님을 꼭 모시고자 합니다. 크진 않지만 스님 계실 만한 도량도 하나 마련해 드리겠습니다."

"그래요. 신도님 정성이 하도 갸륵하시니 한 번 가 볼까요."

스님이 신도를 따라 나섰고 신도는 소원성취했다고 기뻐하면서

'좋은 가사·장삼과 음식과 절과 탕약 등 일절을 떨어지지 않게 지성으로 공양을 하리라.'

하고 마음속으로 단단히 작정을 했습니다. 그런데 얼마쯤 가다가 개울을 만나서 돌을 듬성듬성 놓은 디딤돌을 건너게 됐는데, 큰 스님이 방정맞게 깡충깡충 뛰어 건넜습니다. 신도가 가만히 보니 너무 위의가 없어서 실망을 하며 생각을 했습니다.

'내가 괜히 큰 스님을 모시고 가는가 보다. 절까지 지어드릴 것은 없겠다.'

얼마를 가다 개울을 또 하나 만났습니다. 또 큰 스님은 이번에도 아주 방정맞게 건너뛰었습니다. 신도는 또 생각했습니다.

'절에서 계실 때는 위엄도 있고 법문하실 때도 잘 하셨고 풍채도 있고 했는데, 암만 해도 내가 잘못 본 게로군. 가사·장삼도 해드릴 것 없겠다.'

얼마 가다가 도랑을 또 만났는데 이번에는 약 한 재가 또 날아갔습니다. 그리고 좀 가다 네 번째 도랑을 만났습니다. 그런데 어쩐 일인지 스님은 육환장을 떨쳐 짚고 위의를 갖추어 건넜습니다. 신도는 정말 이상한 생각이 들어 물었습니다. 타심통(他心通)을 한 스님의 대답은 신도의 심장을 덜컥 내려앉게 했습니다.

"처음에 한 번 건너뛰니 토굴[절]이 날아갔고, 두 번째 건너뛰니 가사·장삼이, 세 번째 건너뛰니 약 한 재가 날아갔는데, 이번에 또 한 번 건너뛰면 밥도 못 얻어먹고 몽둥이 찜질이나 당하여 쫓겨날 것 아니겠소."

그러니 상(相)을 보고 따르지 말고 별청(別請)을 하지 말라는 것입니다.

# 제29경계
# 나쁜 일로 업을 삼지 말라
邪命戒

---

若佛子가 以惡心故로 爲利養販賣男女色[98]하며 自手作食[99]하며 自
약불자　　이악심고　　위이양판매남녀색　　　자수작식　　　　자

磨自舂[100]하며 占相男女하며 解夢吉凶과 是男是女하며 呪術工巧
마자용　　　점상남녀　　해몽길흉　　시남시녀　　　주술공교

[101]와 調應方法[102]과 化合百種毒藥과 千種毒藥과 虵毒과 生金銀毒
조응방법　　화합백종독약　　천종독약　　사독　　생금은독

과 蠱毒[103]이리오 都無慈愍心이며 無孝順心이니 若故作者는 犯輕
고독　　　도무자민심　　　무효순심　　　약고작자　　범경

垢罪니라.
구죄

너희 불자가 나쁜 마음으로 이양을 위하여 남색, 여색을 팔거나,
제 손으로 나쁜 음식을 만들어 먹으며, 스스로 갈고 찧으며, 남녀를
점하고 상보며 해몽하여 길하다 흉하다 하고, 남자다 여자다 하고
주술이나 교묘한 기술이나 매를 길들이는 일이나 백 가지 독약과 뱀
독과 금은독과 벌레의 독을 만들지 말지니라. 이런 것들은 자비한
마음과 효순심이 없는 것이니, 이런 짓을 하는 자는 경구죄를 범하

---



98 판매남녀색(販賣男女色) 남녀의 몸 곧, 성(性)을 파는 행위.
99 자수작식(自手作食) 자기 손으로 나쁜 것을 스스로 삶고 끓이고 빻는 것.
100 자마자용(自磨自舂) 갈고 찧는 것. 여기에서는 술과 같은 나쁜 것을 만들기 위해 하는 일을 금한 것.
101 공교(工巧) 서화·조각 등의 정교한 기술.
102 조응방법(調應方法) 매·사냥개 등을 길러서 사냥을 하는 것.
103 생금은독(生金銀毒)·고독(蠱毒) 생금·생은 등은 먹으면 죽는 것을 말하고, 고독은 여러 가지로 독액을 섞은 것을 뜻한다.

느니라.

**설법**

이 계는 나쁜 방법으로 삿되게 살지 말라는 것입니다. 정초가 되면 토정비결을 보고 '금년신수가 어떠니 어떻게 하라, 칠성(七星) 기도를 해야 되겠다, 산신 기도를 해라, 심지어는 굿을 하고, 고사를 해라' 하면서 자신도 모르면서 남을 미혹하게 하는 짓을 해서는 안 된다는 것입니다. 그래서 백 가지 천 가지 독약을 만들고 나중에는 뱀의 독까지 만들고 생금과 생은으로 독약을 만들고 고독(蠱毒) 등을 만들어서 무자비한 마음으로 돈벌이를 해서 살지 말라는 것입니다. 불자라면 모름지기 좋은 직업, 정당한 일, 중생과 사회에 이익을 주는 사업을 하여야 합니다.

고독(蠱毒)이라는 것은 제일 독한 짐승 세 마리를 독에다 잡아 가두어 만드는 약입니다. 독한 짐승이란 것은 독사ㆍ두꺼비ㆍ지네ㆍ지렁이 등을 말하는데, 이것을 한 독에 넣어 두면 서로 독을 뿜고 싸우다가 서로 잡아먹고 나중에 제일 독한 놈만 살아남습니다. 그러면 이 제일 독한 놈을 가지고 약을 만들어서 그것으로 백 가지 병을 고친다고 하여 파는 것을 말합니다.

또 어떤 이들은, '부처님께 정성스럽게 기도를 했는데 왜 이런 불상사가 생겼을까' 하고 부처님을 원망하는 이가 있는데, 이런 삿된 소견으로 불교를 믿지 말라는 것입니다. 자기가 지은 업, 자기가 지은 업보를 그대로 받게 되어 있는 인과법을 믿는 것이 불법이지, 부처님 믿는다고 자기가 지은 업보를 다 안 받는다는 것은 삿된 도입니다. 천 냥 빚을 지으면 천 냥을 갚아야 하고, 남을 한 번 때렸으면 내가 맞아야 하는 것이 인과요, 남을 죽였으면 내가 죽임을 당하는 것이 원칙입니다. 남을 때리고도 안 받겠다, 남의 빚을 지고도 갚지 않겠다고 하는 것은 중생의 욕심일 뿐입니다.

그러므로 부처님을 믿으면 무조건 아무 업보도 받지 않고 좋게 된다고 생각하는 것은 마치 우리 신, 우리 교만 믿으면 당장 병도 낫게 해주고, 곧 부자도 만들어 주고, 부적 하나 10만 원짜리 가지면 만사가 뜻대로 된다는 식의 사교와 조금도 다를 것이 없습니다.

불교를 바로 믿는 것은 인과를 분명히 깨달아서 내가 과거세에 지은 업으로 금세의 이런 보를 받는 줄을 깨달을 줄 알아야 합니다. 인과에 대해서 무지몽매하여 캄캄하면서 나만 잘 되겠다고 욕심을 부리는 것은 불법을 잘못 믿는 것입니다. 참회를 지극히 하여 상대를 감동시킬 만큼 되면 업장의 소멸의 공덕이 없는 것은 아니지만, 인과법을 근원적으로 무시해서는 안 되는 것입니다. 그러므로 불자는 당장 좋은 과보 받기만 바랄 것이 아니라 현재의 행동을 부처님 법에 맞추어 실천하는 것이 중요합니다.

요컨대 부처님께서 이 계를 제정하신 뜻은 '보살은 마땅히 대자비심으로 중생을 제도해야 할 것이니, 목숨을 아끼지 않고 헌신적으로 이타행에 힘써야 할 것인데 어떻게 이익을 위해서 악법을 가지고 남을 손상하는 일을 할 수 있겠느냐' 하는 데 있습니다.

若佛子가 以惡心故로 自身이 謗三寶하고 詐現親附[104]하며 口便說
약불자　이악심고　　자신　방삼보　　사현친부　　　구편설

空이나 行在有中이리오 經理白衣[105]하며 爲白衣하야 通致男女하야
공　　행재유중　　　경리백의　　위백의　　통치남녀

交會淫色하야 作諸縛着하며 於六齋日[106]과 年三長齋月[107]에 作殺
교회음색　　작제박착　　어육재일　　년삼장재월　　작살

生劫盜하며 破齋[108]犯戒者는 犯輕垢罪니라 如是十戒를 應當學하
생겁도　　파재　범계자　범경구죄　　여시십계　응당학

야 敬心奉持하라 制戒品中에 廣解明하나라.
경심봉지　　제계품중　광해명

너희 불자가 나쁜 마음으로 스스로 삼보를 비방하면서 거짓으로
친한 척 아부하며, 입으로는 공하다고 말하면서도 행은 유에 있으
며, 마을 사람들과 사귀기를 좋아하며, 백의의 속된 남녀를 다스리
어 음란한 짓을 하게 하여, 속박을 지으며, 6재일[107]과 3장재월[108]에
살생과 도둑질을 하여 재를 깨트리고 계를 범하는 자는 경구죄를 범
한 것이니라. 이 열 가지 계를 배우고 공경하는 마음으로 받아지닐

---

**104 사현친부(詐現親附)** 아부하며 거짓으로 친하는 것.
**105 백의(白衣)** 재가의 속인.
**106 6재일(六齋日)** 재가 신자가 한 달에 6일을 출가인과 함께 재계(齋戒)를 가지는 것. 매달 8·14·15·23·29·30일의 6일.
**107 3장재월(三長齋月)** 1년에 3번 초하루부터 15일까지 8재계를 지키는 달. 정월·5월·9월을 일컬음. 정월은 모든 생명이 약동하려
　　하고, 5월은 번식의 달, 9월은 생식(生殖)의 달이므로 살생을 금하는 '재월'로 한 것. 또 4천왕이 인간의 선악을 살피는 달이기 때
　　문이라고 함.
**108 파재(破齋)** 8재계 가운데 제8계인, 때 아닌 때 먹는 것[非時食]. 곧 오후에 밥 안 먹는 계를 깨뜨린 것.

지어다. 「제계품」에 널리 말했느니라.



　　이 계는 보살이 마땅히 마음을 금강처럼 굳세게 하여 금계(禁戒)를 가지고 잘 지켜서, 그릇에 담은 귀한 기름[油鉢]을 한 방울이라도 떨어지지 않게 하듯이 하고, 바다에 빠진 사람이 생명줄인 부낭(浮囊 : 공기주머니)을 아끼듯 하여야 한다고 했습니다. 그런데 어떠한 악심(惡心)을 가지고 음란한 행동을 하며, 도둑질을 하며, 살생을 하며, 비방을 해서야 되겠느냐는 것입니다. 이런 허물을 막고 이 4가지 중계를 보호하기 위해 이 경계(輕戒)를 제정했다는 것입니다.

　　또 이 계는 4가지 인연이 모임으로 범계(犯戒)가 이루어진다고 하는 바, 첫째는 악심(惡心)을 일으키는 것이고, 둘째는 나쁜 경계를 대하는 것이며, 셋째는 방편을 꾸미는 것이고, 넷째는 행동에 옮기어 범하는 것의 4가지 인연이 그것입니다.

　　'이제 내가 공부를 해서 전부 공한 이치를 알았으니 나는 아무 짓을 해도 괜찮다[口便說空]'라고 하면서 그 행동은 결국 계를 깨뜨리고 유(有)에 집착하여 5욕락에 떨어지고 탐·진·치의 무명에 얽힘으로써 세속의 속된 무리들과 어울려서 좋지 못한 일을 꾸미게 되면 이것은 보살이 할 바 행위가 아니매, 이런 일을 저지르면 그 정도 여하에 따라서 10중대계 가운데 살·도·음·망계를 범하게 되고, 동시에 설사중과계(說四衆過戒)·자찬훼타계(自讚毁他戒)·방삼보계(謗三寶戒) 등의 중계(重戒)를 거듭 범하게 되며, 그 정도가 아주 가볍다 하더라도 이 3경계를 비롯해서 관련이 있는 다른 경계까지 동시에 범하는 것으로 됩니다.

세속의 불량한 무리들과 어울려 남녀의 불륜을 맺도록 역할을 한다면 그것은 보살이 할 바라 하겠느냐. 또 이런 허물에 떨어지게 하여 속박하는 무기로 삼는다면 더더구나 되겠느냐. 그리고 6재일과 3장재월에 살생을 하고 도둑질하게 하여 재를 깨뜨리도록 하면 경구죄를 범한다 했습니다.

그런데 이와 같은 계를 범한다는 것은 그 정도 여하에 따라서 죄과를 결정해야 할 일이긴 하지만, 결국은 중계를 범하는 것으로 되기 때문에 이 계는 이 같은 중계를 미연에 방지하기 위한 계이기도 한 것입니다. 이 계는 악심(惡心)이 치성하여 악경계(惡境界)를 만나서 나쁜 방법을 도모함으로 범하게 되는 죄이니, 이 나쁜 마음을 미리 일깨우고 그 나쁜 경계, 나쁜 방법이 무엇인지를 미리 알게 하여 마침내는 본계를 범하지 않도록 하자는 것이 이 계의 제의(制意)입니다.

그러기에 이 계문(戒文) 처음에 '악심이 있음으로써'라고 하여 '악심'이 조악(造惡)의 원인임을 밝히었으니, 이 '악심'이 업과(業果)를 믿지 않고 모든 죄를 짓게 하는 근원이기 때문입니다. 다음에는 지은 바 죄업을 밝히고 있으니 그 내용을 3종으로 들 수 있습니다. 1은, 원적(怨賊)이니 속된 무리에게 친한 척하며 3보를 비방하는 것은 제10중계를 범하는 것이며, 입으로 공을 얻었다[口便說空]는 거짓으로 도과(道果)를 얻은 척 꾸미는 것은 제2중계의 대망어죄를 범한 것입니다. 2는, '백의(白衣)를 경리(經理)한다' 이하는 중매·음예(姪穢)의 비행을 밝힌 것으로 제3중계인 교인음(敎人姪)을 범한 것인데, 여기서는 중매의 허물을 아울러 들고 있음을 볼 수 있습니다.

셋째로는 재일(齋日)의 재계(齋戒)를 깨뜨림[齋日毀禁]에 대해서 밝히고 있습니다.

6재일(六齋日)은 매달 초8일·14일·보름(15)·23일·29일·그믐(30)인데, 적은 달에는 29일·30일이 28일·29일로 됩니다. 이 6재일은 4천왕이 천하를 순행(巡行)하면서 사람의 선악을 살피는 날입니다. 8일·23일은 사천왕이 사자를 보내서 순찰하고 14일과 29일은 4천왕이 태자를 보내서 순찰하며, 보름과 그믐날은 4천왕이 직접 내려 와서 순찰을 하는데 인간세상에서 재일도 안 지키고 나쁜 짓만 하면 이 보고를 받은 제석천왕이 전부 나쁜 사람들만 태어나 '세상이 참으로 위태롭겠구나' 하고 통곡을 한다는 것입니다.

3장재월(三長齋月)은 1년 중 정월·5월·9월은 한 달 동안 재계(齋戒)를 지킨다고 해서 장재월(長齋月)이라 한 것입니다. 정월에는 4천왕이 남섬부주에 와서 관찰하고, 2월에는 동승신주(東勝身洲) 곧 동불바제(東弗婆提 : 동승신주의 별명)를, 3월에는 서우화주(西牛貨主) 곧 서구타니(西瞿陀尼)를, 4월에는 북구로주(北瞿盧洲) 곧 북울단월(北鬱單越)을 순찰합니다. 그리고 5월이 되면 다시 남염부제의 차례가 되어 석 달에 한 번씩 재월이 됩니다. 정월·5월·9월에는 남염부제, 2월·6월·10월은 동불바제를, 3월·7월·11월은 서구타니를, 4월·8월·12월은 북구로주 차례이고, 정월·5월·9월은 다시 남염부제 차례가 되는데, 이때에는 '팔관재계'를 지켜서 머리를 그냥 두고 일종식(日種食)을 하면서 중노릇을 하는 제도입니다.

# 제31경계
# 값을 치르고 구해내라
## 不行救贖戒

佛言하사대 佛子가 佛滅度後於惡世[109] 中에 若見外道와 一切惡人
불언    불자   불멸도후어악세   중   약견외도   일체악인

과 劫賊이 賣佛菩薩父母形像하며 及賣經律하며 販賣比丘比丘尼
  겁적   매불보살부모형상    급매경률    판매비구비구니

하며 亦賣發菩提心 菩薩道人하며 惑爲官使하야 與一切人作奴婢
    역매발보리심 보살도인    혹위관사    여일체인작노비

者이던 而菩薩이 見是事已에 應生慈悲心하야 方便救護하야 處處
자    이보살   견시사이   응생자비심    방편구호    처처

敎化하되 取物하야 贖佛菩薩形像과 及比丘比丘尼와 發心菩薩과
교화    취물    속불보살형상   급비구비구니   발심보살

一切經律이어다 若不贖者는 犯輕垢罪니라.
일체경률    약불속자   범경구죄

너희 불자가 부처님 멸도한 뒤 저 악한 세상에서 만일 외도와 온
갖 악한 사람과 도둑들이 불·보살의 형상이나 부모의 형상을 팔거
나, 경전과 율전을 팔거나, 비구·비구니를 팔거나, 또한 불심을 일
으킨 보살과 도인을 팔아서, 혹 관청의 하인이 되게 하거나, 여러
사람의 종이 되게 하는 것을 보살이 보거든 자비한 마음을 내어 방



109 **악세(惡世)** 부처님이 멸도하신 뒤 정법(正法)·상법(像法)·말법(末法)의 3시 가운데 말법의 때, 교법은 있으나 수행이 행해지지
    않으며 투쟁이 많은 때이므로 투쟁견고(鬪爭堅固)라 한다.

편으로 구할 것이니 곳곳마다 교화하여 재물을 가지고 불보살의 형상이나 비구·비구니와 발심한 보살이나 모든 경전과 율문을 값을 주고 구해내야 하나니라. 만일 그렇게 하지 않으면 경구죄를 범하느니라.




보살은 마땅히 중생이 액난에 처해 있는 것을 보고 목숨을 다하여 구제하여야 될 것이어늘 스스로 높여야 할 3보와 부모의 상이 나쁜 사람에게 팔려감을 보고 어찌 구하지 않을 수 있겠느냐 하는 것이 이 계를 제정한 뜻이라 하겠습니다.

이 계를 범하는 데도 경중이 있으니 가령 불·보살상이나 부모의 상을 가져간 사람이 흉악한 무리인가, 그렇지 않으면 그 상을 크게 해롭힐 사람들이 아닌가에 따라서 죄의 경중은 달라지게 됩니다. 예의고 도덕이고 신앙과는 아주 거리가 먼 짐승 같은 사람들로 그 존상(尊像)을 아주 누추하게 다룰 사람들이라면 어떤 방편을 써서라도, 예를 들어 어느 절의 불상이라면 그 절의 주지스님·신도님들이 협력하여 돈을 주고 도로 사오든지 해야 한다는 것입니다. 그렇지 않으면 그 죄가 크고, 상대가 불량하지 않은 사람이라든지 하여 불상을 함부로 할 사람이 아니라면, 그래서 자신의 형편도 어렵고 하여 그냥 그대로 지나쳤다면 그 죄는 가볍다는 것입니다.

또 그런 좋지 않은 소식을 들은 곳이 현지로부터 멀리 떨어졌느냐, 가까우냐, 그렇지 않으면 직접 목도했느냐 하는 데 따라 차이가 있게 됩니다.

경전이나 불서의 경우에도 한 가지이고 비구·비구니 스님네를 노예로 판다든지, 또는 보리심을 일으킨 도인을 판다든지 하는 경우에도 마땅히 자비심으로 구해 주어야 하는 것이 보살의 도리라는 것입니다.

# 제32경계
# 중생을 해롭게 하지 말라
損害衆生戒

若佛子가 不得販賣刀杖弓箭하며 畜輕秤小斗[110]하야 因官形勢[111]하
약불자　부득판매도장궁전　　축경칭소두　　　인관형세

야 取人財物하며 害心繫縛하며 破壞成功하며 長養猫狸猪狗[112]어다
　취인재물　　해심계박　　파괴성공　　장양묘리저구

若故養者는 犯輕垢罪니라.
약고양자　범경구죄

　너희 불자가 칼과 막대기와 활과 화살을 팔지 말며 저울을 속이고 되를 적게 하지 말며, 관청의 세력을 믿고 남의 것을 빼앗거나 해할 마음으로 묶고 얽어서 성공을 파괴하지 말며 고양이, 이리, 돼지, 개와 같은 것을 기르지 말지니, 이를 저지른 자는 경구죄를 범한 것이니라.

---

110 **경칭소두(輕秤小斗)** 저울 눈금을 속이고[輕秤], 말·되 등을 작게 하여 속이는 것[小斗].
111 **인관형세(因官形勢)** 관료의 세력을 의지해서 남의 업을 파괴하고 남의 공을 파괴하여 자기의 성공으로 만드는 것을 뜻하므로 이 계는 '破壞成功'까지 해당한다고 할 것이니, 제2중계인 투도계(偸盜戒)를 겸한다.
112 **묘리저구(猫狸猪狗)** 재물을 위해 가축을 기르는 것. 사람을 해롭힐 짐승을 기르는 것은 금했다.

이 계를 제정한 뜻은 보살이 고난을 받는 중생을 보면 마땅히 자비심으로 구제하여 이롭게 해주어야 할 것인데, 도리어 살생하는 기구를 만들어 쌓거나 중생의 재산과 생명을 잃게 하는 것은 보살의 마음이 아니므로 이것을 반드시 막기 위해 이 계를 제정한 것입니다.

살생하는 기구를 만들어 팔면 그것을 사용하여 많은 생명을 상해하게 되거나 상해할 마음을 조장하게 되므로 하지 말라는 것입니다. 이것은 직접적인 상해행위는 아니더라도 결국 간접적으로 상해한 죄까지 면할 수는 없기 때문에 이 경구죄로써 다스려 금하는 것입니다.

가령 여기 낚시질하기 좋은 그물이라든지, 사냥하기 좋은 덫이나 새로운 총을 만들어 팔면 중생들이 그것을 보고 짐승을 잡고 싶어 하는 마음이 나도록 충동하는 결과가 되기 때문에, 또 될 수 있는 대로 많은 살생을 할 수 있도록 간접적인 지원을 하는 것이기 때문에 금했습니다.

저울 눈을 속이고 자의 치수 등 도 · 량 · 형기를 속이는 것은 직접적 내지 간접적인 도둑질이 되므로 못하게 합니다. 6축을 기르지 말라고 한 것은 그것을 기르다 보면 팔아야 하고, 파는 것은 곧 이익을 남기기 위해 죽이기를 권하는 결과가 되기 때문임을 알 수 있습니다. 따라서 이런 것은 특히 절에서는 해서는 안 된다는 것입니다.

장사를 하는 사람이 살 때는 큰 말 · 무거운 저울을 쓰고 팔 때는 작은 되 · 가벼운 저울로 속이면 그 죄업이 크다고 했습니다.

# 제33경계 나쁜 일은
# 생각하지도 보지도 말라
## 邪業覺觀戒

若佛子가 以惡心故로 觀一切男女等鬪와 軍陣兵將劫賊等鬪리오
약불자　　이악심고　　관일체남녀등투　　군진병장겁적등투

亦不得聽吹貝와 鼓角[113]과 琴瑟과 箏[114]笛와 箜篌와 歌叫[115]와 妓樂
역부득청취패　고각　　금슬　쟁　저　공후　　가규　　　기악

之聲하며 不得樗蒲[116]와 圍棊와 波羅塞戲[117]와 彈棊[118]와 六博과 拍
지성　　부득저포　　위기　바라색희　　탄기　　육박　박

毬와 擲石과 投壺와 牽道八道行城[119]하며 爪鏡과 蓍草와 楊枝와 鉢
구　척석　투호　견도팔도행성　　조경　시초　양지　발

盂와 觸髏로 而作卜筮[120]하며 不得作盜賊使命하야 一一不得作이
우　촉루　이작복서　　부득작도적사명　　일일부득작

어다 若故作者는 犯輕垢罪니라.
약고작자　범경구죄

너희 불자가 나쁜 마음으로 남·녀의 싸우는 것과 군대가 진치

고 싸우는 것과 도둑들이 싸우는 것을 구경하지 말며, 또한 나팔 불

고 북 치며 거문고 타고 비파 치고 피리 불고 공후 치고 노래하고 춤

추고 음악하는 것을 듣고 구경하지 말며, 투전·바둑·장기·탄기

---

113 **취패고각(吹貝鼓角)** 취패(吹貝)는 소라 등을 부는 악기를 대표한 것. 고(鼓)는 북·장구 등 치는 악기. 각(角)은 뿔로 만든 피리[角笛].
114 **금(琴)·슬(瑟)·쟁(箏)** 다 현악기(弦樂器)로서 거문고 종류.
115 **가규(歌叫)** 높은 소리로 노래하는 것.
116 **저포(樗蒲)** 윷 같은 것으로 점치는 놀이.
117 **바라색희(波羅塞戲)** 많은 코끼리·말을 몰고 빨리 달리기 놀이.
118 **탄기(彈棊)** 궁녀·선비집 여인의 놀이. 바둑알 같은 것을 손가락으로 멀리 튕기는 놀이. 또는 판 위에 공같은 돌을 튕기는 놀이.
119 **육박(六博)·박구(拍毬)·척석(擲石)·투호(投壺)·팔도행성(八道行城)** 주사위[六博]·제기차기[拍毬]·활쏘기[投壺]·돌팔매
　　[擲石]와 바둑알을 튕겨서 들어가게 하는 놀이[八道行城].
120 **조경(爪鏡)·시초(蓍草)·양지(楊枝)·발우(鉢盂)·촉루(觸髏)·복서(卜筮)** 손톱에 약을 바르고 주술로 점치는 것[爪鏡]·괘를
　　뽑을 때 쓰는 풀[蓍草], 버들가지로 만든 사람 형상에 주술을 하는 것, 또는 대 잡는 버드나무 가지[楊枝], 그릇으로 점치는 것[鉢
　　盂], 해골을 두드려서 점치는 것[觸髏], 기타의 점치는 것[卜筮].

·쌍륙·공차기·돌 던지기·화살 던져 넣기·팔도행성 같은 것을
하지 말며, 조경·시초·버들가지·발우·해골 같은 것으로 점치
지 말며, 도둑의 심부름도 하지 말 것이니 하나라도 하지 말라. 만
일 저지른 자는 경구죄를 범한 것이니라.



'보살이 마땅히 고요한 곳에 머물면서 도를 생각하고 마
음을 맑히는 수행에 힘써야 할 것인데, 도리어 세속의 놀이와 유행을
따라서 뜻을 방종하게 가져서 도의 뜻을 잃어버릴 수 있겠느냐' 하는
데 이 계를 제정한 뜻이 있습니다. 이 같은 오락과 유희에 빠지는 병
폐를 다시 여덟 가지로 말 할 수 있습니다. 1은 선정을 잃고, 2는 마
음을 들뜨게 하여 산만한 정신을 더하게 하고, 3은 선품(善品)을 무너
뜨리며, 4는 법다운 행을 소멸시키고, 5는 큰 속임[大誑]을 부르며, 6
은 교화의 대상을 그르치고, 7은 금계(禁戒)를 헐게 되며, 8은 고(苦)의
원인을 이루게 되는 것이니 이렇게 되면 마침내 도를 무너뜨림이 아
주 심하므로 모름지기 이 계로서 제지(制止)한다는 것입니다.

중국에 양(梁)날 무제(武帝)가 아주 불법을 잘 믿고 항상 가사를 두
르고 『금강경』과 『금광명경(金光明經)』을 많이 수지독송하고 하여 불
심천자(佛心天子)라고 하였습니다. 그는 10여 년 천자를 하면서 수많
은 절을 짓고 수만 명 스님네를 출가·수행하도록 지원을 했기 때
문에 불심천자(佛心天子)라고 했습니다.

어느 날 양 무제가 사신을 보내어 국사로 있는 합두(榼頭) 법사를

모셔오게 했습니다. 그런데 그 사이에 양 무제는 바둑을 두면서, 바둑에 정신이 몰두하여 상대편의 돌을 잡아야 할 찰라에 있을 적에, 그 사신이 와서 "합두 국사님 모셔왔습니다"하고 고했지만, 양무제는 바둑에만 정신이 쏠려서 바둑알 몇을 잡자는 뜻으로 "그 놈을 죽여라"라고 했습니다. 사신은 양 무제가 죽이라는 뜻으로 알고 합두 국사를 처형했다는 것입니다.

바둑을 다 두고 나서 합두 국사를 찾던 양 무제가 이 소리를 듣고는 눈앞이 캄캄했지만 이미 할 수가 없는 일이었습니다. 그는 자신이 존경하던 국사를 자신의 손으로 죽인 실수를 저지른 그 뒤부터는 다시는 바둑을 두지 않았다고 합니다. 한숨을 땅이 꺼지게 쉬고 난 양 무제는 사신에게 물었습니다.

"합두 국사께서 무슨 말씀이 없으시더냐."

"예, 합두 국사께서, 내가 전생에 도량의 밭을 매다가 지렁이를 실수로 죽였는데, 그 과보로 오늘 내가 이렇게 되는구나 하고 말씀을 하셨습니다."

과거 전생에 합두 스님이 어느 절에 사미승으로 있을 때 밭에 김을 매다 그만 잘못하여 지렁이를 두 동강을 내서 죽인 일이 있었는데, 그 지렁이가 금생에 양 무제가 되고 사미는 합두 법사가 되어서 무심코 죽인 인연의 과보를 받았다는 것입니다.

바둑을 두고 오락을 하다 보면 정신을 잃어 수행을 하는 데 방해가 되므로 '그런 것은 수행인으로서는 하지 말라'고 한 것입니다.

若佛子가 護持禁戒하되 行住坐臥의 日夜六時에 讀誦是戒하야 猶
약불자　호지금계　　행주좌와　　일야육시　독송시계　　　유

如金剛[121]하며 如帶持浮囊[122]하고 欲渡大海하며 如草繫比丘[123]하여
여금강　　　여대지부낭　　　욕도대해　　　여초계비구

常生大乘善信하며 自知我是未成之佛이요 諸佛은 是已成之佛하
상생대승선신　　　자지아시미성지불　　　제불　시이성지불

야 發菩提心하야 念念不去心하라 若起一念이라도 二乘外道心者는
　발보리심　　　염념불거심　　　약기일념　　　이승외도심자

犯輕垢罪니라.
범경구죄

　　너희 불자가 계율을 잘 지니며 걷거나 섰거나 앉았거나 누웠거
나 주야 6시에 금강과 같이 이 계율을 외우며 마치 바람 주머니를
차고 바다를 건너는 것처럼 하며, 풀에 묶였던 비구와 같이 항상 대
승에 대한 신심을 낼 것이며, 나는 아직 이루지 못한 부처요, 부처
님은 이미 다 이룬 부처인 줄을 알고 보리심을 내어 잠깐이라도 마



121 금강(金剛) 물질 가운데 제일 강한 것. 모든 것을 부수지만 무엇에 의해서도 부서지지 않는 것.
122 대지부낭(帶持浮囊) 물에 빠진 사람이 공기 주머니[浮囊]를 남에게 주지 않듯이 계를 지키라는 뜻.
123 초계비구(草繫比丘) 부처님 당시에 한 사미가 도적을 만나 옷을 빼앗기고 풀에다 손·발이 묶여 있는데 보살은 마땅히 이렇게 계
　　경(戒經)을 보호해야 한다는 뜻.

음에 여의게 말 것이니, 만일 잠깐이라도 이승이나 외도의 마음을 일으키는 자는 경구죄를 범한 것이니라.


─────── **설법**

대보리심(大菩提心)은 모든 수행의 근본이요, 성불의 원인[因]이니 만일 이 마음을 잊으면 만덕(萬德)을 상실하게 된다고 했습니다. 이미 3취정계(三聚淨戒)를 파괴하고 5위(五位)를 상실하여 자포자기하는 마음으로 '보살이 어찌 이럴 수가 있느냐, 나는 이제 보살행을 할 수 없다'고 하여 타락하는 것을 막기 위해 이 계를 제정한 것입니다.

초계비구(草繫比丘)의 이야기는 저 『장엄론(莊嚴論)』에 나옵니다. 이 비구의 이야기가 있습니다. 도둑을 만나 옷이 찢기고 벌거숭이가 된 채 도둑들에 의해 풀뿌리에 묶여서 꼼짝 못하고 있었습니다. 때마침 국왕이 수렵을 나왔다가 풀밭에서 벌거숭이가 된 사람이 묶여 있는 것을 보고 "이것은 외도(外道)이다."라고 했습니다. 이때 옆에 있던 신하가 말했습니다. "이는 불자입니다." "무엇으로 아는가?" "오른 어깨가 모두 검게 타 있기 때문이니 이것은 편단(偏袒 : 오른쪽 어깨를 걸어 맨 것)의 상(相)입니다."라고 하였다. 왕이 곧 게송(偈頌)으로 물었습니다.

"보기에 아무 병도 없는 것 같고 튼튼해 보이는데 어찌하여 풀밭에서 이렇게 힘없이 몸을 움직이지 못하는가?"

비구가 게로서 대답했습니다.

"이 풀을 끊어버리기는 힘이 들지 않지만 다만, 세존의 금강계(金剛戒) 때문에 끊을 수 없습니다."

왕은 비구를 데리고 궁궐로 가서 새 옷을 만들어 주고 갖가지 공양을 하면서 그 이유를 물었습니다.

"적은 계[小戒]를 얻기 위해 신명(身命)을 바치는 일을 소승도 능히 하는데, 하물며 대승이야 더 말할 나위가 있겠습니까?"
라고 비구는 대답했습니다. 이것이 대승불자의 지극한 자비심이고 보살심입니다.

또 이 계를 범하는 데 경중이 있습니다. 싫어하는 마음이 보리심을 싫어하는 마음, 싫증내는 마음을 말합니다. 그 마음이 얼마나 깊고 심했느냐 약했느냐에 따라서 경중을 정할 것이며, 이 계를 범하는 여러 가지 연(緣)을 갖추었느냐 어느 한 부분을 범하였느냐 하는 데 따라 경중을 가려야 한다는 것입니다. 또 2승·외도를 구한 시간이 오랜 시간을 두고 하였는가, 잠깐 하였는가를 살펴서 죄의 경중을 정해야 합니다.

# 제35경계
# 원을 세우라
## 不發願戒

若佛子가 常應發一切願하되 孝順父母師僧하며 願得好師[124]와 同
약불자　　상응발일체원　　효순부모사승　　원득호사　　　동

學善知識하야 常教我大乘經律과 十發趣와 十長養과 十金剛과 十
학선지식　　상교아대승경률　　십발취　　십장양　　십금강　　십

地하야 使我開解하야 如法修行하며 堅持佛戒하야 寧捨身命이언정
지　　사아개해　　여법수행　　견지불계　　영사신명

念念不去心이어다 若一切菩薩이 不發是願者는 犯輕垢罪니라.
염념불거심　　약일체보살　　불발시원자　　범경구죄

너희 불자가 항상 온갖 원을 내되 부모와 스승 삼보에게 효도하기를 원하며 좋은 스승과, 함께 공부할 선지식을 만나 대승의 경전과 계율과 10발취와 10장양과 10금강과 10지의 법을 항상 나에게 가르치기를 원하며, 나의 마음이 환히 열리어 법답게 수행하기를 원하며, 부처님의 계를 굳게 지니어 차라리 몸과 목숨을 버릴지언정 잠깐 동안이라도 마음 속에서 여의지 않기를 원할지니, 만일 보살이

---

124 **호사(好師)** 행과 해[行解]를 겸비한 선지식. 행만 있고 해[佛法]에 대한 깊은 교학이 없으면 나의 심지(心地)를 열어 줄 수 없고 해만 있고 행이 없으면 나를 이끌어 나아가게 하기 어렵기 때문에 행해의 두 가지를 다 갖춘 스승을 구하라는 것.

이 원을 내지 아니하면 경구죄를 범한 것이니라.




이 계를 제정한 데는 그만한 뜻이 있습니다. 큰 서원(誓願)을 훈습(薰習 : 점차 익히는 짓)하여 만행(萬行)을 증장시켜야 합니다. 큰 서원을 세우지 않으면 보살을 일으킬 수 없기 때문에 반드시 이 계를 제정해야 한다는 것입니다. 『화엄경』에 '큰 원을 발하지 않음은 마업(魔業)을 짓게 된다'라고 했습니다.

또 이 계를 범하는 데 경중이 있습니다. 원을 일으키지 않음으로 말미암아 닦을 바 행을 중단시키는 데 많고 적은 차이가 있으며, 많이 중단했으면 중하고 적게 중단했으면 가벼운 죄가 있는 것입니다. 또 본 서원을 잠시 잊어버렸느냐 오랫동안 잊어버렸느냐 하는 데 따라 범계의 차이가 있다고 했습니다.

# 제36경계
# 지킬 열 가지 서원을 다짐하라
## 不發誓戒

若佛子가 發是十大願[125]已어던 持佛禁戒하야 作如是誓言하되 寧
약불자　발시십대원　이　　　지불금계　　　작여시서언　　　영

以此身으로 投熾然猛火와 大坑刀山이언정 終不毁犯三世諸佛經
이차신　　　투치연맹화　　대갱도산　　　종불훼범삼세제불경

律하야 與一切女人으로 作不淨行하리라 復作是願하되 寧以熱鐵羅
률하야　여일체여인　　　작부정행　　　부작시원　　　영이열철라

網[126]으로 千重周帀纏身이언정 終不以此破戒之身으로 受於信心檀
망　　　천중주잡전신　　　종불이차파계지신　　　수어신심단

越의 一切衣服하리라 復作是願하되 寧以此口로 吞熱鐵丸과 及大
월　　일체의복　　　부작시원　　　영이차구　탄열철환　　급대

流猛火하여 經百千劫이언정 終不以此破戒之口로 食於信心檀越
류맹화　　　경백천겁　　　종불이차파계지구　　　식어신심단월

의 百味飮食하리라 復作是願하되 寧以此身으로 臥大流猛火羅網과
의　백미음식　　　부작시원　　　영이차신　　　와대류맹화라망

熱鐵地上이언정 終不以此破戒之身으로 受於信心檀越의 百種牀座
열철지상　　　종불이차파계지신　　　수어신심단월　백종상좌

하리라 復作是願하되 寧以此身으로 受三百矛刺身하야 經一劫二劫
　　　부작시원　　　영이차신　　　수삼백모자신　　　경일겁이겁

이언정 終不以此破戒之身으로 受於信心檀越의 百味醫藥하리라
　　　종불이차파계지신　　　수어신심단월　백미의약





**125 십대원(十大願)** 홍찬(弘贊) 스님은 열 가지 원으로 선도(先導)를 삼고 다섯 가지 맹세[五誓]로 그 원을 굳건히 함으로써 두려움이 없게 한다고 했다. 10종원이 무엇이냐에 대해서는 이설(異說)이 있는데, 그러나 앞의 제 35경계에서 말한 효순부모 · 효순사승 · 효순삼보 · 원득호사 · 동학선지식 · 상교대승경률 · 원해10발취 · 원해 10장양 · 원해 10금강 · 원해 10지의 10원을 말하며, 5섯 가지 맹서는, 첫째는 탐욕에 물듦을 여의는 서원[離欲誓]이고, 둘째는 공양받기를 원하는 것[受供養誓], 셋째는 공경받기를 원하는 것[受恭敬誓], 넷째 6근이 청정하기를 원하며[淨六根誓], 다섯째 중생을 제도하는 원[度衆生誓]을 말한다.

**126 열철(熱鐵) · 라망(羅網)** 벌겋게 단 뜨거운 쇠로 만든 그물.

復作是願하되 寧以此身으로 投熱鐵鑊하야 經百千劫이언정 終不以
부작시원    영이차신      투열철확      경백천겁      종불이

此破戒之身으로 受於信心檀越의 千種房舍屋宅과 園林田地하리
차파계지신    수어신심단월    천종방사옥택    원림전지

라 復作是願하되 寧以鐵鎚로 打碎此身하야 從頭至足히 令如微塵
부작시원    영이철추    타쇄차신    종두지족    영여미진

이언정 終不以此破戒之身으로 受於信心檀越의 恭敬禮拜하리라 復
종불이차파계지신    수어신심단월    공경예배      부

作是願하되 寧以百千熱鐵刀矛로 挑其兩目이언정 終不以此破戒之
작시원    영이백천열철도모    도기양목      종불이차파계지

心身으로 視他好色하리라 復作是願하되 寧以百千鐵錐로 遍劚刺
심신    시타호색      부작시원    영이백천철추    변참자

耳根하야 經一劫二劫이언정 終不以此破戒之心으로 聽好音聲하리
이근    경일겁이겁      종불이차파계지심    청호음성

라 復作是願하되 寧以百千刃刀로 割去其鼻언정 終不以此破戒之
부작시원    영이백천인도    할거기비    종불이차파계지

心으로 貪齅諸香하리라 復作是願하되 寧以百千刃刀로 割斷其舌이
심    탐후제향      부작시원    영이백천인도    할단기설

언정 終不以此破戒之心으로 食人百味淨食하리라 復作是願하되 寧
종불이차파계지심    식인백미정식      부작시원    영

以利斧로 斬破其身이언정 終不以此破戒之心으로 貪著好觸하리라
이이부    참파기신    종불이차파계지심    탐저호촉

復作是願하되 願一切衆生이 悉得成佛하여지이다 而菩薩이 若不發
부작시원    원일체중생    실득성불      이보살    약불발

是願者는 犯輕垢罪니라.
시원자    범경구죄


너희 불자가 열 가지 큰 원을 일으킨 뒤에 부처님의 금계를 지
니고, 이러한 서원을 세우되 '차라리 이 몸을 훨훨 타는 불구덩이나
깊은 구덩이에나 날카로운 칼날산 위에 던질지언정 결코 3세의 부
처님들의 계율을 어기어 온갖 여인들과 부정한 행위를 하지 않으리
라.' 또 서원하되 '차라리 뜨겁게 달군 쇠 그물로 이 몸을 천 겹이나
얽을지언정 결코 파계한 몸으로 신심 있는 단월의 옷을 입지 않으리
라.' 또 서원하되 '차라리 이 입으로 빨갛게 단 쇳덩이와 활활 타는

불덩어리를 백천 겁 동안 삼킬지언정 결코 파계한 입으로 신심 있는 단월의 백미음식을 먹지 않으리라.’ 또 서원하되 ‘차라리 이 몸으로 활활 타는 불 그물과 뜨거운 쇠판 위에 누울지언정 결코 파계한 몸으로 신심 있는 단월의 의자와 좌복을 받지 않으리라.’ 또 서원하되 ‘차라리 이 몸이 300자루의 창에 찔리면서 1겁 2겁을 지낼지언정 결코 파계한 몸으로 신심 있는 단월의 백 가지 의약을 받지 않으리라.’ 또 서원하되 ‘차라리 이 몸이 끓는 가마솥에 들어가 백천 겁을 지낼지언정 결코 파계한 몸으로 신심 있는 단월의 천 가지 방과 집과 절과 숲과 땅을 받지 않으리라.’ 또 서원하되 ‘차라리 쇠망치로 이 몸을 때려부수어 머리부터 발끝까지 가루를 만들지언정 결코 파계한 몸으로 신심 있는 단월의 예배를 받지 않으리라.’ 또 서원하되 ‘차라리 백천 자루의 날카로운 칼이나 창으로 내 두 눈을 도려낼지언정 결코 파계한 마음으로 예쁜 모양을 보지 않으리라.’ 또 서원하되 ‘차라리 백천 자루 송곳으로 귀를 쑤시면서 1겁 2겁을 지낼지언정 결코 파계한 마음으로 아름다운 소리를 듣지 않으리라.’ 또 서원하되 ‘차라리 백천 자루의 칼로 코를 베일지언정 결코 파계한 마음으로 좋은 냄새를 맡지 않으리라.’ 또 서원하되 ‘차라리 백천 자루의 칼로 혀를 끊을지언정 결코 파계한 마음으로 남의 맛있는 음식을 탐하지 않으리라.’ 또 서원하되 ‘차라리 잘 드는 도끼로 내 몸을 찍을지언정 결코 파계한 마음으로 부드러운 촉감을 탐내지 않으리라.’ 또 서원하되 ‘일체중생들이 모두 성불하여지이다.’ 할지니, 보살이 만일 이런 사원을 세우지 않으면 경구죄를 범하는 것이니라.

이 계를 제정하지 않으면 안 되는 소이가 있습니다. 큰 서원을 세우지 않으면 스스로 지키는 계행이 이지러져서 허물을 쌓게 되므로, 서원을 세워서 마음의 번뇌를 막아서 계행을 지키게 하자는 데 이 계를 제정한 뜻이 있습니다. 그러나 정신의 이상 또는 병이나 잠깐 서원을 잊어버린 것은 다시 제정신을 차리는 것과 동시에 당연히 죄가 되지 않는다고 했습니다.

이 제36계는 범망경 58계문 가운데 제일 많은 글로 이루어져 있습니다. 따라서 이 계문을 해석하는 데 있어서 문단의 분류를 모르면 분명한 뜻을 확실하게 파악하는 데 혼란이 올 우려가 있습니다.

먼저 이 계문을 크게 두 가지 내용으로 갈라서 생각할 필요가 있습니다. 먼저는 열 가지 서원[十誓]을 세우는 것이고 뒤에는 어겨서 범한 바를 결죄(結罪)하는 부분으로 크게 나누게 됩니다. 맨 끝의 13자 '而菩薩 若不發是願者 犯輕垢罪'가 뒤의 둘째 대문이고, 그 이전은 다 원을 세우는 데 대한 말씀입니다.

그런데 원을 세우는 첫 번째 대문을 다시 2문단으로 나누어, 처음에 총괄적으로 뜻을 드러내는 총론적인 부분으로 '若佛子 發是十大願已 持佛禁戒'까지의 처음의 13자가 그것이니, 10가지 원을 일으켜서 불계(佛戒)를 좋게 지니라는 내용입니다.

그리고 제2문단은 '作是願' 이하부터 끝의 '而菩薩' 이전까지의 전문이며, 여기서 13종의 원을 들고 있는데, 앞의 12종의 큰 서원은 스스로 계를 보호할 것을 서원하는 것이고 뒤의 1대원은 다른 이를 성불시키기를 발원하는 서원입니다.

# 제37경계
# 위험한 곳에 가지 말라
## 冒難遊行戒

---

若佛子가 常應二時頭陀[127]와 冬夏[128] 坐禪과 結夏安居[129]에 常用
약불자　　상응이시두타　　　동하　　좌선　　결하안거　　　상용

楊枝와 澡豆와 三衣[130]와 瓶과 鉢과 坐具와 錫杖[131]과 香爐奩과 漉
양지　조두　삼의　　　병　발　좌구　석장　　　향로염　녹

水囊[132]과 手巾과 刀子와 火燧와 鑷子와 繩牀[133]과 經과 律과 佛像
수낭　　수건　도자　화수　섭자　승상　　　경　율　불상

과 菩薩形像이어다 而菩薩이 行頭陀時와 及遊方時에 行來百里千
　　보살형상이어다　이보살　행두타시　급유방시　　행래백리천

里하되 此十八種物을 常隨其身하다 頭陀者는 從正月十五日로 至
리　　차십팔종물　상수기신　　두타자　　종정월십오일　　지

三月十五日하며 八月十五日로 至十月十五日이니 是二時中에 此
삼월십오일　　　팔월십오일　　지시월십오일　　시이시중　차

十八種物을 常隨其身하되 如鳥二翼이어다 若布薩日에 新學菩薩
십팔종물　상수기신　　　여조이익　　　약포살일　신학보살

이 半月半月에 常布薩하되 誦十重四十八輕戒니라 若誦戒時에 當
　반월반월　상포살　　　송십중사십팔경계　　약송계시　당

於諸佛菩薩形像前誦하되 一人이 布薩하면 卽一人이 誦하며 若二
어제불보살형상전송　　　일인　포살　　　즉일인　송　　　약이

人三人으로 至百千人이라도 亦一人이 誦하되 誦者는 高座하고 聽
인삼인　　지백천인　　　역일인　송　　　송자　고좌　　청

者는 下坐하야 各各披九條七條五條架裟하라 若結夏安居時에 亦
자　하좌　　　각각피구조칠조오조가사　　　약결하안거시　역

---





127 **이시두타(二時頭陀)** : 봄·가을의 안거(安居)를 말하며, 두타(頭陀)는 의식주 등에 대한 집착을 버리고 고행을 수련하는 것. 여기
　　에 열두 가지가 있으므로 '12두타'라 한다.

128 **동하(冬夏)** : 10월 16일로부터 정월 14일까지 겨울, 4월 16일부터 7월 14일까지의 하안거(夏安居).

129 **결하안거(結夏安居)** : 여름 안거 곧 3개월. 70일 동안의 안거(安居 : 특별수행)·하좌(夏坐)·하행(夏行)이라고 하는데, 이 안거가
　　첫 날을 결하(結夏) 또는 결제(結制)라고 하며, 이것이 끝나는 날을 해하(解夏)·해제(解制)라고 한다.

130 **양지(楊枝)·조두(澡豆)·삼의(三衣)** : 이를 닦고 혀를 닦는 칫솔[楊枝], 팥으로 만든 비누 같은 것[澡豆], 5조(條 : 조각)·7조·9
　　조의 법복[三衣]을 가리킴.

131 **병(瓶)·발(鉢)·좌구(坐具)·석장(錫杖)** : 물 담는 병·식기[鉢], 앉을 때 펴는 것[坐具], 위에 고리를 단 지팡이[錫杖].

132 **향로(香爐)·녹수낭(漉水囊)** : 향불 피우는 향로, 물을 거르는 주머니[漉水囊], 녹대(漉垈)·수라(水羅)라고도 한다.

133 **화수(火燧)·섭자(鑷子)·승상(繩床)** : 불 켜는 부쇠[火燧], 족집게[鑷子], 노끈으로 만든 침상[繩床].

應一一如法하며 若行頭陀時에 莫入難處니 若惡國界와 若惡國王
응일일여법　　약행두타시　막입난처　　약악국계　　약악국왕

과 土地高下와 草木深邃와 獅子虎狼과 水火風難과 及以劫賊道路
　토지고하　초목심수　사자호랑　수화풍난　급이겁적도로

와 毒蛇와 一切難處에 悉不得入이어다 頭陀行道와 乃至夏坐安居
　독사　일체난처　실부득입　　　두타행도　내지하좌안거

에도 是諸難處에 皆不得入이니 若故入者는 犯輕垢罪니라.
　시제난처　개부득입　　약고입자　범경구죄

　　너희 불자가 봄·가을 두타행을 할 때나 겨울·여름 좌선할 적
에나 하안거를 할 적에 항시 양지와 비누와 가사와 병과 발우와 좌
구와 육환장과 향로와 물 주머니와 수건과 칼과 부쇠와 족집게와 노
끈과 걸상과 경전과 율문과 불상과 보살상을 지녀야 하나니, 보살은
두타행을 할 때나 유행할 때에 백 리 천 리를 가더라도 이 18가지
물건을 지니고 다녀야 하느니라, 두타행을 하는 때란 정월 15일부
터 3월 15일까지와 8월 15일부터 10월 15일까지니 이 두 철에 18
가지 물건을 몸에서 떠나지 않게 하기를 마치 새의 두 날개와 같이
할 것이니라. 만일 포살일에 새로이 발심한 보살은 보름마다 포살
하되 불보살상 앞에서 10중계와 48경계를 외울 것이니라. 계를 외
울 적에는 반드시 불보살상 앞에서 하되, 한 사람이 포살하여도 한
사람이 외우고 두 사람 세 사람 백 사람 천 사람이 되더라도 한 사람
이 외우며 외우는 이는 높은 자리에 있고 듣는 이는 낮은 자리에 앉
을 것이며, 각각 9조와 7조와 5조의 법의를 입을 것이며, 여름 안거
할 적에도 법대로 하여야 하느니라. 두타행을 할 적에는 험난한 곳
에 들어가지 말지니 나쁜 나라 국경에나 나쁜 임금에게나 땅바닥이
높고 낮은 곳이거나 초목이 무성한 곳이거나 사자 호랑이가 있는 곳
이나 물 난리·바람 난리가 있는 곳이거나 도둑이 나오는 외딴 길

이나 독사가 많은 곳이나 온갖 위험한 데는 가지 말지니라. 두타행을 할 적이나 여름 안거를 할 때에도 이런 위험한 데는 들어가지 말아야 하나니, 만일 짐짓 들어가는 자는 경구죄를 범한 것이니라.

———— **설법**

보살의 수행에는 반드시 수행을 돕는 인연을 갖추어야 합니다. 그런데 어려운 곳[難處]은 이렇게 수행을 돕는 연이 궐하므로 가르침에 어긋나고 도를 방해하게 되기 때문에 반드시 이 계를 제정해서 그런 허물을 막자는 것입니다.

이 계를 범하는 데 경중이 있습니다. 첫째 어려운 곳[難處]에 다소가 있고, 둘째 수행을 중단하는 데도 심한 경우와 그렇지 않은 경우가 있습니다. 그러나 스스로 마음을 조복하고 중생을 조복하기 위해서인 경우에는 범하지 않는 것입니다.

✿

# 제38경계
# 차례를 지켜 앉으라
乘尊卑次第戒

|

若佛子가 應如法次第坐하라 先受戒者는 在前坐하고 後受戒者는
약불자 응여법차제좌 선수계자 재전좌 후수계자

在後坐하되 不問老少와 比丘와 比丘尼와 貴人과 國王과 王子와 乃
재후좌 불문노소 비구 비구니 귀인 국왕 왕자 내

至黃門奴婢하고 皆應先受戒者는 在前坐하고 後受戒者는 次第而
지황문노비 개응선수계자 재전좌 후수계자 차제이

坐하라 莫如外道癡人하여 若老若少히 無前無後니 坐無次第는 如
좌 막여외도치인 약노약소 무전무후 좌무차제 여

兵奴之法[134]이라 我佛法中에는 先者先坐하고 後者後坐니 而菩薩
병노지법 아불법중 선자선좌 후자후좌 이보살

이 一一不如法次第坐者는 犯輕垢罪니라.
일일불여법차제좌자 범경구죄

너희 불자가 법다이 높고 낮은 차례를 따라 앉되, 먼저 계를 받
은 자가 앞에 앉고 뒤에 받은 자가 뒤에 앉아야 하느니라. 나이가
많고 적고 비구와 비구니와 귀한 왕과 왕자와 황문 노비를 묻지 말
고 계를 먼저 받은 자가 먼저 앉고 뒤에 계를 받은 자가 뒤에 차례로

---

**134 병노지법(兵奴之法)** 병졸들이나 노예들의 막된 법이란 뜻.

앞아서 어리석은 외도들처럼 나이 많은 자나 적은 자가 앞도 없고 뒤도 없이 함부로 앉아서 군인이나 종들이 하는 것처럼 하지 말지니라. 나의 불법에는 앞사람이 먼저 앉고 뒷사람이 뒤에 앉는 것이거늘 만일 보살이 불법대로 차례를 찾아 앉지 않는 자는 경구죄를 범한 것이니라.

─────── **설법**

　　이 계를 제정한 데 뜻이 있습니다. 세속의 법도와는 다르기 때문에, 노소를 가지고 존비(尊卑)를 삼지 않기 때문에, 도에 순종하게 하기 위해서 이 계를 제정한 것입니다. 다만 계의 덕[戒德]으로서 어른과 어린이[長幼]의 차례를 삼고, 출세간의 뛰어난 규율을 나타내며, 아만을 없애버리고 3취정계(三聚淨戒)의 범행을 순조롭게 달성하기 위해서 이 계를 제정했다고 합니다. 이 계를 범하는 데 경중이 있습니다. 대중 가운데는 대승·소승의 구별이 있고 앉는 자리에는 상하가 있으며, 또 여러 번 잘못했는가 잠깐 잘못했는가 하는 차이를 따라 범계의 경중을 정해야 합니다.

# 제39경계
# 복을 쌓고 지혜를 닦으라
## 不修福慧戒

若佛子가 常應敎化一切衆生하되 建立僧坊山林園田하야 立作佛
약불자　　상응교화일체중생　　　건립승방산림원전　　　입작불

塔하야 冬夏安居坐禪處所와 一切行道處를 皆應立之어다 而菩薩
탑　　동하안거좌선처소　　일체행도처　개응입지　　　이보살

이 應爲一切衆生하야 講說大乘經律하며 若疾病과 國難[135]과 賊難
응위일체중생　　　강설대승경률　　약질병　국란　　　적난

과 父母兄弟和尚阿闍梨亡滅之日과 及三七日과 四五七日로 乃至
부모형제화상아사리망멸지일　　급삼칠일　　사오칠일　　내지

七七日에도 亦應講說大乘經律하고 一切齋會[136] 求願과 行來治生과
칠칠일　　　역응강설대승경률　　일체재회　구원　　행래치생

大火所燒와 大水所漂와 黑風所吹船肪과 江湖大海羅刹[137]之難에
대화소소　　대수소표　　흑풍소취선방　　강호대해나찰　지난

도 亦讀誦講說此經律하며 乃至一切罪報와 三惡八難七逆과 杻械
역독송강설차경률　　　내지일체죄보　　삼악팔란칠역　　뉴계

枷鎖로 繫縛其身과 多淫多瞋하며 多愚癡하며 多疾病하야도 皆應
가쇄　　계박기신　　다음다진　　　다우치　　　다질병　　　개응

講此經律이니 而新學菩薩이 若不爾者는 犯輕垢罪니라 如是九戒
강차경률　　　이신학보살　　약불이자　범경구죄　　　여시구계

를 應當學하야 敬心奉持하라 梵壇品에 當廣明하니라.
응당학　　　경심봉지　　　범단품　　당광명

---





**135 국란(國難)** 기근(飢饉) · 병난(兵難) 등 나라의 12가지 어려움.
**136 재회(齋會)** 대중스님네에게 음식을 공양하는 것.
**137 나찰(羅刹)** 여기에서는 바다의 악귀로 쓰인 것.

너희 불자가 항상 일체중생을 교화하되 승방을 지으며, 산림과 전원을 마련하고 불탑을 세우되 겨울과 여름에 안거할 적에 정과 혜를 닦은 처소와 온갖 도 닦을 곳을 마련할 것이며, 보살이 마땅히 일체중생을 위해 대승의 경전과 대승 율문을 강설하며, 질병이 돌 때, 난리가 날 때, 도적이 일어날 때, 부모·형제·화상·아사리의 사망일 및 3·7일과 4·7일과 내지 7·7일에 또한 마땅히 대승경과 율을 읽고 이야기하며 재를 차리고 복을 구할 적이나 사업과 살림살이를 마련할 적이나 불에 타거나 물에 떠내려갈 적에나 폭풍에 배가 떠내려가고 강이나 바다에서 사찰의 난을 입었을 때에도 또한 경과 율을 읽고 강설할 것이며, 그밖에 온갖 죄보와 3악·8난·7역과 큰 칼 쓰고 수갑 채우고 몸을 얽히며 음욕이 많고 성냄이 많으며 어리석은 마음이 많을 때나 병들 적에도 이 경과 율을 강설할 것이니, 만일 새로 배우는 보살로 이렇게 하지 아니한 자는 경구죄를 범한 것이니라. 이 아홉 가지 계를 마땅히 배워서 공경하여 받아 지닐지니, 「범단품」 가운데 널리 말하였느니라.


─────── **설법**

이 계를 제정한 뜻이 있습니다. 보살은 법을 가지고 중생을 위해 이타행(利他行)을 닦고 현재·미래의 재앙과 고통을 면하게 하기 위해서 이 계를 제정한 것입니다. 다시 말하면 1. 복을 쌓는 길을 밝히기 위해서, 2. 법다운 행[法行]을 가르치기 위해서, 3. 재난을 없애기 위해서, 4. 선망 부모 형제와 화상을 구하기 위해 이 계를 제정한 것입니다.

이 계를 범하는 데 경중이 있습니다. 다소에 따라, 인도하는 난이(難易)에 따라서, 자신의 어리석고 슬기로움에 따라서, 또는 모두 갖추고 갖추지 않은 차이에 따라서 경중을 판별하게 됩니다.

若佛子가 與人受戒時에 不得揀擇一切國王과 王子와 大臣과 百官
약불자　여인수계시　부득간택일체국왕　왕자　대신　백관

과 比丘와 比丘尼와 信男과 信女와 婬男과 婬女와 十八梵天과 六
비구　비구니　신남　신녀　음남　음녀　십팔범천　육

欲天子와 無根과 二根[138]과 黃門과 奴婢와 一切鬼神하고 盡得受戒
욕천자　무근　이근　황문　노비　일체귀신　진득수계

니라 應敎身所著袈裟를 皆使壞色[139]하야 與道相應하되 皆染使靑
응교신소착가사　개사괴색　여도상응　개염사청

黃赤黑紫色하며 一切染衣하되 乃至臥具도 盡以壞色하며 身所著
황적흑자색　일체염의　내지와구　진이괴색　신소착

衣를 一切染色이어다 若一切國土中 國人所著衣服은 比丘 皆應與
의　일체염색　약일체국토중　국인소착의복　비구　개응여

其俗服으로 有異하며 若欲受戒時에 師應問言하되 汝現身에 不作
기속복　유이　약욕수계시　사응문언　여현신　부작

七逆罪[140]不아 菩薩法師 不得與七逆人으로 現身受戒하라 七逆者
칠역죄　불　보살법사　부득여칠역인　현신수계　칠역자

는 出佛身血과 弑父와 弑母며 弑和尙이며 弑阿闍梨며 破羯磨轉
출불신혈　시부　시모　시화상　시아사리　파갈마전

法輪僧[141]과 弑聖人이니 若具七逆 卽現身으로 不得戒요 餘一切人
법륜승　시성인　약구칠역　즉현신　부득계　여일체인

은 盡得受戒니라 出家人法은 不向國王禮拜하며 不向父母禮拜하
진득수계　출가인법　불향국왕예배　불향부모예배

며 六親不敬하며 鬼神不禮니라 但解法師語하야 有百里千里來하야
육친불경　귀신불례　단해법사어　유백리천리래

求法者를 而菩薩法師 以惡心瞋心으로 而不卽與 授一切衆生戒者
구법자　이보살법사　이악심진심　이부즉여　수일체중생계자

는 犯輕垢罪니라.
범경구죄

너희 불자가 여러 사람과 함께 계를 받을 적에, 일체의 임금·왕자·대신·백관·비구·비구니·신남·신녀·음남·음녀와 18범천과 6욕천자와 무근·이근과 황문·노비와 일체의 귀신을 가리지 말고 다 계를 받게 할지니라. 마땅히 몸에 입는 가사는 모두 빛깔을 합해서 법에 맞게 하되, 푸른 빛·누른 빛·붉은 빛·검은 빛·자주 빛으로 물들일 것이며, 모든 의복을 물들이되 이부자리까지도 빛깔을 혼합할 것이며, 몸에 입는 옷의 모든 것을 다 물들일 것이니, 세상 사람들이 입는 옷과는 다르게 비구들이 입는 옷은 법다이 하여야 하느니라. 만일 계를 받고자 할 적에는 스승이 묻기를 '너는 그 몸으로 7역죄를 짓지 않았느냐'고 물을지니 보살법사는 7역죄를 지은 자에게는 계를 일러주지 않아야 하느니라. 7역죄란 부처님 몸에 피를 낸 자며 부모를 죽인 자며 전계사와 궤범사를 살해한 자며 화합한 승단을 깨뜨린 자며 성인을 죽인 자이니, 이 7역죄를 지은 그 몸으로는 계를 받지 못하며, 그밖의 사람들은 다 계를 받을 수 있느니라. 출가한 자는 임금에게 절하지 아니하며, 부모에게 절하지 아니하며, 육친에게 절하지 아니하며, 귀신들에게 절하지 않느니라. 법사의 말을 알아들을 수 있는 이로써 백 리 천 리 밖에서 와서 법을 구하는 자에게 보살법사가 나쁜 마음과 성내는 마음으로 일체중생에게 계를 일러주지 않는 자는 경구죄를 범하는 것이니라.



---

138 **무근(無根)·이근(二根)** 성기(性器)를 갖추지 못한 것(無根)과 남녀의 성기를 동시에 갖춘 것(二根).
139 **괴색(壞色)** 가사(袈裟)의 빛깔이 청·황·적·백의 정색(正色)이 아니라 혼합색임을 뜻함.
140 **칠역죄(七逆罪)** 5역죄에 화상·아사리(阿闍梨)를 살해한 2죄를 더한 것.
141 **갈마전법륜승(羯磨轉法輪僧)** 9인이 한 도량에 있는 경우 그 가운데 1인이 불타임을 자칭하면(제바달다와 같이) 4비구는 그의 가르침을 따르고 다른 4비구는 정법을 지켜 그를 따르지 않으면 이것이 2부로 나뉘어진 것이니 이것은 그른 법을 설하여 제바달다(提婆達多)와 같이 법륜(法輪 : 정법의 교단)을 깨뜨린 것이다.

중생이 비록 발심하지 못하였더라도 보살이 마땅히 교화해야 하고 계를 받게 해야 할 것인데, 하물며 어찌 멀리서 와서 계를 구하는데 나쁜 마음을 가지고 계를 주지 않을 수 있겠는가. 그 것은 보살의 길이 아니므로 이를 막기 위한 데 이 계를 제정한 뜻이 있느니라.

이 계를 범하는 데 그 죄가 무거운 경우와 가벼운 경우가 있습니다. 가령 상대방이 부귀한 사람인가 빈천한 사람인가를 분명하게 알았는가, 그렇지 않으면 어렴풋하게 알았는가 하는 구별을 해야 하는데, 전자에게는 계를 주고 후자에게는 계를 안 주었을 경우 분명하게 알아서 이해 관계를 가지고 후자에게 계를 안 주었다면 죄가 중할 것은 자명합니다.

또 상대가 법을 구하는 태도가 부지런한 사람이 있고 나태한 사람이 있으니, 전자에게 계를 안 주면 죄가 크고 후자에게 주지 않은 것은 죄가 가벼울 것입니다.

또 계를 주지 않은 법사의 마음가짐, 곧 악심이 많았는가 적었는가에 따라서, 또 계를 주지 않은 시간을 따라 잠시였으면 죄가 경하고 오래도록 주지 않았으면 죄가 중한 것 등이 그것입니다. 또 이상의 여러 가지 경우를 다 갖추었으면 중하고 그렇지 않으면 가벼울 것입니다.

# 제41경계
# 이익을 위해 스승이 되지 말라
## 爲利作師戒

若佛子가 敎化人하야 起信心時에 菩薩이 與他人으로 作敎戒法師
약불자　교화인　기신심시　보살　여타인　작교계법사

者는 見欲受戒人이어던 應敎請二師和尙阿闍梨어다 二師 應問言
자　견욕수계인　응교청이사화상아사리　이사 응문언

하되 汝有七遮罪不아 若現身에 有七遮罪者는 師不應與受戒하고
여유칠차죄불　약현신　유칠차죄자　사불응여수계

無七遮者는 得與受戒니라 若有犯十[142]重者어든 應敎懺悔어다 在
무칠차자　득여수계　약유범십　중자　응교참회　재

佛菩薩形像前하야 日夜六時로 誦十重四十八輕戒하야 苦到禮三
불보살형상전　일야육시　송십중사십팔경계　고도례삼

世千佛하여 得見好相하되 若一七日二三七日로 乃至一年이라도
세천불　득견호상　약일칠일이삼칠일　내지일년

要見好相하라 好相者는 佛來摩頂이어나 見光과 見華와 種種異相
요견호상　호상자　불래마정　견광　견화　종종이상

이니 便得滅罪요 若無好相이면 雖懺無益이니 是人은 現身에 亦不
변득멸죄　약무호상　수참무익　시인　현신　역부

得戒나 而得增益受戒니라 若犯四十八輕戒者는 對首懺[143]悔하면
득계　이득징익수계　약범사십팔경계자　대수참　회

罪便得滅이니라 不同七遮니 而敎戒師 於是法中에 一一好解니 若
죄편득멸　부동칠차　이교계사　어시법중　일일호해　약

不解大乘經律의 若輕若重是非之相하며 不解第一義諦[144]와 習種
불해대승경률　약경약중시비지상　불해제일의제　습종



---

**142 범십계(犯十戒)** 일찍이 보살계를 받은 이로서 10중계를 범한 이를 일컬음. 계를 받지 않은 이의 살·도 등의 업을 저지름은 세간의 성죄(性罪)는 되지만 범계라 할 수는 없다.

**143 대수참(對首懺)** 경구죄를 범한 이가 청정한 대중 앞에서 참회하는 것.

**144 제일의제(第一義諦)** 이 계의 체성이 시비경중(是非輕重)을 초월해서 담연허적(湛然虛寂)하여 쌍으로 없애고 쌍으로 비추는 중도의 도리를 드러냄으로서 심지(心地)의 정인(正因)이 되고, 상주하는 극과(極果)가 됨을 일컬음

**145 습종성(習種性)** 후천적인 수행에 의해서 얻어진 종성(種性)이란 뜻으로 성문·연각 보살이 될 종성(種性)을 익혀 가지고 있다는 뜻. 여기서는 공관을 익혀서 점차 증장시키는 위(位)로, 곧 10발취심.

**146 성종성(性種性)·불가괴성(不可壞性)** 10장양심에 해당.

**147 도종성(道種性)** 중도를 가리키며 곧 10금강심에 해당.

**148 정법성(正法性)** 성위에 깨달아 들어간 10지(地) 및 등각(等覺)·묘각(妙覺)의 위에 해당.

性[145]과 長養性과 性種性과 不可壞性[146]과 道種性[147]과 正法性[148]과
성　　　장양성　　성종성　　　불가괴성　　　　도종성　　　　정법성

其中多少觀行出入[149]과 十禪支[150]와 一切行法하여 一一不得此法
기중다소관행출입　　　십선지　　　일체행법　　　일일부득차법

中意하고 而菩薩이 爲利養故며 爲名聞故로 惡求多求하며 貪利弟
중의　　　이보살　　위이양고　　위명문고　　악구다구　　　탐리제

子하야 而詐現解一切經律은 爲供養故니 是는 自欺詐오 亦欺詐他
자　　　이사현해일체경률　　위공양고　　시　　자기사　　역기사타

人이니 故與人授戒者는 犯輕垢罪니라.
인　　　고여인수계자　　범경구죄

　　너희 불자가 사람들을 교화하여 신심을 일어나게 할 적에 보살
이 계를 일러주는 법사가 되었거든 계를 받고자 하는 사람에게 마땅
히 화상과 아사리를 청하게 할 것이며, 이 두 계사는 반드시 묻기를
'너는 계를 받지 못하는 7역죄를 짓지 아니하였느냐' 할지니, 만일 7
가지의 죄를 지었으면 계를 주지 않아야 하며, 일곱 가지 죄를 짓지
아니하였으면 계를 줄 것이니라. 만일 10계를 범한 자가 있거든 마
땅히 참회하도록 가르칠 것이니 불·보살의 상 앞에서 밤 낮 6시로
10중계·48경계를 외워서 삼세 제불께 정성으로 예배하여 좋은 상
서를 보도록 하되, 1·7일 2·7일 3·7일 내지 1년이라도 좋은 상
서를 보도록 할 것이니라. 좋은 상서라 함은 부처님이 이마를 만져
주시거나 광명이나 연꽃이나 갖가지 기이한 상이 나타남을 보면 죄





149 기중다소(其中多少) 관행출입(觀行出入) 10발취는 가관(假觀)으로부터 공관(空觀)에 들어가고, 장양은 공에서 나와 가(假有：현
　　상계)에 들며, 금강은 2변을 융회하여 중도에 드는 것 등을 가리킴.
150 십선지(十禪支) 4선(四禪), 4정려(四靜慮) 수행에 있어서 초선의 심(尋)·사(伺)·희(喜)·락(樂)·일심(定)의 5와, 제2선의 내정
　　(内淨)의 1, 제3선의 사(捨)·염(念)·혜(慧)의 3, 제4선의 중수(中綬：不苦不樂)의 1을 합한 10지를 가리킨다. 이것이 비록 출세간
　　의 선은 아니지만 현성의 계위(階位)에 들어가게 하는 선법이므로 여기서 열거한 것.

가 소멸되려니와, 그러한 상서가 없으면 참회하여도 쓸데없으니, 이 사람은 현재의 몸으로는 계를 받지 못하나 내생에 계를 받을 수 있는 증상 이익을 얻으리라. 만일 48경계를 범했으면 법사에 대하여 참회만 하면 죄가 소멸되나니, 7차와는 같지 아니하니라. 법사는 이런 법을 잘 알아야 하나니 만일 대승경율의 가볍고 큰 것과 옳고 그른 것을 알지 못하거나, 제일의제를 알지 못하거나 순종성과 장양성과 성종성과 불가괴성과 도종성과 정법성과 그 가운데 여러 가지 관행에 들고 나는 것과 10종선과 모든 수행하는 법을 알지 못하며, 이런 법들의 뜻을 하나도 모르면서 보살이 이양과 명예를 위하여 욕심으로 구하고 제자를 탐내어서 여러 가지 경과 율을 아는 척하면, 이것은 공양을 받기 위하여 자신을 속이며 남을 속이는 것이니, 만일 짐짓 사람에게 계를 일러주는 자는 경구죄를 범하는 것이니라.



──────── **설법**

　　이 계를 제정한 데는 다음과 같은 뜻이 있습니다. 만약 대승경을 가지고 범하는 지범(持犯)의 경중을 알지 못하고 다른 사람의 스승이 되는 데 4가지 종류가 있습니다. 1. 진법(眞法)을 멸하게 함으로써 진법을 알 수 없게 하는 것, 2. 그른 법[非法]을 행함으로써 정법을 그릇되게 하는 것, 3. 교화와 대상자인 대중을 그릇 인도하여 다른 이로 하여금 해탈에 이르지 못하게 하는 것, 4. 명리를 탐함으로써 스스로 자신의 악업을 더하기 때문에 이 계를 제정한다는 것입니다.

또 이 계를 범하는 죄에도 경중이 있습니다. 첫째 이 계의 뜻을 얼마나 몰랐느냐 하는 것이 있고, 둘째 교화의 상대가 둔한가 영리한가에 따라, 지혜롭고 법을 배울 만한 근기에게 잘못 가르치면 죄가 중하고, 둔한 근기는 제대로 익혀 배우지 못하므로 죄가 경하다는 것입니다. 이상의 여러 가지를 다 갖추면 중하고 하나나 둘만 잘못했으면 죄가 그만큼 경한 것은 당연한 것입니다.

# 제42경계
# 악인을 위해 계를 설하지 말라
## 惡人說戒戒

若佛子가 不得爲利養故로 於未受菩薩戒者前과 若外道惡人前에
약불자   부득위이양고   어미수보살계자전   약외도악인전

說此千佛大戒[151]하며 邪見人前에 亦不得說이니 除國王하고 餘一
설차천불대계       사견인전    역부득설    제국왕      여일

切에 不得說이어다 是惡人輩는 不受佛戒일새 名爲畜生이니 生生
체   부득설     시악인배   불수불계     명위축생     생생

之處에 不見三寶하여 如木石無心하니 名爲外道니라 邪見人輩는
지처   불견삼보     여목석무심     명위외도     사견인배

木頭로 無異어늘 而菩薩이 於是惡人前에 說七佛敎戒[152]者는 犯輕
목두   무이     이보살   어시악인전    설칠불교계      자   범경

垢罪니라.
구죄

너희 불자가 이양을 위하여 보살계를 받지 않은 이나, 외도와 악인 앞에서 천 불이 말씀하신 이 큰 계를 말하지 말며, 나쁜 소견을 가진 자들 앞에서도 이 계를 말하지 말 것이니, 왕을 제외한 어떤 자에게도 말하지 말라. 이 나쁜 자들은 부처님 계를 받지 않았으므로 짐승과 같으니 이 태어나는 곳마다 3보를 보지 못하며, 이들은



---

**151 천불대계(千佛大戒)** 천불은 과거 · 현재 · 미래 3천불 가운데 현재현겁(現在賢劫)의 천 불을 가리킴. 그러나 여기서 '천 불의 대계'라 함은 일체제불의 공통한 대계(大戒)란 뜻으로 쓴 것.

**152 7불통계(七佛通誡)** 석가모니불을 비롯한 그 이전의 7불을 일컬음. 곧 비바시불 · 시기불 · 비사부불 · 구류손불 · 구나함모니불 · 가섭불 · 석가불의 7불. 통계(通誡)는 위에 든 칠불, 곧 모든 부처님의 공통한 금계(禁戒)의 근본으로 삼는 계문(誡文)이란 뜻. '나쁜 짓을 모두 하지 말고 선은 서둘러 받들어 행하라. 그 뜻을 스스로 깨끗이 하면 이것이 곧 제불의 가르침이니라[諸惡莫作 衆善奉行 自淨其意 是諸佛敎].'가 그것.

나무나 돌과 같이 마음이 없으므로 외도라 하는 것이니, 이런 삿된 소견을 가진 무리들은 나뭇등걸과 다를 것이 없기 때문이니라. 보살로서 만일 이런 나쁜 이 앞에서 7불의 가르치신 계를 말하는 자는 경구죄를 범하는 것이니라.

## ──────── 설법

이 계를 계정한 뜻을 다음과 같이 듭니다. 내중(內衆 : 보살계를 받은 4부대중 또는 출가2경)을 제지하고 비밀하게 교법을 만들어 외도의 악인은 마땅히 듣지 못하게 하기 위해서 이 계를 제정한다고 했습니다. 다시 말하면, 1. 스스로 계품을 경시하고, 2. 악견을 증장시키며 3. 남을 비방하는 등을 막기 위해서 이 계를 제정한 것입니다. 그러나 국왕에 대한 경우와 혹은 순수한 신행인[純信行人]에게 장차 계를 가지도록 접근시키기 위해 먼저 계의 내용을 설시(說示)해 보이고 능불(能不)을 묻는 것은 범죄가 아니라고 했습니다.

또 이 계를 범하는 죄에 경중이 있습니다. 이익을 위해서 했다면 그 이익을 따라서, 외부인의 선악이 어느 정도였는가, 아주 나쁜 사람인가 그렇지 않은 사람인가에 따라서, 아주 악인에게 계를 말해 준 것은 죄가 중하다는 뜻이며, 마음 가운데 생각하고 있는 의심의 정도를 기준해서 저 사람은 악인이 아닌 것 같다고 해서 말한 경우라면 죄가 경한 예입니다. 또 계를 다 말했느냐, 일부만 말했느냐에 따라서 전자는 중하고 후자는 경한 것이며, 또 이상의 여러 가지를 같이 범했으면 중하고 일부만 범했으면 그에 비해 경하다고 할 수 있습니다.

# 제43경계
# 계를 범할 생각을 일으키지 말라
故起犯戒心戒

若佛子가 信心出家하야 受佛正戒[153]하고 故起心하야 毀犯聖戒者
약불자    신심출가      수불정계        고기심        훼범성계자

는 不得受一切檀越供養하며 亦不得國王地上行하며 不得飮國王
　부득수일체단월공양      역부득국왕지상행        부득음국왕

水어다 五千大鬼 常遮其前하야 鬼言大賊이라하며 若入房舍城邑
수      오천대귀 상차기전      귀언대적          약입방사성읍

宅中하면 鬼復常掃其脚迹하며 一切世人이 皆罵言하되 佛法中에
택중      귀부상소기각적      일체세인    개매언      불법중

賊이라하며 一切衆生이 眼不欲見하나니 犯戒之人은 畜生으로 無異
적          일체중생    안불욕견        범계지인    축생      무이

하며 木頭로 無異니 若故毀正戒者는 犯輕垢罪니라.
　　 목두    무이    약고훼정계자    범경구죄

너희 불자가 신심으로 출가하여 부처님의 옳은 계를 받고 짐짓 마음을 내어 거룩한 계를 헐뜯고 범한 자는 일체 시주의 공양을 받지 말며, 또한 그 나라의 땅으로 다니지도 말고 그 나라의 물도 마시지 말 것이니라. 5,000의 큰 귀신들이 항시 그 앞을 가로막고 큰



153 **불정계(佛正戒)** 천 불이 전해 온 계. 곧 앞에서 보인 천불대계(千佛大戒) 또는 '보살계'를 말한다.

도적이라 할 것이며, 만일 방이나 도시의 큰 집에 들어가면 귀신들
은 그 발자국을 쓸고 세상 사람들은 불법의 도적이라 꾸짖으며, 모
든 중생이 이 파계한 자를 쳐다보려 하지 않을 것이니, 계를 범한
사람은 축생과 다를 바 없고 나무토막과 다를 바 없나니 만일 계를
짐짓 범한 자는 경구죄를 범한 것이니라.


─────── **설법**

　　　　보살은 마땅히 반드시 목숨을 아끼지 말고 정계(淨戒)를
보호하고 지켜야 할 것인데 어찌하여 스스로 근본 서원을 파괴하고
두려워함이 없이 나아가 금계(禁戒)를 헐 수 있겠느냐는 것입니다.
이 같은 허물을 제지하기 위해서 이 계를 제정한 것입니다.

　　이 계를 범하는 데는 다음의 4가지 인연(因緣)이 있게 된다고 합
니다. 1은 자신의 몸으로 일찍이 계를 받은 일이 있을 것, 2는 범계
한 경계를 대한 일이 있을 것, 3은 짐짓 범할 생각을 일으켰을 것, 4
는 실제로 범한 사실이 있을 것 등이 그것입니다.

　　출가보살은 본래 신심으로 계를 받았기 때문에 일체의 공양을
감수(堪受)할 수 있고 하늘과 사람과 귀신의 공경을 받을 수 있는 것
인데, 만일 계를 받고도 그 계를 헐어버렸으면 도대체 공양을 받을
생각은 하지 말아야 한다는 것입니다. 도리어 귀신이나 세상 사람
들이 우습게 천대할 것이니 이로써 보더라도 계를 헐 수는 없을 것
입니다. 그런데 어떻게 계를 헐 생각을 할 수 있겠느냐는 것이 계의
뜻입니다.

　이 계는 성죄(性罪)와 차죄(遮罪)의 2가지 업을 동시에 지니고 있으니, 계율을 모두 경시(輕視)하기 때문이라고 했습니다. 또 이 계를 범하는 데 세 가지 연이 있으니 첫째는 범하는 행위이고 둘째는 마음에 범한다는 인식이 있는 것이며[犯想], 셋째는 마음으로 범하고자 하는 생각을 일으키는 것입니다[走心欲犯]. 이 계는 또 출가·재가의 7중에게 다 같이 해당되지만 출가인은 세간의 복전(福田)이므로 그 책임이 배나 무겁다고 했습니다.

## 제44경계
## 경전에 공경하라
### 不供養經典戒

若佛子가 常應一心으로 受持讀誦大乘經律[154]하되 剝皮爲紙하며
약불자　　상응일심　　　수지독송대승경률　　　　　박피위지

刺血爲墨하며 以髓爲水하며 析骨爲筆하여 書寫佛戒[155]하며 木皮
자혈위묵　　　이수위수　　　석골위필　　　서사불계　　　　목피

穀紙와 絹素竹帛에 亦悉書持하며 常以七寶와 無價香花와 一切雜
곡지　　견소즉백　　역실서지　　상이칠보　　무가향화　　일체잡

寶로 爲香囊하야 盛經律卷이어다 若不如法供養者는 犯輕垢罪니
보　　위향낭　　　성경률권　　　약불여법공양자　　범경구죄
라.


　　너희 불자가 항상 일심으로 대승경과 율을 받아 지니어 읽고 외울 것이니, 가죽을 벗겨 종이를 만들고 피를 내어 먹을 삼으며 뼛속 물로 벼루 물을 삼고 뼈를 쪼개어 붓을 만들어 부처님의 계를 써야 할 것이며, 나무껍질에나 종이·비단·대쪽 등에 또한 써서 지니되 항상 7보와 좋은 향과 꽃이나 온갖 보배로써 향낭을 만들어 경과 율을 장엄할 것이니, 만일 법답게 공양하지 아니하는 자는 경구죄를



---

154 대승경률(大乘經律) 대승의 경율을 배움으로 말미암아 불타의 정각을 이루는 것이니 그러므로 경율은 제불의 어머니라고도 함.
155 박피위지(剝皮爲紙) ~ 서사불계(書寫佛戒) 가죽을 벗겨 종이를 만들고 피를 내어 먹을 삼으며 뼈를 깎아 붓을 만들어 불계를 쓸 것이며, 나무껍질 등에 또한 이 계를 쓸 것이니[剝皮爲紙 刺血爲墨 以髓爲水 析骨爲筆 書寫佛戒], 이 경율은 제불의 어머니이므로 4대와 업장으로 된 육신을 바쳐서 지극한 공양을 해야 할 것이니 만일 이렇게 하지 않으면 3세의 불모(佛母)를 가벼이 여기는 것이므로 불효가 되고 죄를 얻는다고 한 것.

### ———— 설법

이 계를 제정하게 된 데에도 그 본의가 있습니다. 그러므로 이 제의(制意 : 계를 만든 뜻)를 바로 아는 일은 중요합니다. 이 『범망경』「서분」에서도 보았듯이 '계는 성불의 거룩한 인행(勝因)'이니 계는 그 가르침을 마땅히 잘 존중해야 할 것입니다. 하물며 '이 계가 일체제불(一切諸佛)의 어머니요 여래의 스승'이라고까지 하셨으니, 그 높고 중한 바가 으뜸이라 하지 않을 수 없습니다. 그러므로 계의 존중성을 드높이기 위해 이 계는 반드시 제정해야 한다는 것입니다.

이 계를 범하는 데 따른 죄의 경중이 있습니다. 경(經)의 다소에 따라 경중이 다르니 많은 경을 존중하지 않았으면 죄가 무겁고 그렇지 않으면 가벼우며, 또 마음의 경중을 따라 다르니 경을 존중하지 않은 마음이 심했느냐 가벼웠느냐에 따라 경중이 다르며, 생활이 지극히 가난한 탓으로 경을 소중히 모실 여유가 없는 경우와 부자이면서 경을 소홀히 한 것은 그 죄가 다르다는 것입니다.

그러나 만일 병이 났을 때, 또 가난하여 어떻게 할 수 없고, 또 깊은 선정에 들었을 때, 또는 중생을 구제하는 일에 지나치게 바빴을 때, 또는 항상 설법하고 중생교화에 골몰하여 경을 소홀하게 된 것은 범하는 것이 아니라고 했습니다.

# 제45경계
# 항상 중생을 교화하라
不化衆生戒

若佛子가 常起大悲心하여 若入一切城邑舍宅하야 見一切衆生이어
약불자　상기대비심　약입일체성읍사택　견일체중생
던 應當唱言하되 汝等衆生이 盡應受三歸十戒[156]하라 하며 若見牛
응당창언　여등중생　진응수삼귀십계　약견우
馬猪羊一切畜生이어던 應心念口言하되 汝是畜生이니 發菩提心하
마저양일체축생　응심념구언　여시축생　발보리심
라 하며 而菩薩이 入一切處山林川野어든 皆使一切衆生으로 發菩
이보살　입일체처산림천야　개사일체중생　발보
提心이어늘 是菩薩이 若不發敎化衆生心者는 犯輕垢罪니라
리심　시보살　약불발교화중생심자　범경구죄

너희 불자가 항상 자비한 마음을 일으켜 도시나 시골에서나 집에 들어가서 모든 중생을 보거든 마땅히 큰 소리로 말하되, '너희들은 3귀계(三歸戒)와 10계를 받으라' 할 것이며, 만일 소·말·돼지·양과 일체축생을 보거든 '너희들은 이제 축생이지만 보리심을 일으키라' 할 것이니라. 보살은 산·숲·내·들에 가더라도 일체중생으

---

156 **삼귀십계(三歸十戒)** 삼보는 불법승 삼보(寶)에 귀의하는 것. 10계는 『문수문경(文殊問經)』에서는 '보살의 10설법과 사미의 10계가 같다'고 했고, 또 『대집경(大集經)』에서는 '첫째 불살생으로부터 내지 열째 불사견(不邪見)'이라고 했다.

로 하여금 보리심을 일으키게 할 것이어늘, 만일 중생을 교화할 마음을 일으키지 않는 자는 경구죄를 범한 것이니라.


──────── **설법**

보리심은 바로 성불의 원인이 되므로 모든 보살을 제재함으로써 중생을 널리 교화하여 그로 하여금 큰 보리심을 일으키게 하라는 것입니다. 경에 '소승으로 교화하면 우리는 곧 인색하고 이끼는 데 떨어지게 된다'라고 했는 바, 이것은 곧 소승으로 교화하는 것은 옳지 않으므로 계를 제정해야 한다는 것입니다.

또 이 계를 범하는 죄에 무겁고 가벼운 구별이 있다는 것입니다. 교화의 대상인 중생이 교화하기에 어려운가 쉬운가에 따라서, 또는 자비심을 일으켰느냐 일으키지 않았느냐, 또 방편을 썼느냐 쓰지 않았느냐에 따라서, 그 허물의 경중을 다루어야 한다는 것입니다. 그러나 만일 질병·무능력으로 아직 그를 교화하기 어려운 경우에는 죄가 되지 않는다고 했습니다.

# 제46경계
# 위의를 세워서 설법하라
## 說法不如法戒

若佛子가 常行敎化하여 起大悲心이어다 入檀越貴人家와 一切
약불자　상행교화　　기대비심　　입단월귀인가　일체

衆中이어든 不得立爲白衣說法하고 應在白衣衆前에 高座上坐어
중중　　부득입위백의설법　　응재백의중전　　고좌상좌

다 法師比丘가 不得地立하야 爲四衆說法이니 若說法時에 法師
법사비구　부득지립　　위사중설법　　약설법시　법사

高座이던 香花供養하고 四衆聽者는 下坐하야 如孝順父母하며
고좌　　향화공양　　사중청자　　하좌　　여효순부모

敬順師敎를 如事火波羅門[157]이어다 其說法者가 若不如法說하면
경순사교　여사화바라문　　　기설법자　약불여법설

犯輕垢罪니라
범경구죄

　　너희 불자가 항상 사람을 교화하여 대비심을 일으킬 것이니라.
만일 단월의 집이나 귀인의 집이나 대중 있는 곳에 들어가서 속인을
위해 선 채로 법을 설하지 말고 마땅히 대중 앞에 높은 자리에 앉아
서 법을 설할 것이니, 법사비구가 땅에서 4부대중에게 법을 설하지
말지니라. 법을 강설할 적에는 법사는 높은 자리에 앉고 향과 꽃으

---

**157 사화바라문(事火波羅門)** 사화외도(事火外道)라고도 함. 화천(火天)을 신앙하여 제사지냄으로 하늘에 태어날 것을 비는 외도. 석존
　의 제자인 3가섭(加葉)은 원래 사화외도로 석존에게 귀의함.

로 공양케 하며 4부중의 청법자는 아래에 앉아서 부모에게 효순하듯 하며 스승의 가르침을 공경하기를 사화바라문이 불 섬기듯 할 것이니라. 이 법을 강설하는 자가 법다이 강설하지 아니한 자는 경구죄를 범하는 것이니라.

─────── **설법**

법을 듣는 이로 하여금 법을 존중하게 하여 선근(善根)을 증장시키기 위해서, 스스로 또한 법을 존중하고 교명(敎命)을 따르게 하기 위해서 자리이타(自利利他)의 이리(二利)를 성취하고 삼취정계(三聚淨戒)를 순종하기 위해서 이 계를 제정한다고 했습니다. 이 계를 범하는 데 경중이 있습니다. 가히 할 말을 하지 않고[可說不可說], 가서는 안 될 곳에 가서 머무는 것, 해서는 안 될 행위를 함에 있어 그 정도가 깊은가 낮은가에 따라서, 자비심을 일으키지 않는 데 있어서 그 시간이 잠시인가 오랫동안이었는가에 따라서, 법을 말할 때에 위의를 잃었는가 그렇지 않았는가에 따라서 계를 범한 죄의 경중이 다르다는 것입니다.

그러나 병이 중하고 혹 임금의 절대 권력에 의해 마음대로 할 수 없었을 경우에는 범계(犯戒)가 아니라는 것입니다.

# 제47경계
# 악법으로 불법을 제지하지 말라
非法制限戒

若佛子가 皆以信心으로 受佛戒者가 若國王과 太子와 百官과 四
약불자　개이신심　　수불계자　약국왕　태자　백관　사

部弟子 自恃高貴하야 破滅佛法戒律하며 明作制法하야 制我四
부제자 자시고귀　　파멸불법계률　　명작제법　　제아사

部弟子하여 不聽出家行道하며 亦部不聽造立形像과 佛塔과 經
부제자　　불청출가행도　　역부불청조립형상　불탑　경

律하며 立統官하야 制衆하며 使安籍紀僧하며 菩薩比丘地立하
률　　입통관　　제중　　사안적기승　　보살비구지립

고 白衣高座하며 廣行非法하여 如兵奴事主리요 而菩薩이 正應
　백의고좌　　광행비법　　여병노사주　　이보살　정응

受一切人供養이어늘 而反爲官走使하면 非法非律[158]이니 若國王
수일체인공양　　이반위관주사　　비법비률　　약국왕

과 百官이 好心으로 受佛戒者는 莫作是破三寶之罪니 若故作破
　백관　호심　　수불계자　막작시파삼보지죄　약고작파

法者는 犯輕垢罪니라
법자　범경구죄

　　너희 불자가 신심으로 부처님의 계를 받은 이로서 왕이나 태자
나 백관이나 4부제자로서 스스로 고귀함을 믿고 불법을 파괴하며
제한하는 법을 교묘히 만들어서 나의 4부제자를 압제하고 출가하여

---

158 비법비률(非法非律) 그른 법과 그른 율. 법답지 않고 부처님의 계율에 맞지 않는 율이란 뜻.

도 닦는 일을 못하게 하거나 불상과 탑과 경과 절을 만들지 못하게 하거나 통제하는 관리를 두어 스님이 되는 일을 제한하거나 승적을 기록하여 스님네를 기록하거나 보살비구는 땅에 서고 속인들은 높은 자리에 앉게 하여 온갖 법답지 못한 일로 병졸과 노예가 주인 섬기듯 하게 하지 말지니라. 보살은 으레 여러 사람의 공양을 받을 것이어늘 도리어 관리들의 부림을 받게 하면 이는 그릇된 법이고 그릇된 계율이니라. 만일 왕과 백관이 좋은 마음으로 부처님 계를 받았거든 3보를 깨뜨리는 죄는 짓지 말 것이니, 짐짓 불법을 깨뜨리는 일을 하는 자는 경구죄를 범한 것이니라.

### ──────── **설법**

이 계를 제정한 뜻은, 보살은 마땅히 목숨을 아끼지 말고 3보(三寶)를 수호해야 하는데 보살이 도리어 위세를 믿고 정법을 파괴하여 손상시키는 것은 있을 수 없는 일이므로 이를 제지하기 위해 이 계가 필요하다는 것입니다.

이 계를 범하는 데 경중이 있으니, 위세를 믿고 악법을 만들어 불법을 파괴한 다소를 따라서 이 계의 경중을 가리게 됩니다. 그러나 나쁜 사람이 제도와 법을 만들어 출가를 제약하고 불상을 만들어 팔려 할 때 이를 제지하는 것은 죄가 아닙니다.

# 제48경계
# 불법을 파괴하지 말라
## 破法戒

---

若佛子 以好心으로 出家하고 而爲名聞利養하야 於國王百官前에
약불자 이호심　　출가　　이위명문이양　　어국왕백관전

說佛戒者가 橫與比丘比丘尼菩薩戒弟子로 作繫縛事하여 如獄囚
설불계자　　횡여비구비구니보살계제자　　작계박사　　여옥수

法하며 如兵奴之法이리요 如師子身中蟲이 自食師子肉이요 非餘
법　　여병노지법　　여사자신중충　　자식사자육　　비여

外蟲인달하야 如是佛子가 自破佛法이요 非外道天魔能破니라 若受
외충　　　여시불자　　자파불법　　비외도천마능파　　약수

佛戒者는 應護佛戒하되 如念一子하며 如事父母하여 不可毁破니
불계자　　응호불계　　여념일자　　여사부모　　불가훼파

而菩薩이 聞外道惡人이 以惡言으로 謗破佛戒之聲이어던 如三百
이보살　　문외도악인　　이악언　　방파불계지성　　여삼백

矛로 刺心하며 千刀萬杖으로 打拍其身하야 等無有異어다 寧自入
모　　자심　　천도만장　　타박기신　　등무유이　　영자입

地獄하야 經於百劫이언정 而不一聞惡人以惡言으로 謗破佛戒之聲
지옥　　경어백겁　　이불일문악인이악언　　방파불계지성

이온 而況自破佛戒리요 敎人破法因緣하면 亦無孝順之心이니 若
　　이황자파불계　　교인파법인연　　역무효순지심　　약

故作者는 犯輕九罪니라 如是九戒를 應當學하야 敬心奉持하라
고작자　　범경구죄　　여시구계　　응당학　　경심봉지

너희 불자가 좋은 마음으로 출가하고 서로 명예와 이익을 위하
여 왕과 백관 앞에서 부처님 계를 강설하면서 잘못된 생각으로 비구
· 비구니와 보살계를 받은 제자들을 구속하고 징계하되 감옥에 죄
인을 가두듯 하거나 병정이나 종과 같이 하랴. 마치 사자의 몸에서
생긴 벌레가 사자의 살을 먹는 것이고 다른 벌레는 먹지 못하는 것

처럼 불제자가 스스로 불법을 파괴하는 것이요, 외도나 마구니가 불법을 파괴하지 못하는 것이니라. 만일 부처님의 계를 받았거든 불법 보호하기를 외아들을 사랑하듯, 부모를 섬기듯 하여 깨뜨리지 않게 하여야 하느니라. 보살은 외도와 악인들이 나쁜 말로 부처님 계를 비방하는 말을 들으면 마치 300자루의 창으로 심장을 찌르고 천 개의 칼과 몽둥이로 몸을 때리는 것처럼 괴로워하여 차라리 몸을 지옥에 던져 100겁 동안을 지낼지언정 한 번이라도 악인이 부처님 계를 헐뜯는 소리를 듣지 아니할 것이어늘, 하물며 스스로 부처님 계를 깨뜨릴 것이며, 사람을 시켜 불법을 깨뜨리는 인연을 지어 효순한 마음을 없게 하랴. 이런 일을 짐짓 저지르는 자는 경구죄를 범하느니라. 이 아홉 계를 마땅히 배워서 마음으로 공경해 받들어 지닐지어다.

———— **설법**

보살은 마땅히 불법을 보호해서 지켜야 합니다. 그리고 또 마땅히 널리 알리고 전파시켜 불법이 세상에 오래 머무를 수 있게 함으로써 부처님 은혜[佛恩]에 보답해야 합니다. 그런데 도리어 자리(自利)만을 위해 법을 파괴하고 앞장서서 정법을 손상시키는 일이 있어서는 안 되는 것입니다. 그러므로 반드시 계를 제정해야 한다는 것입니다. 이 계를 범하는 데 대한 죄의 경중이 있습니다. 먼저 이 계를 범하는 데는 첫째 명리(名利)를 위한 마음이 있을 것, 둘째 왕(통치자) 앞에서 계를 설한 일이 있을 것, 셋째 방자하게 불법 대

중을 어려움이 머물게 한 일이 있을 것, 넷째는 내중(內衆 : 특히 출가2
중)을 억압하는 네 가지 인연(因緣)이 있어야 하는데, 이 네 가지[四緣]
에 각각 많고 적음에 따라서 범계(犯戒)의 경중을 정해야 한다는 것
입니다. 또 그 모두를 갖추어 범했는지 갖추어 범하지 않았는지를
따라 경중을 정한다는 것입니다.

그러나 악비구(惡比丘) 등을 제지하는 법을 만드는 것은 불법을 손
상시키는 것이 아니므로 죄가 아니라는 것입니다.

# 총결
## 總結

諸佛子야 是四十八輕戒를 汝等受持하라 過去諸菩薩이 已誦(學)
제불자　시사십팔경계　여등수지　과거제보살　이송(학)
하며 未來諸菩薩이 當誦하며 現在諸菩薩이 今誦이니라
미래제보살　당송　현재제보살　금송


　　모든 불자야, 이 48경계를 너희들은 받아지니라. 과거의 모든 보살이 이미 외웠으며, 미래의 모든 보살이 마땅히 외울 것이며, 현재의 모든 보살이 이제 외우고 있느니라.


────── **설법**

　　이 글은 48경계에 대한 총결(總結)입니다. 10중대계의 끝에서 있는 10중계의 '총결'에서와 같이 48경계의 계상(戒相)을 다 밝혔으니 과거의 모든 보살, 미래의 보살 등 일체보살이 다 지니고 외우라는 말씀입니다.

◉

계를 받고 곧 깨뜨리는 한이 있더라도
서둘러 도 얻는 마당에 나갈 것이요,
받지도 않고 파하지도 않으면
길이 지옥에 떨어지는 걱정이 있으니
업도(業道)의 죄를 서로 갚아서
쉴 사이가 없기 때문이다.


是以로 但受破戒라도 速超得道之場이요
不受不破하면 永處泥犁之患이니
以業道罪相酬하야 無有休息일새니라.

유통분流通分

諸佛子야 聽하라 此十重四十八輕戒를 三世諸佛이 已誦當誦今誦
제불자 청 차십중사십팔경계 삼세제불 이송당송금송

일새 我今亦如是誦이니라 汝等一切大衆과 若國王과 王子와 百官
아금역여시송 여등일체대중 약국왕 왕자 백관

과 比丘와 比丘尼와 信男과 信女로 受持菩薩戒者는 應受持하며 讀
비구 비구니 신남 신녀 수지보살계자 응수지 독

誦하며 解說하며 書寫하며 佛性常住戒卷하야 流通三世하야 一切
송 해설 서사 불성상주계권 유통삼세 일체

衆生으로 化化[1] 不絶케하라 得見千佛하여 爲千佛授手하야 世世不
중생 화화 부절 득견천불 위천불수수 세세불

墮惡道八難하고 常生人道天中이니라 我今在此樹下하야 若開七佛
타악도팔난 상생인도천중 아금재차수하 약개칠불

法戒하노니 汝等大衆은 當一心으로 學波羅提木叉하야 歡喜奉行하
법계 여등대중 당일심 학바라제목차 환희봉행

라 如無相天王品[2] 勸學中에 一一廣明하니라 三千學士[3]와 時坐聽者
여무상천왕품 권학중 일일광명 삼천학사 시좌청자

가 聞佛自誦하고 心心頂戴하야 歡喜受持하니라
문불자송 심심정대 환희수지

---

1 화화(化化) 등불을 등에 붙여 끝없이 이어지듯, 3세에 불법이 영원무궁하게 전함을 뜻함.
2 무상천왕품(無相天王品) 현행하는 이 『범망경』은 약본(略本)이므로 이 품이 없으나 광본(廣本)에는 이 『무상천왕품』이 있고 유통분에 관한 자세한 설명이 있다고 한 것.
3 삼천학사(三千學士) 학사(學士)는 아직 묘각(妙覺)을 이루지 못했으므로 배우는 보살이란 뜻이고, 3천은 3천대천 세계로도 혹은 3천 위의를 갖춘 이로도 푼다.

모든 불자야, 이 10중 48계를 받아 지닐지니라. 지나간 보살들이 이미 배웠고 이 다음 보살들이 앞으로 배울 것이요 지금 보살들이 현재 외우느니라. 모든 불자들은 자세히 들으라. 10중계와 48계는 3세의 모든 부처님이 이미 외우셨고 앞으로 외우실 것이요 지금 외우는 것이며 나도 이렇게 또한 외우나니라. 너희 대중과 왕과 왕자와 백관과 비구·비구니와 신남·신녀들이 보살계를 받아 지닌 자는 마땅히 받아 지니어 읽고 외우고 해석할 것이며 쓰고 간행하여 불성이 머무는 이 계경을 3세에 유통케 하여 모든 중생을 교화하여 끊어지지 않게 하라. 천 부처님을 뵙고 수기를 받아 세상에 태어날 적마다 악도와 8난에 떨어지지 않고 항상 인간·천상에 나게 하라. 내가 지금 이 보리수 아래에서 7불의 계를 대강 말하였으니, 너희 대중들은 한결같은 마음으로 이 바라제목차를 배워서 기쁘게 받들어 행할 것이니 저 「무상천왕품」에 배움을 권하는 글 가운데에 자세히 말씀하였느니라.

이때에 모였던 3천학사와 다른 대중들이 부처님 말씀을 듣고 마음으로 공경하여 받고 기쁘게 지니었다.



─────── **설법**

여기서부터는 어느 경에서나 마지막에 두는 유통분(流通分)에 해당합니다. 이 계경(戒經)을 잘 받아 지니고 후세에 널리 권하도록 하라는 부촉(付囑)·당부의 말씀과 마지막으로 경의 대의를 다시 한 번 요약해서 결론적으로 말씀하시기도 합니다.

경을 서분(序分)·정종분(正宗分)·유통분(流通分)으로 이렇게 분과(分科)하는 방법은 인도에서는 잘 하지 않던 것을 중국에 와서 도안(道安, 314~385) 스님이 이해를 돕기 위해 비로소 쓰도록 했으며, 양(梁) 무제(武帝)의 세자 소명태자(昭明太子)는 『금강경』을 많이 공부하여 32분(三十二分)으로 나눈 것을 비롯하여 후세에는 경론(經論)의 과목(科目)을 무수히 세밀하게 하여 그 뜻을 간곡하고 분명하게 할 뿐 아니라 심지어는 번잡할 정도로까지 되기도 했습니다.

『범망경』 유통분의 특징은 심지법문(心地法門)을 비롯한 이 경 처음의 내용을 다시 한 번 상기시키면서 요약하고 있는 점이라 할 수 있습니다.

爾時에 釋迦牟尼佛이 說上蓮花臺藏世界盧舍那佛所說心地法門
이시    석가모니불    설상연화대장세계노사나불소설심지법문
品中에 十無盡戒法品竟하니 千百億釋迦도 亦如是說하니라 從摩
품중    십무진계법품경        천백억석가    역여시설        종마
醯首羅天王宮하야 至此道樹하사 十住處에 說法品을 爲一切菩薩
혜수라천왕궁        지차도수    십주처    설법품    위일체보살
과 不可說大衆하여 受持讀誦하며 解說欺義도 亦如是하여 千百億
   불가설대중        수지독송    해설기의    역여시        천백억
世界과 蓮華藏世界과 微塵世界의 一切佛心藏[4]과 地藏[5]과 戒藏[6]과
세계    연화장세계    미진세계    일체불심장    지장    계장
無量行願藏[7]과 因果佛性常住藏[8]을 如是一切佛이 說無量一切法
무량행원장      인과불성상주장      여시일체불    설무량일체법
藏竟하시니 千百億世界中의 一切衆生이 受持하야 歡喜奉行하나니
장경        천백억세계중    일체중생    수지        환희봉행
若廣開心地相相이어든 如佛花光王七行品中에 說하니라
약광개심지상상          여불화광왕칠행품중    설

이때에 석가모니 부처님께서 위와 같이 연화대장세계의 『노사나불심지법문품』에 있는 「십무진장계품」을 말씀하여 마치시매, 천백억 석가모니 부처님이 또한 이렇게 말씀하시었으며, 마혜수라천왕궁으로부터 보리수 아래에 이르기까지 십주처에서 말씀하신 법문을 말씀하시고 모든 보살들과 많은 대중들이 받아 지니고 읽고 배우게 하기 위하여 그 뜻을 해석하는 것도 이와 같으며, 천백억 세계와 연화장세계의 티끌 같은 세계에서도 일체불의 심장·지장·계장·무량행원장·인과불성상주장을 이러한 모든 부처님이 말씀하신 한량없는 법장을 말씀하여 마치시니, 천백억 세계 여러 중생들이 받아 지니고 기쁘게 행하더라. 이 심지의 이모저모를 널리 말한 것은 「불화광왕칠행품」에 말씀한 바와 같으니라.

―――――― **지계(持戒)의 찬게(讚偈)**

明人[9] 忍慧强[10]하야 能持如是法하면 未成佛道間에 安獲五種利로다
명인　인혜강　　　능지여시법　　　미성불도간　　안획오종리

一者는 十方佛이 愍念常守護요 二者는 命終時에 正見心歡喜요
일자　시방불　　민념상수호　　이자　　명종시　　정견심환희





---

**4 일체불심장(一切佛心藏)** 장(藏)은 포함한다는 뜻이니 일진여심체(一眞如心體)가 허공처럼 크고 비고 원만하여 만법의 무량한 묘용(妙用)이 구족하고 있으므로 이렇게 이름.
**5 지장(地藏)** 마음의 본바탕은 본래 분별이 없고 평등하기가 대지와 같아서 다함없는 온갖 공덕을 냄으로 이렇게 이름.
**6 계장(戒藏)** 마음의 본바탕이 본래 공하여 다함 없는 계법(戒法)을 갖추어 한량없는 복력의 바다를 갈무려 가졌으므로 이렇게 이름.
**7 행원장(行願藏)** 마음으로 거룩한 일을 행하는 것이 행이고[心行善事心行], 마음으로 기약하여 이루고자 굳게 정하는 것을 원이라[心所尅期心願] 한다. 이 행의 바다가 가없고 원의 문이 다함없기 때문에 이렇게 이름한 것.
**8 인과불성상주장(因果佛性常住藏)** 마음을 비로소 닦음을 인(因)이라 하고, 마침내 깨달아 증득해 마친 것을 과(果)라 한다. 인(因)을 갖추매 과의 바다가 충만하고 과를 사무치매 인의 근원이어서, 인과(因果)가 서로 원융한 법신을 깨달음을 불이라 하며, 법신의 성품이 본래 적멸담연(寂滅湛然)하여 항상 머물러 변함없고 법계를 남김없이 원만하게 포용함을 일컬어 '인과불성상주장'이라 한다.
**9 명인(明人)** 지혜를 밝게 통달한 사람이란 뜻.

三者生生處에 爲諸菩薩友요 四者功德聚니 戒度를 悉成就요
삼자생생처　위제보살우　사자공덕취　계도　실성취

五者今後世에 性戒福慧滿이로다 此是諸佛子니 智者善思量하라
오자금후세　성계복혜만　차시제불자　지자선사량

計我著相者는 不能生是法이요 滅壽取證[11]者도 亦非下種處니
계아저상자　불능생시법　멸수취증　자　역비하종처

欲長菩提苗하야 光明照世間인댄 應當靜觀察이어다
욕장보리묘　광명조세간　응당정관찰

諸法眞實相은 不生亦不滅이며 不常復不斷이요
제법진실상　불생역불멸　불상부부단

不一亦不異며 不來亦不去[12]로다
불일역불이　불래역불거

如是一心中에 方便勤莊嚴하여 菩薩所應作을 應當次第學이어다
여시일심중　방편근장엄　보살소응작　응당차제학

於學於無學에 勿生分別想하면 是名第一道며 亦名摩訶衍[13]이로다
어학어무학　물생분별상　시명제일도　역명마하연

一切戲論惡이 悉從是處滅하며 諸佛薩婆若[14] 悉由是處出이니라
일체희론악　실종시처멸　제불살바야　실유시처출

是故諸佛子여 宜發大勇猛하야 於諸佛淨戒에 護持如明珠하라
시고제불자　의발대용맹　어제불정계　호지여명주

過去諸菩薩이 已於是中學하며 未來者當學하며 現在者今學이니
과거제보살　이어시중학　미래자당학　현재자금학



10 인혜강(忍慧强) 인(忍)은 생사를 초월하여 부동심을 얻었다는 뜻이며 생법인(生法忍)의 생략이니, '인혜가 강하다[忍慧强]'함은 '생법인'의 반야지혜가 투철한 이란 뜻.
11 멸수취증(滅壽取證) 소승에서 몸도 죽어 없어지고 생각도 아주 끊어[灰身滅智] 고요하게 말라붙고 아무 것도 없는 공에 떨어진 것[枯寂涅槃]으로 열반을 삼는 것(이것은 잘못된 견해로서 보리의 종자가 아님을 여기서 밝히고 있다).
12 불생역불멸(不生亦不滅) ~ 불래역불거(不来亦不去) 용수 보살의 8불중도(八不中道)를 든 것. 불생(不生)·불멸(不滅)·불거(不去)·불일(不一)·불이(不異)·부단(不斷)·불상(不常)의 여덟의 이변[二邊]을 끊고 중도에 이르는 법을 든 것. 진공의 실상은 유위(有爲)의 신심(信心)이 아니므로 생멸이 아니고 양 극단에 떨어지지 않으므로 단상(斷常)이 아니며, 수량에 떨어지지 않으므로 일이(一異)가 아니고 본래 동정을 여의었으므로 오고 감[去来]이 없는 것이니, 이 법은 오직 일심(一心)임을 보인 것이다.
13 마하연(摩訶衍) 대승을 가리킴.
14 살바야(薩婆若) 3지(智)의 하나로 본 체계. 생명의 근본 우주와 인생의 본바탕을 깨달은 지혜.

此是佛行處며 聖主所稱歎이로다 我已隨順說하야
차 시 불 행 처　　성 주 소 칭 탄　　　아 이 수 순 설

福德無量聚를 廻以施衆生하노니
복 덕 무 량 취　　회 이 시 중 생

共向一切智하여 願聞是法者은 悉得成佛道어다
공 향 일 체 지　　원 문 시 법 자　　실 득 성 불 도

梵網經盧舍那佛說菩薩心持戒品第十之下
범 망 경 노 사 나 불 설 보 살 심 지 계 품 제 십 지 하


　　밝은 이는 지혜가 많아 이런 법문을 지니나니

　　부처가 되기 전에라도 다섯 이익을 얻나니라.

　　첫째로는 시방에 계신 부처님께서 항상 보호하시며

　　둘째 목숨이 다하여 마칠 때에 정견을 얻어서 마음에 환희하고

　　셋째 세세생생 태어나는 곳마다 보살과 더불어 벗을 삼게 되고

　　넷째 공덕의 산더미를 얻어 지계의 바라밀을 다 성취함이요.

　　다섯째 다음 저 세상에서 성계와 복과 지혜 가득하네.

　　이를 일러 불자라 하나니 지혜 있는 이 생각하라.

　　나를 세우고 현상에 집착하는 자, 이 법을 능히 낼 수 없으며,

　　아무 것도 없는 공에 떨어진 자도 부처님 종자 심은 것 또한 아
니니

　　보리의 싹이 자라나서 광명으로 세간을 비추려면 마땅히 고요히
관찰하라.

　　모든 법의 참다운 본래의 바탕은 나지도 않고 멸하지도 않고

　　항상 있는 것도 아주 없는 것도 아니며

　　하나도 아니고 많은 것도 아니며 오는 것도 아니고 가는 것도 또

한 아니니,

이와 같은 한 마음 가운데 방편으로 장엄하여

보살들의 할 일을 차례로 마땅히 배울 지어다.

유학이건 무학이건 차별하는 생각을 내지 않으면

이것을 이름하여 제일의 도라 하며 또한 이름을 마하연(대승)이라

하네.

모든 이론과 쓸데없는 생각이 여기서는 모두 다 없어지고

부처님의 반야지혜가 다 이로부터 생겨나네.

그러므로 불자들아 마땅히 큰 용맹을 내어서

부처님의 청정계율을 구슬처럼 보호하여지이다.

과거의 보살도 이것으로 공부했고

현재의 보살도 미래의 모든 보살도 여기에서 배우도다.

이것이 부처님께서 행하는 경지이니 그러므로 세손께서 찬탄하

셨고

내가 이미 수순하여 말했노니,

한량없는 복덕의 산더미를 저 모든 중생에게 돌려보내

일체지로 향하노니 원컨대 법문을 듣는 이는 모두 다 속히 성불

하여이다.

『범망경노사나불설보살심지계품』 제10의 하(下)

수보살계의

受菩薩戒儀

남악사문 석 혜사 찬 南嶽沙門 釋 慧思 撰

# 수보살계의 受菩薩戒儀

夫受大乘戒法인댄　先敎請傳授菩薩戒師一人하야　請引先咨白後에
부수대승계법　　　선교청전수보살계사일인　　　청인선자백후

引云하되　我某甲等이　今從大德하야　求受菩薩戒하오니　願大德은
인운　　　아모갑등　　금종대덕　　　구수보살계　　　　원대덕

於我不憚勞慈愍故니이다 (三說請)하면　戒師이　種種爲說因緣　方便
어아불탄노자민고　　　 (삼설청)　　　계사　　종종위설인연　방편

云이니라
운

　　대저 대승계를 받는 법은 먼저 보살계를 전수하는 법사한 분을
모시고 인도자(引 : 인도하는 분, 마치 사회자(司會者)와 같음)에게 청하여
물어 사뢰게 한 뒤에 인도자가 이르기를 '이제 아무 등이 대덕을 모
시고 보살계를 받고자 하오니 원하옵건대 대덕께서는 저희들을 민
망히 여기시어 자비를 베푸소서' ('자비를 베푸소서'는 세 번 청한다)

　　그때에 설계법사는 보살계의 중요성과 또 계를 받는 뜻과 그 공
덕에 대하여 갖가지의 인연과 방편 등을 설한다.

---

1 혜사(慧思, 515~577) 중국 스님. 남북조 시대에 입산하여 『법화경』을 전공하여 법화삼매(法華三昧)를 얻고 뒤에 남악형산(南岳衡
山)에 오래 있었으므로 남악 대사라 하였다. 천태종 개조되는 지자(智者) 대사의 스승.

欲求戒法者인댄 先發信心하라 信心이 若成하면 三學具足하며 三
욕구계법자    선발신심    신심   약성    삼학구족    삼

身²四智³佛果菩提를 決定可期하야 更無疑慮니라 故로 華嚴經에
신 사지 불과보리  결정가기   갱무의려    고    화엄경

云하되 信爲道源功德母요 長養一切諸善根하며 斷除疑網하고 出
운    신위도원공덕모    장양일체제선근    단제의망     출

愛河하야 開示涅槃無上道라하니 故知若發信門하면 必納戒法하라
애하    개시열반무상도     고지약발신문    필납계법

보살계법을 받고자 하면 먼저 신심을 일으켜야 한다. 신심이 성
립되면 삼학(三學)이 구족하게 되어 3신(身)·4지(智)의 불과(佛果)의 깨
달음을 결정코 성취한다는 것은 다시 의심할 것이 없느니라. 그러므
로 『화엄경』에 이르기를

'믿음은 도의 근원이요 공덕의 어머니니라, 일체의 모든 선근(善
根)을 길러내며 의혹의 그물을 끊어버리고 애욕의 바다를 벗어나서
열반의 최상도를 열어 보인다.'
라고 하였다. 그러므로 신심을 일으킨 뒤에 계법을 받아야 함을 알
라.



2 **삼신(三身)** 대승불교에서 부처님의 몸을 법신(法身 : 眞如. 法性身), 보신(報身 : 만행 공덕으로 얻은 몸), 화신(化身 : 변화로 나타나는 몸)을 말하는 것.
3 **사지(四智)** 유식(唯識) 법상학(法相學)에서 중생의 마음[識]을 뒤바꾸어 지혜를 성취하는 데 대원경지·평등성지·묘관찰지·성소작지가 있다고 함. 그 순서대로 제8아뢰야식을 돌려 대원경지가 되고, 제7식은 평등, 제6식은 묘관찰, 제5식은 성소작지가 됨.

戒爲萬行之先鋒이며 六度之基址라 如造宮室에 先固其基요 徒架
계위만행지선봉　　육도지기지　여조궁실　선고기기　　도가

虛空이면 必不成就라 故로 戒爲大道之資糧이며 戒爲苦海之船筏
허공　　필불성취　고　계위대도지자량　　계위고해지선벌

이니 莊嚴法身에 以戒爲瓔珞이요 破除煩惱에 以戒爲淸凉이니라
장엄법신　이계위영락　　파제번뇌　이계위청량

然有多種하니 三歸五戒하면 得人身하고 十善八齋하면 生天報하며
연유다종　삼귀오계　득인신　십선팔재　생천보

持十戒具足戒하면 出煩惱之愛河하고 得羅漢之聖果요 受菩薩戒
지십계구족계　출번뇌지애하　득나한지성과　수보살계

者는 得於佛果하리라 梵網經에 云하되 一切有心者는 皆應攝佛戒
자　득어불과　범망경　운　일체유심자　개응섭불계

니 衆生이 受佛戒하면 得入諸佛位하리라 하시니 故知하라 凡有心
증생　수불계　득입제불위　　　고지　범유심

者는 咸具佛戒하야 各各圓滿하야 無有缺減이니라 問旣然如是인댄
자　함구불계　각각원만　무유결감　　문기연여시

何須更受리오
하수경수

계란 만행(萬行)의 선봉이요, 6도(六度 : 곧 6바라밀)의 터전이다. 만일 궁실(宮室)을 조성하려면 먼저 그 터를 단단히 닦아야 할 것이니 터를 단단히 닦지 않고 기둥과 들보를 가설한다면 그 집이 이루어질 수 없는 것과 같다.

계는 대도의 자량(資糧 : 생활의 양식, 길가는 이의 여비)이요, 계는 생사 고해를 건너가는 배와 뗏목이로다. 법신을 장엄하는 데 계가 장신구가 되며, 번뇌를 다스리는 데 계가 청량한 감로약이 되도다.

그런데 계에 세 가지가 있으니, 삼귀의계(三歸依戒)와 오계(五戒)는 사람의 몸을 받게 되고[내세의 일]·십선계(十善戒)와 팔재계(八齋戒)는 천상의 과보를 받으며, 십계와 구족계(具足戒)를 지니면 번뇌·애욕의 큰 강물을 벗어나서 아라한의 성과를 얻게 되며, 보살계를 받는 자는 불과(佛果)를 얻는다 하였다. 『범망경』에 이르기를

'일체 마음이 있는 자는 다 마땅히 불계에 포섭되니, 중생이 불계를 받으면 부처의 지위에 들어가게 된다'
라고 하였다. 그러므로 무릇 마음이 있는 자는 다 불계를 갖추어서 원만하므로 결함이 없느니라.

【문】 이미 그렇다면 어찌 계를 다시 받을 필요가 있습니까

答하되 以暫亡故로 約事重明하리라 卽知全心是戒요 全戒是心이라
답　　　이잠망고　　약사중명　　　　즉지전심시계　　전계시심

離心하면 無戒요 離戒無心이하라 又云佛子聽欲受佛戒者인댄 國
이심　　　무계　이계무심　　　　우운불자청욕수불계자　　　국

王王子과 百官宰相과 比丘比丘尼과 十八梵[4]과 六欲天[5]과 庶民黃
왕왕자　　백관재상　비구비구니　　십팔범　　육욕천　　서민황

門과 婬男과 婬女와 奴婢와 八部와 鬼神과 金剛神과 畜生乃至變
문　음남　음녀　노비　팔부　귀신　금강신　축생내지변

化人이라도 但解法師語하면 盡受得戒니 皆名第一淸淨者라하시니
화인　　　단해법사어　　　진수득계　개명제일청정자

以戒德無量하며 功高萬像하니 爲五乘之軌範이요 作三寶之舟航이
이계덕무량　　　공고만상　　위오승지궤범　　　작삼보지주항

로다 大智度論에 云하되 大惡病中에 戒爲良藥이요 大怖畏中에 戒
대지도론　운　　대악병중　계위양약　　　대포외중　계

爲守護며 大闇冥中엔 戒爲明燈이며 諸險道中에 戒爲橋梁이며 大
위수호　대암명중　계위명등　　　제험도중　계위교량　　대

海水中에 戒爲船筏이라하니라 薩遮經에 云하되 若不持戒하면 尙不
해수중　계위선벌　　　　살차경　운　　약불지계　　상부

---

[4] **18범(十八梵)** 3계 가운데 욕계 다음 색계(色界) 18천. 곧 1. 범중천 2. 범보천 3. 대범천 4. 소광천 5. 무량광천 6. 광음천 7. 소정천 8. 무량정천 9. 변정천 10. 무운천 11. 복생천 12. 광과천 13. 무상천 14. 무변천 15. 무열천 16. 현견천 17. 선현천 18. 색구경천.

[5] **육욕천(六欲天)** 3계 중 욕계 6천. 1. 사왕천 2. 도리천 3. 야마천 4. 도솔천 5. 화락천 6. 타화자재천

得野干之身이온 何況功德之身이 하시며 月燈三昧經에 云하되 雖
득야간지신　　　하황공덕지신　　　　월등삼매경　운　　수

有色族과 及多聞이라도 若無戒智하면 如禽獸며 雖處卑下少多聞
유색족　급다문　　　약무계지하면　여금수　수처비하소다문

이라도 能持淨戒하면 名勝士라하니라 戒之一字 是名梵云尸羅며
　　　능지정계　　　명승사　　　　계지일자　시명범운시라

亦云毘尼며 波羅提木叉[6]等이니 此云淸凉이라 滅三業之過愆하야
역운비니　바라제목차　등　　　차운청량　　멸삼업지과건

得解脫也이 今言戒者는 能防三惡하며 能止三惑이니 故로 當體得
득해탈야　금언계자　능방삼악　　능지삼혹　　고　당체득

名也라 體者는 初發圓心하야 從師請受하면 身中翹誠을 名爲作戒
명야　체자　초발원심　　종사청수　　신중요성　　명위작계

에 色心爲體요 三羯磨[7]竟하고 納法居懷하야 作體謝往訖未來를 名
　색심위체　삼갈마　경　　납법거회　　작체사왕흘미래　명

無作戒니 唯實相心으로 以之爲體故니라 瓔珞經에 云하되 一切聖
무작계　유실상심　　이지위체고　　영락경　운　　일체성

凡戒는 盡以心爲體하나니 心無盡故로 戒亦無盡이라하시니 是知心
범계　진이심위체　　　심무진고　계역무진　　　　시지심

境契同하며 能所冥一이라하시니라 諸佛子等이 旣各有好樂渴仰之
경계동　　능소명일　　　　제불자등　기각유호요갈앙지

心인댄 應當隱勤志心聽受어다
심　　응당은근지심청수


　　【답】 자성 속에 불계가 본디 있지만 범부는 스스로 알지 못하

기 때문에 현실적인 사리로써 거듭 밝히리라. 곧 마음의 본바탕이

계요, 계가 곧 마음이어서 마음을 여의고 계가 없으며, 계를 여의고

마음이 없도다. 또 이르기를

---

6 **바라제목차(波羅提木叉)** 범어 Prātimokṣa. 별해탈(別解脫) 또는 처처(處處)해탈의 뜻이니, 계율을 지니므로 몸과 입과 마음으로 짓
　는 업을 따로따로 해탈한다는 뜻.
7 **삼갈마(三羯磨)** 범어 karma는 업(業)을 의미하는 말인데, 여기에서는 계 받을 적에 작법을 말함. 소작(所作)·작사(作事)라고 함. 3
　갈마는 계 받을 때에 갈마사(羯磨師 : 작법을 맡은 스님)가 갈마문을 읽어 가르치는 것을 계 받는 자가 그대로 세 번 외우는 것.

'불자가 불계를 받고자 할진대 국왕·왕자·대신과 백관·재상과 비구·비구니와 18범천(梵天)과 6욕천(欲天)과 서민·황문(黃門:내시와 같이 남근이 없는 자)과 음남·음녀·노비·팔부·귀신·금강신과 축생 내지 변화하여 나타난 사람들도 다만 법사의 말을 이해할 수 있는 자는 다 계를 받을 수 있으며, 제일 청정한 자라 하리라 했으니, 계덕(戒德)이 한량없으며 그 공이 세간에 뛰어나서 오승(五乘)의 궤범이 되고 삼보의 큰 배[航]가 될 것이다.'

라고 하셨으며, 『대지도론(大智度論)』에 이르기를

'나쁜 병에 계가 양약이 되고, 큰 두려움 가운데 계가 수호신이 되며, 큰 어두움 가운데 계가 등불이 되며, 모든 험난한 길에 계가 다리가 되며, 큰 바다에 계가 배와 뗏목이 되느니라.'

라고 하였다. 또 『살차경(薩遮經)』에 이르기를

'만일 계를 지니지 않으면, 여우의 몸도 받기 어려울 것이니, 하물며 공덕의 몸이리요.'

라고 하였고, 『월등삼매경(月燈三昧境)』에 이르기를

'귀한 종족 가운데 태어나서 지식이 있더라도 계행과 지혜가 없으면 금수와 같으며 천한 존속으로 태어나 많이 아는 것이 없더라도 능히 청정한 계행을 지니면 훌륭한 선비라고 한다.'

라고 하였다. 계라는 것은 범어로 실라(śīla)며, 비나야(vinaya, 율(律)이라 함)요, 또한 프라티목샤(prātimokṣa)라고 하니, 청량한 감로약으로서 3업의 허물을 소멸하고 해탈을 얻게 하는 것이다.

이제 계라고 말한 것은 능히 삼악(三惡:신·구·의의 나쁜 짓)을 막고 삼혹(三惑:탐·진·치)을 그치게 하기 때문에 그 당체(當體:계 받는 작법 등)로써 이름을 얻은 바이다. 체라는 것은, 처음 둥근 마음(결함이 없는 마음)을 내어 스승으로부터 받기를 청하여, 몸으로 정성을 기울이는 것 이른바 계 받는 작법을 지으매, 몸과 마음이 체가 되는 것이요, 세 번 갈마[三羯磨]를 마치고 그 법을 잘 생각하면 작법의 체가 이미 다하게 되므로 이것을 무작계(無作戒 : 형식적인 의식이 끝난 것)라 이르나니, 오직 실상심(實相心)으로 체를 삼기 때문이다.

『영락경(瓔珞經)』에 이르기를

'모든 성인이나 범부의 계가 다 마음으로 체를 삼나니, 마음이 다함이 없으므로 계도 또한 다함이 없다.'

라고 하였으니, 마음과 경계[心境 : 주관·객관]가 하나로 합하고, 능소(能所 : 계 설하는 이와 받는 이)가 혼연히 하나가 되는도다. 모든 불제자는 각기 간절히 갈앙하는 마음을 두어서 마땅히 한 마음으로 정성을 기울여 듣고 받을 지어다.


菩薩戒에 有八種殊勝하니 何等이 爲八고 一은 殛道勝이니 受菩薩
보 살 계　 유 팔 종 수 승　　 하 등　 위 팔　 일　 극 도 승　　 수 보 살

戒하면 如大鵬鳥一擧翅高飛하야 能至十萬九千餘里라 此菩薩戒
계　　 여 대 붕 조 일 거 혈 고 비　　 능 지 십 만 구 천 여 리　 차 보 살 계

趣道疾故로 發心越六趣二乘徑하야 趣無上菩提故니라 二는 發心
취 도 질 고　 발 심 월 육 취 이 승 경　　 취 무 상 보 리 고　　 이　 발 심

勝이니 一念發大悲智之心하야 超過二乘境界하나니 如昔有二沙彌
승　　 일 념 발 대 비 지 지 심　　 초 과 이 승 경 계　　 여 석 유 이 사 미

發菩提心할새 阿羅漢이 返生恭敬하고 擔衣幞하고 讓路而行等이니
발 보 리 심　　 아 라 한　 반 생 공 경　　 담 의 복　　 양 로 이 행 등

라 三은 福田勝이니 假使供養滿閻浮提內阿羅漢이라도 不如一大
　 삼　 복 전 승　　 가 사 공 양 만 염 부 제 내 아 라 한　　 불 여 일 대

鵬鳥니 此鳥先來受菩薩戒故니라 四는 功德勝이니 受菩薩戒하면
붕 조　 차 조 선 래 수 보 살 계 고　　 사　 공 덕 승　　 수 보 살 계

喩如日光하야 無所不照어니와 受聲聞戒는 猶如螢火니 其光이 甚
유 여 일 광　　 무 소 부 조　　 수 성 문 계　 유 여 형 화　 기 광　 심

微하야 不可相比故니라 五는 受罪輕微勝이니 受菩薩戒之後에 設使破戒라도 猶勝外道와 不受戒者니 外道邪見은 永沉惡道하야 無有出期나 破戒之人은 戒威力故로 設墮惡道라도 受罪輕微하며 若墮地獄이라도 作獄中王하며 若墮畜生이라도 作畜生王하며 若墮鬼中이라도 作鬼中王하며 若材人間이라도 作人王國王하며 若在天中이라도 作天中王하며 生生之處에 不失王位故니라 經에 云有犯名菩薩이니 有戒可破라 無犯名外道니 無戒可破故니라 六은 處胎勝이니 菩薩處胎時에 常爲天龍과 八部諸善神王之所守護故니라 七은 神通勝이니 能變大地하야 爲黃金七寶하야 攪長河하야 爲酥酪醍醐하며 能一念으로 超百千世界하며 能一日에 化百千衆生故니라 八은 果報勝이니 生蓮華藏海하야 證法性身이니라 一得眞常하면 永無退轉故니라

──────── **보살계에 여덟 가지 수승한 공덕이 있다**

　　무엇이 여덟 가지인가.

1. 도에 나아가는 수승함이니, 보살계를 받으면 마치 대붕(大鵬)이 한 번 날개 쳐서 10만 9천 리를 높이 오르듯이 이 보살계도 도에 나가는 것이 그와 같이 빠르니, 발심하면 6취(趣)와 2승(乘)을 초월하여 최상 보리에 나아가게 되기 때문이다.

　　2. 발심의 수승함이니, 한 생각 동안 대비(大悲)·대지심(大智心)을 발하여 2승의 경계를 초월한다. 옛적에 사미승이 스승인 아라한과

같이 길을 가다가 보리심을 발하자 그 스승 아라한이 사미에게 예경하고 사미의 걸망을 벗겨서 스승이 등에 지고 뒤에서 보호하며 간 것이 그것이다.

　3. 복전(福田)의 수승함이니, 가령 염부제(인간계) 안의 아라한을 다 공양하더라도 먼저 와서 보살계를 받은 이에게 공양한 공덕만 같지 못한 때문이다.

　4. 공덕의 수승함이니, 보살계는 햇빛과 같아서 온 누리를 다 비추지만 소승 성문의 계는 마치 반딧불과 같아서 서로 비교가 되지 않는다.

　5. 죄 받는 것이 경미(輕微)한 수승함이니, 보살계를 받은 뒤에 설사 파하더라도 오히려 외도와 계를 받지 않은 자보다 우수하다. 외도의 사견은 길이 악도에 떨어지지만, 파계한 자는 설사 악도에 떨어졌더라도 계의 위력으로 죄 받는 것이 경미하며, 지옥·축생·아귀 중에 떨어져서도 그곳의 왕이 되며, 인간이나 천상에 나서도 왕이 되며, 어느 곳이나 나는 곳마다 왕의 자리를 잃지 않게 되는 까닭이니라. 경에 이르기를 '계를 범하는 것을 보살이라 이름하나니, 계가 있기에 파한 까닭이며, 범함이 없음을 외도라 이름하나니, 계 받음이 없기에 피할만한 것조차도 없기 때문이다.'라고 하였다.

　6. 태중에서 수승함이니, 보살이 태에 들어 있을 때에 항상 천·룡·팔부·선신의 수호를 받기 때문이다.

　7. 신통의 수승함이니, 계를 성취하므로 능히 대지를 변하여 황금, 7보로 만들고 큰 강물을 저어서 소(酥)와 낙(酪)과 제호(醍醐)를 만들며, 한 생각 동안에 백천 세계를 초월하여 하루 동안에 백천중생을 교화하는 때문이다.

8. 과보의 수승함이니, 연화장(蓮華藏) 세계에 나서 법성신(法性身)을 증득하여 한 번 진상(眞常)을 얻으매 영원히 물러감이 없는 때문이다.


## 次觀五法
차 관 오 법


第一은 欲受菩薩戒者는 先觀十方一切衆生을 如聖人想하며 第二
제일　욕수보살계자　선관십방일체중생　여성인상　　제이
는 觀十方一切衆生을 如父母想하며 第三은 觀十方一切衆生을 如
관십방일체중생　여부모상　제삼　관십방일체중생　여
師長想하며 第四는 觀十方一切衆生을 如國王想하며 第五는 觀十
사장상　제사　관십방일체중생　여국왕상　제오　관십
方一切衆生을 如奉大家想하며
방일체중생　여봉대가상


─────── **오법(五法)을 관하라**

(보살계 받으려는 이는 다음의 다섯 가지 법을 관하라)


1. 보살계를 받으려 하는 이는 먼저 시방 일체중생 보기를 성인과 같이 생각하라.

2. 시방 일체중생 보기를 부모와 같이 생각하라.

3. 시방 일체중생 보기를 스승과 같이 생각하라.

4. 시방 일체중생 보기를 국왕과 같이 생각하라.

5. 시방 일체중생 보기를 종가(宗家)와 같이 생각하라.

次興三願
차 흥 삼 원


一은 願自己三業으로 所作功德을 與十方一切衆生으로 同共하며
일    원자기삼업     소작공덕    여십방일체중생      동공

二는 願我共十方一切衆生으로 早度生死煩惱大海하야 到涅槃彼
이    원아공십방일체중생      조도생사번뇌대해      도열반피

岸이니라 三은 願我與法界衆生으로 通達十二部經하야 文義了了하
안      삼    원아여법계중생      통달십이부경      문의료료

며 分明一切善法하며 因戒增長하야 具足六波羅蜜과 三十七品하
  분명일체선법      인계증장      구족육바라밀    삼십칠품

며 得深禪定하야 起六神通하며 放大光明하고 得一切種智하며 五
  득심선정      기육신통      방대광명      득일체종지      오

眼具足하야 成就佛道故이니
안구족      성취불도고


──────── **다음에 세 가지 원[三願]을 일으키라**

(이 계를 받을 적에 다음의 세 가지 큰 원을 일으키라).


　1. 원하옵건대, 내가 3업으로 지은 덕을 시방의 일체중생과 더불어 같이하여지이다.

　2. 원하옵건대, 시방의 일체중생과 더불어 재빨리 생사·번뇌의 큰 바다를 건너서 열반의 저 언덕에 이르러지이다.

　3. 원하옵건대, 법계 중생과 더불어 12부경(十二部經)을 통달하여 그 뜻을 밝게 잘 알고, 일체 선법이 계행으로 인하여 증장하오며, 6바라밀과 37조도품이 구족하오며, 깊은 선정 삼매에 들어서 6신통을 얻고 큰 광명을 놓으며, 온갖 것 다 아는 지혜[一切種智]를 얻어서 5안(五眼：天眼·慧眼·法眼·佛眼·圓眼)이 구족하여 불도를 성취하여지이다.

次發四弘願 (隨戒師三徧唱念)
차 발 사 홍 원　 수 계 사 삼 편 창 념

衆生無邊誓願度
중 생 무 변 서 원 도

煩惱無量誓願斷
번 뇌 무 량 서 원 단

法門無量誓願學
법 문 무 량 서 원 학

佛道無上誓願成
불 도 무 상 서 원 성


**──────── 다음 네 가지 원을 일으키라.**

(다음에 계사를 따라 세 가지 큰 원을 세 번 외움)


1. 중생을 다 건지오리다.

2. 번뇌를 다 끊으오리다

3. 법문을 다 배우오리다

4. 불도를 다 이루오리다

◉

마땅히 받고서 범하더라도 보살이라 하나니,

받지 않아서 범할 것이 없는 이보다 훨씬 뛰어나다.

받고서 범함이 있음은 보살이라 하거니와

받지 않고 범함이 없는 것은 외도라 하느니라.


應受而有犯者를 名爲菩薩이요

勝無而不犯이니 有犯名菩薩이요

無犯名外道라 하니라

석암혜수 스님 행장

범망경강설

석암 스님 진영

# 석암혜수 스님 행장

석암혜수(昔巖慧秀) 스님의 속성(俗姓)은 문화(文化) 유(柳) 씨로서 속명(俗名)은 재기(在氣)이시며, 신해년(辛亥年, 1911) 음력 9월 29일에 경기도 포천에서 출생하셨습니다.

경오년(庚午年, 1930) 19세에 인생무상을 깨닫고 출가하시어 황해도 구월산(九月山) 월정사(月精寺)에 입산하여 완허(玩虛) 노사에게 득도(得度)하셨으니 법명을 혜수(慧秀)라 하였습니다.

경진년(庚辰年, 1940) 스님의 나이 29세가 되시도록 10년 동안 구월산 패엽사(貝葉寺) 불교전문강원에서 대교과(大敎科)를 이수해 마치셨습니다.

그런 다음 신사년(辛巳年, 1941) 30세에 드디어 남방으로 내려오시어 동래(東萊) 범어사(梵魚寺) 금강계단(金剛戒壇)에서 영명(永明) 대율사에게 비구 구족계를 수지하시고는 바로 덕숭산(德崇山) 정혜사(定慧寺) 만공(滿空) 선사 회상에 가서 문법(問法)하고 수선안거를 성만하셨습니다.

다음 해인사(海印寺), 범어사(梵魚寺), 송광사(松廣寺)의 삼일암(三日庵), 지리산(智異山)의 칠불암(七佛庵) 등을 비롯하여 수많은 전국 선방에서 10여 년간을 심사방도(尋師訪道)하면서 행각하셨으니, 당대의 선지식이신 혜월(慧月), 만공(滿空), 한암(漢岩), 용성(龍城) 등의 노화상과 용음(龍吟), 고봉(高峰), 설봉(雪峰), 효봉(曉峰), 동산(東山) 등의 용상 대덕에게 사사하면서 그 선장(禪匠)들의 깊은 선지(禪旨)를 얻으셨던 것입니다.

그 때에 혜월(慧月) 노화상의 상족(上足)이신 기석호(奇昔湖) 선사와의 법연이 더욱 깊은 바 있어 석암(昔巖)이라 법호를 받았으니 그 게문(偈文)에


汝我本無心 無傳無受者
無傳無受法 付與無手者


그대와 내가 본래 무심하니,
전해줄 것도 받을 것도 없으나,
전해줄 것도 받을 것도 없는 법을
주고받을 것 없이 주노라.


라 하셨습니다.

이로부터 스님께서는 이(理)와 사(事)에 무애(無碍)하셨으니, 제방의 선납들 사이에서 사리(事理)에 밝은 스님, 선교(禪敎)에 밝은 스님이라는 칭송을 받으셨으며, 갑신년(甲申年, 1944)에는 조선불교 교정(敎正)으로부터 대덕법계(大德法階)를 품수(稟受)하셨습니다.

해방 후에는 꾸준히 선문(禪門)의 수행을 위하여 일체 명리를 떠나 고행정진하면서 선풍을 진작하고 탈속무애하게 지내시더니, 경인년(庚寅年, 1950)의 6·25전쟁 이후에는 승단계율의 해이를 개탄하신 나머지 통도사 천화율원(千華律院)의 자운(慈雲) 율사 회상에 머무시

면서 율장전서를 전섭(專涉)하여 율학을 대성하시었습니다.

그 후 부산 선암사(仙巖寺)에 주석하면서 선방의 외호에 전력하시면서 내외 제법을 다스리시니 천하의 대법사로 청상(請狀) 받아 가시는 곳마다 광장설상(廣長舌相)으로 설법이 여운여우(如雲如雨)하셨으니, 감화 받은 불자가 부지기수였습니다.

갑오년(甲午年, 1953) 한국불교 정화운동에도 적극 참여하시어 지대한 공로를 쌓으셨으며, 신축년(辛丑年, 1961) 선찰대본산 범어사 주지에 피임(被任)되시어 고(故) 동산(東山) 노사를 모시고 불사(佛事)를 계속하시더니 드디어 금강계단(金剛戒壇)의 전계사(傳戒師)의 중임을 전수받으셨고, 이어서 가야산 해인총림(海印叢林)의 초대수좌, 전국 선림회 회장을 맡기도 하셨으며, 대한불교장학회(현 석암장학회)를 설립하여 후진양성에 힘을 기울이기도 하셨습니다.

스님께서 남을 위해서는 가시는 곳마다 웃음꽃이 피게 하였고, 시회대중(時會大衆)이 환희와 법열(法悅)을 느끼게 하셨을 뿐만 아니라 자신을 위해서는 일용에 지율(持律)을 엄하게 하셨습니다.

계축년(癸丑年, 1973)에 이르러 수많은 제자 중에서 정련(定鍊) 상좌의 모심을 받아 부산 서구의 도솔산(兜率山)을 둘러보시고 여기야말로 만년주석지적처(晚年住錫之適處)라 하시고 눌러 내원정사(內院精舍) 창건에 진력하셨으니, 10여 년 만에 천년대찰(千年大刹) 못지 않는 대가람(大伽藍)을 이룩하시고, 이어서 도시포교의 일환으로 불교유치원을 설립하시어 천진난만한 동진(童眞)들과 더불어 함께 소요자재하셨습니다.

계축년(癸丑年)에 범어사 금강계단에서 출납(拙衲, 杲山)에게 전계하시는 승연(勝緣)을 지어주셨기에 쌍계사 금강계단을 창설하여 계법을 전수하여 주심으로부터 10여 년간을 전국명지의 보살계단에서 사사봉준(事師奉遵)할 수 있게 하시면서 훈도(薰陶)를 주시기도 하였습니다.

경신년(庚申年, 1980) 스님의 춘추가 70의 고희(古稀)가 되심에 종단 원로원에서 조계종 원로로 추대하여 예우해 모셨습니다.

그 후에는 고령으로 인하여 사대(四大)가 미양(微恙)하시어 혈압 등이 부조(不調)하면서도 자신의 일과에는 한 번도 빠짐없이 하루에 여섯 번씩 행하시는 예경(禮敬)과 송경(誦經) 그리고 좌선 등의 정진을 늦추시는 일이 없으시더니, 정묘년(丁卯年, 1987) 5월 13일(음력 4월 16일)에 제자 구한(久閒), 정련(定鍊) 등을 불러 후사를 부탁하시면서 근수정진(勤修精進)하고 방일(放逸)하지 말라 하시기에 다시 한 말씀을 청하니 유게(遺偈)를 주시기를


回顧八十年
猶如南柯夢
夢中又說夢
可笑夢中事


80년 한평생을 회고해 보니
마치 남가일몽이어라.
꿈속에서 또 꿈을 말하니
꿈 가운데 일이 가소롭도다.


하시고 미소를 지으시더니 이어 밤 10시 45분에 이연(怡然)히 입적

(入寂)하시었습니다.

스님의 세수는 77세이시고 법납은 57세이었습니다.


불기 2532년 4월 16일


법제자(法弟子) 혜원(慧元) 화남근서(和南謹書)

대승불교에서 궁극적으로 목적하는 바는 자리(自利)와 이타(利他)의 두 가지 행을 원만히 하는 데 있으며, 이러한 이리원만(二利圓滿)의 사상은 삼취정계(三聚淨戒)에 가장 뚜렷하게 나타나 있다고 하겠습니다. 삼취정계란 섭율의계(攝律儀戒)·섭선법계(攝善法戒)·섭중생계(攝衆戒) 등의 3종의 계를 말하는 것인데, 이 삼취정계는 불교의 모든 계율을 총체적으로 요약한 것이라 할 수 있는 것이니, 다시 말해서 삼취정계는 대승불교를 신앙하고 실행하는 사람들의 생활을 지악(止惡)·작선(作善)·이타(利他)의 세 가지로 나누어 본 것입니다.

제1의 섭률의계는 모든 악한 일을 결코 행하지 않는다.

제2의 섭선법계는 모든 선한 일을 적극적으로 실행한다.

제3의 섭중생계는 모든 중생을 교화하여 바른 길로 인도함으로써 악한 일을 그치고 선한 일을 실행해서 다함께 불도에 나아가게 한다.

제1과 제2의 계는 개인의 수양을 향상시키는 것과 결부되는 것이므로 자리적(自利的)인 것이며, 제3의 계는 중생을 이익케 하는 계이니, 바로 이타적(利他的)인 것이다. 자기를 이롭게 하는 것만 있고, 남을 이롭게 함이 없는 것은 결코 올바른 윤리 도덕이 아니며 참된 불도(佛道)라고 할 수가 없는 것이니, 자리와 이타가 원만하게 갖추

어 실행되어야 비로소 불도를 성취할 수가 있는 것이며, 『범망경』에서 설하는 '보살계'에는 스스로 악한 일을 그치고 선한 일을 적극적으로 행하는 자리와 중생을 이익케 하려는 이타정신을 실행하는 섭중생계가 합쳐져 있으므로 대승불교의 특성을 아주 간단하고 분명하게 나타내고 있으며, 이것을 생활 속에서 적극적으로 실행하기 위하여 받아 지니는 것이 바로 『범망경』의 '대승보살계'인 것입니다.

그러므로 '보살계'는 악한 일은 스스로 하지 않을 뿐만 아니라, 남에게도 하지 못하게 하여야 하며, 또한 선한 일을 스스로가 할 뿐만 아니라, 남도 하게 한다는 자리와 이타의 양면을 갖추게 함으로써 대승불교의 정신과 보살도(菩薩道)의 특질을 구현(具現)하고 있는 것입니다.


"이러한 계학(戒學)의 연구가 성하며 계법(戒法)의 실천이 엄정할 때에 불교가 흥성하고, 해이할 때에 불교가 쇠퇴하는 것이니, 불교가 바르게 시행될 때 그 사회가 평화롭고 안정되며, 불교가 어지럽거나 억압될 때 그 나라 또한 윤리 도덕이 땅에 떨어지며 기강과 질서가 무너지는 것을 역사가 증명하고 있다."


이것은 먼저 가신 스님[先師 柳錫巖 律師]께서 자주 일러주시던 말씀이며, 지금도 아직 귓가에 쟁쟁히 울리면서 우리들을 이끌어 주시는 가르침이십니다.

도도하게 흘러넘치는 물질문명의 홍수, 겉모양 위주의 화려한 시대의 유행, 특히 남녀간 성문제에 대한 개방적인 풍조, 방종하고 분망한 생활, 귀와 눈을 어지럽게 하는 갖가지 정보 등등, 그 어느 하나를 집어 보아도 계행을 지키면서 수행하려는 사람에게 도움이 될 만한 조건은 아주 적고, 오히려 유혹하고 방해하는 요소만 너무나 많은 것이 현대사회이기는 하지만, 이 가운데서도 불도란 이론을 추구하는 데 있는 것이 아니라, 그 진면목은 어디까지나 몸소 부처님의 가르침을 실천하는 데 있으며, 불교를 실천하는 데 있어서 가장 중요한 것이야말로 계행을 지니는 생활에 있음을 바로 인식하여 실행하고 있는 분들이 한국불교에는 현재에도 많이 계신다. 그리고 한국불교에서 출가하려는 사람들은 전국적인 통일계단에서 엄숙하고 여법한 수계의 절차를 거쳐서 계를 받아 수행하고 있으며, 스님네나 신도들도 기회가 있을 때마다 '보살계'를 받으며, 누구나 불교에 귀의하게 되면, 먼저 5계를 받고, 법명(法名)을 받고 있어서 불교 실천의 중심은 계를 받아 지니며, 참선·염불을 수행하여 마음 속 지혜의 눈을 여는 것으로써 근본을 삼는 인식이 뚜렷하다. 오늘날에도 이와 같은 기풍이 살아있는 것은, 일생 동안 청정한 계행을 지니면서 수행정진하신 산 모범으로서 존경을 받으셨을 뿐만 아니라, 말년에 이르기까지 오로지 대승보살계를 펴시기 위하여 전국의 각지에 이르지 한 곳 없으시며, 앉은 자리 따뜻할 새 없이 다니시면서 헤아릴 수 없이 많은 사람들에게 대승의 불종자(佛種子)를 심어주시고 『범망경』을 설하시어 '보살계'를 전수하신 석암 큰스님의, 정법을 위하여 신명을 다 바쳐서 노력하신 활동에 힘입은 바가 컸음을 새삼 느끼지 않을 수 없습니다.

선사(先師)께서 가신 지 한 돌을 맞이하는 즈음에 평소에 설하신 대승보살계 법문의 그 일단이나마 제자들의 손에 의하여 편집되어 출판하게 됨에 선사를 다시 한 번 만나 뵙게 되는 듯한 벅찬 감회를 누를 길이 없음은 오직 이 한 사람만의 느낌은 아닐 것입니다.

부디 선사의 이 법음(法音)이, 정성스러운 법보시를 통하여 모든 사람들의 마음밭[心地]에 심어진 선근종자(善根種子)의 싹을 티우는 무량한 인연이 되기를 바라는 동시에 선사께서 본래 서원을 잊지 않으시고 많은 중생 제도하시는 대작불사(大作佛事)를 다시 이르시는 데에 이 모든 공덕이 회향되기를 진심으로 기원해 마지 않습니다.

불기 2532년 5월 31일


음력 4월 16일 선사(先師)의 1주기에 지심(至心)으로 분향(焚香)하옵고 유음(遺音)을 모아 새겨서 각령전(覺靈前)에 바칩니다.

내원정사(內院精舍) 존영(尊影) 앞에 구배(九拜)하옵고

제자 호암(顥菴) 인환(印幻) 근지(謹識)

석암 스님
범망경 강설

2012년 5월 21일 초판 인쇄
2012년 5월 24일 초판 발행

편찬자　　　_ 석암문도회
펴낸이　　　_ 박상근(至弘)
주간자　　　_ 류지호
책임편집　　_ 정선경
편집자　　　_ 이상근, 정선경, 오재헌, 이기선, 천은희
디자인　　　_ 김소현
제작　　　　_ 김명환
홍보마케팅　_ 김대현, 김영수
관자　　　　_ 윤애경, 하정혜

펴낸곳 불광출판사
주소　110-140 서울시 종로구 수송동 46-21. 3층
대표전화　02) 420-3200
팩시밀리　02) 420-3400
출판등록　제1-183호(1979.10.10)

© 석암문도회, 2012

ISBN 978-89-7479-960-1. 03220
값 25,000원

http://www.bulkwang.co.kr